DAXUESHENG JUNSHI JINENG JIAOCHENG

大学生军事技能教程

主　审　杨翠明

主　编　金献中　洪　亮

副主编　王凤斌　周　婷　张　华

编　委　胡　颖　钟鸿春　廖玉婷　施　佳

　　　　赵　芹　李　翔　周泽恩　马国平

　　　　刘　琳　孟卫华　秦　斯　宋利敏

中南大学出版社
www.csupress.com.cn
·长沙·

图书在版编目（CIP）数据

大学生军事技能教程／金献中，洪亮主编. —长沙：
中南大学出版社，2018.7
ISBN 978 - 7 - 5487 - 3302 - 7

Ⅰ. ①大… Ⅱ. ①金… ②洪… Ⅲ. ①军事训练—高等
学校—教材 Ⅳ. ①G641.8

中国版本图书馆 CIP 数据核字（2018）第 157670 号

大学生军事技能教程

金献中　洪　亮　主编

□责任编辑	刘　莉	
□责任印制	易红卫	
□出版发行	中南大学出版社	
	社址：长沙市麓山南路	邮编：410083
	发行科电话：0731 - 88876770	传真：0731 - 88710482
□印　　装	长沙雅鑫印务有限公司	

□开　　本	787×1092　1/16　□印张 16.75　□字数 427 千字	
□版　　次	2018 年 7 月第 1 版　□印次　2019 年 8 月第 3 次印刷	
□书　　号	ISBN 978 - 7 - 5487 - 3302 - 7	
□定　　价	36.80 元	

前言

　　和平与发展是当今时代的主题，但世界仍不安宁，霸权主义、强权政治和新干涉主义有所抬头，战争的威胁依然存在，在某种条件下至还有可能被激化。"天下虽安，忘战必危。"我们热爱和平，反对战争，但绝不能漠视战争，必须居安思危，时刻做好必要的战争准备。正如习近平主席所指出的那样："能战方能止战，准备打才可能不必打，越不能打越可能挨打。"

　　高校国防教育是全民国防教育的基础，是实施大学生素质教育的重要内容。对大学生进行军事理论教育并集中进行军事技能训练，是一项具有战略意义的正确决策，它既能体现人才培养和国防后备力量建设的和谐统一，增强大学生的国防观念和国防意识，培养大学生的基本军事技能，提高国家的国防能力，保障国家安全，又能有力地促进大学生素质的全面提高。因此，高等学校必须把对学生的国防教育放在培养合格人才的战略高度加以重视，并落到实处，以适应国防建设的新要求。

　　本书坚持以国防教育为主线，以2019年新颁布的《普通高等学校军事课教学大纲》为依据，以马克思列宁主义、毛泽东思想、邓小平理论、"三个代表"重要思想、科学发展观和习近平新时代中国特色社会主义思想为指导，结合习近平强军思想，吸收近年来军事科学研究的新成果编写而成，具有较强的科学性、实用性和可读性，是一本知识体系完整、内容丰富、重点突出、时代性强的军事理论与军事技能训练教材。

　　本书将军事理论教学和军事技能训练两大内容合二为一。在体系结构上，打破传统模式，本着军事理论教学宜广不宜深的原则，将大纲规定的教学内容和要求重新归纳整合，以更好地适应教学的组织实施，在教学内容上，关注新的时代主题和热点、焦点问题；同时，本书插入了大量的图片，图文并茂，一目了然，更加有利于教学与训练。在编写过程中，编者参考了很多文献资料和军事教学资料，吸收、借鉴了许多专家学者的研究成果，在此向相关作者表示诚挚的感谢！

　　由于编者水平有限，加之现代军事理论处在不断丰富和发展的过程中，书中难免存在不足之处，敬请广大读者提出宝贵意见，以便修订时改进。

编者

2019 年 7 月

目 录

第一章

中国国防

学习目标

　　1.理解国防内涵和国防历史，树立正确的国防观；

　　2.了解我国国防体制、国防战略、国防政策以及国防成就，激发学生的爱国热情；

　　3.熟悉国防法规、武装力量、国防动员的主要内容，增强学生国防意识。

第一节　国防概述

　　国防，是人类社会安全与发展需要的产物，是国家安全和发展的核心问题。建立巩固的国防是现代化建设的战略任务，是维护国家安全统一和全面建设小康社会的重要保障。作为中华民族的一员，关注国防、了解国防、建设国防，是我们义不容辞的责任。

一、国防的含义和基本类型

（一）国防的含义

　　国防，即国家的防务，是指国家为防备和抵抗侵略，制止武装颠覆，保卫国家的主权、统一、领土完整和安全所进行的军事及与军事有关的政治、经济、外交、科技、教育等方面的活动。

　　国防是个历史概念，它随着国家的产生而产生，为国家的利益服务。国家的兴衰和国防密切相关，国防强弱直接关系到国家的安全、民族的尊严和社会的发展。

　　现代国防是一个庞大的系统，它包括武装力量建设、国防体制建设、国防科研、国防工业建设、国防工程建设和战场建设、军事交通、国防动员、国防教育等。

(二)国防的类型

国家的社会制度不同,其国防政策和国防目标也不同,目前世界上的国防类型主要有以下四种:

1. 扩张型国防

该类型国家奉行霸权主义政策,它们以国家安全和防务需要为幌子,将其疆域以外的国家和地区纳入本国的势力范围,对别国进行侵略、颠覆和渗透。如美国为了扩张,在世界各地建立了 300 多个军事基地,在全球各地实行军事力量"前沿存在"的国防,以维护美国的利益,同时对他国进行侵犯和干涉。

2. 自卫型国防

该类型国家以防止外敌侵略为目的,在国防建设上主要依靠本国力量,广泛争取国际上的同情和支持,以达到维护本国的安全以及周边地区和世界的和平与稳定的目的。我国的社会制度、国家利益决定了我国是自卫型的国防。

3. 联盟型国防

该类型国家以结盟形式,联合他国弥补自身力量的不足。有一元体联盟和多元体联盟两种类型。一元体联盟是指由一个大国做盟主,其他国家从属于它,如日本和韩国的国防是以美国为盟主建立的国防。多元体联盟则是各国出于伙伴关系,共同协商防卫大计,如"北约"。

4. 中立型国防

该类型国家为保障本国的安全、发展和繁荣,实行和平中立的国防政策,实施总体防御战略和寓兵于民的防御体系,如瑞士和瑞典。

中国是社会主义国家,在国际关系中强调和平共处、平等互利,提倡建设人类命运共同体,公开向世界承诺永远不称霸,不做超级大国,不依附任何大国,不同别国结盟,不首先使用核武器或以核武器相威胁,不对无核国家和地区使用核武器,不侵略别国。中国的发展和强大将促进世界和平、稳定与发展,不会对任何国家和民族构成任何威胁。

二、国防的地位和作用

任何一个国家,从诞生之日起,其首要的任务就是对内巩固政权,对外抵御侵略,保证国家的生存与发展。国防在国家职能中的地位和作用十分重要,其强弱与国家安危、荣辱和兴衰休戚相关。

(一)捍卫国家主权

国防必须保证国家能够充分行使主权。按照国际法规定,主权是一个国家不受外来控制的权力和自由。这种权力和自由是完整无缺、不可分割而独立行使的,是一个国家最高的权力和尊严。各国建设国防的目的,首要的是捍卫本国的主权。但是,任何一个独立国家在捍卫自己国家主权时又要尊重别国的主权完整,遵循各国主权平等的国际法基本原则,不得以任何借口侵犯别国主权。

(二)保卫国家领土完整和不受侵犯

所谓领土，是指属于一个主权独立国家的地球特定部分，包括领陆、领空、领水和领水的底土。领土是一个主权独立国家最重要的组成部分，是国家行使其最高权力的空间，国家对它享有完全的支配权和管辖权。任何一个国家不得破坏别国的领土完整。各国建设国防的目的之一，正是保卫本国的领土完整和不受侵犯。

(三)维护国家的安全

安全稳定是一个国家建设和发展的前提。为保障国家安全、促进国家发展，各国都从本国实际出发，努力加强国防建设，为国家的建设和发展营造有利的条件和环境。在全球化趋势下，国家安全面临的挑战更加多元，更趋复杂。现代国防的作用还突出表现为谋求国家政治、经济、军事和社会的综合安全。

(四)保障国家的发展

国家的发展利益是国家根本利益的重要方面。我国国防白皮书明确表述，国防基本目标和任务之一就是维护国家的发展利益，促进社会全面、协调、可持续发展，不断增强国家综合实力，实现全面建设小康社会的战略目标。因此，国防的重要地位和作用就是要创造有利于国家发展的战略态势，维护改革开放和社会主义现代化建设，保障全面建设小康社会的顺利开展，为实现国家的战略目标服务。

三、现代国防的主要特征

现代国防是对传统国防的继承和发展，是一种全新的国防观念和国防实践活动。其基本特征主要表现在以下五个方面：

(一)现代国防是多种斗争形式的角逐

现代国防斗争不仅继续以双方军事势力在战场上进行武力较量为基本形式，而且还要通过非武力斗争形式进行角逐，如政治斗争、心理斗争、经济斗争、科技斗争以及外交谈判、军备控制等。

(二)现代国防注重战争潜力转化

军事力量仍然是现代国防力量的主体，不仅如此，现代国防力量还包括国家潜力可转化为国防实力的力量要素，如国土面积、地理位置、自然资源、人口的数量和质量、地形气候、生产能力、科技和文化水平、交通运输、通信状况、社会制度、国家政策、管理能力、国际关系和国际地位等。

(三)现代国防是综合国力的抗衡

综合国力主要由人力、自然力、政治力、经济力、科技力、精神力、信息力和国防实力等组成。其中，经济实力、国防实力和民族凝聚力是综合国力的主要方面。事实证明，没有强大的综合国力，国防建设只会是空中楼阁。

（四）现代国防是国家行为与国际行为的有机结合

全球化趋势把世界各国和地区的安全与发展利益同国际社会的整体利益日益紧密地联系在一起。当今世界上的任何一个国家，都必须在立足于维护自身国家主权、安全和领土完整的前提下，争取维护世界和平与稳定，消除战争危险，努力营造有利于本国发展的国际环境。因此，现代国防已不仅仅是国家行为，而且日益成为一种国际行为。

（五）现代国防具有实战与威慑的功能

实战是战时国防的主要功能，而威慑则是和平时期国防的主要功能。无论是战时还是和平时期，实战和威慑都必须要有强大的现代化国防作后盾。特别是在和平时期，要获得有利于生存与发展的外部环境，必须发挥现代国防的实战和威慑功能。

四、中国国防历史与启示

我国国防具有悠久的历史，从公元前 21 世纪建立第一个奴隶制国家开始，国防便产生了。在几千年的历史发展长河中，我国国防也经历了荣耀与屈辱、昌盛与衰败，给后人留下了极其宝贵的历史经验。

（一）我国国防历史

1. 我国古代国防

公元前 21 世纪夏王朝建立，公元 1840 年鸦片战争后进入近代，历经数千年，在这漫长的国防历史发展过程中，中华民族经历了无数次血与火的洗礼，培育了民族的向心力和凝聚力，锤炼了民众维护国家和民族统一、勇于抵御外患的精神，最终形成了多民族、大疆域的国家。

（1）古代的国防政策和国防理论

我国古代为提高国防能力提出了许多卓有成效的国防政策和国防理论：一是"以民为体""居安思危"的国防指导思想；二是"富国强兵""寓兵于农"的国防建设思想；三是"爱国教战""崇尚武德"的国防教育思想；四是"不战而胜""安国全军"的国防斗争策略等。

（2）古代的兵制建设

所谓兵制，即军事制度，简称军制，它包括武装力量体制、军事领导体制、兵役制度等内容。

秦朝以前，武装力量比较单一，在军事力量构成上，实行兵民合一的民军制，平时生产劳动，战时集合成军，以临时征集的方式组合成军队。秦朝以后，随着政治制度的完善和经济生产的发展，各朝代根据国家的状况和国防的需要，以及驻防地区和任务，将军队区分为中央军、地方军和边防军，并对军队的组织编制、屯田戍边、兵役军赋、军队调拨、军需补给、驿站通道、武器制造和配发等都做了具体的规定，并通过法律的形式颁布执行，如唐代的《卫禁律》《军防令》等。

在军事领导体制上，夏、商、西周时期还没有专门的军事机构，君主一般亲自主持军政，领兵作战。春秋末期,国家机构出现将相制,以将为主组成军事指挥机构。战国时期,将军独立统兵作战已很普遍。秦统一六国后,设立了专门管理军事的机构,最高的军事官员称太尉。隋朝对国家机构进行改革,设立了三省六部制,专门成立了主管军事的部门——兵部。宋朝为了防止"权将"拥兵自重,在中央设立了枢密院,作为军事领导的最高机构,主官由文官担任。各朝代在军事领导体制方面的做法虽然不尽一致,但核心都是皇权至上,军队的调拨使用大权始终掌握在皇帝手中。

兵役制度则随着各个历史时期的政治、经济、人口状况和军事需要的变化而发展变化。奴隶社会时期,由于生产力低下,人口稀少,战争规模小,主要实行兵民合一的民军制度。封建社会时期,民军制度逐渐演变为与当时历史条件相适应的兵役制度,如秦汉时期的征兵制、三国两晋南北朝时期的世兵制、隋唐时期的府兵制、宋朝的募兵制、明朝的卫所兵役制等。

（3）古代的国防工程建设

我国古代为抵御外敌的侵犯、巩固边海防,修筑了数量众多、规模庞大的国防工程,如城池、长城、京杭运河以及海防要塞等。

城池是我国古代国防建设中时间最早、数量最多的工程。城池建筑始于商代,后规模不断扩大,结构日益完善,一直延续到近代。由此,城池的攻守作战成为我国古代战争中主要的形式之一。

长城是城池建设的延续和发展,东起山海关,西至嘉峪关,总长6700千米,是我国古代抵御北部少数民族侵扰的重要的边防要塞。长城气魄雄伟,是世界历史上的伟大工程之一。

京杭运河是我国古代伟大的水利工程,隋炀帝时期在原有的旧河道上开凿连贯而成。运河北起通州(今北京),南到杭州,全长1794千米,沟通了海河、黄河、淮河、长江和钱塘江五大水系,把南北许多州县连成一线,对军事交通运输和"南粮北运"起到了积极作用。

海防建设是从明代开始的。为防止倭寇的偷袭、骚扰,明朝在沿海重要地段陆续修建了以卫城、新城为骨干,水陆寨、营堡、墩、台、烽堠等相结合的海防工程体系。

2. 我国近代国防

我国近代国防是屡弱、破败和屈辱的。从1840年的鸦片战争开始,西方侵略者用坚船利炮击破了清王朝紧锁的国门,将殖民主义的枷锁套在中华民族的头上。在西方殖民主义者的侵略面前,腐朽的统治者却奉行"居安思奢""卖国求荣"的国防指导思想、"以军压民""贫国臞兵"的国防建设思想、"愚兵牧民""莫谈国事"的国防教育思想、"不战而败""攘外必先安内"的国防斗争策略。结果,有国无防,中国沦为半殖民地半封建社会。

至抗日战争结束,先后有英、美、法、俄、瑞典、挪威、荷兰、西班牙、意大利、奥地利、日本等近20个国家的侵略者践踏过我国的国土,抢掠过我国的财物,屠杀过我们的同胞。在1840年至1911年的70多年间,他们强迫腐败的清政府签订了几百个不平等条约,割让领土近160万平方千米,赔款2700万银圆,白银7亿多两。在当时中国18000多千米的海岸线上,竟然找不到一个中国自己享有主权的港口。国家有海无防,有边不固,绝大部分中国领土成了帝国主义的势力范围,中华民族美丽富饶的国土被踩踏得支离破碎。

（二）中国国防历史的主要启示

国防的强弱取决于国家政治状况。从整个中国历史看,当统治阶级处于上升时期,政治清明，国家统一，国防就可能强大；而当统治阶级走下坡路的时候，政治腐败，国家四分五裂，国防就削弱或崩溃。

1. 经济实力是国防建设的物质基础

经济是国防的物质基础，国防的强大有赖于经济的发展。早在春秋战国时期，凡是著名的政治家、军事家就认识到，强兵之要在富国。一些立志图强争霸的国君，莫不奖励农耕，发展生产，并减轻民众负担。秦、汉、唐、明、清各代前期，也都首先注意劝课农桑，开垦荒地，兴修水利，减免赋税，实行这些措施的国家都不同程度地富强起来，从而奠定了国防强大的基础，造就了国防史上的一代伟业。至于近代，清朝在东西方帝国主义侵略下一败再败，国门洞开，有国无防，除政治腐败的原因外，封建经济落后也是一个重要原因。

2. 必须建设一支数量足、质量高的军队

春秋战国时期，在弱肉强食的激烈兼并战争中，各诸侯国无不崇尚武备，奖赏军功，激励士气，重视军队建设，提高军队战斗力。一些强大的诸侯国还致力于革新军制，使过去单一的车兵发展成为包括车兵、步兵、骑兵、舟师在内的多兵种军队。历史学家们在论及唐王朝的兴衰时，无不将其与军队建设的强弱相联系。唐代前期统治者十分重视对军队的训练，特别是唐太宗李世民深通武学，注重讲武，常亲自主持对士兵的技艺、阵法的考核，甚至常亲率将卒在野外进行近似实战的教战，把诸卫府兵训练成了将强兵勇、能征善战的精锐部队，从而把我国封建时代的国防发展到了鼎盛阶段。国防历史告诉我们，没有一支足够数量、高质量的常备军，国家的主权和领土完整就没有基本保证。

3. 武器装备的优劣是国防强弱的重要因素

唐朝以前，武器装备的优劣对战争、对国防的影响主要反映在车、马、骑兵地位的变化上。春秋时，魏舒"毁车以为行"，大败戎狄。西汉初年，大修马政，加强骑兵建设，在此基础上，汉武帝大军出击匈奴。唐朝国势强盛，四夷咸服，这同"秦汉以来，唐马最胜"也是一致的。宋代，火药运用于军事，在朝廷设置的兵器作坊中，就有专门制造火药的工场；我们的祖先制造了世界上第一支管状火器和第一门金属火炮；明初的造船业居于世界先进水平。但是，后来我国封建统治者闭关自守，发展缓慢，新技术推广应用不力，以致西方资本主义国家后来居上，并用我们祖先发明的武器装备打败了我们。

4. 全民的国防意识是强大国防的精神根基

春秋战国时期的各国都十分重视对民众的国防教育，明确提出"国之大事，在祀与戎"，把加强国防摆到了头等大事的位置，把提倡和培养国人的习武、尚武精神看成是国家强大、征战胜利的首要条件。"演武为上，从戎为荣"是当时社会风气的显著特征。汉光武帝刘秀，三国时的诸葛亮、曹操，唐太宗李世民，明太祖朱元璋，以及清康熙帝爱新觉罗·玄烨等，都施行"富国强兵""文武并用"之策，注意在奖励"耕战"、兵农合一中培养全体军民固边实防的思想，使国防强大，外敌不敢小视。国家的昌盛、民族的振兴，离不开强大的国防，离不开"天下虽平，忘战必倾"的国防意识。

五、现代国防观

现代国防观念是指现代人民群众对国防的态度和观点。

随着科学技术的发展，现代社会中出现了以核武器、远程导弹和空间技术为代表的先进军事装备。在社会制度上，出现了无产阶级掌握政权的社会主义国家。现代国防不仅在形式上是一种立体的、全球性的活动，在内容实质上，更体现了不同阶级之间的利益冲突。帝国主义、霸权主义国家的本性是以侵略、掠夺为特征的，而社会主义国家则是从根本上维护全体劳动人民的利益，并以和平共处五项原则作为国与国之间交往的基本原则的。在社会主义国家，上述国防观念已逐渐成为全体公民的共识。

随着现代国防的发展，我党提出了新时代的全民国防观，党的十九大报告中指出："我们的军队是人民的军队，我们的国防是全民国防。我们要加强全民国防教育，巩固军政军民团结，为实现中国梦强军梦凝聚强大力量。"这一重要论述告诉我们，中国的国防是全民的国防、全民的使命、全民的责任、全民的担当。全民都要强化国防意识、增强国防观念，关心国防、热爱国防、建设国防、保卫国防，以确保国防安全和人们安宁。在新时代全民国防观的指引下，我国把军民融合发展战略上升为国家战略，并设立中央军民融合发展委员会，统一领导军民融合深度发展，努力构建一体化的国家战略体系和能力。军民融合是现代国防观的实践运用。

第二节　国防法规

国防法规指国家为了加强防务，尤其是加强武装力量建设，用法律形式确定并以国家强制手段保证其实施的行为规范的总称。国防法规作为国防活动的基本法规规范，其主要任务是调整和规范国家在国防领域中的各种关系，把国防建设纳入法制化轨道，确保革命化、现代化、正规化建设总目标的实现。

一、国防法规的特性

国防法规是一个国家统治阶级的意志在国防建设领域中的法律体现。国防法规与国家宪法和其他法律一样，都具有鲜明的阶级性。我国的国防法规，除了具有无产阶级的根本性质外，还具有很高的权威性、较强的从属性、一定程度的保密性。此外，国防法规还具有区别于其他法规的特殊性，主要表现在以下三个方面：

（一）调整对象的军事性

国防法规所调整的是国防和武装力量建设领域的各种社会关系，包括武装力量内部的社会关系、武装力量与外部的社会关系等。这些带有军事性的社会关系是国防法规特有的调整对象，是其他任何法律规范所不能代替的。但这些社会关系所涉及的行为主体并不都是军队和军人，政治、经济、外交、文化、科技和教育等各个部门和社会各阶层人士都与国防有关。因此，一切社会团体和个人都必须按照国防法规的要求，履行自己的国防义务。

（二）内容公开的相对性

从整体上讲，法制的公开性原则对国防法规也是适用的，一些基本的、主要的国防法规是公开的，如《中华人民共和国国防法》《中华人民共和国兵役法》《中华人民共和国国防动员法》等。但有些国防法规，特别是关于军队作战、训练、编制和战备工作等方面的法规只限一定范围的人员了解，如各种《战斗条令》《战备工作条例》等，都有保密等级。国防法规的公开性是相对的。

（三）司法适用的优先性

在解决与国防利益、军事利益有关的法律问题时，如果国防法规和普通法规都有相关规定，应以国防法规为准，在司法程序上实行排他性的"军法优先适用"的原则。优先适用不是指先后顺序，而是一种排他性的单项选择。在涉及国防利益、军事利益的案件中，只适用国防法规，不适用普通法。

（四）处罚措施的严厉性

国防法规所保护的国防利益，是关系国家兴衰存亡的最根本的国家利益，因而对危害国防利益的犯罪实行比较严厉的处罚。如《中华人民共和国刑法》（简称《刑法》）规定，抢劫罪通常处 3 年以上 10 年以下有期徒刑，而冒充军警人员抢劫的，或抢劫军用物资的，处 10 年以上有期徒刑、无期徒刑或死刑；对同一类型的犯罪，战时的处罚严于平时。如平时应征公民拒绝、逃避征集的，两年内不得被录取为国家公务员、国有企业职工，不得出国或者升学，还要处以罚款，而在战时则要依法追究刑事责任。对军人违反职责的犯罪从重处罚。《刑法》规定的军人违反职责罪有 30 项罪名，其中 12 项罪名的最高刑罚为死刑。对军人犯罪给予较重的处罚，是军事斗争的特殊性决定的，是保证完成军事任务的需要。

二、我国的国防法规体系

国防法规体系，指由不同层次、不同门类的国防法律规范构成的相互联系、相互制约的有机整体。

（一）根据我国的立法体制划分

我国国防法规在纵向结构上可分为四个层次：

第一个层次是法律。关于国防和武装力量建设的法律由全国人民代表大会及其常务委员会制定。

第二个层次是法规。由国务院和中央军委制定。由中央军委制定的为军事法规，由国务院制定或国务院与中央军委联合制定的为军事行政法规。

第三个层次是规章。由军委各部门、各军兵种、各战区制定的为军事规章，由国务院有关部委与军委有关部门联合制定的为军事行政规章。

第四个层次是地方性法规。主要指由省、自治区、直辖市人民代表大会及其常务委员会制定的贯彻执行国家国防法规的实施办法、实施细则、补充规定等。

（二）根据我国国防法规的性质、作用、调整对象划分

在横向上分为如下几个方面：

1. 国防基本法

国防基本法是指调整国防建设、武装力量建设和战争中各方面基本国防社会关系的最高层次的国防法律规范，是由全国人民代表大会制定的。它在国防法律规范体系中处于核心地位、具有最高的法律地位和法律效力。其主要规定了军队、军人和公民的基本国防权利与义务。属于这一层次的国防法律法规主要是《中华人民共和国国防法》。

2. 国防组织方面的法律制度

国防组织方面的法律制度主要指规定各种国防组织系统内的体制编制、职责权限划分及其相互关系的法律规范的总和。它调整国防组织中各种与国防有关的社会关系，涉及国防和武装力量的组织形式、体制编制、人员装备编配等组织层面上的内容。其内容包括军队各级领导机关的组织原则和活动原则、机构设置、人员编制、职权权限、工作方式和工作秩序。当前，我国并没有专门的国防组织法典或单行的国防组织法律法规，有关规定散见于宪法、国防法和其他法律法规的条款中。

3. 兵役方面的法律制度

兵役方面的法律制度指国家调整兵役活动中的各种国防社会关系的法律规范的总和，是国家制定的关于兵役制度和公民兵役义务的法律规范。它主要规定了国家的兵役制度，公民的兵役义务，兵役工作机构的职责，兵员征集、招收和动员，公民服兵役的条件等内容，是国家开展兵役工作、确保公民服兵役、确保常备军和后备兵员充分的法律依据。兵役方面的法律制度主要体现在全国人民代表大会制定的《中华人民共和国兵役法》以及国家和军队制定的一系列兵役方面的法律法规。

4. 国防行政管理方面的法律制度

国防行政管理方面的法律制度是规定国家和军事机关进行国防行政管理，调整国防行政管理活动中的各种国防社会关系的法律法规的总称，其主要内容包括国家国防机关的职责、权限、管理和活动原则、工作秩序，军队管理教育的方针、原则、方法、制度以及军队的工作、学习、生活、执勤、战备秩序等，概括为内务制度、纪律制度、队列制度、警备制度、武器装备管理制度和保密制度，主要体现在《中国人民解放军内务条令》《中国人民解放军纪律条令》《中国人民解放军队列条令》《中国人民解放军武器装备管理工作条例》《中国人民解放军保密条例》等法律法规。

5. 国防后勤方面的法律制度

国防后勤方面的法律制度指调整国防后勤活动中各种社会关系的法律规范的总和，主要内容涉及国防经费拨款制度、军队后勤组织编制制度、后勤保障制度、国防工业管理体制、军工产品定型以及基建营房、绿化、保护等方面。

6. 优抚与安置方面的法律制度

优抚与安置方面的法律制度指调整武装力量成员优抚与安置活动中的各种社会关系的法律法规，是国家对军人实行优待、抚恤、安置的依据，主要包括优待、抚恤武装力量人员以及安置离退休、转业军人，对革命军人、革命残废军人和革命烈士家属、革命军人家属的优待等方面内容。

7.国防教育和国防科技方面的法律制度

国防教育法律制度是国家对全民进行国防军事教育、提高全民族国防意识和国防素质的法律规范。它既包括国家权力机关制定的国防教育法律，如《中华人民共和国国防教育法》，也包括地方权力机关和行政机关制定的地方性法律法规和规章。其内容主要包括国防教育的指导思想、国防教育的基本原则、国防教育的方针、国防教育的层次和内容、国防教育机构的设置及其职责、民兵和预备役等参训人员的权利和义务及法律责任等。

国防科技方面的法律制度指关于国防科技的发明、研制、生产、使用和管理的法律法规的总称，它是国家对国防科研生产实施决策、管理、监督的法律依据。其主要涵盖了国防科技体制、国防科技情报、国防科技成果管理、国防专利管理、国防计量监督管理、国防科技保密和解密、国防科技合同管理、战略武器定型管理、武器装备维修管理、军队武器产品现代化管理等。

8.对外军事关系方面的法律制度

对外军事关系方面的法律制度指国家调整对外军事关系，处理对外军事事务的法律依据，主要有我国与外国签订的双边或多边军事条约以及我国参加的各种国际国防军事约章。其内容主要涉及交战行为，交战国之间、交战国与中立国或非交战国之间的关系，作战行为、方法、手段的原则、规章、规则，军控、军贸、军训、军工合作等。目前，我国缔结或加入接受的军事条约、约章主要有：《关于和平解决国际争端的马尼拉宣言》《关于改善战地武装部队伤者病者境遇的日内瓦公约》《关于战俘待遇的日内瓦公约》《关于战时保护平民之日内瓦公约》《不扩散核武器条约》等。

此外，国防法律规范体系还包括国防动员方面的法律制度、国防设施保护方面的法律制度、安全防卫方面的法律制度、军队政治工作方面的法律制度、人民武装警察部队方面的法律制度、军事训练制度、军事刑事法律制度、军事人事法律制度等国防法律规范体系的分支结构要素。

三、主要国防法规

(一)《中华人民共和国国防法》

现行《中华人民共和国国防法》由第八届全国人民代表大会第五次会议于1997年3月14日通过，并于当日颁布实施，共12章70条，对涉及国防领域各方面的关系进行调整。其主要内容如下：一是规范了国家防务建设的基本方针和基本原则，如抵御外敌入侵，防止颠覆，维护国家安全，捍卫国家主权，保证国家领土、领海、领空不受侵犯，坚持全民自卫，坚持国防建设与经济建设协调发展及独立自主处理国防事务等原则；二是规范国防建设的基本制度，如兵役、军事人事、军事经济、国防、科技、国防动员、国防协调会议、国防教育等若干基本制度；三是规定了党对武装力量的国防活动的领导及国家机构的国防职权等；四是规范了公民、国家机关、社会组织的国防义务和权利，如依法征兵，保证兵员质量，公民依法服兵役，自觉接受国防教育，相关企事业单位要保质保量地完成国防科研生产、接受国家军事订货等。

《中华人民共和国国防法》是根据《中华人民共和国宪法》制定的一部综合性的调整和规范国防与武装力量建设的基本法律，是用来调整和指导国防领域中各种社会关系的基本法律规范，它在国防法规体系中占有统帅地位并起着核心作用，是其他军事立法的基本法律依据。《中华人民共和国国防法》的颁布实施，是我国国防史上一件具有划时代意义的大事，也是国防和军事法制建设的一个重要里程碑。

(二)《中华人民共和国兵役法》

2011 年 10 月 29 日，第十一届全国人民代表大会常务委员会第二十三次会议审议通过了《中华人民共和国兵役法修正案》，对 2009 年颁发的《中华人民共和国兵役法》进行了修正。现行《兵役法》共 12 章 74 条，主要包括以下内容：总则，平时征集、士兵的现役和预备役，军官的现役和预备役，军队院校从青年学生中招收的学员，民兵，预备役人员的军事训练，普通高等学校和普通高中学生的军事训练，战时兵员动员，现役军人的待遇和退出现役的安置，法律责任，附则。

(三)《中华人民共和国国防动员法》

2010 年 2 月 26 日，第十一届全国人民代表大会常务委员会第十三次会议通过了《中华人民共和国国防动员法》，并于 2010 年 7 月 1 日正式施行。该法共 14 章 72 条，内容包括：总则，组织领导机构及其职权，国防动员计划、实施预案与潜力统计调查，与国防密切相关的建设项目和重要产品，预备役人员的储备与征召，战略物资储备与调用，军品科研、生产和维修保障，战争灾害的预防与救助，国防勤务，民用资源征用与补偿，宣传教育，特别措施，法律责任、附则等。《中华人民共和国国防动员法》的颁布施行，是我国国防动员建设的一件大事，标志着我国国防动员建设进入法制化、规范化发展的新阶段。

(四)《中华人民共和国国防教育法》

《中华人民共和国国防教育法》于 2001 年 4 月 28 日由第九届全国人民代表大会常务委员会第二十一次会议通过，第五十二号主席令颁布施行。该法共 6 章 38 条，主要规定了国防教育的方针原则、学校国防教育、社会国防教育、国防教育的保障和法律责任等。2001 年 8 月 31 日由第九届全国人民代表大会常务委员会第二十三次会议通过的《全国人民代表大会常务委员会关于设立全民国防教育日的决定》是对《中华人民共和国国防教育法》的补充，确定每年 9 月第三个星期六为全民国防教育日。

(五)《反分裂国家法》

《反分裂国家法》于 2005 年 3 月 14 日由第十届全国人民代表大会第三次会议表决通过。同日，胡锦涛发布命令，宣布该法从即日起正式实施。该法共 10 条，旨在反对和遏制"台独"分裂势力分裂国家，促进国家和平统一，维护台湾海峡地区和平稳定，维护国家主权和领土完整，维护中华民族的根本利益，具有重大而深远的意义。制定《反分裂国家法》，体现了党和国家以最大的诚意、尽最大的努力争取实现和平统一的一贯立场，表明了全中国人民捍卫国家主权和领土完整、决不允许"台独"分裂势力以任何名义和任何方式把台湾从中国分裂出去的共同意志和坚定决心。它有利于团结包括台湾同胞在内的全体中国人民共同推动祖国的和平统一大业，有利于遏制"台独"分裂势力的分裂活动，有利于维护台湾海峡地区乃至亚太地区的和平稳定。

四、公民的国防权利和义务

我国《宪法》规定："任何公民享有宪法和法律规定的权利，同时必须履行宪法和法律规定的义务。"权利和义务是有机的统一体，两者不可分离。公民的国防权利和义务，是我国公民的基本权利和义务的重要内容。我国《宪法》《兵役法》《国防法》等法律对公民的国防义务和权利做了明确规定。每一个公民应当自觉履行国防义务，正确行使国防权利。

（一）国防法律法规赋予公民的权利

公民按照国防法律法规履行国防义务，同时也享有权益。军属也享有某些特殊的权利和待遇。

1. 褒扬抚恤

按照国务院颁布的《革命烈士褒扬条例》《军人抚恤优待条例》，在革命斗争、保卫祖国和社会主义现代化建设中壮烈牺牲的中国人民、中国人民解放军和武装警察部队指战员称为革命烈士，其家属为革命烈士家属。革命烈士或因公牺牲、病故的现役军人家属由政府发给一次性抚恤金。革命残废军人继续在部队服现役或者退出现役参加国家党政机关、团体、企业、事业单位工作的，按照因战残废、因公残废的不同标准由部队或者地方人民政府发给优抚金。对残废军人生活方面的特殊需要，国家也规定了抚恤办法。

2. 优待

现役军人、残疾军人，退出现役军人，烈士、因公牺牲、病故军人遗属，现役军人家属，应当受到社会的尊重，受到国家和社会的优待。军官、士官的家属随军、就业、工作调动以及子女教育，享受国家和社会的优待。现役军人、残疾军人参观游览公园、博物馆、展览馆、名胜古迹享受优待，优先购票乘坐境内运行的火车、轮船、长途汽车以及民航班机。

3. 安置

国家建立健全以扶持就业为主，自主择业、安排工作、退休、供养以及继续完成学业等多种方式相结合的士兵退出现役安置制度。

对退役大学生士兵的安置：现役军人入伍前已被普通高等学校录取或者是正在普通高等学校就学的学生，服役期间保留入学资格或者学籍，退出现役后两年内允许入学或者复学，并按照国家有关规定享受奖学金、助学金和减免学费等优待；入学或者复学后参加国防生选拔、参加国家组织的农村基层服务项目人选选拔，以及毕业后参加军官人选选拔的，优先录取。

对义务兵和士官的安置：义务兵和服现役不满十二年的士官入伍前是机关、团体、企业事业单位工作人员或职工的，服役期间保留人事关系或者劳动关系；退出现役后可以选择复工。义务兵和士官服役期间，入伍前依法取得的农村土地承包经营权，应当保留。

义务兵退出现役，按照国家规定发给退役金，由安置地的县级以上地方人民政府接收。根据当地的实际情况，可以发给经济补助。义务兵退出现役，安置地的县级以上地方人民政

策机构、国家行政机关中管理国防事务的部门、武装力量领导指挥系统等。根据《中华人民共和国宪法》和《中华人民共和国国防法》，中华人民共和国的国防领导权由中共中央、全国人民代表大会及其常务委员会、国家主席、国务院、中央军委来行使。

（一）中共中央的国防领导职权

中国共产党作为执政党，是领导中国特色社会主义事业的核心力量。《中华人民共和国宪法》和《中华人民共和国国防法》都规定了中共中央在包括国防事务在内的国家生活中发挥着决定性的领导作用。《中华人民共和国国防法》规定："中华人民共和国的武装力量受中国共产党领导。"《中国人民解放军政治工作条例》规定："中国人民解放军必须置于中国共产党的绝对领导之下，其最高领导权和指挥权归于中国共产党中央委员会和中央军事委员会。"

（二）全国人民代表大会及其常务委员会的国防领导职权

全国人民代表大会是中华人民共和国最高权力机关，它在国防方面的职权主要有：决定战争与和平问题；制定有关国防方面的基本法律；选举中央军事委员会主席；根据中央军事委员会主席的提名，决定中央军事委员会其他组成人员，并有权罢免以上人员；审查和批准包括国防经费预算在内的国家预算和预算执行情况的报告；改变或者撤销全国人民代表大会常务委员会在国防方面的不适当决定以及应由全国人民代表大会行使的国防方面的其他职权。

作为全国人民代表大会的常设机构，全国人大常委会在国防方面的职权主要有在全国人民代表大会闭会期间，决定战争状态的宣布；决定全国总动员或局部动员；制定有关国防方面的法律；审查和批准包括国防建设计划在内的国民经济和社会发展计划；监督中央军事委员会的工作；决定中央军事委员会其他组成人员的人选；任免军事法院院长和军事检察院检察长；决定同外国缔结的有关国防方面的条约和重要协定的批准和废除；规定军人的衔级制度；规定和决定授予在国防方面国家的勋章和荣誉称号；全国人民代表大会授予的国防方面的其他职权。

（三）国家主席的国防领导职权

中华人民共和国主席的国防领导职权主要包括：根据全国人民代表大会的决定和全国人民代表大会常务委员会的决定，宣布战争状态，发布动员令；颁布全国人民代表大会及其常务委员会制定的有关国防方面的法律；根据全国人民代表大会常务委员会的决定授予在国防方面国家的勋章和荣誉称号，批准和废除同外国缔结的有关国防方面的条约和重要协定。

（四）国务院的国防领导职权

中华人民共和国国务院是最高国家权力机关的执行机关，是最高国家行政机关。它在国防方面的职权是领导和管理国防建设事业，包括：编制国防建设发展规划和计划；制定国防建设方面的方针、政策和行政法规；领导和管理国防科研生产；管理国防经费和国防资产；领导和管理国防经济动员工作和人民武装动员、人民防空、国防交通等方面的有关工作；领导和管理拥军优属工作和退出现役军人的安置工作；领导国防教育工作；与中央军事委员会共同领导中国人民武装警察部队、民兵的建设和征兵、预备役工作以及边防、海防、空防的管理工作；法律规定的与国防建设事业有关的其他职权。

（五）中央军事委员会的国防领导职权

中央军事委员会是党和国家的最高军事机关，统领全国武装力量，负责党和国家的军事决策和军事指挥，根据党的路线、方针、政策和国家的安全与发展的需要，确定军事战略，领导军事建设。其职权主要包括：统一指挥全国武装力量；决定军事战略和武装力量的作战方针；领导和管理中国人民解放军的建设，制订规划、计划并组织实施；向全国人民代表大会或全国人民代表大会常务委员会提出议案；根据宪法和法律，制定军事法规，发布决定和命令；决定中国人民解放军的体制和编制；规定军委各部门、各军兵种、各战区等单位的任务和职责；依照法律、军事法规和规定，任免、培训、考核和奖惩武装力量成员；批准武装力量的武器装备体制和武器装备发展规划、计划，协同国务院领导和管理国防科研生产；会同国务院管理国防经费和国防资产；法律规定的其他职权。

二、国防战略和国防政策

（一）国防战略

国防战略是对国防建设和运用综合国力维护国家安全，实现国防目标的总体构想，取决于国家战略和国家政策，最终体现国家利益。国防战略的优劣直接关系国防建设的发展，乃至战争胜负、国家存亡、民族兴衰。

在中国革命战争和中华人民共和国成立后巩固国防的长期斗争实践中，积极防御的战略方针始终贯穿着自卫战争、后发制人；对待强敌，持久作战；依靠人民战争，以劣势装备战胜优势装备之敌；立足于复杂困难情况下作战等重要思想。在新形势下，我国的社会制度和基本政策以及军事斗争的现实需要决定我们仍然坚持积极防御的国防战略。根据和平时期的特点，进一步发展和丰富积极防御战略，实行遏制战争与打赢战争的辩证统一，着重准备对付可能发生的局部战争和突发事件，以国家利益为最高准则处理军事战略问题.是新时期我国国防战略的基本目标和基本任务。中国国防战略的基本出发点，是国家的根本利益。对新中国来说，国家的根本利益就在于国家的主权、安全和领土完整，就在于实现建设一个富强、民主、文明的社会主义国家的发展目标。新中国的国家大战略就是国家的这一根本利益在一定历史条件下的集中体现。70年来，新中国的国防战略以国家根本利益为最高原则，坚持从国家大战略的高度来运筹军事斗争准备和军事行动。因此，新中国的军事斗争准备和军事行动，始终立足于维护我国周边和平与世界和平，为实现国家发展目标提供可靠的安全保障。从这一立足点出发，新中国的国防战略坚持了以下三个重要原则：一是服务于反对霸权主义和强权政治的国家对外基本政策，二是着眼于创造相对持久的国际和平环境，三是推动国际战略格局向有利于世界和平的方向发展。

（二）国防政策

国防政策，指国家制定的在一定时期内指导国家防务的基本行动准则。一国的国防政策主要是由该国的国家性质和对外政策的目标决定的。中华人民共和国是中国共产党领导下的社会主义国家,中国的发展道路、根本任务、对外政策和历史文化传统,决定中国必然实行防御性的国防政策。新世纪新阶段中国的国防政策,主要包括以下内容:维护国家安全统一,保障国家发展利益;实现国防和军队建设全面协调可持续发展;加强以信息化为主要标志的军队质量建设;贯彻积极防御的军事战略方针;坚持自卫防御的核战略;营造有利于国家和平发展的安全环境。

三、国防成就

(一)中国人民解放军的现代化、正规化和革命化建设有了突破性的进展

中华人民共和国成立后,人民解放军在毛泽东军事思想、邓小平新时期军队建设思想、江泽民国防和军队建设思想、胡锦涛国防和军队建设思想、习近平国防和军队建设重要论述的指引下,不断向现代化、正规化和革命化迈进。特别是改革开放以来,我国国防实力得到进一步加强,国防现代化建设,尤其是军队的建设,有了突破性的进展,取得了一系列重大成就。经过六十多年的艰苦努力,人民解放军实现了由单一陆军向诸军兵种合成军队的发展。在发展武器装备方面,不仅掌握着种类比较齐全的常规武器装备,而且拥有了具有一定威慑力的原子弹、氢弹等尖端武器装备。在编制体制改革方面,人民解放军进一步压缩规模、优化结构、完善体制,编制体制更加符合信息化联合作战的需要。在教育训练方面,创新了一系列加强人才培养的机制,部队按照实战化训练要求,加强训练与演习,部队作战能力明显提升。新时期,我军将进一步深化改革,提高建设质量,把人民军队真正建设成为一支强大的军队。

(二)形成了门类齐全、综合配套的国防科技工业体系

国防科技是衡量一个国家综合国力的重要标志之一,也是国防现代化建设的一个重要方面。自中华人民共和国成立以来,在党中央、国务院、中央军委的关怀和领导下,经过几十年的建设和发展,我国的国防科技工业从无到有,从小到大,从落后到先进,建立起了包括电子、船舶、兵器、航空、航天和核能等门类齐全、综合配套的科研实验生产体系,取得了一大批具有国内或国际先进水平的科研成果,为我军现代化建设和切实增强我国的综合国力做出了重要贡献。

(三)国防后备力量建设取得了长足的发展

我们党和国家历来十分重视国防后备力量建设。我国国防后备力量建设,经过几代人的努力,形成了一整套制度和优良作风,为国防后备力量建设打下了坚实的基础,各项工作均取得了明显的成绩。一是实现了指导思想的战略性转变,走上了相对和平时期稳步发展的轨道。二是确立并实行了民兵与预备役相结合的制度,初步形成了具有中国特色的国防后备力量体系。三是注重宏观指导、合理布局,边海防、大中城市和重点地区的民兵工作得到加强。四是民兵、预备役部队在参战支前、保卫边疆、发展生产、扶贫帮困、抢险救灾、维护社会治安等方面发挥了重要作用,为国家的改革、发展和稳定做出了巨大的贡献。五是健全了国防动员机构,保证国家在一旦发生战争的情况下,能很快由平时状态转入战时状态,调动足够

的人力、财力、物力应付战争的需要。六是加强了国防教育，恢复并加强了对大学、高中（含相当于高中）在校学生的军训工作，使国防教育正逐步纳入整个国民教育体系之中，走上了法制化、规范化的轨道。

四、军民融合

军民融合就是把国防和军队现代化建设深深融入经济社会发展体系之中，全面推进经济、科技、教育、人才等各个领域的军民融合，在更广范围、更高层次、更深程度上把国防和军队现代化建设与经济社会发展结合起来，为实现国防和军队现代化提供丰厚的资源和可持续发展的后劲。

（一）军民融合发展的历程

20 世纪 50 年代之前：全民皆兵，军民一体。

20 世纪 50 年代中后期：重军民两用。

20 世纪 60 年代：军民结合平战结合以军为主。

20 世纪 50－70 年代，处于"军民结合"阶段。1958 年，毛泽东提出"军民结合，平战结合"方针后，开始对国防科技工业进行管理机构改革，从而拉开了军转民的序幕。这一时期，国防工业与国民经济各成体系，虽然国务院、中央军委批准国防工业实行中央与地方双重领导的管理体制，但军队、政府间职能不清，加上国家实行面向国防建设服务的战略，使得国防工业依然独立于民用，还是民用为军用服务，为发展武器装备业服务。

20 世纪 90 年代，江泽民提出"军民结合、寓军于民""两头兼顾、协调发展"以及"提高军民兼容程度"等思想，有力促进了国防建设与经济建设的紧密结合。同时，江泽民指出中国要走出一条符合我国国情并反映时代特征的国防现代化建设道路。

20 世纪 70 年代至 21 世纪初，进入"军民一体化"阶段。邓小平提出"军民结合、平战结合、军品优先、以民养军"的十六字方针后，国防科技工业开始实行军民结合，要求国防工业服从和服务于国家经济建设大局，为经济建设服务，以四个现代化建设带动国防现代化。国防科技工业为与国民经济相结合，实行了公司制和市场化改革，将航天、航空、兵器、舰船等军工总公司改组为 10 个集团公司，实行合同制，实现了政企分开、供需分开，从而使中国国防工业走上了"军民兼容""军民结合"的道路。国防科技工业真正融入国民经济中，由单一面向国防建设转为面向为工业、科技、经济和国防现代化服务，大力发展民品生产和第三产业。

2006 年：深化国防科研体制改革，建设国防科技创新体系。

2007 年，胡锦涛在十七大报告中提出了"建立和完善军民结合、寓军于民的武器装备科研生产体系、军队人才培养体系和军队保障体系，坚持勤俭建军，走出一条中国特色军民融合式发展路子"的战略思想，标志着中国开始迈向"军民融合"阶段。这一阶段的基本思路是：国防工业要与经济建设良性互动，国防工业要与民用工业相联系，实现民用与国防科技工业同步发展，形成国家创新体系下的国防科技创新体系。这一思想要求对军工企业的组织管理模式进行改革，对不适应市场机制的军工企业进行兼并、重组与关停，培育大型企业和企业集团。

中国国防大学国防经济研究中心发布的《中国军民融合发展报告 2014》显示，中国的军民融合度为 30% 左右。这标志着中国的军民融合处于由发展初期向中期迈进的阶段，处于由初步融合向深度融合推进的阶段。

（二）军民融合发展战略的目标

1. 军民融合成为国家战略

2015 年 3 月 12 日习近平在中国十二届全国人大三次会议解放军代表团全体会议上，第一次明确提出把："把军民融合发展上升为国家战略"。

2. 设立中央军民融合发展委员会

2017 年 1 月 22 日，中共中央政治局召开会议，决定设立中央军民融合发展委员会，由习近平任主任。中央军民融合发展委员会是中央层面军民融合发展重大问题的决策和议事协调机构，统一领导军民融合深度发展，向中央政治局、中央政治局常务委员会负责。

3. 军民融合成为国家今后五年的工作重点

2017 年 10 月 18 日，习近平在中国共产党第十九次全国代表大会上的报告中指出："坚持富国和强军相统一，强化统一领导、顶层设计、改革创新和重大项目落实，深化国防科技工业改革，形成军民融合深度发展格局，构建一体化的国家战略体系和能力。"

4. 军民融合战略由构想转为实践

2018 年 6 月 20 日，习近平主持召开中央军民融合发展委员会第一次全体会议时指出：推进军民融合深度发展，必须立足国情军情，走出中国特色军民融合道路，把军民融合发展理念和决策部署贯彻落实到经济建设和国防建设全领域全过程，强化贯彻落实和改革创新，坚持法治思维，向重点领域聚焦用力。各地区各部门坚持党中央领导，强化使命担当。各省（区、市）要加快设置军民融合发展领导机构，完善职能配置和工作机制。

5. 军民融合进入实质性实践阶段

2018 年 10 月 15 日，习近平主持召开中央军民融合发展委员会第二次全体会议时指出：要抓好《关于加强军民融合发展法治建设的意见》贯彻实施，推进军民融合领域立法；加快职能转变；通过战略性重大工程有效推动科技创新；要加强党中央集中统一领导，统一协调相关重大工程、重大计划、重大项目，统一调动所需的人、财、物等创新资源。

第四节　武装力量

武装力量是国家各种武装组织的统称。我国的《兵役法》规定，中华人民共和国武装力量由中国人民解放军现役部队和预备役部队、中国人民武装警察部队及民兵组成。中华人民共和国武装力量属于人民，受中国共产党领导，武装力量中的中国共产党组织依照中国共产党章程进行活动。中华人民共和国武装力量的任务是巩固国防，抵抗侵略，保卫祖国，保卫人民的和平劳动，参加国家建设事业，全心全意为人民服务。

一、中国人民解放军

中国人民解放军包括现役部队和预备役部队。中国人民解放军现役部队是国家的常备军，主要担负防卫作战任务，必要时可以依照法律规定协助维持社会秩序；预备役部队平时按照规定进行训练，必要时可以依照法律规定协助维护社会秩序，战时根据国家发布的动员令转为现役部队。

（一）中国人民解放军现役部队

中国人民解放军是我国武装力量的主体，它诞生于 1927 年 8 月 1 日南昌起义的战火中，经过几十年的建设，现已发展成为陆军、海军、空军、火箭军、战略支援部队五大军种的新型武装力量组织形态。2015 年 11 月 24 日至 26 日，中央军委召开改革工作会议，深化国防和军队改革，依据"军委管总、战区主战、军种主建"的总原则，基于我国安全环境和军队担负的使命任务，把原来"七大军区"（北京军区、沈阳军区、济南军区、南京军区、广州军区、兰州军区、成都军区）调整为五大战区，即东部战区、南部战区、西部战区、北部战区、中部战区。这次改革，着眼于对领导管理体制和联合作战指挥体制进行一体设计，着力构建军委—战区—部队的作战指挥体系和军委—军种—部队的领导管理体系，调整军委总部体制，军委机关实行多部门制，组建陆军领导机构，健全军兵种领导管理体制，重新调整划设战区，组建战区联合作战指挥机构，打破了长期实行的总部体制、大军区体制、大陆军体制，实现了作战指挥职能和建设管理职能的相对分离。

调整组建后，军委机关由原来的总参谋部、总政治部、总后勤部、总装备部 4 个总部，改为 7 个部（厅）、3 个委员会、5 个直属机构共 15 个职能部门，即：军委办公厅、军委联合参谋部、军委政治工作部、军委后勤保障部、军委装备发展部、军委训练管理部、军委国防动员部、军委纪律检查委员会、军委政法委员会、军委科学技术委员会、军委战略规划办公室、军委改革和编制办公室、军委国际军事合作办公室、军委审计署、军委机关事务管理局。

2016 年 2 月 1 日，中国人民解放军战区成立大会在北京举行，习近平向各战区授予军旗、发布训令，正式建立中国人民解放军战区。战区以原军区机关相关职能、机构为基础，充实军种指挥和保障要素，组建战区机关。战区作为本战略方向的唯一最高联合作战指挥机构，按照平战一体、常态运行、专司主营、精干高效的要求，履行联合作战指挥职能，担负应对本战略方向安全威胁、维护和平、遏制战争、打赢战争的使命。五大战区管辖的省份及指挥的武装力量如下：

东部战区：战区范围包括江苏、福建、浙江、上海、安徽、江西，指挥战区陆军、东海舰队、空军、火箭军、武警及其他武装力量。司令部驻南京。

南部战区：战区范围包括广东、广西、湖南、云南、贵州、海南及港澳。指挥战区陆军、南海舰队、空军、火箭军、武警及其他武装力量。司令部驻广州。

西部战区：战区范围包括四川、重庆、陕西、甘肃、宁夏、青海、新疆、西藏。指挥战区陆军、空军、火箭军、武警及其他武装力量。司令部驻兰州。

北部战区：战区范围包括辽宁、黑龙江、吉林、内蒙古。指挥战区陆军、空军、火箭军、武警及其他武装力量。司令部驻沈阳。

中部战区：战区范围包括河北、山西、山东、河南、湖北和北京、天津。指挥战区陆军、北海舰队、空军、火箭军、武警及其他武装力量。司令部驻北京。

调整划设战区，组建战区联合作战指挥机构，是党中央、中央军委和习主席着眼实现中国梦强军梦作出的战略决策，是全面实施改革强军战略的标志性举措，对确保军队能打仗、打胜仗，有效维护国家安全，具有重大而深远的意义。

1. 中国人民解放军陆军

陆军是在陆地上作战的军种，它既能独立作战，又能和海军、空军协同作战。经过几十年的建设，我国的陆军已发展成为一支具有强大火力、突击力和高度机动能力的诸兵种合成军种，编有步兵、炮兵、装甲兵、工程兵、通信兵、防化兵等专业兵种，还编有电子对抗、测绘和航空兵部队。陆军是党最早建立和领导的武装力量，对维护国家主权、安全、发展利益具有不可替代的作用。2015 年 12 月 31 日，新的陆军领导机构成立。2017 年 4 月，中央军委决定，以原 18 个集团军为基础，调整组建 13 个集团军，全部启用新的番号（七十一至八十三集团军）。调整组建新的集团军，是对陆军机动作战部队的整体性重塑，是向建设强大的现代化陆军迈出的关键一步，对于推动陆军由数量规模型向质量效能型转变具有重要意义。新形势下，陆军将适应信息时代陆军建设模式和运用方式的深刻变化，按照机动作战、立体攻防的战略要求，加强顶层设计和领导管理，优化力量结构和部队编成，加快实现区域防卫型向全域作战型转变，努力建设一支强大的现代化新型陆军。

2. 中国人民解放军海军

海军是以水面舰队为主体，具有在水面、水下和空中作战的能力，既能单独在海上作战，又能协同陆军、空军作战。中国人民解放军海军于 1949 年 4 月 23 日诞生在江苏泰州白马庙，经过六十多年的发展，现已成为一支由水面舰艇部队、岸防部队、潜艇部队、海军陆战队和海军航空兵组成的粗具现代化作战能力的海上防御力量。2012 年 9 月 25 日，我国第一艘航空母舰"辽宁舰"交接入列，目前已形成战斗力。2017 年 4 月 26 日，我国第一艘自行研制建造的航空母舰在大连下水。中国发展航空母舰，对建设强大的海军和维护海上安全具有深远意义。

海洋关系着国家的长治久安和可持续发展，海军对维护国家主权和安全、捍卫国家统一、拓展国家战略利益具有重要作用。新形势下，海军将按近海防御、远海护卫的战略要求，逐步实现由近海防御型向近海防御与远海护卫型相结合的转变，实现由黄水海军向蓝水海军的跨越发展。

3. 中国人民解放军空军

空军是以航空兵为主体，空防合一，以航空空间为主战场的军种。空军是空中作战和对空防御的主要力量，在现代战争中，空军正发挥着越来越重要的作用。中国人民解放军空军成立于 1949 年 11 月 11 日，经过六十多年的发展，现已成为一支由航空兵、地空导弹兵、高射炮兵、雷达兵、空降兵、电子对抗兵、气象兵等多兵种合成，由歼击机、强击机、轰炸机、运输机、预警机等多机种组成的现代化的高技术军种。空军是战略性军种，在国家安全和军事战略全局中具有举足轻重的地位和作用。新时期将按照空天一体、攻防兼备的战略要求，实现国土防空型向攻防兼备转变，构建适应信息化作战需要的空天防御力量体系，提高空军作战能力，努力建设一支强大的人民空军。

4.中国人民解放军火箭军

中国人民解放军火箭军是中国人民解放军新的军种，于2015年12月31日正式命名成立。由原来的战略性独立兵种（第二炮兵），上升为独立军种（火箭军）。火箭军是我国战略威慑的核心力量，是我国大国地位的战略支撑，是维护国家安全的重要基石。新时期将按照核常兼备、全域慑战的战略要求，增强可信可靠的核威慑和核反击能力，增强战略制衡能力，努力建设一支强大的现代化火箭军。

5.中国人民解放军战略支援部队

中国人民解放军战略支援部队是我国陆、海、空、火箭之后的第五大军种，于2015年12月31日正式命名成立。中国人民解放军战略支援部队是维护国家安全的新型作战力量，是我军新质作战能力的重要增长点，主要是将战略性、基础性、支撑性都很强的各类保障力量进行功能整合后组建而成的。成立战略支援部队，有利于优化军事力量结构、提高综合保障能力。战略支援部队包括情报、技术侦察、电子对抗、网络攻防、心理战五大领域。

（二）中国人民解放军预备役部队

预备役部队，就是以现役军人为骨干，以预备役军官和士兵为基础，按统一编制为战时实施成建制快速动员而组建起来的部队，是我军后备力量的重要组成部分，是战时实施快速动员的重要组织形式。1983年，我国正式组建预备役部队并将其列入中国人民解放军编制序列，授予番号和军旗。随着国防和军队改革不断深入，预备役部队将进一步调整规模、结构和编制，推进由陆军为主向各军兵种协调发展、作战类部队为主向保障类部队为主、按地域编组向按地域编组与依托行业编组相结合转变，以适应信息化战争需要。

二、中国人民武装警察部队

中国人民武装警察部队（简称"武警部队"）是担负国家赋予的国家安全保卫和维护社会秩序任务的部队，是中国武装力量的重要组成部分。武警部队成立于1982年6月（前身是中国人民公安中央纵队，建于1949年8月），由内卫部队、边防部队、消防部队、警卫部队、黄金部队、水电部队、交通部队、森林部队等组成，受中华人民共和国国务院、中国共产党中央军事委员会双重领导。其中内卫部队是武警部队的主要组成部分，受武警总部的直接领导和管理；边防部队、消防部队和警卫部队均由公安部门管理；黄金、水电、交通和森林部队受国务院相关业务部门和武警双重领导，担负国家经济建设和安全、稳定的双重任务。中国人民武装警察部队的装备为步兵轻武器、少量重型武器和武警特种武器等。武警部队平时主要担负执勤、处置突发事件、反恐怖、参加和支援国家经济建设等任务，战时配合人民解放军进行防卫作战。

2017年12月，中共中央决定调整武警部队领导指挥体制。自2018年1月1日零时起，中国人民武装警察部队改为由党中央、中央军委集中统一领导，实行中央军委—武警部队—部队领导指挥体制。武警部队职能属性不变，不列入解放军序列。

按照军是军、警是警、民是民原则，将列武警部队序列、国务院部门领导管理的现役力量全部退出武警，将国家海洋局领导管理的海警队伍转隶武警部队，将武警部队担负民事属性任务的黄金、森林、水电部队整体移交国家相关职能部门并改编为非现役专业队伍，同时撤收武警部队海关执勤兵力，彻底理顺武警部队领导管理和指挥使用关系。

三、中国民兵

中国民兵是中国共产党领导下的不脱离生产的群众武装，是中华人民共和国武装力量的组成部分，是中国人民解放军的助手和后备力量，是新形势下进行人民战争的基础。中国民兵的任务主要有：一是积极参加社会主义现代化建设，带头完成生产和各项任务；二是担负战备勤务、保卫边疆、维护社会治安的任务；三是随时准备参军参战、抵抗侵略，保卫祖国。中国民兵始建于第一次国内革命战争时期，在中国共产党的领导下，根植于广大人民群众之中，支援配合人民军队与国内外反动派展开了坚决的斗争；为民族解放和中华人民共和国的建立，为保卫祖国和建设祖国发挥了十分重要的作用，是我国武装力量不可缺少的部分。

中国民兵由基干民兵和普通民兵组成。28 周岁以下退出现役的士兵和经过一定军事训练的人员都可编入基干民兵，女性民兵只编入基干民兵，人数控制在适当的比例内；其余 18 至 35 周岁、符合兵役条件的男性公民，可编入普通民兵组织。边疆、少数民族地区和城市有特殊情况的单位，基干民兵的年龄可适当放宽。我国人口基数十分庞大，加入民兵组织的人数相对有限，因此，对于未编入民兵组织但符合民兵条件的公民，需由地方政府兵役机关进行预备役登记。

全国民兵工作在国务院、中央军委领导下、由中央军委国防动员部主管。各省军区、军分区和县（市、区）人民武装部负责本辖区内的民兵工作。乡镇（街道）和企、事业单位人民武装部具体负责民兵和兵役工作。民兵工作只是省军区系统工作之一，根据深化国防和军队改革精神，中央军委国防动员部领导管理全国 28 个省军区（北京卫戍区、新疆军区、西藏军区归陆军领导管理），省军区、军分区、人武部承担国防动员、兵役征集、国防教育、国防设施保护、"双拥"工作等职能，拓展军民融合协调、离退休老干部服务保障职能。

第五节　国防动员

随着经济和社会的发展，特别是技术的进步，国防斗争成为国与国之间以综合国力为后盾，运用多种手段的综合较量。国防动员也随之扩展为对国家整体力量发挥效能的准备和实践，其在现代战争中的作用越来越显著，高校顺畅、精准快捷的国防动员成为影响战争胜负的主要因素。

一、国防动员的内涵

国防动员，又称战争动员，是指国家采取紧急措施，由平时状态转入战时状态，统一调动人力、物力、财力为战争服务，通常包括武装力量动员、国民经济动员、科学技术动员、人民防空动员和政治动员等。国防动员直接影响到战争的进程和结局，关系到国家的安危。国防动员按规模可分为总动员和局部动员：总动员是在全国范围内所进行的全面动员，局部动员是在部分地区或部门进行的动员。按方式可分为公开动员和秘密动员：公开动员是公开发布动员令，宣布进入战争状态实施的动员；秘密动员是在各种伪装措施掩护下隐蔽实施的动员。按战争进程可分为战争初期动员和持续动员：战争初期动员是在战争爆发前后较短时间内所进行的动员，持续动员是在战争初期动员后所进行的中后期动员。

二、国防动员的内容

国防动员通常包括武装力量动员、国民经济动员、人民防空动员、交通战备动员、政治动员。

（一）武装力量动员

武装力量动员是指国家将军队及其他武装组织由平时体制转为战时体制所采取的措施，通常包括中国人民解放军现役部队、武装警察部队、预备役部队、民兵和预备役人员及相应的武器装备和物资等动员。它是战争动员的核心，对战争的进程和结局，特别是对战争初期军队的迅速扩编和战略展开，掩护国家转入战时体制，争取战略主动，具有重要意义。

（二）国民经济动员

国民经济动员是指国家将经济部门、经济活动和相应的体制从平时状态转为战时状态所采取的措施。国民经济动员是战争动员的基础，目的是充分调动国家的经济能力，保障战争的需要，通常包括工业、农业、交通运输、财政金融、邮电通信、医疗卫生力量等方面的动员。

（三）人民防空动员

人民防空动员是指国家战时发动和组织人民群众防备敌人空袭所采取的措施，也可以简称"人防动员"。其主要任务是：依据国家有关法律、法令，动员社会力量进行防空设施建设，组建防空专业队伍，普及防空知识教育，组织隐蔽疏散，配合防空作战，消除空袭后果，以保护居民、经济设施及其他重要目标的安全，减少国家及人民群众生命财产的损失，保存战争潜力。

（四）交通战备动员

交通战备动员是指在全国或部分地区调集交通力量，全力保障战争需要的紧急行动。交通战备动员通常是在国家动员领导机构的统一领导下，由国防交通主管机构组织，协同政府、军队有关部门共同实施。交通战备动员准备包括：在平时制定完备的交通战备动员的法规和计划，健全交通战备动员机构和机制，建立交通战备动员保障队伍，储备必要的交通战备物资和器材等。

（五）政治动员

政治动员是指国家从政治、组织、思想上发动人民和军队参加战争所采取的措施，旨在激发全体军民的爱国热情，动员军队英勇作战，动员人民踊跃参军参战，努力增加生产、厉行节约，全力支援战争。国家通过各种外交活动和对外宣传，揭露敌人的阴谋和罪行，团结盟友、瓦解敌人，争取国际支援，也属于政治动员的内容。

三、国防动员的意义

国防动员是联系军事与经济、军队与社会、平时与战时、潜力与实力的桥梁和枢纽，关系国家安全与发展全局利益，是战争之要、国之大事，地位重要，意义重大。

（一）国防动员是保障打赢信息化战争的坚强后盾

国防动员平时建设的主要任务就是为国家积蓄战争潜力。国防动员战时实施就是发挥其转化战争潜力、释放出战争实力的功能。毛泽东指出："战争伟力之最深厚的根源，存在于民众之中。"战争中必须尊重人民战争规律、依托社会资源，强化动员能力，为最后胜利提供源源不断的人力、物力和财力保障。这一战争规律在革命战争年代得到了充分的印证，解放战争时期，辽沈、淮海和平津三大战役中，共动员支前民工880余万人次，动员大小车辆141万辆、担架36万余副、牲畜260余万头、粮食4.25亿公斤。正是我们党有力地动员了社会资源和广大民众，确保了三大战役的胜利，改变了国共两党的力量对比。进行信息化战争，必须综合运用军事、政治、经济、外交等手段，更需要有效的国防动员才能把积蓄于社会、蕴藏于民众之中的雄厚资源充分释放出来，形成支撑军队"能打胜仗"的强大力量。这在近年来各种军事斗争中都得到了充分印证，例如在南海"981"海上钻井平台与越南的斗争中，就是从海南、广东、广西紧急动员民兵在最外围打头阵，对越形成巨大的战略威慑。可以说，不管是大打小打，只要有战争，就必须实施动员，可谓"杖由三军打，胜由动员保"，这也是战争制胜的一个重要机理。

（二）国防动员是国家组织力的重要体现

国防动员的本质特征，就是发挥国家组织力，将国家的潜力资源转化为战争实力，释放战争力量，从而为战争服务的活动。国外学者就把动员定义为"组织国家资源的艺术"。美国学者阿什利泰利斯在其《国家实力评估》一书中指出，在势均力敌的对手之间发生对抗的情形下，动员国家资源和"潜在能力"、将之转化为军事手段和"实际能力"的能力成为国家实力中同等重要甚至更为关键的方面。在1982年英阿马岛战争中，以撒切尔夫人为首相的英国政府在战争爆发后，迅速依据国内相关法律，成立战时内阁，依法实施战争动员，迅速动员56艘商船、72艘支援船只，并征召了5000多名海员，这些力量与英国的航母编队组成混合舰队，奔袭7000余海里，运送10万余吨物资，迅速扭转了战局，重新夺得对马岛的控制权。撒切尔夫人因这场战争的胜利被誉为"铁娘子"。战后，阿根廷号角报这样评论：她并不是"铁"打的，但英国的强大动员力无疑给他送来了"铁"和一切她所想要的。而阿根廷输掉家门口的战争，一个重要原因就是没有有效阻止和实施国防动员。发挥国防动员对资源的组织力，对我们在南海、东海进行军事斗争国防动员的筹划与指导具有重要的意义。所以，只有通过动员，按照战争需求调整资源分配政策，改变资源流转方向和使用功能，使资源向着战争需要的方向流动、配置，才能使国防潜力转化为战争实力。

同时，国防动员这种对社会资源强有力的聚合释放的功能，也是维权维稳、应对重大突发事件、巩固政权的重要力量。国防动员在守边固防、海上维权、反恐维稳抢险救灾、宣传政策、凝聚民心等多方面作用不可替代。

(三)国防动员实战化准备是消除和平积弊的现实途径

长期的和平环境，导致了国防动员准备存在"两个不适应"：一是机械化战争条件下根深蒂固的动员理念不适应信息化条件下局部战争的需求。二是脱胎于计划经济的动员政策制度和体制机制不适应国家经济社会的转型需要。要清除这些和平积弊，必须贯彻习主席指出的"着力提高军事训练实战化水平"的重要指示，做好国防动员实战化准备。

所谓国防动员实战化准备，是指按照动员能力生成机理，着眼战争需求，在近似实战的环境条件下进行国防潜力开发、储备、积蓄、转化和运用的实践活动。它反映了国防动员活动的根本属性，是衡量国防动员现代化水平的重要标志。当前，国防动员实战化准备，一方面是要瞄准打仗要求，着力解决不符合国防动员实战化要求的思想观念、内容方法、标准强度、保障条件和体制机制等弊端，全面提高国防动员实战化准备的科学性、时效性和针对性。另一方面，找准提升国防动员威慑能力和实战能力的定位点。要通过国家各项事业全面改革的契机，推进中国特色现代国防动员体系建设。要通过发挥国防动员实战能力，在和平时期巩固基层政权、抢险救灾和反恐维稳的作用，为巩固党的执政地位、稳定基层政权、保卫人民群众生命财产安全发挥的重要保证作用。

第二章
国家安全

第一节 国家安全概述

一、国家安全的内涵

国家安全是国家安定的重要基石,维护国家安全是全国各族人民的根本利益所在。党的十八大以来,习近平同志着眼更好地统筹安全与发展两件大事,围绕国家安全面临的新形势新任务新挑战,如何实现国家长治久安,做了一系列深刻阐述,为新时代更好地维护中国特色大国安全提供了强大思想武器。在以习近平同志为核心的党中央的坚强领导下,从成立中央国家安全委员会到制定《中华人民共和国国家安全法》(以下简称《国家安全法》),从提出总体国家安全观到设立全民国家安全教育日,充分体现了我们党奋力开拓国家安全工作新局面的战略智慧和使命担当。

当前,世界正处于大发展大变革大调整时期,不稳定性不确定性突出。随着国家安全已由主权安全日益扩展到经济、科技、文化、社会、环境、资源等方面,国家安全的内涵也由原有传统的仅局限于维护政治、国土、军事安全的国家安全观念,转向维护政治、国土、军事、经济、科技、文化、环境等诸多方面安全的综合安全。因此，政治安全、国土安全、军事安全、经济安全、文化安全、社会安全、科技安全、网络安全、生态安全、资源安全、核安全、海外利益安全等方面成为当今国家安全的重要内容，并由此构成当今时代总体国家安全体系。其中，政治安全、国土安全和军事安全属于传统安全范畴，其他安全则属于非传统安全范畴。

（1）政治安全关系到党和国家的安危，是国家安全的根本。经济、社会、网络、军事等领域安全的维系，最终都需要以政治安全为前提条件，其他领域的安全问题，也会反作用于政治安全，政治安全的核心是政权安全和制度安全。

（2）国土安全是立国之基，是传统安全备受关注的首要方面，主要表现在国家间的领土争端和国家内部的统一、分裂之争。

（3）军事安全不仅是国家安全体系的重要组成部分，也是国家其他安全的重要保障。

（4）经济安全是国家安全体系的重要组成部分，是国家安全的基础。

（5）文化安全是国家安全的基本构成要素，在整个国家安全体系中地位十分重要，与政治安全、网络安全等密切相关、相互交织，是确保社会主义政权不变色、确保中华文化存续绵延的重要保障。

（6）社会安全涉及打击犯罪、维护稳定、社会治理、公共服务等各个方面，涉及生产、工作、生活各个环节，与人民群众切身利益息息相关，是国家安全的重要内容。

（7）科技安全是国家安全体系的重要组成部分，是支撑国家安全的重要力量。

（8）网络安全与政治安全、经济安全、文化安全、社会安全、军事安全等领域相互交融、相互影响，事关国家安全和社会稳定，事关人民群众切身利益。

（9）生态安全直接关系人民群众福祉、经济可持续发展和社会长久稳定，已成为国家安全体系的重要组成部分和基石。

（10）资源安全是国家维护政治、军事安全的基础，是经济社会平稳可持续发展必不可少的要素是国家安全的重要支撑。

（11）核安全作为国家安全体系中的重要组成部分，事关国家安危、人民健康、社会稳定、经济发展及我国的大国地位。

（12）海外利益安全是新时期我国发展和安全利益的重要组成部分。

目前，我国国家安全处于全面拓展明，安全的内涵和外延越来越丰富，时空领域越来越宽广，内外影响因素越来越复杂，这些新变化对我们党创新与发展国家安全理论和实践提出了新的要求。

二、国家安全的原则

坚持总体国家安全观，是习近平新时代中国特色社会主义思想的重要内容。走中国特色的国家安全道路要坚持以下几项原则：

（一）坚持党对国家安全工作的绝对领导

中国共产党是中国特色社会主义事业的领导核心。国家安全工作既是中国特色社会主义事业的重要组成部分，也是中国特色社会主义事业的坚强安全保障，坚持党对国家安全工作的绝对领导必然成为国家安全工作必须通的根本政治原则。《国家安全法》第四条明确规定：

"坚持中国共产党对国家安全工作的领导，建立集中统一、高效权威的国家安全领导体制。"

（二）坚持国家利益至上

国家安全工作的根本使命就是捍卫国家利益。国家利益是国家制定和实施安全战略的出发点，决定国家安全目标及其实现手段和途径，也是国家判断安全状态的主要标准。国家利益反映的是国家的需求，因而具有至高无上的特点。走中国特色国家安全道路，必须坚持国家利益至上。

（三）坚持以人民安全为宗旨

人民安全是国家安全最核心的部分，其他安全都应统一于人民安全。人民安全高于一切，是总体国家安全观的精髓所在。总体国家安全观坚持以人民安全为宗旨，继承和发扬了中国共产党全心全意为人民服务的立党宗旨和优良传统，彰显了深厚的人民情怀，既符合历史规律，也体现了时代与发展的新要求、新方向，对走出一条中国特色国家安全道路具有重要的现实指导意义。

（四）坚持"统筹兼顾"的基本原则

对内安全工作要聚焦重点，抓纲带目，紧紧围绕国家安全工作的统一部署狠抓落实；对外安全工作，既要着力解决当前突出的地区安全问题，又要统筹规划应对各种潜在的外部安全威胁。

（五）坚持促进中华民族伟大复兴

实现中华民族伟大复兴，保证国家安全是头等大事。当代中国正处于关键而又特殊的阶段，把国家安全工作放到中华民族伟大复兴的历史征程中加以领导和运筹，是中国特色国家安全道路的基本发展方向。在这一历史进程中，要始终高度警惕中国特色社会主义进程被打断的危险，始终不渝地坚持走中国特色国际安全道路。

三、总体安全观

党的十九大报告强调，统筹发展和安全，增强忧患意识，做到居安思危，是我们党治国理政的一个重大原则。习近平同志围绕总体国家安全观发表的一系列重要论述，立意高远，内涵丰富，思想深邃，把我们党对国家安全的认识提升到了新的高度和境界，是指导新时代国家安全工作的强大思想就器。

总体国家安全观是以习近平同志为核心的党中央对国家安全理论和实践的重大创新，是新形势下指导国家安全工作的强大思想武器，体现了我们党开创国家安全工作新局面的战略智慧和使命担当。总体国家安全观的提出，是对我国传统安全战略文化的传承，也是对中华人民共和国成立以来国家安全战略思想的发展和升华。

（一）中央国家安全委员会第一次会议

2014 年 4 月 15 日，习近平主持召开中央国家安全委员会第一次会议，指出："增强忧患意识，做到居安思危，是我们治党治国必须始终坚持的一个重大原则。我们党要固执政地位，要团结带领人民坚持和发展中国特色社会主义，保证国家安全是头等大事。""成立国家安全委员会，是推进国家治理体系和治理能力现代化、实现国家长治久安的迫切要求，是全面建设小康社会、实现中华民族伟大复兴中国梦的重要保障，目的就是更好地适应我国国家安全面临的新形势新任务，建立集中统一、高效权威的国家安全体制，加强对国家安全工作的领导。"

这次会议是党中央为做好新形势下国家安全工作召开的一次重要会议，标志着总体国家安全观首次正式提出。习近平精辟阐述了新形势下我国国家安全工作需要回答和解决的一系列重大理论和实践问题，明确将总体国家安全观确立为新时期国家安全工作的指导思想。

（二）总体国家安全观的丰富内涵

总体国家安全观是一个富有中国特色的安全概念。其对国家安全的内涵和外延的概括可以归纳为"五大要素"和"五对关系"。

1."五大要素"

所谓"五大要素"，就是以人民安全为宗旨，以政治安全为根本，以经济安全为基础，以军事、文化、社会安全为保障，以促进国际安全为依托。"五大要素"清晰地反映了国家安全的内在逻辑关系。

（1）以人民安全为宗旨，就是要坚持以民为本、以人为本，坚持国家安全一切为了人民、一切依靠人民，真正夯实国家安全的群众基础。

（2）以政治安全为根本，就是要坚持党的领导和中国特色社会主义制度不动摇，把制度安全、政权安全放在首要位置，为国家安全提供政治保证。

（3）以经济安全为基础，就是要确保国家经济发展不受侵害，促进经济持续稳定健康发展，提高国家经济实力，为国家安全提供坚实的物质基础。

（4）以军事、文化、社会安全为保障，就是要注意这些领域面临的大量新情况新问题，遵循不同领域的特点规律，建立完善强基固本、化险为夷的各项应对措施，为维护国家安全提供硬实力和软实力保障。

（5）以促进国际安全为依托，就是要始终不渝地走和平发展道路，在注重维护本国安全利益的同时，注重维护共同安全，推动建设持久和平、共同繁荣的和谐世界。

2."五对关系"

所谓"五对关系"，就是：既重视外部安全，又重视内部安全，强调外部安全与内部安全彼此联系，相互影响；既重视国土安全，又重视国民安全，强调国土安全与国民安全存在有机的统一；既重视传统安全，又重视非传统安全，强调传统安全威胁与非传统安全威胁相互影响，并在一定条件下可能相互转化；既重视发展问题，又重视安全问题，强调发展和安全是一体之两面，只以其中一项为目标，两个目标均不可能实现；既重视自身安全，又重视共同安全，强调全球化和相互依存使得中国和世界的安全密不可分。

也就是说，国家安全是一个不可分割的安全体系，每一要素虽各有侧重，但是都必然、必须与其他要素相互联系、相互影响。"五对关系"准确反映了全面、系统的国家安全理念，是对传统安全理念的超越。

总体国家安全观提出后，党中央根据国内外安全形势的变化和时代特点，对这一战略思想体系进行了充实、发展和完善。

（三）总体国家安全观的重大意义

总体国家安全观丰富了国家安全的内涵和外延，是推进国家治理体系和治理能力现代化的重大理论成果，是指导新时期国家安全工作的纲领性思想。

1. 总体国家安全观是中国国家安全理论的最新成果

总体国家安全观是新形势下党中央对我国面临的各种安全问题和安全挑战的系统回应，是马克思主义时代化、中国化在安全领域的最新体现，标志着党和国家对国家安全问题的理论认识提升到了新的高度，具有系统性、全面性、持续性的重要特征。

2. 总体国家安全观是指导国家安全工作的强大思想武器

在新的历史条件下，要有效维护国家安全，必须以总体国家安全观为指导，走中国特色国家安全道路。

（1）总体国家安全观强调国家安全工作必须有忧患意识和底线思维。在新形势下，我国国家安全和社会安定面临的威胁和挑战增多，特别是各种威胁和挑战联动效应明显。因此，必须保持清醒头脑，强化底线思维，有效防范、管理、处理国家安全风险，有力应对、处置、化解社会安定挑战。

（2）总体国家安全观明确了国家安全工作的战略目标和工作思路。开展国家安全工作应统筹国内、国际两个大局。国内大局就是实现"两个一百年"奋斗目标，实现中华民族伟大复兴的中国梦；国际大局就是为我国改革发展稳定争取良好外部条件，维护国家主权、安全、发展利益。对内应增强全国人民对中国特色社会主义的道路自信、理论自信、制度自信，维护国家长治久安；对外要维护发展机遇和发展空间，坚决维护领土主权和海洋权益，维护国家统一，同时积极争取世界各国对中国梦的理解和支持，在坚持不结盟原则的前提下广交朋友，形成遍布全球的伙伴关系网络。

（3）总体国家安全观明确了国家安全工作"统筹兼顾"的基本原则。对内安全工作要聚焦重点，抓纲带目，紧紧围绕国家安全工作的统一部署狠抓落实。对外安全工作，既要着力解决当前突出的地区安全问题，又要统筹规划应对各种潜在的外部安全威胁。

3. 总体国家安全观是保障中华民族伟大复兴的中国梦的新理念

我国已经进入实现民族复兴的关键阶段，既面临重要发展机遇，也面临前所未有的困难和挑战。践行总体国家安全观，是实现中华民族伟大复兴的中国梦的坚强保障。

（1）保障国家安全是实现中华民族伟大夏兴的中国梦的基本前提。安全是国家生存与发展的必要条件。国内环境和谐稳定，国际环境和平安宁，是实现中华民族伟大复兴的中国梦的基本前提。

中华文明曾长期居于世界前列，但鸦片战争以后，我国急剧地衰落下去。在此过程中，清政府签订了一系列不平等条约，割让了大片领土。历史经验表明，国家安全失去保障，中华民族就无法掌握自己的命运。直到中华人民共和国成立，我国才真正取得了民族独立的国际地位。党的十一届三中全会以来的发展成就表明，只有保障好国家安全，中华民族才能更加顺利地走上复兴之路。目前，我们比历史上任何时期都更接近中华民族伟大复兴这个目标。越是在这样的历史关键时刻，越应增强维护国家安全的意识，确保国家安全。

（2）总体国家安全观以实现中华民族伟大复兴的中国梦为重要目标。我国正处于由"大"向"强"发展的新起点，只有拥有全面的安全保障，才能有更大的把握从"将强未强"跃入全面强盛时期。如果安全保障跟不上，实现中华民族伟大复兴的中国梦的道路就会加倍曲折和坎坷，甚至可能半途而废。

为实现民族复兴，建设中国特色社会主义的总体布局已由最初只包括经济建设、政治建设、文化建设的"三位一体"，到包括社会建设的"四位一体"，发展到今天包括生态文明建设在内的"五位一体"。民族复兴涵盖的领域越全面，对国家安全的需求就越广泛。践行总体国家安全观，符合中华民族伟大复兴新阶段对安全的新需求。

第二节　国家安全形势

一、我国地缘环境基本概况

我国地处欧亚大陆东南部、亚洲东部。我国有 960 万平方千米的陆地，与 14 个国家接壤。我国的大陆海岸线长 1.8 万千米，岛屿海岸线长 1.4 万千米，拥有渤海、黄海、东海、南海等广博富饶的 300 万平方千米的蓝色国土，有着十分丰富的海洋资源。

我国周边国家、地区在社会制度及意识形态、发展程度、宗教文化方面存在巨大的差异性、不平衡性和多样性。从社会制度上看，既有社会主义国家，也有民主共和制国家和君主立宪制国家，还有宗教神权国家；在意识形态上，有马克思主义占主导地位的国家，也有西方价值观、人权观占主导地位的国家；从宗教文化上看，有东方文化，也有欧洲文化，佛教文明、儒家文明、伊斯兰文明和基督教文明等世界几大文明体系都能在这个地区找到支持者和信奉人群。

（一）我国的地缘情况导致周边安全环境情况复杂

我国的地理位置决定了国家周边安全环境的复杂性。我国是世界上陆地与海洋邻国最多的国家。我国的陆地邻国共有 14 个，分别是俄罗斯、哈萨克斯坦、吉尔吉斯斯坦、塔吉克斯坦、蒙古、朝鲜、越南、老挝、缅甸、印度、不丹、尼泊尔、巴基斯坦、阿富汗；我国的海洋邻国共有 6 个，分别是韩国、日本、菲律宾、文莱、马来西亚、印度尼西亚。有些部国与我国长期存在领土、海洋权益、边界宗教信仰等方面的矛盾，这些矛盾因素相互交错，导致我国周边安全环境异常复杂。

（二）我国的战略地位导致周边安全环境压力大

相对和平的国际环境对我国的发展有着举足轻重的作用。中华人民共和国成立以来，尤其是改革开放以来，我国的政治、经济、文化迅速发展，综合国力不断提高。随着我国与世界其他国家和地区联系的加强，我国在世界上的影响力不断扩大，逐步成为"具有世界影响的大国"，并成为维护世界和平与稳定的积极因素和重要力量。同时，我国已经成为世界格局中具有重要影响的因素之一，真正实现了"和平崛起"。

虽然"和平崛起"一直是我国政府对世界的承诺，但是随着我国综合国力的快速增长，在世界上影响力的逐渐增大，尤其是对世界经济影响的加大，再加上我国所处地区恰恰又是中、日、美、俄印等大国战略利益的交叉区，我国的崛起对一些大国原有地位的冲击，还是让他们感到恐慌。一些别有用心的大国开始鼓吹"中国威胁论"，利用媒体做虚假宣传，蛊惑人心。因此，一些经济大国、军事强国都在不同程度上对我国形成压力，对我国的周边安全环境产生了巨大的影响。

二、地缘安全

从中华人民共和国成立到20世纪80年代中期，中国一直面临着战争的威胁。从边境冲突看，20世纪60年代初到70年代末，发生边境事件7700余次，发生中小规模边境战争5起。"冷战"结束后，随着世界战略格局和安全形势的变化，和平与发展成为新时代的主题，一个相对和平稳定的安全环境不断得到巩固和发展，我国与所有邻国的关系得到全面改善，不再面临重大的现实国事威胁。但我国的地缘安全形势也存在着两重性：一方面，一个相对和平稳定的安全环境不断得到巩固和发展；另一方面，我国又面临一些不安全因素和潜在的威胁与挑战，周边情况较为复杂，战争危机依然存在。

（一）地缘安全形势总体稳定

我国坚持与邻为善、以邻为伴，坚持睦邻、安邻、富邻，突出亲、诚、惠、容的理念，这是我国周边外交的基本方针。我国坚持在和平共处五项原则的基础上，通过区域合作、经济互利和文化交流等形式，积极发展与世界各国特别是周边邻国的友好关系，以实际行动推动与周边地区立睦邻互信，促进地区安全合作。目前，我国正处于几个世纪以来最好的战略形势中，第一次解除了同周边所有国家的直接军事对抗，与世界上所有大国建立起建设性伙伴关系，基本消除了来自各个方向的直接军事威胁。多年来，亚太地区的经济发展呈现出前所未有的良好态势，特别是东北亚地区一直是世界经济增长最快的地区，并有望在今后一个较长时期内继续保持其发展势头。一个平等、多元、开放、互利的地区合作局面正在形成，多边安全对话与合作逐渐深化。

2001年6月15日，中国、哈萨克斯坦、吉尔吉斯斯坦、俄罗、塔吉克斯坦、乌兹别克斯坦在中国上海宣布成立永久性政府间国际组织——上海合作组织（The Shanghai Cooperation Organization，SCO）。该组织成立后，各成员国在安全、经贸、文化、军事、司法等各领域各层次的合作不断深化，中国、俄罗斯等以上海合作组织为主要平台，有力地促进了中亚地区的稳定和经济发展，为开创建立新型国家关系模式做出了贡献和示范。尤其是"9·11"事件发生后，上海合作组织成员国在打击恐怖主义、分裂主义和极端主义方面的合作得到加强，举行了"和平使命"等一系列联合反恐军事演习，为地区安全与稳定发挥了重要作用。目前，上海合作组织的有效合作得到了越来越多国家的认可。尽管上海合作组织一再宣称不针对任何第三国，但由于其影响力不断扩大，并成为一个重要的地区性的国际组织，北约组织以及美国等西方发达国家对其充满敌意，并认为其是与北约的对抗，因此在上海合作组织举行反恐演习时，相关国家经常同期在亚太地区举行军事演习。

2003 年，中国加入《东南亚友好合作条约》，与东南亚国家联盟（Association of Southeast Asian Nations，ASEAN）建立了战略协作伙伴关系，在其他领域的合作也得到长足发展。2010 年 1 月 1 日，中国－东盟自由贸易区正式建成，中国与东南亚友好合作关系的基础得以加强。"东盟"作为几乎覆盖东南亚所有国家的区域性合作组织，在国际事务特别是在促进该地区安全与稳定方面发挥了越来越重要的作用。随着其自身的发展壮大，以东盟与中、日、韩（10＋3）为主渠道的东亚合作已成为内容日益丰富、机制不断完善的合作体系。

在陆地方向，20 世纪 90 年代以来，我国政府相继与俄罗斯、哈萨克斯坦、吉尔吉斯斯坦、塔吉克斯坦、越南等国解决了边界问题和领土争端。中俄长达 4000 多千米的边界线已经划定，中越陆上边界与北部湾划界问题也已达成协议，彼此之间确立了边境信任关系。

（二）战争危机依然存在

虽然我国周边环境总体来说是比较好的，但也存在着局部地区矛盾有所激化的不利因素和可能出现不稳定局面的隐患。

1. 祖国完全统一形势复杂

长期以来，台湾问题对我国对外关系造成严重的制约，使我国在国际舞台上发挥作用受到重大影响。特别是蔡英文上台后，罔顾历史潮流和道义责任，拒不承认"九二共识"，公然喧嚣"台独"势力，使两岸关系降至近年来的冰点。在"台独"势力的多年操弄和蛊惑下，部分台湾民众对两岸关系的前景仍有疑虑，对大陆仍然抱有一定戒备和恐惧心理。

军事上，台湾当局"以武拒统"的军事准备不断加强，军事战略已由过去的"攻防一体"改为"有效吓阻，防卫固守"。台湾军队加快了整军备战的步伐，大幅调整部队编成结构，全面提高三军联合作战能力，公然宣誓军事力量存在，甚至宣称美国会向其松绑出售核潜艇技术。

台湾问题一直是以美国为首的西方反华势力干涉中国内政、对中国施加压力的一个战略性筹码。一直以来，美国在台湾问题上采取"模糊"战略，妄图"以台制华"；坚持中美三个"联合公报"，同时又制定所谓的《与台湾关系法》；明确表示"不支持台独"，但又反对大陆对台湾动武。美国这一系列矛盾的做法，本质上是希望两岸"和而不统、维持现状"。长久保持海峡两岸不统不独、不战不和的状态，符合美国的战略利益，是美国追求的目标。

台湾与大陆的完全统一不仅事关中国国家主权与领土完整，事关民族尊严，事关中国在政治上的完全独立，而且事关中华民族的生存与发展，事关中华民族在 21 世纪的伟大复兴。因此，实现祖国统一，任重道远。

2. 海权问题面临挑战

（1）东海问题。东海问题主要是中国与日本在钓鱼岛、东海大陆架的划界和东海油气开发等问题上的争端。在东海，中日之间本来是不存在争议的，争议的产生是在东海发现大规模油气田之后。中日东海油气田之争源于中日专属经济区界线的划分之争。按照《联合国海洋法公约》有关 200 海里专属经济区的规定，在最宽处只有 360 海里的东海海域，中日两国的专属经济区势必发生重登。中国主张按《联合国海洋法公约》确定的大陆架自然延伸原则，东海大陆架向东延至冲绳海槽；日本方面主张用陆地间等距离中间线划分专属经济区，即所谓的"日中中间线"。近年来，日本海上保安厅飞机和船舶每天定时"造访"东海我国油气田上空和附近海域，对我国合法正常的作业活动进行抵近监视，威胁作业平台及其人员安全。

（2）钓鱼岛问题。钓鱼岛及其附属岛屿虽然面积不大，但具有丰富的动物、植物资源和海底油气资源，其地理位置处于中国黄海、东海出入太平洋航道的咽喉部位，具有极其重要的战略地位。近年来，日本利用右翼势力在钓鱼岛上修灯塔、建神社，炮制"购买钓鱼岛"闹剧，实施所谓"国有化"等丑恶行径，由暗到明地企图蚕食、控制钓鱼岛。从 2012 年 9 月，我国政府对钓鱼岛及其附属岛屿开展常态化监视、监测和巡航，通过发布天气和海洋观测预报等，对钓鱼岛及附近海域实施管理，打破了长期以来日本对钓鱼岛的排他性管控。

（3）南海问题。中国最早发现并命名南沙群岛，是最早对南沙群岛行使主权管辖的国家。南海诸岛是指分布在中国海南岛以南、以东南的中国海上所有岛礁的总称。按其分布形式，南海诸岛可分成四大群岛，即东沙群岛、中沙群岛、西沙群岛和南沙群岛。南海诸岛及其海域自古就是中国神圣不可侵犯的领土。

南海矿物资源丰富，石油、天然气储量高，随着亚太地区战略地位和经济地位的上升，南海的战略地位日益重要。周边各国包括域外大国都以南海争端为借口插手南海事务，妄图谋取政治、经济和战略利益。南海争议的核心是南沙岛礁领土主权争议和南海部分海域的划界问题，按照国际法的规定，国家对海洋的权利基于大陆，即海权基于陆权。整个南中国海海域的面积为 350 万平方千米，中国主张拥有主权和管辖权的海域面积为 200 多万平方千米。

南海问题只是中国和南海诸国的一般性海洋权益摩擦，但从 2012 年起，这个问题突然一跃成为亚洲乃至世界的热点题。中国一直努力奉行"和平崛起"的战略，坚持"搁置争议，共同开发"的主张，并为避免事态扩大，我国对南海并未进行实际开发。但南海诸国却连续采取侵犯的政策和行动，特别是美国自 2010 年宣布高调介入南海事务以后，日、澳、印等国都有趁火打劫之意，而当事的南海诸国更加有恃无恐，局势对中国殊为不利。

近年来，在以习近平同志为核心的党中央坚强有力的领导、指挥下，我国的海上维权斗争取得了重大胜利，南海局势也出现重大变化，呈现菲律宾、越南与中国就和平解决海上争端相向而行的新局面，中国关于对话解决分歧、反对域外大国干涉的主张赢得更多东盟国家的理解支持。2017 年 8 月，中国与东盟达成《南海行为准则》框架协议，这是继 2002 年中国与东盟签署《南海行为宣言》后双方在促进南海地区危机管控上迈出的重大步骤。尽管美、日等域外势力仍伺机在南海挑事，强化所谓南海"自由巡航"，并试图在东亚峰会、APEC 峰会上炒作南海争端，但受到东盟国家冷落，南海问题进一步降温。

3. 陆上边界问题并未全部解决

目前，我国与邻国的边界争议主要是与印度之间的边界争议。中印边界从来就没有正式划定过，目前这条边界是两国人民在长期的生活实践中形成的一条传统习惯线，全长 1700 千米，分为西、中、东三段，中印边界的最大争议在东段。

边界问题的解决只能是采取互谅互让的原则，本着和平与发展的外交政策，平等协商，妥善解决。但是近几年来，印度奉行"进攻性防御"政策，于 2017 年在藏南修建多条飞机跑道和道路，妄图加强对该地区的控制，否定并拒绝参加"一带一路"倡议，认为"中巴经济走廊"横穿巴控克什米尔地区是侵权行为。特别是 2017 年 6 月 18 日，印度在中印边界锡金段越过已经划定的边界线进入中国境内，无理阻挠中国在洞朗地区的正常活动，引发了"中印洞朗对峙事件"。由此可以看出，中印边界争议问题如果处理不当，只会加剧该地区的紧张态势。双方应积极寻求有效途径，化解分歧，努力解决相关争议。

4.周边地区不稳定因素复杂多变

（1）朝核问题。朝核问题主要是指朝鲜开发核应用能力而引起的地区安全和外交等一系列的问题。朝核问题始于20世纪90年代，美国根据卫星资料怀疑朝鲜开发核武器，扬言要对朝鲜的核设施进行检查；朝鲜则宣称无力开发核武器，同时指美国在韩国部署核武器的做法威胁自身的安全。为和平解决朝问题，2003年，当事各国在北京举行了六方会谈，确立了通过和平谈判解决朝核问题的原则。虽然2018年朝鲜领导人金正恩承诺实现半岛无核化，朝韩领导人也实现了互访谈判，但是朝鲜半岛形势错综复杂，变数依然很大，由此导致我国东北边境安全形势不容乐观。

（2）印巴问题。印度与巴基斯坦之间既存在民族怨恨，又存在宗教纠纷，还存在领土争端，双方之间的矛盾由来已久，很难在短时间内从根本上得到解决。目前，印巴双方仍陈兵于边境，相互对峙。克什米尔地区是印度和巴基斯坦争夺的焦点，如果战争爆发，必然会对中国边境安全构成威胁。

5.美国"亚太再平衡"战略使我国周边安全威胁增大

自2009年开始美国政府进一步把战略重心转向亚太地区，把更多的军事、经济、外交资源用在亚太事务上，以"改善安全、扩大繁荣、推广美国价值观，保持和加强美国在亚太地区的领导能力"，实现美国战略重心向亚太地区的再平衡，这一战略加剧了中国周边安全环境的紧张态势。尤其是以"维护海航行自由与安全"为由，打着"对南海主权归属不持立场"的幌子，插手南海问题，并指责中国在南海立三沙市和军事设施为过激行为等。特朗普上台后，支持"自由开放的印度洋太平洋"战略，多次派军舰进入我国南海领域，导致南海局势不断紧张，影响南海地区的和平与稳定。

6.恐怖主义和民族分裂活动的威胁依然存在

中国是一个多民族的社会主义国家。长久以来，境内外一小撮民族分裂主义分子，在国际上某些反华势力的操纵、唆使下，置民族大义和国家利益于不顾，为迎合某些西方大国对中国进行的"西化""分化"的和平演变战略，采取政治斗争与暴力对抗相结合的方式，进行民族分裂活动，严重影响了我国边界地区的安全与稳定，这些都将对我国边界地区的安全与稳定产生不利影响。

三、新形势下的国家安全

国家安全是国家的基本利益，是一个国家处于没有危险的客观状态，也就是国家没有外部的威胁和侵害，也没有内部的混乱和的客观状态。目前，我国国家安全处于全面拓展期，内外影响因素越来越复杂。

（一）我国正在经历深刻复杂变化

党的十八大以采，我国经济实力、科技力、国防实力、国际影响力再上新台阶。我国不断适应经济发展新态，推动形成经济优化、发展动力转换、发展方式转变加快的良好态势；一批重大科技成果已达到世界先进水平；中国特色军事改革成就显著，强军兴军迈出新步伐；全方位外交取得重大进展，对外开放不断深入。与此同时，城镇化水平稳步提高，居民收入增长较快；依法治国不断加强，党风廉政建设成效显著；深入开展社会主义核心价值体系建设，国家文化软实力不断增强。事实表明，中华民族的伟大复兴已展现出前所未有的光明前景。

同时，目前我国也面临着前所未有的挑战。作为世界上最大的发展中国家，我国人均国内生产总值的世界排名水平还很低，发展不平衡、不协调、不可持续问题依然突出，城乡发展差距和居民收入差距依然较大；科技创新能力不强，产业结构不合理，农业基础薄弱，部分行业产能过剩严重，重大安全事故频发；基本公共服务供给不足，人口老龄化加快，消除贫困任务艰巨；加之民族分裂势力的干扰，境外反华势力的渗透，维护社会和谐稳定和国土安全的任务艰巨。此外，环境污染和资源消耗问题，使得我国的生态安全和资源安全面临日益严峻的挑战。

综合判断，我国已经进入实现中华民族伟大复兴的关键阶段，发展仍处于可以大有可为的重要战略机遇期明，但同时也面临诸多矛盾叠加、风险隐患增多的严峻挑战。

（二）国际形势发生广泛而深刻的变化

当前国际形势正处于新的转折点上，各种战略力量加快分化组合，国际体系进入了加速演变和深刻调整的时期。世界经济在深度调整中曲折复苏，新一轮科技革命和产业变革蓄势待发，全球治理体系深刻变革，对我国国家安全的挑战和我国维护国家安全的方式必将产生深远影响。

1. 世界总体和平态势可望保持

2008年的金融危机以来，全球主要国家均受到不同程度的影响，发展势头日益出现分化趋势。维护和平的力量上升，制约战争的因素增多，在可预见的未来，世界大战不会发生。

2. 世界依然面临现实和潜在的局部战争威胁

当前，霸权主义、强权政治和新干涉主义有新的发展，各种国际力量围绕权力和权益再分配的斗争趋于激烈，民族宗教矛盾、边界领土争端等热点问题复杂多变，小战不断、冲突不止、危机频发仍是一些地区的常态。

3. 非传统安全威胁上升

非传统安全威胁因素指除军事、政治和外交冲突之外的其他对主权国家及人类整体生存与发展构成威胁的因素。当前，全球非传统安全问题主要包括经济安全、金融安全、生态环境安全、信息安全、资源安全、恐怖主义、武器扩散、疾病蔓延、跨国犯罪、走私贩毒、非法移民、海盗、洗钱等。气候变化、恐怖主义、经济发展、金融危机、网络安全、能源与粮食安全、重大传染性疾病等全球性挑战需要世界各国以联合国为主要平台开展国际合作；地区冲突、环境恶化、自然灾害等因素而导致的人道主义问题，需要世界各国和国际组织协力应对。

4. 世界新军事革命深入发展

这场新军事革命以信息化为核心，以军事战略、军事技术、作战思想、作战力量、组织体制和军事管理创新为基本内容，以重塑军事体系为主要目标，几乎覆盖战争和军队建设的全部领域，直接影响各国的军事实力和综合国力对比，关乎战略主动权。

（三）我国与世界的关系发生历史性变化

我国加入世界贸易组织以来，外贸依存度不断上升。2013年，我国贸易总值超过美国，成为全球第一大易国，是日本、俄罗斯、韩国等国家的最大贸易伙伴。我国对外投资规模跻身世界前列，与吸引外资规模趋于平衡。在能源等大宗商品的进口上，我国对外部的依赖性与日俱增。随着我国国家利益迅速扩展，海外中国公民的人身及财产权，国家在境外的政治、经济及军事利益，驻外机构及驻外公司企业的安全，对外交通运输线及运输工具安全等，成为维护国家安全的重要目标。

近年来，我国参与国际事务的程度不断加深。在亚丁湾护航、气候变化、核扩散等地区与全球性问题过程中，我国都发挥着不可替代的作用。我国还积极倡导建立金砖国家开发银行，筹建亚洲基础设施投资银行，建立丝路基金，用务实态度解决发展中国家的金融需求，推动国际货币体系稳步改革。

面对国家安全形势的新变化，我们必须重视各种安全风险和挑战，充分估计我国外部环境中的不确定性，增强危机意识和忧患意识。

四、新兴领域的国家安全

根据总体国家安全观，国家安全涉及政治、国土、军事、经济等多个领域安全。相比以前的安全观，总体国家安全观更具完整性。随着时代的进步，总体国家安全观的内涵将不断丰富，外延将不断拓展。

新形势下，认识国家安全问题应具有开放性眼光，避免像过去那样只关注政治、国土、军事问题，而忽视经济、文化、社会、网络、生态等新兴领域的安全问题；同样也要避免局限于当下的安全领域而忽视太空、深海、极地等新型安全领域。

（一）经济安全

维护经济安全，核心是要坚持社会主义基本经济制度不动摇，不断完善社会主义市场经济体制坚持"发展是硬道理"，不断提高国家的经济整体实力、竞争力和抵御内外各种冲击与威胁的能力，重点防控好各种重大风险挑战，保护国家根本利益不受伤害。

我国经过改革开放以来的高速发展，经济总量稳居世界第二位。当前，我国经济运行总体平稳经济保持中高速增长，人民币在国际贸易结算和投资中的作用日益突出，经济长期向好的基本面没有改变。但与此同时，我国产能过剩化解、产业结构优化升级、创新驱动发展实现等都需要一定的时间和空间，经济下行压力明显。由于多方面因素影响和国内外条件变化，我国经济发展面临一些突出矛盾和问题：国际金融动荡给我国经济稳定运行带来风险隐患，国际经济秩序变革带来深层次挑战，金融风险积累埋下隐患，财政特别是地方政府财政安全和社会保险可持续性面临风险，产业安全面临内外部多种风险因素威胁，粮食安全风险将逐步上升。此外，人口、就业、环保、房地产等领域也存在需要引起重视的安全风险。

（二）文化安全

文化安全是指一国文化相对处于没有危险和不受内外威胁的状态，以及保障持续安全状态的能力。近代以来，世界范围内的文化侵略屡见不鲜，文化安全问题逐渐凸显。文化安全问题的出现虽然源于不同文化之间的矛盾和冲突，但影响文化安全的因素并不局限于外部，一个国家内部也可能存在威胁和危害自身文化的问题。

当前，我国维护国家文化安全的各项基础和条件不断得到加强和改善。文化体制改革释放巨大活力，文化事业、文化产业蓬勃发展，文化整体实力得到提升。互联网等新媒体建设和管理开创新局面，社会和网络环境得到有力净化。但影响我国文化安全的内外因素客观存在，国家文化安全面临严峻而复杂的形势。

（1）我国经济社会处在转型时期，维护文化安全工作难度加大。转型过程中社会阶层出现分化矛盾开始凸显，思想领域杂音增加，各种错误观点时有出现，一些腐朽落后文化沉渣泛起，主流价值观念受到冲击。

（2）信息技术迅速发展，广泛普及，发展健康向上的网络文化任重而道远。境内外各种势力利用互联网散布有害信息、传播错误思想，不法分子在网上传播淫秽色情和低俗信息，网上思想文化争夺日益加剧。

（3）世界范围的文化交流、交融、交锋日益频繁，在开放环境下维护文化安全的任务更加艰巨。某些别有用心的外部势力加紧对我国进行思想文化渗透，对党史、国史、民族史等进行恶意解构甚至颠覆，在青少年中宣扬拜金主义、享乐主义、极端个人主义，传播消极的消费文化，价值观等"软实力"的较量更为激烈。

（4）文化发展建设中存在某些薄弱环节，对维护文化安全造成一定影响。个别文化企业片面追求经济利益，存在趋利媚俗现象，一些基层文化机构宣传思想文化的工作依然薄弱，一些地区没有处理好经济发展与历史、文化资源保护之间的关系，对维护文化安全造成一定不利影响。

（三）社会安全

社会安全既事关每个社会成员的切身利益，也事关国家经济发展和社会稳定，对于保障人民安居乐业、社会安定有序、国家长治久安意义十分重大。

目前，我国公共服务体系基本建立，覆盖面持续扩大，贫困人口大幅减少，人民生活水平和质量加快提高。同时，必须清醒地看到，新形势下我国社会安定面临的威胁和挑战增多，特别是各种威胁和挑战联动效应明显。

（1）暴力恐怖活动多发，严重影社会安全。受境外反华势力渗透加剧、境内宗教极端活动升温等影响，暴力恐怖活动在我国境内时有发生。

（2）社会治安问题突出，影响公众安全感。高新技术犯罪、网络犯罪增多，电信诈骗等新型犯罪形式不断出现。

（3）不同阶层、不同行业人员的收入仍存在较大差距，社会保障体系建设不够完善，导致社会矛盾积聚，加大了社会安全风险。

（4）网络公共安全问题凸显，给社会安全带来挑战。传统违法犯罪加速向网上发展蔓延，网络黄赌毒、金融诈骗、电信诈骗、窃取公民个人信息等网络犯罪不断滋生，网上造谣、恶意炒作等乱象禁不止，网络有组织违法犯罪突出，网络社会安全问题明显增多。

（四）科技安全

科技安全既是支撑国家安全的重要力量和物质技术基础，也是实现其他相关领域安全的重要要素，更是实施创新驱动发展战略的基本保障。

改革开放以来，我国科技实力不断提升，科技发展进入快速跃升期，一大批重大科技成果达到世界先进水平。科技保障国家安全的能力日益增强、作用更加突出，科技安全态势总体平稳，为维护国家安全奠定了重要基础。但同时必须清醒地看到，我国科技安全还不能有效满足国家安全的要求，仍面临多方面挑战。

（1）世界新一轮科技革命给我国未来生存和发展带来挑战。面对科技创新发展新趋势，世界主要国家都在寻找科技创新的突破口，抢占未来经济科技发展的先机，网络、太空、深海、极地成为大国拓展生存空间和国家利益的战略必争之地。当前，我国前沿基础研究依然薄弱，对事关长远和战略全局的重点领域部署不够，技术创新缺少源头供给。如果不能准确把握世界科技发展趋势和重大动向，我国就有可能在世界新一轮科技革命中发生严重战略误判，错失良机。

（2）重点领域核心关键技术受制于人，威胁我国产业安全。我国在芯片、操作系统、基础零部件、基础工艺、基础材料等方面，以及重点产业领域的核心技术长期受制于人，如果不抓住当前的机遇，加快突破，未来我国重点产业命脉更难以掌握在自己手里。

（3）军民科技相互融合转化不畅，制约我国国防建设与经济社会的统筹发展。当前我国军民科技发展尚未建立顺畅高效的组织运行机制，军民分割的现象依然存在，"围墙"式封闭创新依然普遍。

（4）科技安全管理薄弱，潜在危害大。在科技领域重发展轻安全的思想普遍存在。科技安全管理受到体制、文化、安全意识、人才和环境等多方面因素影响。同时，我国科技安全监测和管理体系建设处于起步阶段，识别、防控和应对科技安全问题能力还十分薄弱。

（五）网络安全

当今世界，以互联网为代表的信息技术日新月异，对人类社会的发展进程产生深刻影响。互联网让世界变成"地球村"，网络空间成为与陆地、海洋、天空、太空同等重要的人类活动新领域。同时世界范围内侵害个人隐私、侵犯知识产权、网络犯罪等时有发生，网络监听、网络攻击、网络恐怖主义活动等成为全球公害。网络安全与政治安全、经济安全、文化安全、社会安全、军事安全等领域相互交融、相互影响，已成为我国面临的最复杂、最现实、最严峻的非传统安全问题之一。

近年来，我国网络安全和信息化工作取得了显著发展成就，网民数量世界第一，已成为网络大国。与此同时，网络安全问题也相伴而生。网络安全威胁广泛多元、隐蔽性强，并与政治、经济、文化社会、军事等领域威胁深度结合、相互激化，使国家安全边界扩大，安全问题的综合性、联动性、多变性日益凸显。主要表现有：外部势力通过互联网进行侵犯，对我国意识形态安全构成威胁；关键信息基础设施遭到攻击破坏，严重威胁经济安全和公共利益；物流信息鱼龙混杂，误导价值取向；少数国家推行网络空间军事霸权，对我国国防安全构成威胁。

（六）生态安全

生态安全是指一个国家具有支撑国家生存发展的较为完整、不受威胁的生态系统，以及应对内外重大生态问题的能力。生态安全是人类生存发展的基本条件。生态环境的恶化对人类生存的威胁，如同战争威胁一样生死攸关。我国作为一个幅员辽阔、人口众多的大国，随着经济社会的快速发展，资源约束趋紧，环境污染严重，生态系统退化，生态问题日益成为经济、社会发展中的焦点问题。

我国人口分布、经济发展与资源环境条件不均衡，布局性、结构性矛盾突出。发达国家一两百年逐渐出现和解决的环境问题已在我国集中显现，全国生态环境恶化趋势尚未得到彻底扭转。主要表现在：自然生态空间过度挤压，土地沙化、退化及水土流失不容忽视，水资源严重短缺，生物多样性面临挑战，城乡人居环境恶化，气候变化可能造成重大影响。

（七）资源安全

从国家安全的角度看，资源的构成包括水资源、能源资源、土地资源、矿产资源等多个方面。资源安全的核心是保证各种重要资源充足、稳定、可持续供应，在此基础上，追求以合理价格获取资源，以集约节约、环境友好的方式利用资源，保证资源供给的协调和持续。

我国既是世界主要的资源生产大国，也是主要的资源消费大国，资源禀赋总体上看并不优越。长期以来，由于重经济发展、轻环境保护，生态、环境和水土资源处于不同程度的失衡或危机状态。主要表现在：水资源供需矛盾突出，土地资源形势严峻，资源对外依存度过高，资源开发利用水平不高。从总体上讲，我国资源开采方式粗放，科技创新能力严重不足，初级冶炼加工产能过剩，产品深加工和终端应用严重依赖外国技术，资源浪费严重，环境污染等问题突出，特别是非法开采、超指标开采、采富弃贫等问题屡禁不止。矿产开采引发的生态破坏问题造成了高昂的经济成本和社会成本。

（八）核安全

核能的开发和利用给人类发展带来了新的动力。同时，核能发展也伴随着核安全风险和挑战。1986 年苏联切尔诺贝利核事故和 2011 年日本福岛核事故所造成的重大灾难，警醒世界各国必须确保安全利用核能。

当前我国核安全管理体系和制度不断完善，核安全总体状况良好。但也必须看到，我国核安全形势仍不容乐观。主要表现在：周边国家核扩散形势严峻，核恐怖主义威胁加大，核电、核技术利用事业存在不同程度的事故风险。

（九）海外利益安全

目前，我国已成为全球第一大货物贸易大国和主要对外投资大国。随着自身实力不断增强以及世界联系日益紧密，我国企业、机构和人员大规模"走出去"，海外利益的广度和深度不断拓展。海外利益安全主要包括海外能源资源安全、海上战略通道以及海外公民、法人的安全。其维护方式多种多样，如开展海上护航、撤离海外公民、应急救援。随着新一轮对外开放全面推进，特别是"一带一路"倡议加快实施，海外利益安全日益关乎我国整体发展利益和国家安全，维护海外利益安全成为一项重要任务。

目前我国维护海外利益安全面临着如下挑战：一是部分国家和地区局势与政局动荡，近年来西亚、北非地区局势持续动荡，严重威胁我国企业、公民在当地的利益安全；二是国际恐怖主义活动多发、频发；三是重大自然灾害和传染病疫情时有发生；四是"一带一路"建设面临多重安全风险和挑战。

第三节　国际战略形势

一、国际战略形势现状与发展趋势

国际战略形势本质上就是一种国际战略力量的对比关系。国际战略力量对比是国际战略力量之间的一种实力对比以及由此派生的影响力的对比。因此，在考察各种战略力量时，既要考察它们本身所具有的实力地位，还要考察它们在国际事务中实际发挥的作用和影响力。只有把这些因素联系起来加以分析，才能确定哪些是主导性力量、哪些是从属性力量，从而形成正确的战略判断。

（一）国际战略形势的现状

1. 国际战略形势总体平和稳定，发生大规模战争的可能性要小

和平与发展始终是时代主题，是世界的潮流。世界各大国之间的关系既相互竞争、对立，又加强联系与合作，都尽力避免发生激烈的对抗与冲突。随着经济全球化深入发展，世界各国之间的竞争与较量更多体现在以经济、科技为基础的综合国力上。

2. 局部地区的武装冲突依然影响着国际战略安全和稳定

由于各国发展之间存在的差距，以及一些国家间由于历史原因积怨深远，民族和宗教矛盾突出，资源纠纷不断增多，各种恐怖活动猖獗，局部的武装冲突时有发生，造成局部地区的动荡与骚乱，给世界环境的安全稳定、和平发展带来各种威胁。

3. 霸权主义、强权政治对世界和平局势具有较大影响

以美国为首的西方国家推行霸权主义、强权政治，不断加强对其他国家的控制，主要表现在：在政治上实行新干涉主义，经济上实行新殖民主义，军事上进行"先发制人"打击，文化上推行"和平演变"战略，导致世界局部地区长期动荡。2018年，美国宣布将退出《中导条约》（全称为《美苏消除两国中程和中短程导弹条约》），世界战略形势失衡的状态预计将进一步加剧。

（二）国际战略形势发展趋势

多极化将是未来国际战略格局发展的必然趋势，未来国际战略格局中各国关系将日趋复杂化，中国在多极格局中的地位和作用将愈加突出。

1. "多极化"将是国际战略格局发展的必然趋势

（1）美国

目前，美国不顾国际战略格局多极化的发展趋势，凭借自己的强大实力，把其意识形态、价值观念、发展模式和社会制度强加于国情不同的其他一些国家身上，企图建立美国一家独大的单极世界。"9·11"事件后，美国更是借反恐之名，趁机对战略地位极其重要的中亚和外高加索地区进行了"历史性"的军事介入，并开始施加经济影响和政治影响。美国的战略意图十分明确，其在21世纪的首要目标是要防止在欧亚大陆出现对美构成战略威胁的新对手，从而确保"美国在世界的领导地位"和"既定的世界政治和经济秩序"。同时，以美国为主导的北约集团继续东扩，美国倚仗自己庞大、先进的军事装备和雄厚的经济实力，正在加紧全方位推行自己称霸世界的全球战略。但是，美国的单极世界之路是行不通的，多极化是未来世界发展的必然趋势。美国"一超独霸"的局面既是"冷战"时期美苏两极格局被打破后的必然现象，又是一个终将被多极化体制所取代的过渡性阶段。世界经济政治发展的不平衡所造成的均衡趋势，是国际战略格局中两极格局解体并最终走向多极化的根本动因。

（2）俄罗斯

近年来，俄罗斯经济开始复苏，特别是普京上台后，迅速扭转了经济衰退、社会动荡的局面，俄罗斯的经济状况和军事实力稳步增强。在遏制与反遏制的斗争中，俄罗斯与美国等西方国家之间的矛盾日益尖锐。俄罗斯坚决反对北约东扩和美国在一些东欧国家部署反导系统，宣布恢复战略轰炸机巡航和国庆阅兵惯例，明确表明在国家安全受到严重威胁时将实施先发制人的核打击态度，鲜明地表示了俄罗斯不再甘愿忍受美国等西方国家对具进行战略挤压的强硬立场。当前，俄罗斯已确立到2020年跻身世界经济五强的发展战略目标，加快了大国地位重新崛起的步伐，未来将会成为国际战略格局中有重大影响的一极。

（3）欧盟

欧盟各成员国都希望欧洲真正成为"欧洲人的欧洲"，力图把美国与欧盟之间的关系，由过去的盟主与盟友关系转变为平等伙伴关系。在经济全球化的发展过程中，欧盟不断推进自身的一体化进程，并不断增强欧洲自身防务力量。随着经济货币联盟、政治联盟和军事联盟的日益完善，未来的欧盟将在国际经济、政治、安全诸方面扮演更重要的角色，并朝着建设国际战略格局中重要一极的目标迈进。

（4）日本

日本在确保自身世界第三经济大国地位的同时，倚仗《日美安保条约》，强化美日同盟关系，不断突破和平宪法的底线，不断扩充军事力量，不断拓展自己在区域乃至全球的影响力，企图在国际事务和地区事务中发挥更大的作用，实现自己成为军事大国、政治大国的野心。近年来，日本防务战略不断进行调整，防卫力量突飞猛进，防卫预算也连年增长，特别是《中期防卫力整备计划》的制定，反映了日本当前政治军事生态的最新动向。该计划将日本长期以来一直坚守的"固守防御"防务政策向"灵活多变"进行转变，并通过大力渲染日本所受的安全威胁，企图建立一支合理、高效和精干的防务力量。日本还积极与美国商议引入"萨德"反导系统，进一步强化现有的导弹防御体系，同时加快了新部队的建设。这些都表明日本已经不再满足现有的战略地位，而是试图在更大范围和区域内发挥更加重要的作用。

2. 国际战略格局中各方之间的关系将日趋复杂化

美苏两极格局结束后，当今世界的主要战略力量都在通过调整对外政策来寻求自己的有利地位，以美国以外的其他战略力量迅速增长为主要特征的多极化趋势正在发展。所谓"诸强"，指的是一些综合国力较强的国家或国家集团，如欧盟、俄罗斯、中国、日本等。从目前的情况看,这些国家或国家集团的实力和地位都不能与美国相提并论,还够不上真正的"极"。所以,目前的力量格局是"一超多强"。

美国虽然认为自己是"唯一有能力进行全球干预的超级大国",但也开始承认世界多极化的现实。进入21世纪以来,美国的对外政策也在进行调整,特别是"9·11"事件后,美国出于"反恐"的需要,也在局部调整其外交政策和安全战略。在欧洲,美国一方面积极推进北约东扩,另一方面也开始顾及俄罗斯在原苏联地区的特殊利益。同时,美国还改变了过去只要求西欧盟国尽"义务"而不给其相应"权利"的做法,开始支持西欧盟国在维护欧洲安全方面发挥更大的作用。在亚洲,美国开始着手建立美日之间的新型同盟关系,支持日本在参与亚太事务中享有更多的权利,并承担相应义务。同时,俄罗斯也在积极调整对外政策,努力恢复其大国地位和作用。俄罗斯坚持其在原苏联地区的"特殊责任和特殊利益",反对北约东扩,并将外交政策的重点逐步转移到亚太地区。

欧盟在积极推进欧洲政治、经济一体化的同时,也在加强欧洲自身的防务力量,逐步削弱美国对欧洲的控制和影响。

日本为了谋求政治大国和军事大国地位,一方面加强日美同盟关系,另一方面也在积极寻求改善与包括中国在内的亚洲国家的关系,谋求在国际和地区事务中发挥更大的作用。

随着"冷战"后国际形势的发展,经济全球化趋势不可避免。当今世界五大力量的地位和相互之间的关系已经发生了重要变化,随着中、俄、日、欧地位的提高,大国间的制约关系显著增强。世界各大国对外政策和战略关系的调整,将使未来国际战略格局呈现新的特征:

(1)关系复杂化

在多极格局里,世界各大国力量之间将形成交叉关系;各国政策变化取向不确定。

(2)集团松散化

政治与军事集团内部关系相对松散,各国对外政策独立性增强,出于各自利益关系的考虑,同盟国和非同盟国之间的距离有所接近。

(3)外交多边化

多边机构和组织的作用突出,双边关系受多边事务和多边关系的制约日益增大,各国政策将由双边政策为主转向多边与双边政策并重。

(4)合作区域化

区域化成为新地缘政治的动力,地域和文化的同一性有可能取代意识形态的同一性,地区或次地区经济合作和安全合作将成为重点。

3.中国在"多极格局"中的地位与作用将愈加突出

中国在实现国家现代化和中华民族伟大复兴的中国梦的新征程中,不断增强综合实力,积极发展与世界各国的友好合作关系,积极营造有利于自身发展的国际和平环境,在国际事务中发挥着越来越重要的建设性的作用。当今中国的国际地位与国际成望得到大大提升,成为维护世界和平的坚定力量。

(1)中国对霸权主义和强权政治起制约作用

"冷战"结束后,美国凭借其世界唯一超级大国的地位和远超其他国家的强大军事力量,企图建立由其主导的"单极世界"的野心急剧膨胀。但是,国际战略格局并没有真正形成美国独霸的单极格局。在各种政治力量的矛盾与冲突中,在中、美、俄和中美、日等三角关系中,中国起到越来越重要的平衡与制约作用,并成为抑制霸权主义和强权政治的重要因素。中国之所以能起到这样的作用，除了中国的反霸政策、和平共处五项原则和不断增强的综合国力外，更重要的是中国始终站在第三世界国家一边，永远不称霸，永远不做超级大国。这一正义的立场势必得到世界大多数国家的信任和支持，从而使中国在反对霸权主义和强权政治的斗争中发挥应有的作用。

（2）中国对世界各国尤其是发展中国家的经济发展起示范作用

改革开放以来，中国经济持续强劲增长，综合国力极大提高，中国的社会主义现代化建设取得了巨大成就，经济和社会面貌发生了深刻的变化。这些成就和变化为世界所瞩目，中国的经济改革经验也受到了国际社会的普遍关注。特别是2013年9月至10月，习近平总书记在出访中亚和东南亚国家期间，先后提出共建"丝绸之路经济带"和"21世纪海上丝绸之路"的重大倡议，以及筹建亚洲基础设施投资银行，得到国际社会高度关注和相关国家的积极响应。

（3）中国在维护第三世界权益的斗争中发挥重要作用

中国始终不渝地奉行独立自主的和平外交政策，致力于维护世界和平、促进共同发展的事业。中国始终坚持国家不分大小一律平等的原则，坚持反对恃强凌弱的行为。对一些重大国际和地区冲突，中国始终坚持通过协商和平解决的原则，反对诉诸武力或以武力相威胁，宣扬国家间的合作共赢，为维护世界和平、缓解危机发挥了积极的作用。中国作为一个负责任的大国，为维护第三世界国家的权益进行了不懈的努力和斗争。中国不介入第三世界国家之间的分歧和争端，并积极宣扬通过和平协商求得公平合理的解决方式，防止和避免外来势力的干预和利用。中国还努力推动"南北对话"，积极开展同其他发展中国家的经济交流，大力促进"南南合作"。中国曾先后提出对外援助的八项原则和发展经济技术合作的四项原则。在1995年联合国成立50周年纪念会议上，中国提出建立国际政治经济新秩序的五点主张，即创造安全可靠、长期稳定的国际和平环境，遵守以主权平等和互不干涉内政为核心的国际关系准则，建立互利合作、共同发展的新型国际经济关系，营造自主选择、求同存异的国际和谐局面，共同对付人类生存与发展面临的挑战。中国高举和平、发展、合作的旗帜，支持独立自主的和平外交政策，坚持走和平发展道路，支持各国之间广泛开展友好交往和互利合作。

二、世界主要国家军事力量及战略动向

（一）美国军事力量及战略动向

美国是当今世界唯一的超级军事大国，经济实力雄厚，军事潜力巨大。美国的武装力量由现役部队、后备役部队和文职人员三部分组成。现设部队由美国陆军、美国海军、美国空军、美国海军陆战队四个军种组成，后备役部队按组织系统分国民警卫队和联邦后备队。

美国现役部队总兵力约140万人，其中陆军50万人，海军和空军各约35万人，海军陆战队约8万人。另外，美国海岸警卫队约有4万人，平时由国土安全部指挥，战时由国防部指挥。美国陆军主要编有7个司令部（3个集团军司令部和4个军部，其中1个为空降军部），10个作战师（2个装甲师、4个机械化师、2个轻步兵师、1个空中突击师、1个空降师），13个旅（7个航空旅、6个炮兵旅），3个装甲骑兵团，2个营群（1个步兵营群、1个空降

营群），12 个防空导弹言，另有 2 个一体化师。海军编制为 5 个舰队，共 11 个现役航母战斗群、11 个两栖戒备大队、70 艘以上的核潜艇、130 余艘战舰和 11 个舰载机联队。空军编制为 20 个飞行联队（每个联队约 74 架战机）。海军陆战队编制为 3 个师和 3 个勤务支援大队，装备 3 个飞行联队（约 21 个中队，即美国海军陆战队航空兵），另有 1 个空降师。

美国在全世界数十个国家和地区设有数百处军事基地，海外驻军约为 28.78 万人。美国的海外军事基地大致划分为欧洲、亚太与印度洋、中东与北非、美洲四大战略区。美军在全球设有六大战区司令部，分别是北方司令部、印度洋—太平洋司令部、中央司令部、欧洲司令部、南方司令部和非洲司令部，分别负责全球几大区域的事务。

（二）俄罗斯军事力量及战略动向

俄罗斯武装力量被划分为 3 个军种（陆军、海军、空天军）和 2 个独立的兵种（战略火箭兵、空降兵），编制人数约 100 万人（不包括边防、内卫、安全、政府通信、民防和铁道部队等军事力量）。经过 2008 年的改革，俄罗斯陆军由过去的"军区—集团军—师—团"指挥模式改为"军区—集团军—旅—营"指挥模式，截至 2014 年，俄罗斯陆军主要编为 10 个集团军，另外还有若干直接由军区指挥的旅，现役兵力约为 24 万人。

俄罗斯海军编有太平洋舰队、北方舰队、波罗的海舰队、黑海舰队和里海独立区舰队，装备有航空母舰（库兹涅佐夫海军元帅号航空母舰）、1144 型巡洋舰（基洛夫级巡洋舰）、1155 型反潜舰（无畏级驱逐舰）、956 型驱逐舰（现代级驱逐舰）、20380 型护卫舰（守护级护卫舰）、955 型战略核潜艇（"北风之神"级战略核潜艇）、苏 -33 战斗机、卡 -28 直升机等。

俄罗斯空天军由空军、空天防御部队和太空军三大部分组成，主力装备包括苏 -35 战斗机、苏 -27 战斗机、苏 -34 战斗轰炸机、图 -95 轰炸机、图 -160 轰炸机等。

俄罗斯战略火箭部队是俄罗斯武装力量现有的独立兵种之一，主力装备包括 R -36M 弹道导弹、UR -100N 弹道导弹、RT -2PM 弹道导弹、RS -24 弹道导弹等。俄罗斯现有超过 6000 枚核弹头，数量居世界第一。

俄罗斯空降兵是俄罗斯武装力量中的一个独立兵种，主要执行空降作战，直接受空降军司令官指挥，由数个空降师、旅组成。其前身是苏联空降军，主要装备有 BMD -4 步兵战车、BMD -3 步兵战车、2S23 式自行火炮等空降用装备。

俄罗斯共有四大军区，并相应地设有四大联合战略司令部。四大军区分别为西部军区（由原莫斯科与列宁格勒军区合并而成，下辖北方舰队和波罗的海舰队）、南方军区（由原北高加索军区、黑海舰队合并而成）、中央军区（由原伏尔加河沿岸和乌拉尔军区与西伯利亚军区部分部队合并而成）、东方军区（由远东军区、西伯利亚军区部分部队以及太平洋舰队组成）。新成立的联合战略司令部的总部分别设在圣彼得堡、顿河畔罗斯托夫、叶卡捷琳堡和哈巴罗夫斯克。四大联合战略司令部对辖区内的各军兵种部队行使指挥权，具有联合指挥职能。

目前，俄罗斯财政困难，在军费削减的背景下攻坚克难，继续推进军队建设发展。未来，反制西方战略围堵、捍卫国家利益将是俄罗斯的首要战略目标。在中亚地区，俄罗斯通过建立独联体集体安全机制，巩固传统盟友关系，推动独联体一体化进程，维护中亚地区稳定；在中东地区，俄罗斯形成了以叙利亚为支点，以伊朗为盟友，与其他主要大国关系稳定的有利局面，确保俄在中东地缘格局重构进程中的有利地位；在亚太地区，俄罗斯着力改善日俄关系，强化与东南亚国家合作，继续深化与印度的关系。在乌克兰危机后，由于俄罗斯与西方关系恶化，其对亚太地区的重视度不断提高，并由主要集中于中国一点向日、印、东南亚等多面铺展，这有助于其提升全球影响力，并契合其乘亚太发展的东风促进自身发展，推动远东开发。

（三）日本军事力量及战略动向

日本军队称自卫队，是第二次世界大战后在美国扶植下重建和发展起来的。随着日本经济实力的迅速增强，日本军队建设得到长足发展，在"质重于量"和"海空优先"的建军方针指导下，日本自卫队已发展成为一支装备精良、训练有素、作战能力较强的武装力量。其武装力量由现役部队、预备役部队、文职人员组成。现役部队分为陆上自卫队、海上自卫队、航空自卫队，实行志愿兵役制度。现部队总兵力编制员额约33万人，其中现役军人约25万人、预备役5.6万人、文职2.4万人。日本陆上自卫队约15万人，编为5个方面队，辖13个师和2个混成旅、1个空降旅，装备坦克与装甲车2000余辆，各型飞机500多架，各种火炮7000余门；海上自卫队约5万人，由担负机动作战的联合舰队和5个地方队组成，装备各型舰艇近150艘，排水量超过40万吨，飞机200余架；航空自卫队约有5万人，主要作战部队为航空总队，辖3个航空方面队和1个航空混成团，装备各型飞机近500架，其中作战飞机超过350架。另外，截至2018年，美国在日本的驻军约为3.91万人。

日本经济实力雄厚，军事潜力巨大。尤其是随着两艘"出云"级（满载排水量2.6万吨）与两艘"日向"级（满载排水量1.7万吨）准航母的服役，加之11艘装备有AP系统的"苍龙"级潜艇投入使用，其海上军事力量更加强大。日本积极行动，力图把现有两艘"出云"级直升机护卫舰改造成可搭载垂直起降型F－35B战斗机的"多用途直升机驱逐舰"（实则为轻型航母），并计划引进147架F－35战斗机，其中42架为F－35B战斗机。这将打破日本"不能拥有航母"的限制，并为其下一步建造更大吨位的航母打下基础。

第二次世界大战后，日本长期奉行"专守防卫"战略。几十年来，无论日本的军事思想和军事实力发生什么变化，日本都一直标榜"专守防卫"战略是其主要防卫政策。但随着国际形势的变化和日本军事实力的增长，其内涵不断得到延伸和扩展。日本首相安倍晋三第二次执政后不久，日本政府首次通过了以所谓的"积极和平主义"为基本方针的"国家安全保障战"，由此，日本的战略已不再局限于"专守防卫"政策，而是彻底突破"和平宪法"对自卫队的约束，迅速发展成为可以行使集体自卫权的"外向型国防军"。2016年3月29日，日本新安保法正式生效实行，新安保法允许日本自卫队行使集体自卫权和向海外永久性派兵。日本新安保法颠覆了日本《宪法》第9条规定的放弃战争不保持战力、否定交战权的体制，允许日本自卫队逐步成为可以对外使用武力的国防军，被认为是一部"战争法案"。这是日本为谋求军事"正常化"迈出的关键一步，昭示着日本对外战略的深刻调整和重大变化，从而也将对地区安全形势甚至世界安全形势造成严重影响。2017年以来，日本预感到特朗普的"美国第一"和贸易保护主义倾向可能对地区和世界格局造成变化，便展开了"积极防守"外交。日本主要从加强日美安全合作、主推"印太战略"、续扛自贸大旗等方面入手，努力维护既有局面，降低国际环境变化产生的负面影响。

2018年12月18日，日本内阁会议审议通过了《2019年度以后的防卫计划大纲》（以下称"新大纲"）和《中期防卫力量发展计划（2019—2023年度）》。根据这两个文件，日本将继续增加国防开支，未来五年的防卫预算总额约为 27.47 万亿日元，比上一期五年计划增加 11.3%。未来，日本将进军太空、网络、电磁等新领域，发展网络和电子攻击能力，并将发展轻型航母。"新大纲"强调日本面临的复杂、严峻的安全环境，突出渲染中国因素，提出"多域联合防卫力量"构想，谋求太空网络电磁新领域优势，防卫政策趋于积极主动；同时发展进攻性作战力量，进一步推行"印太构想"，建立海洋安全联盟牵制中国。

(四)印度军事力量及战略动向

印度的武装力量由现役部队、准军事部队和后备力量组成。现役部队分陆、海、空和海岸警卫队 4 个部分，现役兵力超过 130 万。正规军规模位居全球第三。

印度陆军总兵力 113 万人，主战坦克超过 3000 辆，装甲车辆近 2000 辆，火炮近 7000 门，编有 5 个军区、4 个集团军、12 个军部、35 个师，以及 15 个独立旅、1 个"普里特维"地地导弹团、4 个防空旅和 3 个工兵旅，陆军航空兵编有 22 个直升机中队。印度海军拥有 5.5 万人，拥有各类船舰 150 余艘(包括 2 艘航空母舰)，是印度洋上的第一大海军，编有东、西 2 支舰队，另编有潜艇司令部和海军航空兵司令部。印度空军兵力 12.7 万人，分成西、西南、东、南和中央 5 个军区，拥有 1000 多架各型作战飞机，包括空中预警机、战斗机、加油机、运输机、侦察机和直升机等。

印度建国后一直将军备置于优先发展地位，对外推行地区大国主义，对周边国家保持进攻态势和强大的军事压力，以控制南亚地区和印度洋为战略目标，以实现世界大国的设想。莫迪政府一直致力于军队建设和内部维稳，在涉及自身领土主权问题上采取进攻性战略，以追求"绝对安全"，加强军队建设方面的具体措施包括加大军费投入，大力推动对外军备采购和军技合作，推动军备生产本土化，启动陆军军事改革等。在领土主权争端上，莫迪政府奉行"进攻性防御"政策，在中印领土争端方面是宣示对我藏南地区的主权，二是借"侵犯领土主权"之由抵制"一带一路"倡议，三是挑起"洞朗对峙事件"。在印巴领土争端方面，印度一是强硬回击巴边界"挑衅"，二是坚决反对克什米尔问题国际化。

第三章

军事思想

学习目标

1. 了解军事思想的内涵和形成与发展历程;
2. 了解外国代表性军事思想;
3. 熟悉我国军事思想的主要内容、地位作用和现实意义;
4. 理解习近平强军思想的科学含义和主要内容;
5. 使学生树立科学的战争观和方法论。

第一节 军事思想概述

一、军事思想的内涵

(一)军事思想的基本含义

军事思想是关于战争、军队和国防的基本问题的理性认识。它揭示了战争的本质、战争的基本规律以及进行战争的指导规律,阐明军队和国防建设的基本理论和原则,从总体上考察和回答军事领域的普遍性、根本性问题,揭示军事领域的一般规律,提出军事斗争和军事建设的基本方针和基本指导原则,为人们研究和解决军事问题提供总体性理论指导。军事思想的内容大体可分为两个层次:一是军事哲学,包括战争观、军事问题的认识论和方法论;二是军事实践基本指导原则,包括战争指导的基本方针和原则、军队建设的基本方针和原则、国防建设的基本方针和原则等。军事思想的基本含义在于对战争规律的科学认识,根本用途是为打赢战争、遏制战争提供强大的理论指导。军事思想是人们长期从事军事实践活动的经验总结和理论概括,它来源于军事实践,又给军事实践以理论指导,并随着军事实践的发展而发展。

（二）军事思想的科学体系

军事思想是一个知识门类，下设马克思恩格斯列宁斯大林军事理论与毛泽东军事思想、军事辩证法、中国历代军事思想和外国军事思想四个学科。

军事思想在军事学科体系中处于基础性地位，其与其他军事学科的关系，是一般与特殊、共性与个性的关系。军事思想从军事实践活动的全过程研究战争、军队和国防的总体性规律，各门具体学科研究军事领域中的某个侧面、某个部分或某个阶段的规律。按照辩证唯物主义的观点，一般存在于特殊之中，共性存在于个性之中。各门具体学科的研究成果，经过抽象思维，就可以得出一般的、共性的认识，也是更概括、更深层、更本质的认识，从而上升到高层次理性认识的军事思想，即对战争和军事领域矛盾运动一般规律的认识。同时，各门具体学科也离不开军事思想所揭示的一般规律的指导。军事思想是军事科学的综合性基础理论，既对军事其他门类的研究与发展具有总体指导作用，又从军事学科其他门类中汲取营养，使自身不断发展。

（三）军事思想的基本特征

军事思想是一定历史的产物，受社会政治、经济、科技、文化、地理以及人们认识水平等方面因素的影响。不同的军事思想会表现不同的特征。但总体而言，所有的军事思想都具有一些共同的基本特征。它们主要表现在以下五个方面。

1. 阶级性

阶级性是军事思想的本质属性。不同阶级的军事思想，都是为各自阶级利益服务的，无不打上阶级的烙印，反映各自阶级的世界观、思想观念和政治、经济利益。作为军事理论重要组成部分的某些作战方法和作战原则，以及军事技术、武器装备等因素，是为实现战争政治目的服务的手段，它们本身并不具有阶级性，对中外军队都是适用的，但不会因此改变军事思想的本质属性。

2. 实践性

军事思想是军事实践的产物，受军事实践的检验，并随着军事实践的发展而发展。军事实践是检验军事思想是否先进的唯一标准。军事思想的实践性有别于其他科学的实践性，也更加独特。和平时期通过军事实践所总结提出的军事思想是否先进，也只有通过下一次战争实践的检验，才能完全得到证实。

3. 继承性

军事思想是在不断批判地继承的过程中发展起来的。正如封建社会军事思想是在批判地继承奴隶社会军事思想的基础上发展起来的一样，资产阶级军事思想是在批判地继承封建社会军事思想的基础上发展起来的，无产阶级军事思想是在批判地继承资产阶级及其以前的军事思想成就的基础上发展起来的。同时，继承不是静止的，而是在运用和发展中继承。

4. 时代性

任何军事思想都是一定历史发展阶段的产物，不同时期的军事思想都有深刻的历史烙印，具有明显的时代特征。奴隶制社会的军事思想是在使用冷兵器的基础上创立的，封建社会的军事思想是在使用冷兵器和早期火器的基础上建立起来的，而近代资产阶级军事思想的建立，则是与资本主义大工业、机器生产和各国庞大军队及广泛使用火器分不开的。正确认识时代发展与军事思想的内在联系，才能着眼于时代特点，科学看待军事思想，并使军事思想跟上时代的步伐，更好地发挥军事思想对战争、军队和国防建设实践的指导作用。

5.创造性

军事思想是最活跃、最富有创新色彩的。历史上，大凡有建树的军事家，都善于根据发展变化的军事斗争实际，不断发展和更新军事思想，创立新的军事原则。大凡先进的军事思想，都是人们适应新的历史条件的变化、充分吸收历史营养、创造性地发展前人军事理论的思维产物。军事实践表明，战争的胜利总是属于那些敢于迎接现实军事斗争挑战、勇于变革的军事家。

二、发展历程以及地位作用

人类对战争和军队问题的认识，有一个历史发展的过程。从社会历史发展阶段的角度讲，军事思想可划分为古代、近代、现代三个发展阶段。

（一）古代军事思想的产生与发展

古代军事思想的产生、发展主要集中在两个相对独立的区域，即中国和地中海一带沿海国家，内容包括奴隶社会和封建社会两个时期的军事思想。至于在此之前的军事思想萌芽，已无文字可以考证。

中国古代军事思想最早出现在公元前21世纪至公元前8世纪，此时中国为奴隶社会时期，建立了军队，出现了具有真正意义上的战争，军事思想开始萌芽，并逐渐成为专门学科。专门研究军事的著作有《军政》《军志》等。公元前8世纪至公元前3世纪，中国处于社会大变革时期，中国古代军事思想取得了空前的辉煌成就，涌现出许多杰出军事家及军事著作，如孙武所著的闻名中外的《孙子兵法》。

中国进入封建社会后，由于铁兵器的广泛推广，火药的逐步应用，步、骑、车、水军诸兵种的发展变革，不同性质战争的交织进行，客观上促进了军事思想的丰富发展。

与中国古代军事思想相比，外国古代军事思想起步晚，认识不够全面、深刻，其成果主要散见于当时的一些历史和文学著作中，缺乏系统论述。公元前8世纪至公元5世纪，是西方古代的奴隶制社会时期。在这个时期，古希腊、古罗马等奴隶制国家为了扩张领土、建立霸权、掠夺奴隶和财物，频繁发动战争。在长期的战争实践中，涌现出许多著名的将领和统帅，古希腊和古罗马产生了丰富的军事思想。

古希腊的军事思想概括起来主要有：战争是由根本利益矛盾引起的；战争的目的是征服，谋求城邦、国家利益和霸主地位；战争的胜败取决于政治、军事、经济、精神等条件；作战前必须对双方的军力、财力、人力等方面的长处和短处进行认真的分析对比；注意激励军队的士气，立足以优势力量建立己方胜利的信心；采取出乎敌人意料的行动使之惊慌失措等。

古罗马的军事思想源于古希腊而又有所发展，主要表现在：战争有正义与非正义之分；把军事作为实现政治目的的工具，而政治又是配合军事行动达成军事目的的手段；通过外交广泛联盟，孤立对手，恩威并举，实现自己的目的；主张以进攻为主、防御为辅；在被迫处于防御地位时，也总是通过向敌后等薄弱处进攻，力求改变攻防态势，变防御为进攻；主张建立一支忠于自己的部队，以金钱、土地、建筑、妇女等物质利益保证部队的忠诚，以精神鼓励、严格的纪律保持部队的战斗力。

从公元476年西罗马帝国灭亡，到1640年英国资产阶级革命，为欧洲的中世纪。在这长达1100多年的"黑暗"时代，由于封建割据的庄园经济、宗教思想和经院哲学的禁锢，极大地限制了军事思想的发展。"整个中世纪在战术发展方面，也像其他科学方面一样，是一个毫无收获的时代。"（恩格斯）直到封建社会后期，随着中国火药、火器的传入以及受意大利文艺复兴运动的影响，外国古代军事思想才有了缓慢发展。此时，军事思想可概括为以下几个方面：战争被披上宗教外衣，掩盖统治集团间的利益争夺；宣扬战争是人类一生中的一部分，是原始罪恶之果，也是教会权力的支柱；在战争中丧失生命的人，可以进入天国；赎免一切罪恶；重视军队建设，把军队看成国家的重要工具；对雇佣兵制的弊端有了初步认识，主张实行义务兵制；初步涉及战略学、战术学概念；另外还认识到制海权的重要，认为控制了海洋，可以赢得和守住巨大的海外领土。

（二）近代军事思想的产生与发展

从1640年英国资产阶级革命至俄国十月革命，为世界近代史。此时西方进入资本主义，并向帝国主义发展，军事思想也一改中世纪时期低迷不前的状况，取得了长足的发展进步。这一时期，封建与反封建的战争、资本主义与反资本主义之间的战争、帝国主义国家之间的战争、殖民与反殖民的战争，各种不同性质战争交织在一起，频繁发生，为人们研究军事思想提供了实践依据。工业文明和科学技术的进步，使军队装备发生了较大变化，热兵器被广泛使用（火药为主），从而产生了与之相适应的军事思想。

外国近代军事思想可划分为两大体系，即资产阶级军事思想和无产阶级军事思想。

资产阶级军事思想形成于17世纪中叶至19世纪中叶，代表人物及其著作很多。主要有俄国苏沃洛夫的《制胜的科学》，瑞士若米尼的《战争艺术概论》《战略学原理》，普鲁士克劳塞维茨的《战争论》，比洛的《新战术》《最新战法要旨》，法国吉贝特的《战术通论》，美国马汉的《海军战略》《海权对历史的影响》，等等。

无产阶级军事思想的主要代表人物是马克思、恩格斯和列宁。马克思、恩格斯所处的时代是自由资本主义高度发展并开始走向反动的时代，无产阶级登上历史舞台。其军事思想的主要内容包括：认为战争和军事是一个历史范畴，随着私有制和阶级的产生而产生、消灭而消亡；战争是政治通过另一种手段的继续，要反对非正义战争，拥护正义战争；在帝国主义阶段，帝国主义是战争根源；无产阶级必须用暴力推翻资产阶级建立自己的统治；应组织城市工人武装起义，先占领城市，夺取国家政权；无产阶级夺取政权、巩固政权都必须要有自己的新型的军队；无产阶级代表人民利益，有能力有条件把人民武装起来实行人民战争，并强调军队与人民群众相结合；认识到科学技术的进步必然引起战略战术的变革；战争的奥妙在于集中兵力，主张积极防御、主动进攻，慎重决战，灵活机动。

近代中国自1840年鸦片战争后逐步沦为半封建半殖民地社会，当时清政府许多有识之士看到武器装备对于战争胜负的重要性，从西方引进先进技术，开办工厂，制造枪械，因此当时的军事学术主要是介绍武器性能和操作使用的。甲午战争后，清政府意识到仅靠坚船利炮而作战思想落后亦不能赢得战争，于是又开始学习西方的军事理论。当时翻译了许多西方重要的军事论著，如《大战学理》，即克劳塞维茨的《战争论》。

清政府自行撰写的代表作有《兵学新书》《军事常识》《兵镜类编》等。主要军事观点有：师夷长技，重整军备；依靠民众，积极备战；避敌之长，求吾之短；以弃为守，诱敌入险。总之，在近代，外国军事思想成就突出；而中国的军事变革是在外敌入侵的情况下被迫进行的，缺乏主动性，认识不够深刻，且鱼目混珠，有照搬照抄之嫌，远远落后于西方。

（三）现代军事思想的产生与发展

俄国十月革命及第一次世界大战以后，世界进入现代史。这个时期，科学技术突飞猛进，武器装备发生巨大变化，巨炮、雷达、坦克、飞机、航空母舰、远程导弹、精确制导武器层出不穷，热兵器能量的运用从火药转为炸药，进而是原子释放，武器破坏力大大增加，作战效能成倍增长，对战争的进程乃至结局影响越来越大。因此，不但社会、政治、经济等各种因素对军事理论的研究有倾向性的影响，而且军事理论往往侧重对先进主战武器的探讨，如"空中战争"理论、"机械化战争"理论、"总体战"理论、"核武器制胜"理论等。

"空中战争"理论，又称空军制胜论，意大利的杜黑、美国的米切尔、英国的特伦查德被认为是这一理论的先驱，特别是杜黑在其著作《制空权》中对这一理论叙述较为细致，主要观点有：由于飞机的广泛应用，将出现空中战争，空中战争的胜负决定战争结局，为此要建立与海军、陆军并列的独立空军。夺得制空权是赢得战争的必要条件，空军的首要任务是夺取制空权。空中战争是进攻性的，空军的核心是轰炸机部队，要对敌国纵深政治、经济、军事目标实施战略轰炸，迫其屈服。

"机械化战争"理论，又称坦克制胜论，英国的富勒、奥地利的艾曼斯贝格尔、法国的戴高乐、德国的古德里安、英国的利德尔·哈特是这一理论的倡导者，其主要观点有：装甲坦克是战争的决定性力量，是陆军的主体；大量集中使用坦克和航空兵，实施突然有力的突击，可以迅速突破对方主要集团的防线，深入敌纵深，摧毁一个战备不足的国家；主张军队改革，建立少而精的机械化部队；机械化包括补给和战斗机械化。

"总体战"理论是德国的鲁登道夫在其著作《总体战》中提出的，其主要观点有：现代战争是总体战，它既针对军队，也针对平民，战争具有全民性，强调民族的团结在战争中的重要性；主张实行国民经济军事化；要建设好一支平时就准备好的军队；重视统帅在总体战中的作用；战争的突然性意义重大，力求闪击对方。

"核武器制胜"理论诞生于第二次世界大战后至1991年苏联解体的冷战时期。当时，霸权主义成为局部战争的根源，高技术在作战中逐步运用，世界处在核阴影之中，美苏两霸动辄进行"核恫吓"。此时的军事理论研究往往围绕核武器及高技术展开，从美苏两国军事思想可以清楚看到这一点。如美国，就以核实力确定军事战略。在处于核优势时期，美国认为自己能打赢全面核战争，则主张削减常规力量，重点发展核武器和战略空军；而在苏联打破其核优势、局部战争不断发生时，美国在确保核威慑的前提下，不断发展常规力量。

西方各国因各自的国家战略不同，军事思想也呈现不同的特点。美军军事思想的特点是：以遏制、预防潜在"全球性竞争对手"为目的，加大常规、核、太空优势，建立导弹防御系统，确保自身绝对安全；重视质量建军，加强数字化、信息化建设；重视非对称作战、非接触作战，实施远距离精确打击，力求零伤亡；进一步发展空地一体战理论，提出"空地一体运筹作战"的思想(又称"空地海天联合作战");"9·11"事件后,美国更加重视发展海空天作战的军事战略。

英、法、日、德等国家军事思想的共同点有:采取以维护自身利益为出发点的战略方针;增强军事实力,逐步摆脱对美军事依赖(英国除外),或以其他联盟的方式挑战美国的军事地位;重视发展高技术以带动军事技术的进步;依据各自国情、军队现况走质量建军的道路,确立与国家和军事战略相适应的军队规模。

俄罗斯认为,核战争的可能性大大降低,主要威胁是局部战争和武装冲突;在经济、军事力量弱于美国的情况下,提出了"纯防御""积极防御"和"现实遏制"战略;走质量建军之路,明确建军原则、目标,发展太空技术,确保合理够用的核攻击力量等。

第二节　外国军事思想

外国军事思想是指除中国以外的世界其他有代表性的国家及其政治家、军事家和思想家关于战争、国防和军队等问题的理性认识。世界各国文明是相互交流、共同进步的,军事思想领域也是如此。马克思、恩格斯和列宁等创立的无产阶级军事理论,是中国当代军事思想的基石,必须坚决地继承与发展。而借鉴和吸取其他外国军事思想的有益成分,认识其存在的不足,也具有重要的现实意义。

一、外国军事思想的主要内容

世界各国的人们对军事问题的认识,都随着社会生产力的发展,战争规模的扩大,以及科学文化水平的不断提高,经历了一个由浅入深的演进过程。

远古时代,生息繁衍于世界各地的众多氏族群体,对军事问题的认识普遍处于蒙昧状态,往往把战争发生和胜负的原因归结为"天意""神旨"等。两河流域苏美尔人关于"秩序"之神战胜"混沌"之魔的传说,反映的便是这样一种情况。随着私有财产和阶级的产生,特别是进入奴隶制社会后,战争成为阶级斗争的最高形式。与此同时,随着社会的进步,人类的思维能力达到了新的水平。丰富的军事实践经验与提高了的认识能力相结合,使人类对战争问题的认识进一步向客观实际靠近,迷信色彩有所淡化。

在古代,世界各个国家的军事思想,特别是古希腊军事思想和古罗马军事思想获得显著发展。从史书记载的古希腊底比斯军事统帅埃帕米农达、马其顿国王亚历山大三世,古罗马军事改革家马略、奴隶起义军领袖斯巴达克等人的军事实践活动和这一时期有关军事活动的著作,像希罗多德的《历史》、修昔底德的《伯罗奔尼撒战争史》、色诺芬的《远征记》、凯撒的《高卢战记》和《内战记》等书中,都可反映出古代欧洲一些国家的军事思想。如认为,为赢得战争胜利,必须政治、外交手段和军事打击并用;用兵之道,计谋胜于刀枪;军队的力量在于指挥官和纪律,没有优秀的指挥官将一事无成;统帅的艺术在于根据情况采取行动;战争艺术的基本原则是避免分散兵力,作战指挥的要旨在于选择时机、迅速行动和击敌要害;正确编组战斗队形是取得战斗胜利的前提之一,应考虑参战兵力和地形条件等进行编组;突然出击最能使敌方惊慌失措。

公元 1 世纪，西方开始出现带有较强理论色彩的军事著作。如古罗马弗龙蒂努斯的《谋略》以及后来事格蒂马斯的《论军事》等。在随后长达千年的中世纪，欧洲军事思想发展较为缓慢。近代是资本主义形成与上升、无产阶级作为独立的政治力量开始登上历史舞台的时代。近代军事思想发展的总体特征，一是欧洲一些国家在文艺复兴运动和产业革命的推动下率先实行军事思想的变革，资产阶级军事思想体系得到确立；二是人类军事思想发生革命性变化，以马克思主义军事理论为代表的无产阶级军事思想宣告诞生。

15 和 16 世纪之交，欧洲军事思想领域出现了近代化的萌芽，主要代表著作是意大利马基雅维利的《战争艺术》等。17—18 世纪，欧美各国资本主义因素迅猛发展，发达的工场手工业生产出大量新式火器，资产阶级政治革命风暴造成的阶级关系和民族关系变化，加之早已兴起的文艺复兴运动对意识形态的催化作用，促使战争和军队建设从形式到内容发生了巨大变革，欧美军事思想的近代化过程随之达到高潮。瑞典国王古斯塔夫二世、英国资产阶级革命领导人克伦威尔、俄国沙皇彼得一世、普鲁士国王弗里德里希二世、英国军事著作家劳埃德、俄国大元帅苏沃洛夫、美国独立战争领导人华盛顿、普鲁士军事著作家比洛、奥地利军队统帅卡尔大公等，对这一时期军事思想的发展均产生过重要影响。在这些人中，有的提出军事是一门有规则可循、可知可学的科学；有的指出战争与国家的对内对外政策密切相关，主张战术服从战略，以公民军队取代雇佣军队，利用民众力量进行战争；有的强调作战方法必须随着火器的不断进步而创新；有的主张实行反映新兴资产阶级利益的治军制度，破除封建贵族的军事特权，设立随军牧师等。

近代欧洲军事思想变革的成果，集中体现在产生于 18 世纪末至 19 世纪前期的拿破仑战争艺术，以及克劳塞维茨所著《战争论》和若米尼所著《战争艺术概论》这两部军事理论名著之中。拿破仑一世凭借法国大革命所造成的新的社会条件，创立了使用广大民众力量进行战争的崭新作战体系。这一体系贯穿着依靠反对封建君主统治的广大民众支持和进行运动性作战的基本思想，在与欧洲大陆君主国反法联盟进行的战争中表现出强大威力，为封建制度下的旧式作战体系响了丧钟。克劳塞维茨和若米尼的著作均在总结拿破仑战争经验的基础上产生，标志着欧洲和世界近代资产阶级军事思想体系的基本确立。近代资产阶级军事思想体系，有其科学性，但很大程度上是借助于当时自然科学中的机械唯物论和人文科学中的唯心史观形成的，也夹杂着资产阶级的偏见。在这一时期，世界其他一些国家的军事思想也有较快的发展。如日本通过明治维新，大力引进欧洲的军事制度和军事理论，迅速实现了军事思想的近代化。

无产阶级军事思想，作为一种崭新的军事思想体系，也是在近代确立的。19 世纪中后期，为适应当时工人运动发展和无产阶级暴力革命的需要，革命导师马克思和恩格斯在研究哲学、政治经济学的基础上，对军事问题进行论述，共同创立了马克思主义军事理论。他们运用辩证唯物主义和历史唯物主义，首次正确揭示了战争和军队同社会生产方式之间的内在联系，阐明了军事领域的若干基本规律，确立了军事问题认识论和方法论的科学原则，创立了关于城市工人武装起义、无产阶级军队和人民战争及其战略战术原则的学说。马克思主义军事理论集中反映在马克思、恩格斯的《共产党宣言》《皮蒙特军队的失败》《共产主义者同盟中央委员会告同盟书》《德国农民战争》《1852 年神圣同盟对法战争的可能性与展望》《德国的革命和反革命》《中国革命和欧洲革命》《对塞瓦斯托波尔的围攻》《步枪史》《国际工人协会总委员会关于普法战争的第一篇宣言》《国际工人协会总委员会关于普法战争的第二篇宣言》

《法兰西内战》《反杜林论》《家庭、私有制和国家的起源》《欧洲能否军》等一系列著作中，也反映在马克思和恩格斯为《美国新百科全书》撰写的军事条目及关于军事问题的书信中。马克思主义军事理论的诞生，是人类军事思想发展史上一次划时代的伟大革命、为人们研究、解决军事领域的问题提供了科学的基本观点和基本方法、为无产阶级军事思想的发展奠定了坚实的理论基石。

19世纪中叶以后，世界列强竞相利用产业革命所提供的崭新物质技术手段，在全球加剧争夺势力范围，相应的军事理论开始产生。德国首相俾斯麦宣称，德国的切重大问题都只能通过"铁与血"的手段解决。日本首相山县有朋宣布，以朝鲜和中国等邻国国土为日本的"利益线"。世界资本主义体系在19世纪末至20世纪初发展到帝国主义阶段，对外扩张的各种军事理论大量出现。英国斯宾塞的"社会达尔文主义""社会有机论"和德国拉采尔的"地理环境决定论"认为、"优胜劣汰"是国际生活的"自然法则"，一个"健全的国家有机体"有权通过战争扩展自己的"生存空间"。美国马汉的海权论则提出，谁控制了海洋谁就能控制世界，为此必须大力发展海上力量。他的理论被美、英、日等国奉为国防发展的主导原则。罗斯福执政时期美国国家安全的指导原则由19世纪前期专注控制西半球，改变为追求全球扩张。

进入20世纪以后，随着垄断资本主义的进一步发展，帝国主义国家之间重新瓜分世界的争斗愈演愈烈，终于导致了第一次世界大战。这场大浩劫刚结束，帝国主义列强在签订各种和平条约和实行军备控制的同时，纷纷抢先发展坦克、飞机、潜水艇、航空母舰等机械化兵器并大量装备军队，种种新的战争理论也应运而生。英国麦金德提出"大陆心脏说"，认为谁控制了东欧和中亚，谁就能控制世界。德国纳地缘政治学家豪斯霍弗尔把这一学说加以利用和发展，为希特勒的侵略政策制造舆论。鲁登道夫提出"总体战"理论，强调动员国家一切力量、使用一切手段进行战争。意大利的杜黑、英国的特伦查德、美国的米切尔等人、认为空中力量在现代战争中有决定性作用，主张建立并优先发展独立的空军。英国的富勒和利德尔·哈特、法国的戴高乐和德国的古德里安等人，认为现代战争中的决定性制胜手段是高度装甲化机械化的机动突击力量。为此，古德里安提出"闪击战"理论，戴高乐主张把小型职业军队作为军队建设的发展方向。利德尔·哈特还提出"间接路线"战略，认为在战争指导上应尽量采取迂回回打击的方式。上述理论在第二次世界大战中得到一定程度的应用，并有所发展。

在这一阶段，无产阶级军事思想在世界范围内蓬勃发展。列宁在领导俄国十月社会主义革命和反对帝国主义武装干涉及国内战争中，从帝国主义和无产阶级革命时代的特点与俄国的实际出发，创立了关于战争与革命、武装起义和建设工农红军、实行全民战争等学说，为马克思主义军事理论谱写了新篇章。列宁代表性的军事著作有：《革命军队和革命政府》《莫斯科起义的教训》《社会主义与战争》《无产阶级革命的军事纲领》《战争与革命》《大难临头，出路何在?》《沉痛的但是必要的教训》《无产阶级革命和叛徒考茨基》《为战胜高尔察克告工农书》等。列宁逝世后，斯大林等在领导苏联工农红军和国防现代化建设中，在领导和指挥反对法西斯侵略的卫国战争中，继承和发展了马克思列宁主义的军事理论，制定了苏维埃国家军队和国防建设的基本原则，作出了关于决定战争命运的诸因素及其相互关系、战略与策略等问题的论述，全面建立起苏联军事思想体系。斯大林代表性的军事著作有：《在俄共（布）第八次代表大会上关于军事问题的演说摘要》《关于建立共和国的战斗预备队》《论俄国共产党人的战略和策略问题》《论中国革命的前途》《论红军的三个特点》《广播演说》《最高统帅部大本营指示信》《国防人民委员命令(第五十五号)》《伟大的十月社会主义革命二十七周年》和《在莫斯科市斯大林选区选举前的选民大会上的演说》等。世界其他一些国家的无产阶级政党在领导本国人民的革命武装斗争中,把马克思列宁主义军事理论的原理与本国的实际结合起来,创立了各具特色的军事思想。

二战结束以后,以美国、苏联为首的两大国际政治、军事集团之间长期进行冷战。战后初期,美苏等国家非常重视核武器的研制,围绕核战争以及核威慑条件下的常规战争提出一系列理论观点的看法。美国首先提出"核武器制胜"理论和"大规模报复"的战略理论。苏联提出未来战争是一场全面的火箭核大战。但是,在美苏核武器数量越来越多,英国、法国和中国都拥有核武器以后,核力量由比较悬殊到相对均势的发展变化,世界形成"恐怖的核平衡"。许多国家都认识到谁也不能轻易发动核战争,转而研究"有限核威慑"等理论,将目光重新转向常规战争。在战争指导原则方面,相继提出冷战理论、有限战争理论及特种战争理论等。在国防和军队建设方面,由原来的优先发展核武器,调整为既注重发展核军备,同时不放松发展常规力量,以适应打赢核威慑条件下不同规模和强度的常规战争的需要。这一时期,在广大第三世界国家和地区风起云涌的人民革命武装斗争中,游击战理论得到了进一步的发展。

20世纪中后期以后,随着新军事革命在世界范围内蓬勃兴起,大量高新技术普及应用,促使军事领域发生新的根本性变革。世界军事理论界逐步掀起对新军事革命的研究热潮,苏联的奥尔加科夫认为,高新技术的不断发展完善,将引起军事上的革命,对军队组织结构、指挥体制、武器系统和作战方式等产生根本性影响。他为世界新军事革命的首倡者。

冷战结束后,世界各主要国家都充分认清楚信息时代到来对军事域的重大影响,积极进行军事理论创新。美、英、法、德、印度等国家的军事理论家,对未来信息化战争等问题提出了一系列新的观点和看法,集中体现为着重探索信息化部战争的多客观规律及指导原则,探索在这种高新的战争形态下国防和军队建设的指导方针及原各国普遍认为,信息化战争动因更加复杂,战争规模和手段受到政治的严格控制、战场空间扩大,信息战将成为主要的作战样式。在战略手段上,各国强调信息在维护国家安全和未来战争中的作用。提出"混合战争""信息优势""信息威慑""信息防护"等一系列新概念。在作战思想上提出"基于效果作战""快速决定性作战""空地一体战""联合作战"等新的作战方式。在建军思想上,普遍认为要实现由机械化军队向信息化军队的转型建设。这有力地推动了现代军事思想的发展。

当前,世界新军事革命仍在蓬勃发展,信息化军事理论创新的热潮方兴未艾。未来军事思想必将在以信息化为核心的创新研究中获得更大发展。当前和未来一段时间信息时代的智能化武器装备研制与应用、信息化国防与军队建设理论、信息化作理论等将成为研究的重点内容,世界各国将会陆续推出一大批崭新的成果,外国军事思想将由此进入一个新的发展阶段。

二、外国事思想代表性著作

军事著作是军事思想最重要的载体。历史上,无数外国军事思想家注重撰写文章和书籍,记录自己的理论观点,形成了丰富的军事著作。其中,流传最广、影响最大的有以下一些经典著作。

（一）克劳的《战争论》

《战争论》是普鲁士军事理论家、军事历史学家克劳塞维茨（1780—1831 年）的著作。在书中，克劳塞维提出了"战争无非是政治通过另一种手段的继续"的著名论断；比较系统地探讨时了战争的目的，论证了消灭敌人和保存自己的关系；阐述了民众战争的作用及使用原则；认为指导战争必须考虑精神的和物质的要素，物质要素是"刀柄"，统帅的才能、军队的武德和民族精神等精神要素才是"刀刃"，打败敌人就是要剥夺对方的抵抗意志；强调集中兵力是首要的战略原则；兵力优势是战争中普遍的制胜因素，防御是较强的作战形式，注意处理好进攻防御的关系；论证了战争是充满烈性、偶然性、作为政治工具的从属性和各种"阻力"的领域．军事原则不是死板的规定，不能把战争艺术变成机械的公式计算；军事知识只有浓缩成为简明的原则才有用无害、军事理论应当是一种思考而不是现成的"脚手架"；批判地考察战史是军事理论研究的基础。克劳塞维茨运用辩证的方法对战争的定义、目的、手段，军事艺术的划分，战略要素，战争中的攻防和会战的地位、特点等作了系统阐述，提出了许多正确的见解，反映了资产阶级上升时期军事思想的革新精神，对资产阶级军事思想体系的确立起了极其重要的作用，在世界上具有广泛的影响。

（二）若米尼的《战争艺术概论》

若米尼（1779—1869 年），是出生于瑞士的军事理论家、军事历史学家。他撰写了军事理论名著《战争艺术概论》。在书中，若米尼总结了法国革命战争和拿破仑战争的经验，创立了 19 世纪初期的战争艺术理论，提出了不少具有普遍指导意义的作战原则。书中论证了军事领域的一些基本原理及其应用规则，同时又指出不能把这些原理和规则当成绝对化的公式；提出了战争指导上的若干原理、强调战争艺术应首先考察国家的战争政策和影响战争胜数的多种因素；指出各种不同类型战争的规律是有区别的，全民参加的民族战争具有最可怕的力量；对战争艺术的内容体系做了新的划分，提出了有关战略、战术以及军队建设的一系列基本原则。若米尼的军事思想有较强的生命力和深远的影响，为不少国家所重视。但由于时代的局限性，带有某些形而上学和机械论的色彩。例如，认为某些战争艺术的规律是永恒不变的，夸大统帅在战争中的作用，低估政治、经济因素对战争的影响等。

（三）马汉的《海权论》

马汉（1840—1914 年），是美国军事理论家、军事历史学家。他撰写了多部关于海权论的著作。如《海权的影响与 1812 年战争的关系》和《海军战略》等。他的理论被总称为"海权论"。马汉强调海洋的重要性和控制海洋的意义。他在书中提出，海权是历史发展的一个决定性因素，海军战略的目标是保证国家获得平时和战时的海权。马汉认为，海上作战最重要的任务是掌握制海权，而掌握制海权有赖于强大的海军。他主张美国突破传统的近岸防御思想的束缚，建设一支具有进攻能力的强大海军，首先控制加勒比海和中美地峡，进而向太平洋扩张，在大西洋上则与海上强国英国相互协调，以左右欧洲形势。马汉认为，海军战略的基本要素是集中、中央位置、内线、海上交通线。海军的存在是为了进攻，防御只是进攻的准备。海军战略的关键是平时和战时建立并发展国家的海上力量。马汉的军事思想适应 19 世纪末 20 世纪初美国垄断资本向海外发展的需要，是当时各届美国政府制定对外政策和海洋战略的重要依据，对美国军事思想和其他许多国家的海军理论都产生了重要影响。马汉的军事思想具有时代和阶级的局限性，在一定程度上是为资本主义国家争夺海上权提供帮助的。他还认为原理是"永恒不变"的，并过分夸大海上力量和舰队决战的作用。

（四）杜黑的《制空权》

杜黑（1869—1930 年），是意大利军事理论家。在 20 世纪初，飞机刚发明不久，他敏锐地意识到空中战争的到来。早在 1909 年，杜黑就提出，天空将成为重要性不次于陆地和海洋的另一个战场，制空权将变得和制海权同等重要；航空兵的重要性将日益提高，它不仅是一种辅助力量，而且是军种大家庭中的第三位兄弟。第一次世界大战结束后，杜黑全面研究此次战争的经验和军事航空技术的发展，同时研究未来欧洲战争及意大利的地理环境和国防态势，并撰写一系列著作，合编为《制空权》一书。他的军事思想由初期强调空军的重要性，发展为系统完整的空中战争论。杜黑认为，飞机用于战争，彻底改变了战争面貌，是战争发展史上的转折点；未来战争中，夺取制空权的斗争极端重要；空军是一支进攻性力量，不适用于防御。建设强大的商业航空，作为空军的后备。发展民用航空，吸引民众关心航空建设。建立产品供出口的航空工业，以便使航空技术保持先进水平。《制空权》集中反映了早期制空权理论的基本观点，从战略高度论述了空军建设和作战使用方面的许多问题，是资产阶级空军理论的奠基之作，在军事学术史上占有重要地位。但它也存在过分夸大空军作用等缺点。

第三节　中国古代军事思想

中国古代军事思想是指中国在奴隶社会、封建社会时期，各阶级、民族、政治集团及其军事家、兵学家关于战争、军队和国防等一系列军事问题的系统理性认识。中国古代经历了许多战争，积累了极其丰富的战争经验，涌现出了许多著名的军事家和军事理论家，形成和发展了中国古代军事思想。

一、中国古代军事思想的主要内容

古代军事思想概括了有关战争和军队的全部理论，包括关于战争的性质及其基本规律的理论，关于指导战争的准备和实施的计谋战略、战术理论，关于国防建设和军队建设的理论等。至今有许多精辟名言，不仅仍在军事生活和军事斗争中广为流传，而且在非军事领域内也被广泛地应用着。它是我们文明古国的骄傲，是中华民族宝贵的历史文化遗产，也是世界军事宝库的重要组成部分。

（一）战争的性质理论

古代军事思想中对决定战争胜负因素的问题十分重视，并达到了相当高的认识水平。《孙子兵法》中指出：用兵打仗要"经之以五事，校之以计，而索其情"，即必须从客观实际出发，分析、比较敌对双方的各种条件，以探求战争胜负的可能性。所谓"五事"，即"道、天、地、将、法"；所谓"计"，即"主孰有道、将孰有能、天地孰得、法令孰行、兵众孰强、士卒孰练、赏罚孰明"七个方面的情况。所有这些，都是客观存在于战争双方并关系到战争胜败的因素。特别值得指出的是，孙子把"道"这个属于政治范畴的重要条件放在首位。

（二）战争谋略的理论

古代军事家关于战争的战略战术的论述，有许多观点是十分有见地的。如"不战而屈人之兵"的威慑论；"上兵伐谋"，"以'全'争于天下"的全胜论；"致人而不致于人"，"制人者，握权也；见制于人者，制命也"的掌握战争主动权论；等等。各种论述均从不同的侧面和角度论述了战争谋略和战术。

（三）军队管理的理论

古代军事家重视将帅的选拔，十分看重将帅在战争中的作用。《孙子兵法》指出："兵之将，民之司命，国家安危之主也。"并提出了选拔将帅的标准："将者，智、信、仁、勇、严也。"《三略》认为贤将要具备十二能：能清、能静、能平、能整、能受谏、能听讼、能纳人、能采言、能知国俗、能图山川、能表险滩、能制军权。古代军事家关于治理军队的理论，主要体现在两个方面：一是把严明军纪作为治军的重要原则，二是把加强军队训练作为治军的一个重要方面。

二、中国古代军事思想的发展历程

与社会形态相适应，中国古代军事思想的形成与发展，经历了萌生、形成、充实提高、系统完善四个时期。

（一）萌生时期——夏、商、周时期的军事思想

大约在公元前 21 世纪至公元前 8 世纪的夏、商、周时期，是中国古代军事思想的萌生时期。

（1）出现了军队。第一个奴隶制国家夏王朝建立后，出现了夏王统治的常备军。夏启继承王位后，由部落成员参加的战争转变为由军队进行的战争。商代军队开始庞大起来，由商王指挥的军队，分为左、中、右三军，共 3 万余人，军队编制的最大单位是师。西周时代已有军、师、旅、卒、两、伍的编制，周王朝的常备军达 14 万多人。

（2）出现了车战。文献记载，商代后期，车战已成为主要作战方式，西周军队主力是战车兵。车战一般只在平原进行，根据地形条件将战车列成方阵，作战时通常是对攻。在作战指挥上，西周中、晚期已用金鼓旌旗。

（3）运用军事谋略。据载，商灭夏，先攻取夏的属国，后伺机决战。周灭商采取由近及远、先弱后强地剪除对方羽翼的谋略，然后趁商王室内部纷乱、商都空虚之机，联合诸侯大举东征。

（4）军事文献开始出现。古代军事思想散见于国家的典章法令和其他文献之中。《易经》的卦辞和爻辞中就有一些反映商、周之际谋略思想的内容。中国古代最早的文献汇编《尚书》和诗歌总集《诗经》记述了夏、商、周三代一些军事理论片段和零星的谋略思想及战争情况。春秋以前已有专门的军事文献《军志》《军政》。《军志》主张允当则归，知难而退；有德不可

敌，先人有夺人之心，后人有待其衰等。《军志》中提出言不相闻，故为金鼓；视不相见，故为旌旗等原则。《军志》和《军政》等专门兵书的问世，是中国古代军事思想萌生的重要标志。

（二）形成时期——春秋战国时期的军事思想

大约从公元前8世纪至公元前3世纪的春秋战国时期，是中国古代军事思想的形成时期。随着生产力的发展，在由奴隶制向封建制过渡的社会大动荡、大变革中，各诸侯国都大力发展军事力量，以图争霸称雄，战争极为频繁。著名的战例主要有：长勺之战、泓水之战、城濮之战、柏举之战、桂陵之战和马陵之战等。由于战争规模的扩大和战争方式的改变，产生了专门指挥作战的将领和军事家。著名的军事家和名将主要有：春秋时期的孙武，战国时期的吴起、孙膑、尉缭子等。战争实践不仅促进了军事技术、军队的组织和战略战术的发展，而且将我国古代军事思想推向了高潮。

军队的组织制度初步完善。春秋战国晚期，开始进入以铁兵器代替铜兵器的时代。为适应军事技术和战争的客观要求，军队在组织制度方面进行了一系列的改革。主要是改革了车兵为主的体制，相继出现了步兵、舟师和骑兵等兵种；改革了兵制，春秋战国后期已逐渐打破了"国人"从军的旧制，普遍实行郡县征兵制，并采取募兵制，军队和常备军逐渐扩大。春秋战国末期，齐、鲁等拥有兵车两三千乘，楚国达五千乘，齐、燕各有带甲步兵数十万，秦、楚号称"带甲百万"，各国竞相扩编常备军，出现了专职将帅统兵作战。

战略战术的原理、原则更加系统。这主要表现在谋略、作战样式和战法等方面。在谋略方面，逐渐否定了重信轻诈等用兵之道，重视审时度势、因利乘便，如晋国欺骗虞国，假途灭虢回师灭虞；注意军事斗争和外交斗争相结合以及敌友力量的分化组合，以军事实力为后盾举行数国谈判和多国会议。在作战样式上，春秋战国末期将战车上的甲士改编为徒兵，易车战为步战；春秋战国后期，步战已成为主要作战样式，车、步、骑配合，水陆并用；春秋战国之际，城寨攻防成为重要的作战样式。在战法方面，逐步突破商、周以来的两军对阵、正面攻击的惯例，采用了两翼突破、再捣中坚，设伏诱敌、乘势歼灭，疲敌而击、后发制人等。坚守要害和利用城池防御，有的还挖地道作战。在阵法上，春秋战国初期，创造了有名的鱼丽之阵。春秋战国之际，为适应战争指导的需要，大量反映军事思想的军事理论著作相继问世，《孙子兵法》是其中杰出的代表。这部名著中的军事思想和哲学思想，都达到了当时的最高水平，成为后世兵书的典范。继《孙子兵法》之后，战国时期兵书中具有代表性的有《吴子》《孙膑兵法》《尉缭子》《六韬》等。

（三）充实提高时期——秦汉至五代时期的军事思想

公元前3世纪至公元10世纪中期，经历了秦、汉、三国、两晋、南北朝、隋、唐和五代等朝代。发生的著名战例主要有：成皋之战、昆阳之战、官渡之战、赤壁之战、淝水之战等。著名的军事人物有：蒙恬、韩信、曹操等。主要的军事著作有《三略》《李卫公问对》和《太白阴经》。中国古代军事思想的发展，在这一时期主要表现在战略战术、整理兵书和注释《孙子兵法》等方面。

（1）战略战术的发展。秦统一六国和汉唐封建社会的进一步发展，特别是公元808年火药在中国首先研制成功，并于公元904年首次用于战争，秦汉时把全国军队区分为京师兵、州郡兵和盘防兵，始于西汉盛于三国的军事屯田制度，南北朝时创立的府兵制，西汉时骑兵一度成为主要兵种等，都有力地促进了战略战术的发展。秦、汉、晋、隋、唐等时期，统一全国的几次大规模战争分别成功地运用了由近及远、各个击破，避实击虚、声东击西，水陆并进、分进合击，先疲后打、奇兵突击，以及骑兵长途奔袭，步骑配合实施奇袭和用车结营制骑兵等战法。还有几次大规模渡江作战和农民起义等，对战略战术的发展也做出了贡献。

（2）整理兵书和注释《孙子兵法》。西汉王朝深知兵书的重要，立国之初就命张良、韩信整理兵法。这是我国历史上第一次由政府组织整理兵书。当时，共搜集到 182 家兵书，其中战国时期兵书占大多数，经过删取，选定了 35 家。后来经步兵校尉任宏重新编制分类著《兵书略》，把兵书及其著作分为权谋家、兵形势家、兵阴阳家和兵技巧家等四大类。三国的曹操注释《孙子兵法》，开启了注释先秦兵书的先河。整理兵书和注释《孙子兵法》是中国古代军事思想发展的一个重要标志。

（四）系统完善时期——宋代至清代前期的军事思想

公元 10 世纪至 19 世纪中叶，经历了宋、辽、西夏、金、元、明、清前期等朝代。此期间著名的战争有：宋攻灭南唐之战、朱元璋北上灭元之战、郑成功收复台湾。著名的军事人物有：成吉思汗、朱元璋、努尔哈赤。著名的军事著作有：《武经总要》《武经七书》《纪效新书》《练兵实纪》《阵纪》《登坛必究》《武备志》等。宋代至清代前期，中国古代军事思想的发展，主要表现在谋略和战术以及军事思想研究等方面。

（1）谋略和战术的发展。从北宋至第二次鸦片战争的近 900 年中，战争频繁，加之北宋初火器用于战争，开始了战史上火器与冷兵器并用的时期，指南针在 11 世纪已用于舟师导航等，从而促进了谋略和战略战术的发展。在谋略方面，赵匡胤建立宋王朝后，以军事实力为后盾，先消灭荆南和潮南两个政权，而后按先南后北、各个击破的方略统一全国。元末农民领袖朱元璋建立以金陵为中心的根据地，积粮练兵，扩充实力；进而利用矛盾，以军事进攻和政治攻心相结合的方式逐次消灭对手，尔后以先剪羽翼、后捣腹心的策略，北上灭元。明末农民领袖李自成，采取先取关中、再攻山西，先消灭明军主力、后夺京师的战略，灭亡了明朝。在战术方面，元末明初，朱元璋的军队创造了火器与冷兵器相结合的水战战术、野战战术和攻城战术等；戚继光提出了以火器为先，冷兵器中以长兵器为先，兵器配置要以长护短的原则；明末徐光启对使用火炮守城提出了以台护铁、以锐护城、以城护民的原则；骑兵战术在北方少数民族军队中有很大发展，到成吉思汗时，骑兵的远程奔袭、快速突击、迂回包抄、在野战中歼敌的战法，已发展到一个新的水平；军队指挥增加了运用火力、组织火器与冷兵器之间以及不同兵种之间的协同等。

（2）兴办武学和军事思想研究的发展。宋朝自公元 1072 年正式兴办武学，教育学生攻读历代兵法，研究军事思想，训练弓马武艺。北宋前期，提倡文武官员研究历代"军旅之政，讨伐之事"，并编撰出中国第一部新型兵书《武经总要》，其后又将《李卫公问对》《三略》与先秦时期的《孙子兵法》《吴子》《司马法》《尉缭子》《六韬》五部兵书汇编为《武经七书》，作为武学的必修课程。明代后期，因日本的威胁，欧洲殖民者的挑衅，促使一些有识之士研究军事，有许多军事著作问世，主要有：最早提出御近海、固海岸、严城守的海防战略兵书《筹海图编》；练兵教战、用器、布阵的《纪效新书》《练兵实纪》《阵纪》；近似军事百科全书性质的著作《武备志》等。鸦片战争前夕，还出现了一些总结实战经验或论述防务、训练的兵书，如《洋防辑要》和《筹海初集》等。

三、代表性著作——《孙子兵法》

《孙子兵法》产生于春秋末期，是目前世界现存最古老、最著名的兵书，被公认为东方的"兵学圣典"。作者孙武，字长卿，齐国乐安（今山东惠民）人。据《史记》记载，孙武经伍子胥介绍，"以兵法见于吴王阖闾"，"阖闾知孙子能用兵，卒以为将"。《孙子兵法》以朴素的唯物主义辩证法思想，从战争的实际出发，总结和揭示了战争的普遍规律和基本的战略战术原则，同时具有深刻的谋略内涵、道德内涵和哲学内涵，具有超越所处时代的思想性和创造精神，至今仍被人们广泛而深入地研究。

（一）《孙子兵法》产生的时代背景

春秋时期的政治情况主要表现为奴隶制没落，封建制兴起。《史记·周本纪》记载，西周灭亡以后，周天子的权力逐渐失去了权威，出现"周室衰微，诸侯强并弱，齐、楚、秦、晋始大，政由方伯"的政治局面。此时西方戎族、北方狄族和南方蛮族构成了对华夏诸国的严重威胁，齐桓公、晋文公等五霸的相继登场正是这一社会政治现象的反映。

春秋时期的经济情况表现为生产有了较大的发展。由于铁的利用、牛耕的推广、生产技术的改进、水利灌溉能力的提高等，使得当时社会经济生活中占主导地位的农业迅速地发展起来，并带动和促进了手工业和商业的发展，从而促进了整个社会经济的迅速发展。经济上的变革导致阶级关系随之发生变动，部分奴隶主逐渐转化为封建代表人物，并为战争提供了物质基础，如铜兵器质量的提高和弓箭射程的增大，铁制兵器的出现。这些都为各诸侯国扩充军队、改善装备、扩大战争规模提供了物质技术优势。

春秋时期的战争大体有三大类：一是诸侯国兼并与大同争霸的战争，二是新兴地主势力向奴隶主夺取政权的战争，三是奴隶起义的战争。战争的结果是：旧势力逐步没落衰亡、新势力逐步发展壮大，加速了奴隶社会向封建社会转型的进程。

新兴地主阶级为了军事斗争的需要，对军事思想提出新的要求，而频繁的战争为发展军事思想提供了有利条件。《孙子兵法》正是适应这一历史要求，在这样一个特定的历史条件下产生的。

（二）《孙子兵法》的思想精华

《孙子兵法》有13篇，共6100余字。

《计篇》主要论述了研究和谋划战争的重要性，强调先计后战，并提出了"兵者，诡道也"，"攻其无备、出其不意"的军事名言。

《作战篇》从战争对人力、物力和财力的密切依赖关系，着重论述了"兵贵胜、不贵久"的速胜论思想，并提出了"因粮于敌"的原则。

《谋攻篇》主要论述了筹划进攻的策略，并强调了以智谋取胜的战略方针，揭示了"知彼知己，百战不殆"的战争规律。

《形篇》主要论述军队在作战原则上，要时刻掌握主动权，使自己立于不败之地，然后寻求打败敌人的可乘之机，以压倒的绝对优势打击敌人，达到"自保而全胜"的目的。

《势篇》主要论述在军事实力的基础上，只有充分发挥指挥员的聪明才智，制造和利用有利态势，才能出奇制胜地打击敌人。

《虚实篇》主要论述在作战指导方针上必须"避实而击虚""因敌而制胜"，以调动敌人而不被敌人所调动，主动灵活地打击敌人。

《军争篇》主要论述的是对立的两军如何争取胜利的问题。其核心是力争时刻掌握战场上的主动权，并提出了"避其锐气，击其惰归"的军事原则。

《九变篇》主要论述了要根据情况的变化灵活用兵的原则，提出了有备无患的备战思想。

《行军篇》主要论述了行军作战的要领和观察判断敌情的方法，并提出"令之以文，齐之以武"的治军思想。

《地形篇》主要论述了军队在不同地形条件下的行动原则，强调将帅要重视对地形的研究和利用。

《九地篇》主要论述了在九种不同的作战区域的用兵原则，并强调了"兵之情主速""并敌一向，千里杀将"等问题。

《火攻篇》主要论述了火攻的种类、目的、条件和实施方法，同时提出了"主不可以怒而兴师，将不可以愠而致战"的慎战思想。

《用间篇》主要论述了使用间谍的重要性及其方法，强调了侦察敌情的重要性，并提出了"先知敌情""不可取于鬼神""必取于人"的朴素唯物主义观点。

《孙子兵法》13篇，篇次有序，立论有体，是一部独立完整的兵书。其主要军事思想精华为：揭示了以"道"为首的战争制胜条件，揭示了"知彼知己"的战争认识方法，提出了以"致人而不致于人"为核心的一系列作战原则，反映了战争问题上的朴素唯物论和辩证法。

(三)《孙子兵法》的学术地位及深远影响

《孙子兵法》的问世，标志着独立的军事理论著作从此诞生，在世界军事史上具有划时代的意义。与色诺芬（前403—前355）的号称古希腊第一部军事理论专著《长征记》、罗马军事理论家弗龙廷（约35—103）的《战略物说》、韦格蒂乌斯（4世纪末）的《军事简述》相比，它不仅成书时间要早，学术性要强，而且有独特新颖的思想体系、深邃的军事观点，科学揭示了军事领域的一些基本规律，成为后世兵书的典范。它的理论意义，不仅跨越了奴隶制时代和封建时代，而且至今仍有宝贵的借鉴作用和一定的指导意义。因此，在世界军事思想史上，产生了极为深远的影响。

《孙子兵法》在唐朝中期传入日本，18世纪下半叶传入法国，后来又传入俄、英、德等国，成为近代资产阶级军事思想的一个源泉。美国约翰·柯林斯在1973年出版的《大战略》中说："孙子是古代第一个形成战略思想的伟大人物。《孙子兵法》的十三篇可与历代名著包括2200年后克劳塞维茨的著作媲美。今天没有一个人对战略的相互关系、应考虑的问题和所受的限制比孙子有更深刻的认识，他的大部分观点在我们的当前环境中仍然具有和当时同样重大的意义。"

第四节　当代中国军事思想

一、毛泽东军事思想

（一）毛泽东军事思想的科学内涵与价值

毛泽东是伟大的马克思主义者，是伟大的无产阶级革命家、战略家、军事家和理论家，是中国共产党、中国人民解放军和中华人民共和国的主要缔造者。他为中国革命战争的胜利立下了不朽的功勋，为世界被压迫民族的解放和人类的进步事业做出了卓越的贡献。领导中国革命战争是毛泽东整个革命活动中最精彩的篇章。他集伟大的统帅、军事家和军事理论家于一身，不仅指导中国革命战争、人民军队建设取得了伟大胜利，而且是中国革命军事理论的奠基人和集大成者。据不完全统计，仅在土地革命战争时期和解放战争时期，毛泽东组织指挥和参与组织指挥的战役战斗就达 239 次之多，从 1927 年到抗美援朝战争时期，他亲手撰写的尚存的军事论著和指挥作战的文电就达 5000 余篇，约 400 万字。在新的历史条件下，学习和研究毛泽东军事思想，完整准确地掌握其科学体系，对继承和发展毛泽东军事思想，用以指导当前和今后的军事斗争，具有极其重要的意义。

毛泽东军事思想是以毛泽东为代表的中国共产党人关于中国革命战争和军队问题的科学理论体系，是马列主义的基本原理与中国革命战争具体实践相结合的产物，是中国革命战争和军队建设实践经验的科学总结，是以毛泽东为主要代表的中国共产党人集体智慧的结晶，同时又是毛泽东思想的重要组成部分。

（二）毛泽东军事思想的主要内容

毛泽东军事思想是一个科学的体系，它包括无产阶级的战争观和方法论、人民军队、人民战争、人民战争的战略战术和国防建设等内容。

1.无产阶级的战争观和方法论

毛泽东指出，战争是从有私有财产和有阶级以来就开始了的，用以解决阶级和阶级、民族和民族、国家和国家、政治集团和政治集团之间在一定发展阶段上的矛盾的一种最高斗争形式；在阶级社会中，离开革命战争就不能完成社会发展的飞跃；革命的中心任务和最高形式是武装夺取政权。这些关于战争本质的认识，是中国人民进行革命战争的基本依据。

毛泽东认为，战争这种特殊的社会活动形态较之其他社会现象更难捉摸，更少确定性，即更带随机性。但是，战争是一种物质的必然运动，是可以认识的。军事理论来源于战争实践，战争规律是客观实际在人们头脑中的反映。研究和指导战争必须从敌我双方各方面的情况出发，探索战争的客观规律，并按照这种规律去指导战争。不同的战争有不同的规律，我们不但要研究一般战争的规律，更要结合当时当地的战争实际，研究特殊的战争规律。在计划与实施作战中，认识的对象必须包括敌我两个方面。认识情况的过程不但存在于军事计划建立之前，而且存在于军事计划建立之后，要按照侦察、判断、决心、部署的逻辑顺序，不断深化对战争的认识，解决主客观之间的矛盾，实施正确的战争指导。毛泽东把唯物辩证法纯熟地运用于军事，形成了具有中国特色的无产阶级战争观、战争问题上的认识论和方法论。它是毛泽东军事思想的理论基础，是无产阶级研究和指导战争的思想武器。

2. 人民战争思想和人民军队思想

毛泽东把人民群众是历史的创造者这一马克思主义的基本原理运用到战争领域，确立了在共产党领导下，动员、组织与武装群众进行人民战争的思想。以建立农村根据地作为坚持革命战争的战略基地，实行党政军民一元化领导，以武装斗争为中心，全面担负组织武力与使用武力的责任，实行正规军与游击队、民兵相结合，主力兵团相结合，武装群众与非武装群众相结合，把各种形式的斗争同武装斗争这个主要的斗争形式直接或间接结合起来。由此可见，中国共产党领导的人民战争完全不同于历史上任何自发的人民战争，而是具有鲜明的革命性、科学性、组织性和广泛性的特点。人民战争思想反映了革命战争的客观规律，是中国共产党进行战争的根本指导路线。

毛泽东把建立人民军队作为首要问题提出，强调"没有一个人民的军队，便没有人民的一切"。建军初期，他就着手解决把以农民为主要成分的革命军队建设成为无产阶级性质的人民军队的问题。经过三湾改编和古田会议，人民军队的建军思想开始确立，并在以后的斗争实践中逐步完善，形成一整套人民军队的建军原则。它主要包括：坚持共产党对军队的绝对领导；坚持全心全意为人民服务的宗旨；执行以战斗队为主，在一定条件下又是工作队、生产队的任务；建立革命的政治工作，明确党领导下的军事工作和政治工作具有同等地位，必须紧密结合；强调政治工作是以革命精神教育部队，从思想上、政治上、组织上保证党的路线、方针、政策的执行和军事任务的完成；以官兵一致、军民一致、瓦解敌军为政治工作三大原则；拥政爱民，遵守三大纪律八项注意；严格要求发扬勇敢战斗、不怕牺牲和艰苦奋斗的优良作风；等等。坚持和实行这些原则使这支新型军队永远保持人民军队的本质，具有坚强的战斗意志，得到人民的拥护和支援，永远立于不败之地。

3. 人民战争的战略战术思想

人民战争的战略战术，体现了毛泽东人民战争思想的战略指导原则和作战方法，是毛泽东高超的战争指导艺术在人民战争中的体现，揭示了中国革命战争的指导规律，是毛泽东军事思想中十分精彩的部分，其内容非常丰富。

(1) 战略上蔑视敌人，战术上重视敌人，保存自己，消灭敌人

毛泽东科学地指出，帝国主义和一切反动派既是"纸老虎"，又是"真老虎"。这一论断规定了人民战争的战略战术原则。在战略上，敌人是"纸老虎"，我们要蔑视它，建立敢斗必胜的信心。在战术上，敌人又是"真老虎"，我们要重视它，注意善斗善胜的方法，讲究斗争艺术。敌我双方战争力量的强与弱，是绝对性与相对性的统一。在特定的时间和空间内，作战双方总有一方强一方弱。强的一方形成战争的主动与进攻态势，弱的一方则处于被动和防御态势，这就是绝对性。但在构成战争力量的诸因素中，往往都是有强有弱、强弱并存、强中有弱、弱中有强。总体上强，某些局部上有弱；总体上弱，某些局部上有强，这就是相对性。毛泽东在指导弱小的人民军队抵抗强大的敌军时，在充分认识绝对性和相对性的基础上，通过巧妙的指导艺术，抑制和削弱敌之强点，扩大和利用敌之弱点，并同时增加和扩大我军之强点，弥补弱点，先以我之局部的强，打击敌之局部的弱，一战取胜。然后照此原理，各个击

破，逐步削弱敌人整体上之强，最后完成整体上由弱变强的转变。这种战略和战术上的巧妙结合和运用，便造成敌人由"真老虎"向"纸老虎"的转化，取得我胜敌败的结局。

保存自己、消灭敌人，是战争的目的。消灭敌人的含义是指解除敌人的武装，剥夺敌人的抵抗能力，不是要完全消灭敌人的肉体。毛泽东指出，保存自己、消灭敌人是战争的目的和本质，"是战争的基本原则，一切技术的、战术的、战役的、战略的原理原则"。进攻，是直接为了消灭敌人，同时也是为了保存自己。防御，是直接为了保存自己，同时也是辅助进攻或准备转入反攻以有力杀伤敌人的一种手段。两军相争的实质就是争夺战争中保存自己、消灭敌人的有利时机。毛泽东用辩证唯物主义的方法，将两者统一起来，指明这是对立统一于同一矛盾体之中的关系。"保存自己的目的，在于消灭敌人；而消灭敌人又是保存自己最有效的手段。"战争的多数场合，消灭敌人是优先考虑的原则，是第一位的，保存自己是第二位的。但在特定条件下保存自己上升到第一位，比如在敌我力量悬殊的情况下，不能与敌人硬拼，需要后退摆脱敌人，这时保存自己就处于优先考虑的地位。

（2）积极防御，集中优势兵力，以歼灭战为作战方法

开始时敌强我弱的条件，决定了人民革命战争在较长的时间内总体上处于劣势和防御地位。如何采取正确的防御方法，促使由被动向主动方面转化，是战略指导的中心任务。毛泽东将防御与进攻巧妙地结合起来，实行防中有攻的"积极防御"方法。而只有防御不求进攻的方法叫作"消极防御"。积极防御战略思想的基本精神是从自卫的后发制人的立场出发，在敌强我弱的总形势下，将战略上的防御与战役战斗上的进攻紧密结合起来，以积极的攻势行动抗击敌人，不断消灭和消耗敌人，转化敌我力量对比，夺取战略主动权，并适时地把战略防御导向战略反攻和进攻，彻底消灭敌人，夺取战争的全面胜利。

集中优势兵力的目的是为了各个歼灭敌人。毛泽东在指导战争中，确定了把歼灭战作为我军基本的作战方针。在战役的总体上，以歼灭战为主，以消耗战为辅。集中优势兵力与各个歼灭敌人，二者是不可分割、辩证统一的。只有集中优势兵力，才能达到各个歼灭敌人的目的；只有各个歼灭敌人，才能形成和保持兵力的优势。在敌优我劣的情况下，要使我军由战略上的弱者变为战役战斗上的强者，最根本的办法就是集中优势兵力，各个歼灭敌人，在战役战斗上实行外线速决的进攻战，达到以多胜少、以强胜弱、速决歼敌之目的，然后转移兵力，再击他路。随着时间的推移，逐渐改变敌我力量对比，使我军变为战略上的优势，赢得战争的主动权。连续三年半的解放战争，只有120万兵力的人民解放军，歼灭敌军807万人，取得了战争的胜利。

（3）慎重初战，不打无准备、无把握之仗

初战，是指战争或战役的第一仗。首战获胜，对己会产生极大的鼓舞作用，对敌士气则产生沉重打击。初战胜负，对随后战争或战役的发展影响极大。因此，毛泽东非常重视初战，他提出了初战三个原则：第一，必须打胜；第二，必须照顾全战役计划；第三，必须照顾下一战略阶段。毛泽东不打无准备无把握之仗的原则具有普遍意义。他指出："每战都应务求有准备，力求在敌我力量对比下有胜利的把握。""准备"与"把握"是紧密相连的，作战胜利的把握建立在事先有准备的基础之上。"准备"的内容，包括人力、物力的准备，包括敌情侦察和了解，包括作战对象、作战地域、作战时机和作战方向的选择，包括兵力的部署与展开以及作战方法的确定、预做几套方案和临机处置的办法等。准备的程度，从敌我对比中，以我有把握取得胜利为前提。准备的立足点要从困难处着眼，估计最困难、最危险的可能

性，预备解困的方案。在作战实践中就能措置裕如，解困排险，争取最好的结局。

4.毛泽东军事辩证法

军事辩证法是毛泽东军事思想的精髓。军事辩证法这一科学概念是毛泽东首先提出来的。1936年，他在陕北红军大学以"军事辩证法"为题作过讲演。他说，军事辩证法是运用马克思主义哲学，结合战争实践经验研究战争和战争指导规律的学问。后来发展成一门独立的学科。军事辩证法是关于军事领域矛盾运动的一般规律的科学，是唯物辩证法一般原理在军事领域的运用和特殊表现，是各门具体的军事科学的理论基础，是认识战争和指导战争的方法论。毛泽东军事辩证法对马克思主义军事辩证法的主要贡献，首先在于把无产阶级丰富的战争经验升华为科学理论，其次是把这个理论逐步充实完善，使之成为既包含一般军事辩证法基本原理，又具有中国特色的军事辩证法，比以往一切军事辩证法思想都更加丰富、更加系统、更加完善，详尽地阐述了马克思主义的战争观，确立了认识和研究战争规律的基本方法，提出和完善了战略学和战术学中的唯物辩证法诸范畴，等等。

（1）毛泽东的战争观

毛泽东坚持马克思主义战争观，对战争的起源、战争的本质、对待战争的态度及消灭战争的途径等一系列问题作了深刻的探讨和科学的论述。

①战争的起源和现代战争的根源。毛泽东指出："战争——从私有财产和有阶级以来就开始有了。"私有财产和阶级的出现，是发生战争的根本原因；只要有私有制和阶级存在，战争就不可避免。

②战争的本质和目的。毛泽东认为："战争本身就是政治性质的行动，从古以来没有不带政治性的战争""政治是不流血的战争，战争是流血的政治。"任何战争都有它的政治目的。毛泽东指出："政治发展到一定的阶段，再也不能照旧前进，于是爆发了战争，用以扫除政治道路上的障碍""障碍既除，政治目的达到，战争结束，障碍没有扫除得干净，战争仍须继续进行，以求贯彻"。战争是手段，政治是目的。

③战争的性质和对待它的态度及消灭的途径。毛泽东提出："历史上的战争分为两类，一类是正义的，一类是非正义的。一切进步的战争都是正义的，一切阻碍进步的战争都是非正义的。"判定某一战争的性质，决不能单看战争发动者的言辞，也不能把军事上的进攻和防御作为区分战争性质的标准，必须看它在当时的历史条件下是否有利于解放生产力，是否推动人类社会向前发展。

毛泽东指出："我们是坚持和平，反对战争的。但是，如果帝国主义一定要发动战争，我们也不害怕。"今后，有谁胆敢对我国发动侵略战争，我们必将用反侵略战争给以坚决的回击，彻底消灭侵略者。毛泽东还就人类的永久和平作了科学的展望。他指出："人类社会进步到消灭了阶级，消灭了国家，到了那个时候，什么战争也没有了，反革命战争没有了，革命战争也没有了……这就是人类永久和平的时代。"

（2）毛泽东的战争方法论

毛泽东关于研究和指导战争的方法论，就是毛泽东提出的认识战争和指导战争的根本方法。他运用辩证唯物主义和历史唯物主义观察和解决战争指导问题，形成了战争问题的认识论和方法论。

①认识和掌握战争的规律性。毛泽东认为，战争作为一种社会历史现象，同自然界和其他社会活动一样，是有规律可循的。战争规律就是战争产生发展进程中各个方面的本质联系

及其必然趋势。战争规律是战争双方在政治、军事、经济、自然条件等因素上的内在联系，它贯穿于战争始终，规定着战争发展的必然趋势。认识、揭示战争规律的目的，在于运用战争规律，争取指导战争。因此，毛泽东提出"战争指导规律"这一科学概念，是指合乎战争规律的战争指导原则。它是基于人们对战争客观规律的正确认识所制定的战争指导路线和战略战术原则。战争指导规律是战争指导者对战争规律的能动反映，只有符合客观规律，才能取得战争的胜利。

②主观指导必须符合客观实际。战争规律是客观的，是不以人的意志为转移的；人们不可能超越客观规律去企求战争的胜利。正确解决主观认识符合客观实际的问题，是战胜敌人的关键，是人的因素在战争指导者身上的具体体现。要解决指导上的主客观一致，需要着重解决好以下三个问题：

第一个问题，要熟识敌我双方的客观情况。"知彼知己"是指导一切战争普遍适用的原则。毛泽东指出："指挥员的正确部署来源于正确的决心，正确的决心来源于正确的判断，正确的判断来源于周到、必要的侦察，和对各种侦察材料连贯起来的思索。"战争指挥员运用各种手段收集敌我各方面的材料，进行去粗取精、去伪存真、由此及彼、由表及里的整理，去发现各个材料间彼此的关联，从中找出规律性的东西，帮助自己构成正确的判断，定下决心实施部署。毛泽东指出："这是军事家在作出每一个战略、战役或战斗计划之前的一个整个的认识情况的过程。"而更重要的是在实施过程中，由于战场发展错综复杂，战情瞬息万变，指挥员必须不间断地把握变化了的情况，作出新的判断，定下新的决心，这是原计划实施后发生"敌变我变"的过程。这两个过程都体现了认识战争的主观能动性。可见，熟识敌我双方的客观情况，不仅是取得胜利的基础，而且是正确实施战争指导的前提。

第二个问题，要善于学习，勇于实践。毛泽东指出："一切真知都是从直接经验发源的。但人不能事事按直接经验，事实上大多数的知识都是间接经验的东西""在我为间接经验者，在人则仍为直接经验"。学习前人在战争中积累的正反两方面的经验，武装自己的头脑，增长才智，是每一个战争指导者获取真知的捷径。

第三个问题，要在客观物质基础上充分发挥主观能动性。毛泽东指出："战争就是两军指挥员以军力、财力等各项物质基础作地盘，互争优势和主动权的主观能力的竞赛。"只有具备了客观物质条件之后，加上取胜的主观条件，才能将胜利由可能变为现实。因此，在具备了一定的物质条件之后，人的主观能动作用就成为战争胜负的决定因素。

③着眼其特点和发展，关照全局和掌握重要关节。毛泽东指出："战争情况的不同，决定着不同的战争指导规律，有时间、地域和性质的差别""我们研究在各个不同时间、地域和性质战争的指导规律，应当着眼其特点和着眼其发展，反对战争问题上的机械论"。所谓着眼其特点，就是既要研究战争的一般规律，又要研究其特殊规律，要从战争的共性和个性的区别和联系中把握战争的特殊规律。所谓着眼其发展，就是对战争规律的认识，要随着历史的发展而发展，随着战争的发展而发展。毛泽东强调："读书是学习，使用也是学习，而且是更重要的学习。从战争中学习战争——这是我们的主要方法。"

局部是战争全局的一部分、一个方面或一个阶段。全局和局部都是相对的，在一定的场合是全局性的东西，在另一场合就可能是局部性的东西。战争指导者的首要任务是关照好全局。毛泽东指出："战争胜败的主要和首要的问题，是对于全局和各阶段关照得好或关照得不好。"因此，指挥战争全局的人，最要紧的是把自己的注意力摆在照顾战争全局上面，关照好各方面和各个阶段的相互关系，善于照顾全局。战争指导者在把握战争全局的同时，必须重视有决定意义的局部去带动整个战争的发展，把自己的重心放在对全局最有决定意义的问题上。

（三）毛泽东军事思想的形成与发展

毛泽东军事思想是一定历史阶段的产物，它产生于 20 世纪 20 年代的中国革命战争，其形成和发展经历了一个逐步完善的过程。关于毛泽东军事思想的形成和发展，大体上可分为以下三个时期：

1. 产生时期（1921 年 7 月—1935 年 1 月）

从中国共产党成立到遵义会议前，是毛泽东军事思想的产生时期，主要标志是：接受了马列主义关于暴力革命的学说，掌握和影响了部分武装力量；开创了农村包围城市、武装夺取政权的革命道路；缔造了一支新型的人民军队。

2. 形成时期（1935 年 1 月—1945 年 8 月）

遵义会议至抗日战争胜利，是毛泽东军事思想的形成时期。有代表性军事理论著作有：《中国革命战争的战略问题》《抗日游击战争的战略问题》《论持久战》等。这些军事著作所阐述的内容，包括了无产阶级战争观和方法论、人民军队、人民战争、人民战争的战略战术等，标志着毛泽东军事思想形成了一个比较完整的科学体系。

3. 丰富和发展时期（1945 年至今）

抗日战争胜利至今，是毛泽东军事思想的丰富和发展时期。毛泽东提出了十大军事原则、建设现代化和正规化的国防军、确立了发展"两弹一星"的国防科技战略、积极防御的战略思想有了新的发展。

二、邓小平新时期军队建设思想

邓小平在新的历史条件下，继承和发展毛泽东军事思想，以巨大的政治勇气和理论勇气，开创有中国特色的精兵之路，创造性地总结和提出新时期军队建设思想。这一思想是新时期军队和国防现代化建设的根本依据和指导方针。邓小平新时期军队建设思想的内容极其丰富，从宏观上可以概括为以下四个方面：

（一）阐明了新时期加强军队建设的根本依据

邓小平阐明的新时期必须加强军队建设的根本依据，主要包括以下三点：

1. 必须始终不渝地坚持人民军队的性质

军队是国家政权的主要成分，谁想夺取国家政权并想保持它，谁就应该拥有强大的军队。我国在新的历史条件下要巩固无产阶级政权和保卫社会主义制度，一个重要的条件就是保持我军的无产阶级性质，使我军永远是一支在中国共产党绝对领导下的人民军队。邓小平明确指出："这个军队永远是党领导下的军队，永远是国家的捍卫者，永远是社会主义的捍卫者，永远是人民利益的捍卫者。"

面对改革开放和复杂环境，特别是在国内外各种敌对势力妄图改变我军性质的情况下，加强政治建设，坚持党对军队的绝对领导，对于始终不渝地保持人民军队的性质、巩固国家政权和发展社会主义事业，都具有十分重要的意义。

2. 必须更好地履行我军的根本职能

我军是一支执行革命的政治任务的武装集团，对外反侵略、对内反颠覆是我军的根本职能。面对国际、国内形势发生的深刻变化和现代科学技术的发展，要使我军更好地履行自己的职能，必须加强自身建设，有效地提高我军的战斗力。早在 1978 年的全军政治工作会议上，邓小平就指出："这次会议着重研究和解决在新的历史条件下，发扬政治工作的优良传统，提高我军战斗力的问题。"正是根据邓小平的有关论述，中央军委连续在 1988 年、1989 年和 1990 年的三次扩大会议上，都强调要把提高战斗力作为军队建设和改革的出发点和落脚点，从而为我军建设指明了正确方向。

3. 必须适应军队建设指导思想的战略性转变

进入 20 世纪 80 年代以来，世界形势发生了明显的变化。邓小平正确把握国际战略形势发展的总趋势，及时地作出和平和发展是当代世界的两大主题的正确论断，为我军建设指导思想实行战略性转变奠定了理论基础。他指出："冷静地判断国际形势，多争取一点时间不打仗还是可能的。在这段时间里，我们应当尽可能地减少军费开支来加强国家建设。"在邓小平主持下召开的 1985 年的军委扩大会议上，做出了军队建设指导思想实行战略性转变的重大决策。军队建设指导思想实行战略性转变的实质，就是要充分利用今后较长时间内大仗打不起来的和平环境，在服从国家经济建设大局的前提下，抓紧时间，有计划、有步骤地加强以现代化为中心的根本建设，提高军政素质，增强我军在现代战争条件下的自卫能力。

(二)确立了我军"三化"建设的总目标

邓小平根据新时期我军肩负的历史使命，为我军确立了"三化"建设的总目标，即"把我军建设成为一支强大的现代化、正规化的革命军队"。

1. 加强革命化建设，确保我军政治上永远合格

邓小平深刻地分析了新时期我军面临的复杂环境，对加强我军革命化建设，给予了极大的重视。他在接见首都戒严部队军以上干部时的讲话中指出："处理这件事对我们军队是一次很严峻的政治考验，实践证明，我们的解放军考试合格。""我讲考试合格，就是指军队仍然是人民子弟兵，这个性质合格。"邓小平对于如何加强我军革命化建设、确保我军政治上永远合格的问题，一方面要求我军加强思想政治工作，发扬优良传统，使政治工作在新的条件下发展提高，另一方面要求我军深入开展坚持四项基本原则、反对资产阶级自由化的教育，切实保证党对军队的绝对领导。

2. 以现代化建设为中心，努力适应现代战争的要求

邓小平指出："现在我们一定要承认我们的科学技术水平与世界先进水平相比，还差很长的一截。要承认我们军队打现代化战争的能力不够。"这就指明了现代化水平不高是我军的薄弱环节。邓小平进一步提出："我们一定要在国民经济不断发展的基础上，改善武器装备，加速国防现代化。""靠空讲不能实现现代化，必须有知识，有人才。""要办各级学校，经过训练，使军队领导干部掌握现代科学文化知识和现代战争知识。"对体制编制的现代化问题和军事科学理论研究工作，邓小平也非常重视。

3. 加强正规化建设是搞好革命化、现代化建设的重要保证

在强调加强革命化和现代化建设的同时，邓小平深刻阐明了我军加强正规化建设的必要性和重要意义，对如何加强我军正规化建设的问题，邓小平特别强调要通过努力完善各种法规制度，来进一步提高我军的正规化水平。进入新时期以来我军在完善法规制度方面做了大量工作，取得显著的成效，明显地减少了工作指导上的主观随意性，提高了我军的正规化水平。

（三）指出了走有中国特色的精兵之路必须解决的主要问题

邓小平关于新时期军队建设的思想，不仅为我军确立了"三化"建设的总目标，而且明确指出了注重质量建设走中国特色的精兵之路，必须着重解决好以下三个问题：

1. 军队建设必须服从国家建设大局，与经济建设相适应

军队建设指导思想实行战略性转变的首要任务，就是逐步理顺军队建设的内部、外部关系，特别是处理好军队建设与国家建设的关系。邓小平指出："现在需要的是全国党政军民一心一意地服从国家建设这个大局，照顾这个大局。这个问题，我们军队有自己的责任，不能妨碍这个大局，要紧密地配合这个大局，而且要在这个大局下面行动。"对于在服从国家建设大局的前提下，如何搞好军队建设的问题，邓小平一方面提出军队要"忍耐"，"军队装备真正现代化，只有国民经济建立了比较好的基础才有可能"，另一方面，他明确指出这种"忍耐"是积极的，绝不是消极的，要求我们立足现有条件，努力做好各项工作，绝不能降低我军的装备水平和忽视人员素质的提高。这些论述深刻地反映了邓小平关于军队建设必须在忍耐中积极求发展的基本思想。

2. 军队建设必须在改革中前进

邓小平指出："改革是全面的改革，不仅经济、政治，还包括科技、教育等各行各业。"根据邓小平的有关论述和指示，中央军委于 1988 年制定的《关于加快和深化军队改革的工作纲要》提出："军队改革的总任务，就是要建立适应国际战略环境，适应国民经济发展水平和国防建设需要、适应现代战争要求的军事体制和运行机制，把我军建设成为具有中国特色的现代化、正规化革命军队。"邓小平对我军改革的重点和必须遵循的基本原则，做出一系列重要的理论阐述。他一方面强调现阶段我军必须把搞好体制改革作为一个重点问题来抓，另一方面，他要求军队改革必须积极而稳妥地进行，强调"胆子要大，步子要稳"。

3. 军队必须减少数量，提高质量，增强战斗力

早在 1975 年，邓小平就指出"现在，好多优良传统丢掉了，军队臃肿不堪。军队的人数增加很多，军费开支占国家预算的比重增大，把很多钱花费在人员的穿衣吃饭上面。更主要的是，军队膨胀起来，不精干，打起仗来就不行"。邓小平还进一步指出精简军队与提高战斗力的关系，他说："军队要提高战斗力，提高工作效率，不'消肿'不行。"对于我军如何减少数量、提高质量的问题，邓小平着重强调了三点：一要进行体制编制整顿，从体制、编制上解决"肿"的问题。二要把精简军队与体制改革结合起来，通过体制改革来克服我军存在的一些弊端，有效地提高战斗力。三要通过健全各种制度来精简军队。实践证明，只要认真贯彻落实邓小平的这些基本要求，就能够通过减少数量、提高质量来保证我军战斗力的不断增强。

（四）提出了新时期军队建设必须采取的全局性措施

为了确保我军"三化"建设总目标的实现，邓小平在全面总结我军建设经验的基础上，根据未来战争的要求和我军现阶段建设中存在的薄弱环节，从理论的高度提出了一系列关乎国防和军队建设全局的重大战略举措：

1. 把教育训练摆在战略位置

1975 年，他强调，"要把训练放在战略问题的一个重要位置上"。1977 年邓小平再次复出后，在当年 8 月召开的军委座谈会上，又专门以"军队要把教育训练提高到战略地位"为主题作重要讲话。以后他又反复强调这个问题。在邓小平这一思想指引下，全军达成了共识，形成了制度，教育训练出现了新局面。

2. 培养和造就一大批治军人才

国防和军队建设发展的关键在人才，人才培养的关键在教育。他提出要通过办学校解决干部问题。在他主持军委工作期间，先后四次召开全军院校工作会议，研究解决加强院校建设的一系列重大问题，理顺了初、中、高三级培训体制，形成了具有我军特色的院校体系，把我军院校建设推进到一个崭新的阶段。

3. 依法建设和管理部队

根据邓小平的意见，1977 年军委会议制定并通过了 9 个决定、条例，内容包括教育训练、武器装备、编制体制等许多方面。十一届三中全会后的一段时间，在邓小平领导下，先后制定颁发了 60 个军事法规。法规建设是一项基础建设、长远建设。邓小平主持制定的一整套法规制度，是长期指导和规范国防和军队建设的重要法典，是新时期治军的依据，同时也为我军依法建设和管理部队开辟了道路。

4. 恢复发扬我军的优良传统和作风

军队的优良传统和作风是一种无形的战斗力和无价的精神财富。对此，邓小平格外珍视，并从中提炼概括出"五种革命精神"，号召全军予以发扬。直到党的十四大前夕，他还一再谆谆嘱咐全军要发扬优良传统，保持老红军的本色。按照邓小平的要求，我军始终保持着优良传统和优良作风的优势。

三、江泽民国防和军队建设思想

在新的时代背景下，我国国防和军队建设既面临着难得的机遇，也面临着严峻的挑战。对于新时期的军队建设，江泽民同志最关注的是两个历史性课题：一个是能否跟上世界军事发展的趋势，打赢未来可能发生的高技术局部战争；一个是能否保持人民军队的性质、本色和作风，始终成为党绝对领导下的革命军队。江泽民国防和军队建设思想的全部内容，都是围绕着解决打得赢、不变质这两个历史性课题而展开的。

（一）主要内容

1. 打得赢、不变质

1990 年 12 月，江泽民同志提出全面加强军队建设的"五句话"总要求，强调全军部队必须做到"政治合格、军事过硬、作风优良、纪律严明、保障有力"。这为我军履行打得赢、不变质的历史使命指明了方向。

（1）打得赢，是人民军队的根本职能和神圣使命

江泽民同志深刻洞察当今世界发展的大趋势，始终从国际战略全局和国家发展大局的高度谋划国防和军队建设，以宽广前瞻的世界眼光，精心构建面向未来的强军方略。

海湾战争初露高技术战争端倪，战争形态、战场环境、作战方法、指挥手段等与以往战争大不相同。江泽民同志主持制定新时期积极防御的军事战略方针，对我军战略指导实行重大调整，把军事斗争准备的基点，从应付一般条件下的局部战争转到打赢现代技术特别是高技术条件下的局部战争上来。

随着高技术战争的出现和发展，追求军事质量优势，已成为大国军事角逐的潮流。江泽民同志提出把科技强军、加强质量建设作为我军发展大计，要求军队建设实现由数量规模型向质量效能型、由人力密集型向科技密集型的转变。

当今，信息化成为世界军事变革的基本特征。江泽民同志强调，要实现我军现代化建设的跨越式发展，努力完成机械化和信息化建设的双重历史任务，坚持信息化为主导，机械化为基础，以信息化带动机械化，以机械化促进信息化，推进机械化和信息化的复合式发展。

加强国防和军队现代化建设必须具有前瞻性思想。1997年，在江泽民同志主持下，中央军委提出国防和军队现代化建设跨世纪发展"三步走"的战略构想，确定争取到21世纪中叶，基本实现国防和军队现代化。2003年，又进一步明确，实现国防和军队现代化的基本标志是信息化。

（2）不变质，是对人民军队本质的要求，也是打得赢的根本保证

我军之所以能够从胜利走向胜利，最根本的原因就是始终不渝地凝聚在党的旗帜下。党对军队的绝对领导，是我们党和军队的优良传统和特有的政治优势。面对国际风云变幻和国内改革开放的新形势，面对我军历史任务和人员构成的新变化，江泽民同志把党对军队的绝对领导作为军队建设和发展的首要问题，始终予以高度关注。

江泽民同志指出："一个军队要有军魂。我看，我们军队的军魂就是党的绝对领导。"他反复强调，"党对军队的绝对领导是我军永远不变的军魂"。他把党对军队的绝对领导提到"军魂"的高度，深刻揭示了我军作为党的军队、人民的军队、社会主义国家军队的本质所在。

坚持党对军队的绝对领导，必须依靠强有力的思想政治建设作保证。江泽民同志要求军队各级党委和领导必须高度重视思想政治建设，把它摆在各项建设的首位，贯穿于一切工作之中，落实到军事训练、后勤保障、装备建设等各个方面，为打得赢提供强大的精神动力，为不变质提供可靠的政治保障。

他反复强调思想政治工作要围绕军队中心任务切实发挥服务保证作用，着眼于加强思想政治建设这个总要求，充分发挥"生命线"的作用。

坚持党对军队的绝对领导，必须保证枪杆子永远掌握在忠于党的可靠的人手里。江泽民同志反复强调，要把培养选拔优秀年轻干部作为重大而紧迫的战略任务切实抓紧抓好。鉴于高中级干部是建军治军的骨干，江泽民同志特别强调必须突出抓好高中级干部的教育管理。

江泽民国防和军队建设思想，是新的历史条件下的强军治军之道、新的战争形态下的克敌制胜之策。它处处体现着与时俱进、开拓创新的精神，标志着我们党对国防和军队建设规

律的认识达到了一个新的高度。

2. 走中国特色的精兵之路

如果说打得赢、不变质是贯穿于江泽民国防和军队建设思想的历史性课题的话，那么，坚定不移地走中国特色的精兵之路，积极推进中国特色军事变革，则是贯穿于江泽民国防和军队建设思想的根本性指针和主导性思想。

（1）改革军队体制编制，贯彻精兵、合成、高效原则

随着高新技术和武器装备的发展，世界主要军事大国都在不断压缩军队规模，注重提高军队建设的质量。我军虽然经过20世纪80年代的较大幅度的精简整编，但由于历史的原因，规模大、人数多的问题仍然比较突出，制约着军队现代化建设的发展。

江泽民同志洞察世界主要国家军队体制编制的发展趋势，得出一个结论：兵贵精不贵多，必须继续调整体制编制，进一步压缩规模，坚定不移地走中国特色的精兵之路。

军队体制编制是人与武器装备相结合的组织形式，是战斗力构成的重要因素。压缩军队规模，不单纯是减少数量，还要优化结构，提高质量。对此，江泽民同志指出，军队体制编制调整改革必须贯彻精兵、合成、高效的原则，立足于我军的根本职能，深入研究高技术战争对军队体制编制的影响，着重解决领导指挥和管理体制以及部队编成中存在的矛盾和问题，建立具有我军特色的组织编制体制和领导指挥体制。

在走精兵之路思想的指引下，我军体制编制进行了一系列重大调整改革。

①1992年4月，江泽民同志和中央军委作出"八五"期间军队体制编制调整改革的决定，通过继续压缩军队规模，精简机构，为20世纪80年代百万大裁军画上了一个圆满的句号。

②1997年9月，江泽民同志在党的第十五次全国代表大会上庄严宣布，我军在20世纪80年代裁军百万的基础上，今后3年将再裁减员额50万。

③1998年4月，中央军委制定了"九五"期间军队体制编制调整改革方案，决定对我军领导指挥体制、保障体制、部队编成、院校体制进行重大调整改革。这一年，在江泽民同志的提议下，正式成立了总装备部，实现了我军武器装备建设的集中统一领导。

（2）推进军队现代化建设，加强军队质量建设

以质量建设为目标的多次体制编制调整改革，使我军不断朝着规模适度、结构合理、机构精干、指挥灵便、战斗力强的方向迈进，为加速我军现代化建设创造了条件。

以海湾战争为转折点，世界新军事变革进入一个新的质变阶段。信息化是世界新军事变革的核心，人类社会的战争形态正由机械化战争转变为信息化战争，工业化时代的机械化军队正在转变为信息化军队。面对这样的发展趋势，江泽民同志很是关注，他及时跟踪研究近期每一场局部战争，深刻分析世界新军事变革的本质、特点、发展趋势及对我军建设的影响，号召全军以改革创新精神迎接世界新军事变革的严峻挑战，积极推进中国特色军事变革。

江泽民同志指出："发达国家与发展中国家的军事技术形态出现又一轮'时代差'。历史上西方列强以洋枪洋炮对亚非拉国家的大刀长矛的军事技术优势，正在转变为发达国家以信息化军事对发展中国家的机械化半机械化的新的军事技术优势。"他还尖锐地指出，世界新军事变革既给我们带来了严峻挑战，同时也给我们提供了历史机遇。要求全军增强紧迫感，牢牢抓住难得的战略机遇期，通过深化改革，实现军队建设的整体转型，建设一支能够打赢未来信息化战争的强大的现代化正规化革命军队。

面对科学技术和世界新军事变革的滚滚潮流，江泽民同志始终坚持以开放的世界意识和

超前的战略眼光，紧紧抓住推进中国特色军事变革这个主导性思想，认真思考和筹划我军现代化建设。

武器装备是军队现代化的重要标志。坚持自力更生方针和突出重点、有所为有所不为的原则，增强自主创新能力，狠抓关键技术攻关，促进武器装备建设长足发展。陆军基本形成立体机动作战的装备体系和配套的支援保障体系，海军基本形成海上机动作战、基地防御作战和海基自卫核反击作战的装备体系，空军基本形成歼击机、攻击机、运输机和多种支援保障飞机相结合的装备体系，第二炮兵基本形成近中远程齐全、核常兼备的武器系列。

（3）坚持发展军队院校教育体系，培养高素质军事人才

人才是强军、治军之本。坚持把院校教育摆在优先发展的战略位置，初步形成具有我军特色的院校教育体系，走依托国民教育培养军队干部的路子，一大批新型军事人才走上各级领导岗位。全军已有博士、硕士2.6万多名，作战部队军、师、团领导班子中，具有大专以上文化程度的比例分别为88%、90%、75%。

先进的军事理论是战争制胜的重要因素。坚持开拓进取，勇于创新，积极探讨新形势下军队建设的特点和规律，深入研究战胜敌人的战法，有力地促进了军队现代化建设的发展和军事斗争准备的落实。

（4）依法治军，从严治军

正规化是革命化、现代化建设的重要保障。坚持依法治军、从严治军方针，逐步建立和完善军事法规体系。国家和军队先后制定了10多部军事法律、100多件军事法规、2000多件军事规章，国防和军队建设走上了法制化轨道。

推进中国特色军事变革任重道远。人们不会忘记，近代中国，由于政治统治腐败而丧失了军事变革的机遇，最终陷入了任人宰割的境地。历史的教训绝不能重演。我们一定要增强忧患意识，以时不我待的精神，把中国特色军事变革不断推向前进。

（二）地位和作用

江泽民国防和军队建设思想与毛泽东军事思想、邓小平新时期军队建设思想，是一脉相承而又与时俱进的军事科学体系，统一于我们党领导国防和军队建设事业的伟大实践中。

作为不同历史条件下诞生的三大军事理论成果，毛泽东军事思想主要回答了在中国处于半殖民地半封建社会的历史条件下，如何建设一支新型人民军队和夺取武装斗争胜利，以及在取得政权后如何建立现代国防的问题；邓小平新时期军队建设思想，主要回答了在和平与发展成为时代主题、国家实行改革开放的历史条件下，如何开创中国特色的精兵之路，建设一支强大的现代化正规化革命军队的问题；江泽民国防和军队建设思想，主要回答了在世界多极化曲折发展，世界新军事变革不断深入，国内推进改革开放和发展社会主义市场经济的历史条件下，如何积极推进中国特色军事变革，解决好人民军队打得赢、不变质两个历史性课题，为建设中国特色社会主义提供安全保障的问题。

江泽民国防和军队建设思想内容丰富、博大精深。从国防和军队建设的地位作用到目标任务，从指导方针到总体思路，从根本途径到战略步骤，从发展动力到政治保证，构成了完整系统科学的军事理论体系。它要求我们从国际战略全局和国家发展大局来谋划国防和军队建设，妥善处理国防建设和经济建设的关系，解决好新时期军队建设打得赢、不变质两个历史性课题，始终坚持党对军队的绝对领导，用新时期军事战略方针统揽军队建设全局，积极

推进中国特色军事变革，按照"五句话"总要求全面加强军队建设，把思想政治建设摆在各项建设的首位，实施科技强军战略，培养和造就大批高素质新型军事人才，把发展武器装备摆在提高军事实力的突出位置，把改革作为军队现代化建设的根本动力，坚持依法治军、从严治军，依靠人民建设国防、建设军队，创新发展中国特色的军事理论等。

如同毛泽东军事思想、邓小平新时期军队建设思想一样，江泽民国防和军队建设思想创立和形成的过程，也是一个不断推进实践创新和理论创新的发展过程。作为中国共产党人领导国防和军队建设所形成的最新理论成果，江泽民国防和军队建设思想所贯穿的根本性指针，就是坚定不移地走中国特色的精兵之路；所贯穿的历史性课题，就是打得赢、不变质；所贯穿的主导性思想，就是积极推进中国特色军事变革。这一思想的形成，开辟了马克思主义军事理论的新境界。我们必须坚定不移地坚持江泽民国防和军队建设思想的指导地位。

我们已经踏上了21世纪的征程。新的世纪，新的阶段，我们党确定全面建设小康社会的目标，在中国特色社会主义道路上实现中华民族伟大复兴。国防和军队建设，要为全面建设小康社会、维护国家安全和统一提供坚强保障。

新征程，新目标，新使命，对国防和军队建设提出了新的更高的要求，我们能不能解决好打得赢、不变质这两大历史性课题，能不能完成建设强大的信息化军队的历史性任务，事关全面建设小康社会奋斗目标能否实现，事关中国特色社会主义事业的全局，事关国家的安危和中华民族的生存和发展。这是时代的选择、历史的必然！

四、胡锦涛国防和军队建设思想

胡锦涛关于国防和军队建设的重要论述，是胡锦涛站在继往开来的历史关头，全面继承和发展毛泽东军事思想、邓小平新时期军队建设思想、江泽民国防和军队建设思想，开创性地对加强国防和军队建设作出的一系列战略思考和重要指示，是科学发展观在国防和军队建设领域的生动展开，是新世纪新阶段国防和军队建设的科学指南。

（一）主要内容

1. 新世纪新阶段我军的历史使命

21世纪头20年，是我们必须紧紧抓住并且可以大有作为的重要战略机遇期。抓住机遇促进发展，对全面建设小康社会、加快推进社会主义现代化至关重要。战略机遇期来之不易，抓住和用好战略机遇期，更不容易。历史上，我国既有丧失机遇而落伍的沉痛教训，也有抓住机遇实现快速发展的成功经验。机遇难得，稍纵即逝。抓住和用好战略机遇期的一个基本前提，是要有一个良好的安全环境。当前影响和危害战略机遇期的因素仍不少，国家安全问题的综合性、复杂性、多变性进一步增强。必须加强国防和军队建设，为创造一个有利于全面建设小康社会、加快推进社会主义现代化的长期安全环境做出应有贡献。

（1）为维护国家利益提供有力的战略支撑

捍卫国家利益及其发展，是军队的价值所在，是军队的使命所在。随着时代的进步和我国的发展，我国安全利益逐渐超出传统的领土、领海和领空范围，不断向海洋、太空和电磁空间扩展和延伸。这就要求我们必须拓展安全战略和军事战略视野，不仅要维护国家生存利益，还要维护国家发展利益；不仅要维护领土、领海和领空安全，还要维护海洋、太空和电磁空间安全以及其他方面的国家安全。

（2）为维护世界和平与促进共同发展发挥重要作用

维护世界和平与促进共同发展，是全人类的共同愿望和责任。随着经济全球化的不断发展，中国经济和世界经济已经融为一体。中国的发展离不开世界，世界的繁荣稳定也离不开中国。作为联合国安理会常任理事国之一，作为世界上人口最多、发展最快的社会主义大国，我国理应在国际事务中承担起与我国国际地位相称的职责和作用。维护世界和平与促进共同发展，除了运用经济、政治、外交等和平方式外，还必须拥有强大的军事实力作后盾。这就要求我们必须努力建设一支与我国国际地位相称和我国发展利益相适应的军事力量，增强我军应对危机、维护和平，遏制战争、打赢战争的能力，在维护世界和平与促进共同发展中发挥更大作用。

2. 加快中国特色军事变革

21世纪，世界军事领域中的变革越来越迅猛，竞争越来越激烈。世界各主要大国和我国周边一些国家的军队，在军事变革上采取多种措施，加快了变革步伐。这对处在机械化任务尚未完成、同时又面临信息化任务这一特殊历史时期的我军来说，构成了严峻的挑战和巨大的压力。加快中国特色军事变革，时不我待，势在必行。这是我军应对多种安全威胁、完成多样化军事任务、有效履行历史使命的必然要求，是逐步缩小与国际先进军事技术水平的差距、实现军队现代化发展的必由之路。

（1）改革创新是推进国防和军队建设、加快中国特色军事变革的强大动力

国防和军队改革是我国改革开放事业的重要组成部分，其主要内容是体制机制的调整改革。这既是中国特色军事变革的重要方面，同时又发挥着为中国特色军事变革提供强大动力和体制机制保障的重要作用。

（2）必须大力推进军事理论、军事技术、军事组织和军事管理创新

军事理论创新对中国特色军事变革具有基础性、前瞻性和先导性作用，军事技术创新对加快中国特色军事变革起着原动力的作用，军事组织创新对提高战斗力、实现人与武器装备的最佳结合起着重要的纽带作用，军事管理创新对降低军队建设成本、提高军事系统运行效率同样具有非常重要的作用。加快中国特色军事变革的根本目的是提高战斗力，要以此为出发点和落脚点，用战斗力标准来统一改革思想、制订改革措施、检验改革成效，通过改革创新不断加快中国特色军事变革的前进步伐。

3. 军队思想政治建设

胡锦涛强调思想政治建设是革命化建设的核心，是军队最根本的建设，科学界定了思想政治建设的地位作用；强调加强军队思想政治建设最根本的是要坚持党对军队的绝对领导、坚持全心全意为人民服务，指出了思想政治建设的本质要求；强调坚持不懈地用马克思主义科学理论、中国特色社会主义理论体系和党的理论创新的最新成果武装全军，阐明了思想政治建设的首要任务；强调引导官兵树立坚定的理想信念和正确的世界观、人生观、价值观，始终保持政治上的坚定和思想道德上的纯洁，明确了思想政治建设的根本任务；强调以社会主义核心价值体系为引领、构建当代革命军人核心价值观，搞好我军历史使命、理想信念、战斗精神和社会主义荣辱观教育，规范了思想政治教育的重点内容；强调更加有力、更加扎实、更加富有成效地推进思想政治建设，在加强思想政治教育的主动性、针对性、实效性上

下功夫，在抓基层、打基础上下功夫，在克服形式主义、官僚主义上下功夫，指明了加强和改进思想政治建设的科学思路。这些重要论述意境高远、内涵丰富、思想深刻、富于创新，形成了较为完整的理论体系，进一步丰富发展了我军思想政治建设理论。

加强和改进思想政治工作。新世纪新阶段，我军建设正处于承前启后、继往开来的重要历史时期，思想政治建设所处的时代背景和历史条件发生了深刻变化，思想政治建设面临着前所未有的挑战和考验，担负着更为繁重的任务。加强和改进思想政治工作，是确保党对军队绝对领导的必然要求，是确保部队打得赢、不变质的必然要求，也是确保广大官兵健康发展的必然要求。胡锦涛指出，加强和改进思想政治工作，必须着眼时代发展和形势任务变化对思想政治工作提出的新要求，根据部队官兵的成分变化和思想实际，有的放矢地做工作，增强思想政治工作的针对性、实效性。既要弘扬我军优良作风和光荣传统，又要积极创新和改进思想政治工作的内容、形式和手段。要把解决思想问题和解决实际问题结合起来，把促进思想进步与保持心理健康结合起来，把加强思想教育与完善政策制度结合起来。特别是要把党的先进性要求真正贯彻和体现到党的思想、组织、作风、制度建设各个方面，充分发挥党委的核心领导作用、党支部的战斗堡垒作用、共产党员的先锋模范作用，使思想政治建设真正落到实处。

4. 全面建设军队现代后勤

全面建设军队现代后勤，是胡锦涛国防和军队建设重要论述的有机组成部分，是党的十七大对我军后勤建设提出的一项重大战略任务，也是全军后勤广大官兵的光荣历史责任。

（1）全面建设军队现代后勤是有效履行我军历史使命的必然要求

新世纪新阶段，我军历史使命对后勤建设提出了新的更高要求。全面建设军队现代后勤这一战略构想的根本出发点，是着眼于有效履行我军历史使命，全面提高综合保障能力。这就要求我们深化保障体制改革，创新保障方式，发展先进保障手段，提高后勤管理水平，努力使后勤现代化水平与保障打赢信息化条件下局部战争的要求相适应，后勤保障能力与履行我军历史使命的要求相适应，保障我军能够在各种复杂形势下有效应对危机、维护和平，遏制战争、打赢战争。无论陆、海、空、天、电哪个领域，仗在哪里打，军事任务在哪里执行，后勤就必须保障到哪里。这是有效履行我军历史使命，提高保障我军应对多种安全威胁、完成多样化军事任务能力的必然要求。

（2）全面建设军队现代后勤是一个有机的统一整体

全面建设军队现代后勤内涵深刻，意义重大，其主要内容是保障体制一体化、保障方式社会化、保障手段信息化、后勤管理科学化。

保障体制一体化，就是将国家、地方与军队力量统筹运用，将陆海空三军后勤保障融为一体，将战略、战役、战术后勤紧密衔接。保障方式社会化，就是把国防和军队现代化建设融入国家经济社会发展之中，充分利用和依托民用资源与社会保障资源，逐步建成骨干在军、主体在民的社会化保障体系。保障手段信息化，就是运用现代的信息技术、基础平台、网络环境和信息资源，推进后勤信息系统与后勤保障装备的一体融合，实现保障需求实时可知，保障资源实时可视，保障活动实时可控。后勤管理科学化，就是综合利用现代管理理论、技术和方法，对后勤保障活动进行全过程的科学管理，主要包括建立健全科学的管理体制、规范的管理机制、先进的管理手段、有效的监督控制。由此可见，全面建设军队现代后勤是一种体系建设，这四个方面的内容是统一的、不可分割的。

（3）以科学发展观为指导，切实把军队后勤建设纳入科学发展的轨道

全面建设军队现代后勤，必须坚持从实际出发，立足国情军情，发扬艰苦奋斗、勤俭建军的优良传统，坚决反对大手大脚、铺张浪费，坚定不移地走投入较少、效益较高的国防和军队现代化建设路子，切实把有限的军费管好用好，用在刀刃上，用出效益来。必须坚持走中国特色军民融合式发展路子，能利用民用资源的就不自己铺摊子，能纳入国家经济科技发展体系的就不另起炉灶，能依托社会保障资源办的事都要实行社会化保障，把军队后勤建设深深融入国家经济社会发展体系之中。必须统筹国防军队建设与国家经济建设的关系，军队后勤建设与军队整体建设的关系，军事斗争后勤准备与后勤建设的关系，后勤建设中当前与长远、重点与一般、局部与全局、需要与可能等各种关系，按照时代发展要求，实现后勤保障理念、保障体制、保障方式、保障手段、后勤管理和后勤人才队伍的全面进步和发展。

（4）全面建设军队现代后勤是现阶段的战略性任务

全面建设军队现代后勤，是我军现代化建设的重要组成部分，是新世纪新阶段后勤建设发展的战略性任务。我们必须紧紧围绕我军历史使命，自觉适应新形势新任务新要求，以创新的精神、创新的思路和创新的办法，积极探索全面建设军队现代后勤的特点规律，努力实现我军由陆军主导型后勤向三军一体型后勤、由封闭型后勤向开放型后勤、由人力密集型后勤向科技密集型后勤、由经验管理型后勤向科学管理型后勤的根本转变，不断开创全面建设军队后勤新局面，推动后勤建设取得质的跃升和新的进展。

（二）地位和作用

1.科学发展观为国防和军队建设提供了理论遵循

胡锦涛对中国特色社会主义理论体系的重要贡献是提出了科学发展观这一重大战略思想。胡锦涛关于国防和军队建设贯彻落实科学发展观的一系列重要论述，是新世纪新阶段国防和军队建设又好又快发展的科学指南。

当今世界和当代中国正在发生广泛而深刻的变化，机遇前所未有，挑战也前所未有。和平、发展、合作是当今时代的潮流，国际战略形势保持总体和平、缓和、稳定的基本态势。国内改革开放和社会主义经济、政治、文化、社会建设不断向前推进，军队现代化水平不断提高，国防实力明显增强。但是，我国安全形势仍面临许多不利因素。既面临境外敌对势力西化、分化政治图谋的严峻挑战，又面临我国改革发展进入关键时期新矛盾新问题的复杂考验。我军建设正处于机械化任务尚未完成、同时又面临信息化任务的特殊历史时期，现代化水平与打赢信息化条件下局部战争的要求还不相适应，军事能力与履行新世纪新阶段我军历史使命的要求还不相适应。新世纪新阶段，国防和军队建设要又好又快地向前发展，就必须有科学的理论指导。因此，国防和军队建设贯彻落实科学发展观，是适应国家安全形势发展变化的迫切要求，是实现国防建设与经济建设协调发展的必然要求，是新世纪新阶段军队建设发展的内在要求。

胡锦涛指出，新世纪新阶段国防和军队现代化建设的发展，必须是融入国家现代化战略全局、与国家安全和发展利益相适应的发展，是注重全面建设、革命化现代化正规化相统一的发展，是坚持以人为本、推动军队建设与促进官兵全面发展相一致的发展，是走中国特色精兵之路、速度质量效益相协调的发展，一句话，必须努力实现国防和军队现代化建设又好又快发展。这一重要论述表明，国防和军队现代化建设，关键是做到好中求快。又好又快发

展是全面落实科学发展观的本质要求，是军队贯彻落实科学发展观的根本着眼点。

牢固树立科学发展观在国防和军队建设中的指导地位，把科学发展观确立为国防和军队建设的重要指导方针，是胡锦涛在立足国家发展战略全局、准确把握新世纪新阶段国防和军队建设内在要求、全面总结我军建设发展经验的基础上提出来的，是党的军事指导理论的重大创新发展。国防和军队建设贯彻落实科学发展观，是时代赋予我们的重大责任。我们要切实增强国防和军队建设贯彻落实科学发展观的坚定性和自觉性，提高贯彻落实科学发展观的素质能力，坚定不移地以科学发展观为指导，科学筹划和推进部队建设，努力推动新世纪新阶段国防和军队建设又好又快地向前发展。

2. 科学发展观为国防和军队建设提供了重要保证和发展途径

胡锦涛在党的十七大报告中提出："在全面建设小康社会进程中实现富国和强军的统一。"这一重要战略思想对于发展中国特色社会主义、实现中华民族伟大复兴，具有重大而深远的意义。

（1）富国和强军都是我国现代化建设的战略任务，是发展中国特色社会主义、实现中华民族伟大复兴的重要基石

长期以来，我们党在领导社会主义建设实践中，总是站在国家安全和发展战略全局的高度来谋划国防和军队建设。中华人民共和国成立初期，毛泽东就提出了必须建立强大的国防和强大的经济两大发展目标，后来又描绘了"四个现代化"的宏伟蓝图。十一届三中全会以后，邓小平在科学分析和准确判断国际战略格局和国家发展形势的基础上，提出以经济建设为中心、国防和军队建设必须服从服务于经济建设这个大局的思想。20 世纪 90 年代，江泽民提出"以经济建设为中心，经济建设与国防现代化建设两头兼顾、协调发展"的方针。新世纪新阶段，以胡锦涛为总书记的党中央提出科学发展观等重大战略思想，中国特色社会主义事业总体布局又有了新的拓展。胡锦涛高度重视国防和军队建设，指出"国防和军队建设，在中国特色社会主义事业总体布局中占有重要地位"，强调"必须站在国家安全和发展战略全局的高度，统筹经济建设和国防建设，在全面建设小康社会进程中实现富国和强军的统一"。这一重要战略思想凝结着党的三代中央领导集体和十六大以来党中央为探索社会主义现代化建设规律付出的智慧和心血，适应了全面建设小康社会新的发展要求，是我们党探索社会主义现代化建设规律的又一崭新成果，是党领导社会主义现代化建设在理论上和实践上更加成熟的重要体现。

（2）建设富强民主文明和谐的社会主义现代化国家，在当前集中表现为全面建设小康社会

全面建设小康社会，必须以安全为基础，所以要有巩固的国防，没有国防，没有安全，就没有最基本的生存保障，就谈不上全面小康。我国是一个发展中的社会主义大国，如果不在发展经济的同时加强国防建设，既不能获得应有的国际地位，也难以有效保障经济建设的成果，就会在诸多方面受制于人。只有在全面推进经济、政治、文化、社会建设的同时，加强国防和军队建设，不断增强包括经济实力、国防实力、文化软实力在内的综合国力，中华民族才能真正走向富强民主文明和谐。

（3）实现富国和强军的统一，是对中国历史经验教训的深刻总结

在中华民族的历史上，凡是繁荣昌盛的时期，都是国富兵强的盛世；反之则是屈辱、衰败、落后和挨打的时期。汉唐盛世，国富军强，人民安居乐业。宋朝经济富裕、文化繁荣，但

重文轻武，在受到外族入侵时，无力抗击，虽英雄辈出，却一败再败。大清王朝，鸦片战争前经济总量占当时世界经济的28%左右，是世界头号经济大国，高于欧洲的总和，但在区区几千英兵的进攻下，却一败涂地。甲午战争爆发时，中国的经济总量是日本的4倍，但北洋水师全军覆没。从1840年到1945年，外国侵略者共强加给中国1100多个不平等条约。其中清政府就签订了500多个。凭借这些条约和武力侵占，帝国主义列强在侵占中国大片土地的同时，对中国实行强盗式的勒索。仅从《南京条约》到《辛丑条约》的8次赔款来看，总计约达19.53亿两白银，相当于清政府1901年国库收入的16倍。历史反复证明：贫穷落后要挨打！国富军弱也要挨打！

（4）实现富国和强军的统一，关键是统筹好经济建设和国防建设

统筹好经济建设和国防建设，对实现富国和强军的统一至关重要。经济实力的增强是国防和军队建设发展的前提基础，国防和军队建设的发展又为国家发展提供可靠的安全保障。统筹好经济建设和国防建设，必须坚持军民结合、寓军于民，走出一条中国特色军民融合式发展路子。要坚持把社会主义制度能够集中力量办大事的优势和市场在资源配置中的基础性作用结合起来，将国防建设有机融入经济社会发展之中。既充分利用经济社会发展成果推进国防和军队现代化建设，又积极发挥国防和军队现代化建设对经济社会发展的重要拉动作用，使富国和强军统一于全面建设小康社会的伟大实践。

五、习近平强军思想

建设与我国国际地位相称、与国家安全和发展利益相适应的巩固国防和强大军队，是我国社会主义现代化建设的战略任务。党的十八大以来，习近平总书记着眼于坚持和发展中国特色社会主义、实现中华民族伟大复兴中国梦，对加强国防和军队建设做出一系列重要论述，鲜明回答了在世界形势发生深刻复杂变化、我国全面建成小康社会进入决定性阶段新的历史条件下，建设一支听党指挥、能打胜仗、作风优良的人民军队的重大课题。这些重要论述是习近平总书记系列重要讲话精神的"军事篇"，为在新的历史起点上加快推进国防和军队现代化提供了根本遵循。

（一）主要内容

1. 牢牢把握党在新形势下的强军目标

（1）建设强大的人民军队是我们党的不懈追求

在各个历史时期，我们党都根据形势任务的变化，及时提出明确的目标要求，引领我军建设不断向前发展。毛泽东同志领导制定了建设优良的现代化革命军队的总方针，邓小平同志提出了建设一支强大的现代化正规化革命军队的总目标，江泽民同志提出了政治合格、军事过硬、作风优良、纪律严明、保障有力的总要求，胡锦涛同志提出了按照革命化、现代化、正规化相统一的原则加强军队全面建设的思想。党的十八大后，习近平总书记鲜明提出党在新形势下的强军目标。2013年3月，在十二届全国人大一次会议解放军代表团全体会议上，他明确指出，建设一支听党指挥、能打胜仗、作风优良的人民军队，是党在新形势下的强军目标，并强调"全军要准确把握这一强军目标，用以统领军队建设、改革和军事斗争准备，努力把国防和军队建设提高到一个新水平"。这一目标，回答了为什么要强军、强军目标是什

么、怎样走中国特色强军之路的重大课题，体现了新的形势和任务对军队建设的新要求，是我们党在新形势下建军治军的总方略。

（2）强军目标明确了加强军队建设的聚焦点和着力点

邓小平同志曾说过，"军队要像军队的样子"。总结我军历史和现实需要，"军队的样子"就是要坚决听党指挥，要能打仗、打胜仗，要保持光荣传统和优良作风。听党指挥是灵魂，决定军队建设的政治方向；能打胜仗是核心，反映军队的根本职能和军队建设的根本指向；作风优良是保证，关系军队的性质、宗旨、本色。这三条决定着军队发展方向，也决定着军队生死存亡。建军治军抓住这三条，就抓住了要害，就能起到纲举目张的作用。

（3）强军目标是实现中华民族伟大复兴中国梦的必然要求

实现中国梦对军队来说就要实现强军梦。富国与强军，是坚持和发展中国特色社会主义、实现中华民族伟大复兴中国梦的两大基石。中国梦包含强军梦，强军梦支撑中国梦。历史经验表明，任何一个国家要真正强大起来，没有坚强的军事实力作后盾是决然不行的。现在，我们前所未有地靠近世界舞台中心，前所未有地接近实现中华民族伟大复兴的目标，前所未有地具有实现这个目标的能力和信心。但中华民族伟大复兴绝不是轻轻松松、顺顺当当就能实现的，我们越是发展壮大，面临的阻力和压力就会越大，遇到的风险和挑战就会越多。没有一个巩固的国防，没有一支强大的军队，中华民族伟大复兴就没有安全保障。强军目标顺应了我国由大向强迈进关键阶段的时代呼唤，昭示了我们党着眼实现中国梦建设强大国防和军队的决心意志，进一步阐明了国防和军队建设在党和国家事业全局中的重要战略地位，要求我们把国防和军队建设放在实现中华民族伟大复兴这个大目标下来认识和推进，为实现中国梦提供坚强的力量保证。

（4）强军目标适应了国际战略形势和国家安全环境发展变化

形势决定任务，安全需求引领军事力量建设。当今世界，求和平、谋发展、促合作已成为不可阻挡的时代潮流，国际形势保持总体和平、缓和、稳定的基本态势，但天下还不太平，霸权主义、强权政治和新干涉主义有所上升，世界依然面临着现实和潜在的战争威胁，世界急剧变化增大了我国安全的不稳定性不确定性。我国周边特别是海上方向安全面临的现实威胁呈上升趋势，亚太地区正成为国际战略竞争和博弈的一个焦点，一些西方国家千方百计对我国进行战略遏制和围堵，我国周边领土主权争端、大国地缘竞争、军事安全较量、民族宗教矛盾等问题更加凸显，我们家门口生乱生战的可能性增大。世界新军事革命加速发展，世界主要国家都在加紧推进军事转型，这给我军提供了难得的历史机遇，同时也提出了严峻挑战。维护国家政治安全和社会稳定的任务更加艰巨。我国安全形势的复杂性和严峻性，要求国防和军队建设必须有一个大的发展。强军目标从时代发展和国家利益全局的高度思考军事问题，充分体现了放眼世界的战略视野、居安思危的战略清醒、强军兴军的战略筹划。

（5）强军目标抓住了军队建设面临的突出矛盾和问题

经过几代人的不懈努力，我军已发展成为诸军兵种合成、具有一定现代化水平并加快向信息化迈进的强大军队。我们从来没有像今天这样接近强军梦想，更加有信心、有能力实现强军目标。但要清醒看到，目前我军正处于机械化建设尚未完成、信息化建设加速发展阶段，我军现代化水平与国家安全需求相比差距还很大，与世界先进军事水平相比差距还很大。同时，面对意识形态领域复杂斗争和官兵成分结构变化，如何确保部队绝对忠诚、绝对纯洁、绝对可靠；面对世界新军事革命加速发展和战争形态深刻演变，如何提高打赢信息化条件下局部战争的能力；面对社会环境变化和不良风气影响，如何保持我军光荣传统和优良作风，这些都是当前我军建设亟须回答和解决的时代性课题。强军目标的提出，体现了鲜明的问题导向，抓住了建设强大军队的关键和要害，为推动国防和军队现代化建设跨越式发展提供了有力牵引。

2. 铸牢听党指挥这个强军之魂

（1）坚持党对军队的绝对领导是我军的立军之本

人民军队之所以有力量，根本就在于有凝聚军心意志的神圣军魂。我军是党缔造的，一诞生便与党紧紧地联系在一起，始终在党的绝对领导下行动和战斗。我们党是马克思主义政党，是全心全意为人民服务的政党，只有坚持党对军队的绝对领导，才能从根本上保证人民军队的性质。八十多年来，我军之所以能始终保持强大的凝聚力、向心力、战斗力，经受住各种考验，不断从胜利走向胜利，最根本的就是靠党的正确领导。这是我军的军魂和命根子，永远不能变，永远不能丢。2012 年 11 月，习近平总书记在中央军委扩大会议上强调，"保证党对军队的绝对领导，关系我军性质和宗旨、关系社会主义前途命运、关系党和国家长治久安"。这个最根本的问题守不住，军队就会变质，就不可能有战斗力！任何时候任何情况下，都必须铸牢听党指挥这个强军之魂，坚持党对军队绝对领导的根本原则和人民军队的根本宗旨不动摇。

（2）坚持党对军队的绝对领导是由我军的性质决定的

要不要坚持党对军队的绝对领导，始终是我们同各种敌对势力斗争的一个焦点。当前，意识形态领域斗争异常激烈。我军是党的军队、人民的军队、社会主义国家的军队，这是高度一致的。敌对势力极力鼓吹"军队非党化、非政治化"和"军队国家化"，打着所谓"民主政治""公器公用"的幌子攻击我们，就是妄图动摇党对军队的绝对领导。历史和现实都告诉我们，在这个根本政治原则问题上，我们要头脑特别清醒、态度特别鲜明、行动特别坚决，决不能有任何动摇、任何迟疑、任何含糊。

（3）坚持党对军队的绝对领导，必须落实在行动上，以行动来检验

坚持党对军队的绝对领导，最紧要的是始终在思想上、政治上、行动上同党中央保持高度一致，坚决维护党中央、中央军委的权威，一切行动听从党中央、中央军委指挥。这一条要作为最高的政治要求来遵守，作为最高的政治纪律来维护。坚持党对军队的绝对领导，要靠一套制度作保证。党对军队实施绝对领导有一系列根本原则和制度，无论战争形态怎么演变、军队建设内外环境怎么变化、军队组织形态怎么调整，都必须始终不渝坚持。要坚持把从思想上、政治上建设和掌握部队摆在突出位置，坚持不懈用中国特色社会主义理论体系武装官兵，持续培育当代革命军人核心价值观，大力发展先进军事文化，有的放矢加强意识形态工作，组织官兵认真学习国史党史军史，着力增强思想政治教育的时代性和感召力，坚定党对军队绝对领导的政治自信和政治自觉，打牢官兵高举旗帜、听党指挥的思想政治基础。要全面加强军队党的建设，保持党员队伍的先进性和纯洁性，把各级党组织建设成为坚强领导核心和战斗堡垒。要端正选人用人导向，坚持从政治上考察和使用干部，确保枪杆子永远掌握在忠于党的可靠的人手中。

3. 扭住能打仗、打胜仗这个强军之要

军队首先是一个战斗队，是为打仗而存在的。新形势下我军职能使命不断拓展，但作为

战斗队的根本职能始终没有变。文无第一，武无第二。战场打不赢，一切等于零。中华民族是爱好和平的民族，我们坚持走和平发展道路，但如果有人要把战争强加到我们头上，军队必须能决战决胜。历史经验表明，能战方能止战，准备打才可能不必打，越不能打越可能挨打，这就是战争与和平的辩证法。我军素以能征善战著称于世，创造过许多辉煌的战绩。同时，我们必须看到，能打胜仗的能力标准是随着战争实践发展而不断变化的，以前能打胜仗不等于现在能打胜仗。我军打现代化战争能力不够，各级干部指挥现代化战争能力不够，这两个问题很现实地摆在我们面前。2012 年 12 月，习近平总书记在广州战区考察时强调，"要牢记，能打仗、打胜仗是强军之要，必须按照打仗这个标准搞建设抓准备，确保军队能够做到招之即来、来之能战、战之必胜"。

（1）牢固树立战斗力这个唯一的根本的标准

军队建设各项工作，如果离开战斗力标准，就失去其根本意义和根本价值。要始终坚持用打得赢的标准搞建设，坚持把提高战斗力作为全军各项建设的出发点和落脚点，坚持用是否有利于提高战斗力来衡量和检验各项工作，使全军各项建设和工作向实现建设信息化军队、打赢信息化战争的战略目标聚焦，向实施信息化条件下联合作战的要求聚焦，向形成基于信息系统的体系作战能力聚焦。要按照战斗力标准理清发展思路、实施决策指导、配置力量资源、选拔任用干部、评定工作实绩，真正把战斗力标准在军队建设中立起来、落下去。要进一步解决好影响战斗力生成提高的思想观念、体制机制等方面的突出矛盾和问题，形成更加明确的用人导向、工作导向、评价导向、激励导向，推动战斗力建设不断取得实质性进展。各级党委和领导干部，要把全部心思向打仗聚焦、各项工作向打仗用劲，真想打仗的事情，真谋打仗的问题，真抓打仗的准备。

（2）推动军事战略创新发展

军事战略是关于军事力量建设和运用的总方略，是国家战略的重要组成部分。实施正确的军事战略指导，是我军能打仗、打胜仗的必然要求，对军队建设和军事斗争准备具有引导和牵引作用。军事战略指导的生命力在于创新。新形势下，我们要坚持贯彻新时期积极防御的军事战略方针，同时要丰富和完善积极防御战略思想的内涵。创新军事战略指导，必须紧紧抓住战争指导这个根本。战争是政治的继续，必须坚持军事服从政治、战略服从政略，从政治高度思考战争问题，着眼国家利益全局筹划和指导军事行动。加强各战略方向战略指导研究，搞清楚、弄明白未来与谁打仗、打什么仗、怎么打胜仗这些重大问题，立足最复杂最困难情况搞好应对强敌军事干预的战略筹划，增强军事战略指导的针对性和有效性。军事战略指导重心要前移，更加注重运用军事力量和军事手段营造有利战略态势，把预防危机、遏制战争、打赢战争统一起来，把备战和止战、威慑和实战、战争行动和和平时期军事力量运用作为一个整体加以运筹，为国家发展营造良好的外部环境和战略格局。

（3）坚持不懈拓展和深化军事斗争准备

军事斗争准备是军队的基本实践活动，是维护和平、遏制危机、打赢战争的重要保证。要始终扭住核心军事能力建设不放松，统筹安排并抓好非战争军事行动能力建设，把各项准备工作往前头赶、朝实里抓。把日常战备工作提到战略高度，保持箭在弦上、引而待发的高度戒备态势，坚持平战一体，抓住平战转换这个枢纽，提高快速反应能力。坚持以军事斗争准备为龙头带动军队现代化建设整体发展，推动信息化建设加速发展，扎实做好新型作战力量建设，努力建设保障打赢现代化战争、服务部队现代化建设、向信息化转型的后勤。大力发展高新技术武器装备，夯实能打胜仗的物质技术基础。加强高素质新型军事人才培养，实施人才强军战略，坚持院校优先发展战略，把联合作战指挥人才、新型作战力量人才培养作为重中之重，努力培养造就能够担当强军重任的优秀军事人才。深化国防和军队改革，把领导指挥体制作为重点，优化结构、完善功能，深化政策制度改革，推动军民融合深度发展，解决制约国防和军队建设的突出矛盾和问题，构建中国特色现代军事力量体系。

4. 夯实依法治军、从严治军这个强军之基

（1）作风优良是我军的鲜明特色和政治优势

古往今来，作风优良才能塑造英雄部队，作风松散可以搞垮常胜之师。在长期实践中，我军培育和形成了光荣的传统和优良的作风，把这些宝贵精神财富一代代传下去，这关系军队建设全局，关系军队形象和战斗力建设。任何时候任何情况下，我军人民军队的性质永远不能变，老红军的传统永远不能丢，艰苦奋斗的政治本色永远不能改。

现在，社会环境变化了，社会上一些不良风气在部队都会有所表现，一些病菌也在不断侵蚀部队的肌体。有病就要治，而且大病小病都要治，要及时治。如果讳疾忌医，小病拖成了大病，宿疾难医，军队就不成其为军队，更谈不上能打胜仗了！"木之折也必通蠹，墙之坏也必通隙。"如果我们不能及时解决自身存在的问题，任其发展下去，就会自毁长城。2013年8月，习近平总书记在视察原沈阳战区部队时强调，要坚持按照标准更高、走在前列的要求不断把部队作风建设引向深入，努力实现作风建设根本性好转。

（2）要继承和发扬我军光荣传统和优良作风

要自觉践行人民军队的根本宗旨，带头牢记和落实与人民心心相印、与人民同甘共苦、与人民团结奋斗的要求。大力弘扬艰苦奋斗的光荣传统。作为党领导下的人民军队，如果不提倡艰苦奋斗，贪图享乐，不可能成为一支具有强大战斗力的军队。坚持勤俭办一切事业，反对大手大脚、讲排场比阔气、公款吃喝，坚决抵制享乐主义和奢靡之风。要重点在解决"四风"问题、纠治发生在士兵身边的不正之风方面下功夫，旗帜鲜明反对腐败、反对特权，着力在纠治官兵反映强烈的突出问题上见到成效，在解决深层次矛盾和问题上见到成效，在构建规范化、制度化的长效机制上见到成效，保持人民军队长期形成的良好形象。

（3）从严治军是建设强大军队的铁律

古语说得好，慈不掌兵。要夯实依法治军、从严治军这个强军之基，坚持以纪律建设为核心，下大气力整肃军纪，培养官兵自觉而又严格的组织纪律观念，坚决克服管理松懈、作风松散、纪律松弛现象。加强军事法制建设，提高法规制度执行力，坚决克服有法不依、执法不严、违法不究的问题。把关心关爱官兵和从严治军统一起来，把严格管理和科学管理统一起来，增强管理工作科学性和有效性。研究新的历史条件下建军治军的特点和规律，建立健全一整套适应现代军队建设和作战要求的组织模式、制度安排、运作方式，推动军队正规化建设向更高水平发展。

（4）基层是部队全部工作和战斗力的基础

部队所有工作都要靠基层去落实，在第一线冲锋陷阵也全靠基层。要强化强基固本思想，把工作重心放在基层，把党支部建设作为基层建设的重点来抓，研究解决基层建设中的突出矛盾和问题，推动基层建设全面进步、全面过硬。坚持士兵至上、基层第一，切实把官兵冷暖放在心上，积极为官兵排忧解难，关心官兵成长进步和安危冷暖，注意把人力物力财力向边防、向基层、向一线倾斜。坚持把基层一线作为培养锻炼干部的基础阵地，科学设置

干部的成长路径，给基层一线成长起来的干部一个施展才干的空间。组织好下连当兵、蹲连住班，广泛开展尊干爱兵、兵兵友爱活动，培养干部对士兵的感情，培养士兵对干部的感情，培养全军官兵对军队的深厚感情，把部队基础打得更加牢固。

（5）深度发展军民融合

实现强军目标，必须同心协力做好军民融合深度发展这篇大文章。军民融合发展作为一项国家战略，关乎国家安全和发展全局，既是兴国之举，又是强军之策。在更广范围、更高层次、更深程度上推进军民融合，有利于促进经济发展方式转变和经济结构调整，有利于增强国家战争潜力和国防实力。军队要遵循国防经济规律和信息化条件下战斗力建设规律，自觉将国防和军队建设融入经济社会发展体系。地方要注重在经济建设中贯彻国防需求，自觉把经济布局调整同国防布局完善有机结合起来。要加紧在国家层面建立推动军民融合发展的统一领导、军地协调、需求对接、资源共享机制，努力形成全要素、多领域、高效益的军民融合深度发展格局。

（二）地位和作用

习近平国防和军队建设重要论述，在强军兴军中彰显出巨大理论价值和实践威力。政治工作必须充分认清习近平重要论述的根本指导作用，切实用以指导全部工作实践，把握发展大势、提升起点标准、保持正确方向。

1. 集中体现了党在军事领域的意志主张，为政治工作指明了前进方向

习近平站在我国由大向强的历史交汇点谋划推进国防和军队建设，发出实现强军目标的伟大号召，要求军队为实现中华民族伟大复兴中国梦提供坚强力量保证。必须深刻认识习主席重要论述充分体现了国家和民族最高利益对人民军队的历史重托，体现了党的执政使命对军队建设的时代要求，也从根本上规定着新形势下军队政治工作的方向和任务。政治工作只有高举实现中国梦强军梦的时代旗帜，才能筑牢官兵团结奋斗的共同思想基础；只有紧紧围绕党、国家和军队工作大局思考筹划，才能科学确立发展目标和思路；只有准确把握新的伟大事业赋予的使命责任，才能更好地适应新形势、经受新考验、实现新发展。

2. 丰富发展了党的军事指导理论，为政治工作提供了理论引领

习近平围绕建设巩固国防和强大军队，提出许多富有创见的新思想、新观点、新论断、新要求，与毛泽东军事思想、邓小平新时期军队建设思想、江泽民国防和军队建设思想、胡锦涛国防和军队建设思想既一脉相承又与时俱进，续写了马克思主义军事理论中国化的新篇章。必须深刻认识习主席重要论述为党的军事指导理论注入新的时代内涵，丰富了政治工作的直接理论依据；贯穿强军目标这条红线，拎起了政治工作的"魂"和"纲"；蕴含科学的立场观点方法，为政治工作提供了有力思想武器，切实作为科学理论深入学习贯彻好；包含着新形势下政治建军的战略运筹，为政治工作拓展了发展空间。习近平对军队政治工作极为重视，做出许多重要指示，特别强调政治工作永远是我军的生命线，必须把思想政治建设摆在首位，围绕强军目标加强思想政治建设，为全面加强我军革命化、现代化、正规化建设提供可靠政治保证、强大精神动力、有力人才支持。这些重要指示涵盖军队政治工作的方方面面，科学阐明了政治工作的地位作用、方针原则、内容任务和基本要求，把我军政治工作的理论和实践推到新的发展阶段，为保持和发展我军特有政治优势、加强和改进政治工作提供

了根本遵循。

3. 凝结着当代革命军人的价值追求，为政治工作集聚了强大动力

习近平重要论述高扬中国特色社会主义的精神旗帜，为政治工作铸牢官兵信念根基构筑了精神家园；承载全党全军全国人民建设强大军队的热切期盼，为政治工作聚合强军兴军正能量创造了良好条件；体现中国梦强军梦与官兵个人梦想的高度契合，为政治工作发展进步注入了力量源泉；立起合格军人、优秀党员、好干部的时代标准，为政治工作解决官兵立身做人问题提供了行为准则；展现理论真理力量与领袖人格力量的高度统一，为政治工作树立了光辉典范。习近平国防和军队建设重要论述，创造性回答我军建设发展面临的时代课题。政治工作必须紧跟时代发展步伐，顺应国家治理体系和治理能力的现代化要求，使生命线在创新发展中焕发新活力。

4. 适应信息技术革命新浪潮，提高政治工作信息化水平

把握信息化这个最鲜明的时代特征，注重用数据链加固生命线，以信息力强化生命力。把运用信息化作为基本指导方式，强化信息意识、网络思维、共享观念，推动信息手段在政治工作领域广泛运用；把开展网络政治工作作为重要引擎，加强网络平台建设，开发和用好大数据，赋予传统做法新的实现形式；把提升信息素养作为重要支撑，培养熟练运用信息技术手段开展工作的政治干部队伍。

5. 适应依法治国治军新要求，提高政治工作法治化水平

坚持完善法规与严格执纪并重，规范职权与有序运转并行，强化自觉与监督惩戒并举，把各项工作纳入依法决策、依法指导、依法落实的轨道。树立法治思维，注重学法用法，使敬畏法治、坚守法治成为重要理念和行为习惯；坚持依法指导，部署任务恪守法治要求，解决问题运用法治手段，工作落实依靠法治保障；强化制度约束，把依法指导开展工作作为作风建设的重要方面、干部考核的重要指标、行政监察的重要内容，防止发生"破窗效应"。

6. 适应军事力量运用新拓展，提高政治工作实战化水平

坚持平战一致原则，深刻把握信息化战争的特点规律，始终着眼打仗谋划推进各项工作特别是军事斗争准备的政治工作，做到一旦有事拿得出、用得上、有作为；围绕多样用兵行动，做好政治攻略、舆论攻心、法理攻势等工作，发挥政治工作的威力；紧贴国家利益拓展，探索完善与之相适应的组织模式和运行方式，做到军事实践延伸到哪里，跟进结合渗透工作就做到哪里。

7. 适应军民融合深度发展新趋势，提高政治工作开放化水平

我军应充分利用社会资源，最大限度地吸纳社会文明进步成果，丰富内容形式和方法手段；积极拓宽协作领域，总结军地协作有益做法，探索更广范围、更高层次、更深程度的军民融合；健全共建共享机制，形成军地资源共享、工作共融、发展共赢的政治工作格局。

第四章

现代战争

第一节　战争概述

新时代，中国总体上处于和平环境，但不能因此而忘记战争，仍然面临着遏制和打赢战争的重要任务。对于大学生来说，应当科学认识和思考战争问题，形成正确的战争观，以丰富自己的世界观、人生观和价值观。我们应充分地认识国防和军队建设的重要性，积极为提高国家综合实力做出贡献，最终为遏制和打赢战争提供必要帮助。

一、战争的内涵

纵观历史和现实可以发现，战争并不是一种偶然性的社会现象，而是经常发生的人类社会活动，而且，战争是最复杂、最激烈、影响最大的社会活动之一。科学认识战争问题，确立科学的战争观，是维护国家安全和遏制与打赢未来战争的重要前提。

（一）战争的定义

在中国古籍中，往往把战争活动称为"战""争""兵""征""伐"等。战国时期的兵书《吴子兵法》中已有"战争"一词。但在很长时间里，人们对战争的定义具有宽泛性和不准确性。随着时代发展，人们对战争的认识越来越深入，对战争的定义也越来越明确。毛泽东同志站在马克思主义的立场上深刻指出："战争从有私有财产和有阶级以来就开始了的，用以解决阶级和阶级、民族和民族、国家和国家、政治集团和政治集团之间，在一定发展阶段上的矛盾的一种最高斗争形式。"这一论断，为正确认识战争这一人类社会最复杂的活动，提供了科学依据。在此基础上，我们党和军队对战争定义进行了广泛而深入的思考。在《中国人民解放军军语》中，把战争定义为："国家或政治集团之间为了一定的政治、经济等目的，使用武装力量进行的大规模激烈交战的军事斗争。是解决国家、政治集团、阶级、民族、宗教之间矛盾冲突的最高形式。"

战争是人类最重要的社会活动之一。在人类历史上，出现过许许多多次的战争。有人统计，在有记载的5560年人类历史上，共发生过大小战争14531次，只有227年是没有打仗的。二战后，世界上爆发470余起局部战争。在世界范围内，无任何战争的日子只有26天。由此可见，在阶级、民族、国家存在的社会里，战争是一种时常发生的活动。战争与和平总是交替出现。到目前为止，没有打不完的战争，同样也没有永久的和平。自20世纪后期以来，和平与发展成为两大时代主题，必须坚决维护来之不易的和平环境。但是，世界仍然存在诸多矛盾，仍然存在战争与和平两种可能。任何国家都不能说，自己在未来永远不会卷入战争。

战争对人类的安危，民族的兴衰，国家的存亡，社会的进退，都有着直接的重要的影响。而国家、民族和社会都是由人构成的。战争能够对国家、民族和社会造成重大影响，自然也能改变身处其中的人的前途命运。自古以来，有无数人在战争中失去生命，有无数人因为战争失败而流离失所、灾难深重，也有无数人因为战争胜利而获得生存和发展的机会。无论怎么样，战争对国家、民族、社会和身处其中的每一个人的影响都是极大的。1840年片战争失败之后，西方列强入侵，中国陷入内忧外患、山河破碎的悲惨境地，人民长期处于水深火热的深重灾难之中。为战胜外来侵略、争取民族独立、实现国家统一，中华儿女前仆后继，进行了可歌可泣的斗争，中国共产党缔造和领导人民军队，通过长达22年的革命战争，夺取了政权。中华人民共和国成立以后，党和军队加强社会主义建设时期的国防和军队建设，又赢得多次局部战争和武装冲突的胜利，有力地遏制新的战争的发生。可以说，在整个中国近现代史上，国家和民族的命运，每一个中国人的前途命运，都是与战争活动紧密联系在一起的。

所有这些都告诉人们，任何时候都不能忘记战争。正如古代大军事家孙子所说的"兵者、国之大事，死生之地，存亡之道，不可不察也。"和平始终是人类社会的普遍期待与殷切向往。没有和平，发展就无从谈起。但不管是什么时代，每个人都不能因此而忽视战争。相反，只有充分认识到战争的重要性，认真考察和研究战争，切实为战争准备做出应有的贡献，才能遏制和打赢战争，获得良好的和平环境，维护个人、社会、民族、国家的生存和发展利益，获得美好的现实与未来。

（二）战争的本质

如同其他各种社会活动一种，在纷繁复杂的战争活动的表象之中，蕴含着深刻的本质。历史上，军事理论家克劳塞维茨提出：战争无非是政治通过另一种手段的继续。列宁同志继承和发展了这一观点，并且指出：战争是这个或那个阶级的政治的继续。在此基础上，毛泽东在《论持久战》一文中进一步指出："政治是不流血的战争，战争是流血的政治"。战争本身就是政治性质的行为，任何战争都是政治矛盾激化的产物，是政治在一定阶段展现出的最高斗争形式。在历史和现实中，有些战争发起者往往会抹杀战争的政治性，找出各种各样的理由和借口，为自己发动战争进行掩饰。不管这些人以什么样的借口发动战争，我们都要透过现象看到其本质。

二、战争的特点

战争是一种人类社会活动。与政治、经济、科技、文化等活动相比较，战争活动与它们有很多不同之处，有着自身运行的特殊规律。与此同时，战争与政治、经济、科技、文化等活动又密切联系，符合人类活动的一般规律。我们应当认清战争的特点，遵循战争活动的规律，以此牵引和做好国防和军队建设各项工作，切实提高综合国力，以遏制和打赢未来可能发生的战争。

（一）战争有区别于政治、经济、科技、文化等社会活动的特性

与政治、经济、科技、文化等社会活动相比较，战争活动有很多独有的特性：对抗性、集团性、暴烈性、复杂性、时代性。认识战争的这些特性，能够帮助人们更加准确地认识战争规律。

（二）战争有与政治、经济、科技、文化活动的内在联系

战争是一种非常特殊的社会活动。但它却不是孤立的社会活动，与政治、经济、科技、文化等各方面的社会活动都密切相关。战争是力量的竞赛，战争力量是物质因素与精神因素的结合物。在这些因素中，既包括军事因素，也包括政治、经济、科技、文化等各方面的活动因素。

除此之外，战争还与人口、地理、自然环境等因素有着密切联系，呈现互动发展的特性。由于战争与其他社会活动紧密联系，人们就不能孤立、片面地看待战争问题。军事家不可能超越既定的客观物质基础（交战双方的军事、政治、经济、自然诸条件）去企求战争的胜利，然而可以而且必须在既定的客观物质基础上能动地争取战争的胜利。战争在政治、经济、科技和文化等方面会有巨大破坏，起到消极作用；同时也可能会在一定条件下进行保护和促进，起到积极作用。因而，不能一味地认为战争是"绝对的坏事"，也不能一味地鼓励战争。关键的问题，是要全面、准确地考察战争活动，认识和遵循其运动规律，想方设法降低或消除其消极作用，而努力增强其有利的一面。为遏制和打赢战争，就必须全面、充分地做好战争准备。对于新时代的中国人民来说，应当大力支持国防和军队建设，切实做好军事斗争准备。与此同时，也要从政治、经济、科技和文化等方面入手，加强全面建设，大力提高综合国力。只有这样，才能不断促进国家实力的进步，真正实现遏制和打赢战争的目标。

三、战争的发展历程

战争作为一种长期的历史性社会活动，经历了一个漫长的发展过程。受政治、经济、科技、文化等因素影响，战争活动在不同的历史阶段有着不同的表现。从不同的角度，可以对人类历史上的战争活动进行分类。例如，从社会发展史的角度，可以分为奴隶社会时期的战

争、封建社会时期的战争和资本主义上升时期的战争，以及帝国主义和无产阶级革命时期的战争等。

近几十年来，由于人类科技进步对战争活动影响巨大。因而，人们从科技与战争互动影响的角度，把战争区分不同的战争形态。战争形态是以主战兵器技术属性为主要标志的战争历史阶段性的表现形式和状态。在人类历史上，随着科学技术的发展，世界主要国家军队曾经普遍使用冷兵器、热兵器、机械化兵器以及信息化兵器等不同的主战兵器。相应的，人类战争的发展历程，可以划分为冷兵器战争时代、热兵器战争时代、机械化战争时代，以及信息化战争时代。其中，冷兵器战争是主要使用木石、青铜、铁制等冷兵器为主要武器装备及相应作战方法的战争形态。热兵器战争是主要使用火枪、火炮等热兵器为主要武器装备及相应作战方法的战争形态。机械化战争是主要使用工业化生产的坦克、飞机等机械化兵器为主要武器装备及相应作战方法的战争形态。而信息化战争是普遍使用经过信息技术改造的坦克、飞机等兵器，和计算机指挥控制系统等崭新的信息化武器装备，及相应作战方法的战争形态。每一种战争形态都有其独特的发展历程。

当前，人类战争形态正在由机械化战争向信息化战争加速演变。哪个国家的军队能够敏锐洞察战争形态演变的趋势，及时进行新军事革命，哪个国家就能在时代大潮中赢得主动，占得先机，为赢得战争胜利创造良好条件。新时代，我们党和军队高度重视对战争形态的演变的研究，把立足于遏制和打赢信息化局部战争作为新的军事战略方针。我们应当从战争形态演变的历史中汲取经验，认真思考和充分认识信息化战争，做好充分的准备，以获得最大的主动权。

第二节　新军事革命

在每次战争形态发生转变的时候，都伴随着重大的军事革命。而军事革命的发展，又推动战争形态的转变，成为军事面貌发生重大变化的内在驱动力。自20世纪中后期起，随着科学技术的发展，一场新的军事革命在世界范围内兴起，推动着机械化战争形态向信息化战争形态转变。当前，世界新军事革命加速推进，科学技术在军事领域的广泛运用引起了战争形态和作战方式深刻变化，日益成为影响战争胜负的重要因素。党的十九大报告提出，要"适应世界新军事革命发展趋势"，这是我们加强国防和军队建设的重要依据。新时代，充分认识和跟踪世界新军事革命发展，与时俱进地推动中国特色军事变革，对于全面推进国防和军队现代化、建设世界一流军队，具有重要的意义。

一、新军事革命的内函

军事革命是指军事领域内发生的全局性、系统性的改变和革新，主要表现为军事技术、作战方式、军队结构、军事理论等方面的根本变革。军事革命是由社会发展科技进步而引发的整个军事领域的重大、深刻的变化。只有军事系统的主导因素均发生质的飞跃，才能称得上完全意义的军事革命。

军事革命并不是现在才有的。在人类历史上，多次发生世界性的重大军事革命，其中最主要的有四次：

第一次军事革命，是由徒手和使用木石兵器作战向使用金属兵器作战，时间约从公元前4千多年至公元纪年前后。原始社会后期，部落冲突使用的兵器以磨制的石兵器为代表，同时大量使用木、骨、角等制作的兵器。从公元前4000年到公元前21世纪，世界许多地方相继建立国家，军队从其他社会组织中独立出来，使用青铜金属制作刀、剑、矛等兵器。公元前13世纪后，铁制兵器逐渐普及于欧亚大陆。铁兵器锋利且性良好，质量更佳，杀伤效能大为提高。军队从最早的单一步兵兵种，发展出战车兵、骑兵、辎重兵、工兵等不同的兵种。战争指导者逐步讲究布阵艺术和计谋的运用，发展了骑兵与步兵以及水陆配合的协同战术。中国出现了《孙子兵法》等军事理论著作，西方国家也有许多军事家提出各种思想观点，军事理论体系从无到有地建立起来。由此，冷兵器战争形态逐步形成并完善起来。

第二次军事革命，是由冷兵器战争向热兵器战争转变的革命，时间约在14世纪至19世纪。中国的火药技术传入欧洲以后，火枪、火炮等新式武器出现，取代大刀、长矛等冷兵器。随之，逐步引发军事领域一系列重大变化，步兵、炮兵取代重装骑兵成为主要兵种，纵队作战与散兵作战取代方阵成为主要的作战方式。统一的国家军队取代封建军，普遍义务兵役制取代招募制。海军铁甲战舰逐渐取代木制船，舰队火力和机动力增强。许多国家提出新的军事理论，如法国拿破仑提出纵深战斗队形，普鲁士的老毛奇提出利用铁路进行外线机动作战理论，美国的马汉提出海权论思想，普鲁士的克劳塞维茨撰写了《战争论》等著作，新的军事理论体系发展成熟。这些使得热兵器战争形态逐步发展成熟。

第三次军事革命，是由热兵器战争向机械化战争转变的革命，时间约在19世纪后期至20世纪中后期。1860年后，欧洲开始了以内燃机和电力为标志的新工业革命。进入20世纪，社会生产机械化水平进一步提高，工业科技突飞猛进。这使得武器发展迅速，坦克、飞机、潜艇、航母等新武器不断涌现，装甲兵、空军、防空军、空降兵、化学兵等新军兵种出现。战争中出现步坦协同、空地协同、大规模空袭、潜艇战与反潜战等新的作战样式，战场发展到立体，战线拉长，规模空前。制空权、装甲制胜论、总体战、大纵深战略等新的军事理论出现。这些都使得机械化战争形态形成并完善。

第四次军事革命，是由机械化战争向信息化战争转变的革命，时间从20世纪中后期至今。20世纪中期以后，随着以计算机技术为代表的信息技术出现，一大批高新技术不断涌现，呈现一种新的技术革命的态势。新技术革命的成果应用于军事，促进了武器装备日益信息化。这使得军队体制编制更加一体化、多能化、小型化，以往那种单一军兵种相对独立作战，或若干军兵种协同作战，逐步转变为陆海空等军兵种联合作战。在战争实践中，作战节奏加快，作战空间向陆、海、空、天、电以及人的心理领域拓展，呈现多维化的特征。各国纷纷调整军事战略，创新战争观、作战理论、建军模式，提出了"非对称作战""非线式作战""非接触作战""网络中心战""联合作战""军事转型""混合战争""第三次抵消战略"等一系列新的军事理论。由此，人类战争形态向着信息化战争加速发展。

当前，人们通常所说的新军事革命，就是特指这次人类历史上的第四次军事革命。它是在工业社会走向信息社会的时代，以信息技术为核心并得以广泛应用，从而引起军事领域武器装备、军事理论和组织体制等一系列的根本变革，导致彻底改变战争形态的一场革命。这场军事革命，以信息化为核心，以重塑军事体系为目标，最终的结果是促使信息化战争形态发展成熟。

二、新军事革命的发展演变

新军事革命是随着信息时代的来临而产生和发展的。当前，世界各国对新军事革命的研究方兴未艾，关于新军事革命的阶段划分也有很多不同表述。但在信息技术产生并运用于军事实践的进程中，有很多标志性的事件。从这个角度，可以把新军事革命区分为以下几个发展阶段：

（一）孕育萌芽时期

新军事革命的核心技术是信息技术，而信息技术的代表则是计算机技术。1946 年 2 月，美国研制出世界上第一台电子计算机。它是美国军方定制的，为了满足计算弹道需要而研制成的。从某种意义上说，最早的计算机可以说是一种"武器装备"。追根溯源，这可以称之为信息技术的最早产生，也可以说是新军事革命最初的根芽。

从 1946 年到 1958 年人们研制的是第一代计算机，1956 年到 1966 年是第二代计算机，它们大量运用于与国防科研有关的计算机和研究。1958 年，美军为防御苏联军队的核打击，建成世界上第一个军事信息系统"赛其"指挥与控制系统。它被称为 C2 系统，首次实现信息采集、处理、传输和指挥决策过程部分作业的自动化，开启了作战指挥控制自动化的先河。1962 年以后，美国在 C^2 系统的基础上，增强"通信"功能，使成为 C3 系统。1969 年，美国国防部开发出世界上第一个计算机网络"阿帕网"。苏联在 20 世纪 50 年代也开始发展指挥自动化系统，于 1958 年建成"天空一号"半自动化防空指挥控制系统，并于 1964 年部署改进型的半自动化拦截引导系统。北约欧洲各成员国从 20 世纪 60 年代开始建立"奈其"信息系统，即"北约地面防空警戒系统"。

除信息技术外，其他高新技术也崭露头角。二战中德国首先研制出第一枚无线电制导的滑翔炸弹，尔后研制出 V1、V2 惯性制导弹。战后雷达技术、红外技术得到迅速发展并用于制导武器，更加先进的精确制导弹药相继研制成功，大大提高了武器装备的命中精度。至 20 世纪 70 年代初，"精确制导技术"的概念被正式提出。1967 年，美国研制的"宝石路 1"激光制导炸弹装备部队。1957 年苏联第一颗人造地球卫星上天后，军事航天技术发展迅速。美苏双方都大力发展进攻性战略武器，探索建立太空军事系统，为太空争夺做准备。

（二）初步发展时期

1972 年 5 月 13 日，美国出动 14 架 F－4 战机，各带一枚"宝石路"激光制导炸弹，一举炸毁了越南的清化大桥。而此前的 4 年多时间里，美空军曾出动数百架次飞机对其进行轰炸，结果桥梁不仅没有完全被摧毁，却损失飞机 10 多架。这是激光制导炸弹首次运用于实战，它精确打击的效果震动了世界。各国军队普遍认识到高新技术装备的威力，纷纷加大研制力度。

20 世纪 70 年代后，美苏之间形成了"核恐怖平衡"，双方拥有的核武器能够互相毁灭多次，甚至毁灭整个地球。这样，谁也不敢轻言使用核武器。为继续谋求军事优势，美苏把目光更多地放到用信息化武器打常规战争上来。这有力地推动了新军事革命的进一步发展。

这一时期，军事信息系统获得更大进步。1977 年，美军把"情报"要素纳入 C3 系统，形成 C3I 系统。确立了以指挥、控制为核心，以通信为依托，情报为灵魂的一体化军事信息系统体制。到 20 世纪 80 年代，军用电子计算机采用超大集成电路后发展到第四代。1983 年，美军又在 C3I 系统的基础上加入"计算机"要素，变成更加完善的 C4I 系统。苏联等国也建成卫星通信、对潜通信、战略预警和侦察探测等系统。

就像人体运动速度有其极限一样，机械化武器装备的物理性能也是有其极限的。20 世纪 70 年代后，发达国家制造的坦克、步兵战车、火炮、作战飞机、作战潜艇等武器装备，渐渐达到了各自的物理性能的极限。于是，科学家们为这些作战平台配备了数字式火控系统等先进技术，采取了隐身技术等新型伪装技术，安装多种电子设备使其改造成为具有初步信息化水平的作战平台。此后，信息化的作战平台不断涌现。

在这一阶段，一些国家的军事理论家开始研究信息化作战，并提出了相应的成果。美军最早提出"信息战"的概念。苏联人则最早发表了新军事革命的理论著作。1979 年，苏军总参谋长奥尔加科夫等理论家预言：先进技术的出现将引发一次新的军事革命。1985 年，他出版《历史的告诫》一书，认为世界军事已经发生深刻的、真正的革命性变化。不过，当时苏军高层和思想理论界总体上较为保守，奥尔加科夫理论没有被采纳，先进的理论没有变成实际行动。因而，苏联未能抓住新军事革命的先机。倒是美国十分关注奥尔加科夫提出的新技术革命问题，在转化为自身的成果后，首先实施比较全面和彻底的军事改革，抢占了先机，成为新军事革命的"领头羊"。

（三）快速演进时期

1991 年 1 月 17 日至 2 月 28 日，美国发动了对伊拉克的战争，被称为"海湾战争"。美军使用了当时几乎所有高新技术武器装备，包括"战斧式"巡航导弹等精确制导武器，软硬结合的电子战装备，由 70 多颗卫星组成的综合指挥信息系统等，远程精确打击成为火力摧毁的主要手段，初步显示非接触、非线式的作战特点。这场战争给世界军事领域留下极为深刻的印象，被称为"预示战争形态急剧变化时期的来临""正在进行的新军事革命的一个缩影"。

海湾战争之后，世界各国普遍加大对信息化战争的研究，有力地推动世界新军事革命的加速发展。美国更加广泛地采用信息技术，全面开展武器装备信息化建设，大力发展军事信息系统、信息化作战平台、精确制导弹药、军事无人系统和新概念武器。到 20 世纪末，其陆、海、空武器装备的主体实现信息化，在世界上首先建立了信息化武器装备体系。美军把 C4I 系统演变为包括"监视"与"侦察"的 C4ISR（指挥、控制、通信、计算机与情报、监视、侦察）系统。在此基础上，美军进行以"联合训练"为主要特点的"训练革命"，逐步启动军事组织体制改革，在"聚焦后勤"思想的指导下进行"军事后勤革命"。美国国防部组织专家，掀起军事理论创新的热潮，创立联合作战理论体系、提出以"网络中心战""基于效果作战""战略瘫痪战""五环目标理论"等为代表的诸多新的作战理念。美军在 1998 年的"沙漠之狐"军事行动、1999 年的科索沃战争、2001 年的阿富汗战争中，投入各种先进武器、采取各种新的战法进行试验，在实践中验证军事革命的成果。

这一时期，其他国家也都纷纷投入巨大资源、加速推进具有本国特色的军事革命。英国军队大力发展信息化武器装备和数字化部队、正式成立联合司令部、组建联合快速反应部队，建立三军一体的联勤体制，意图组织实施信息化的联合作战。法国把军队职业化改革、武器装备现代化作为国防和军队建设的重点。到 21 世纪初，法军完成军队职业化改造，部队专业化程度得到较大提高；完成对军事领导指挥机构的调整，初步形成联合作战指挥体制；在天基侦察系统建设中取得较大成就，武器装备信息化程度有了较大提高。德国以建设人员精干、具备执行多种作战能力的现代化联邦国防军作为改革目标，有重点地发展信息化武器装备，注重对现有武器进行信息化改造。日本认为"新军事革命"是"以信息技术为基础的军事革命"，因而启动"信息军事革命"，利用与美军的传统军事关系，获取美国的高新军事技术，再依凭自身较为雄厚的科技经济实力，提升陆上、海上自卫队的建设质量，发展本国特色的军事力量。俄罗斯虽然在这一时期经济衰退，军队建设受到很大影响，但仍然保持核心骨干力量，进行关键技术的研究，以在新军事革命中保持足够的实力。海湾战争之后，中国敏锐地认识到战争形态已发生变化，及时提出要重视和推进中国特色军事变革。从那以后，中国军队对信息化战争的研究逐步走向全面和深入。

（四）走向成熟时期

2003 年 3 月 20 日，美国联合英国等盟国，以伊拉克拥有大规模杀伤性武器为借口发动了伊拉克战争。在这次战争中，美军建立了比较成熟的信息化战争体系，拥有战场感知、指挥控制、联合作战、特种作战、远程精确打击、机动力和火力等全方位的绝对优势。这让人们进一步看到了开展新军事革命的巨大军事效益。

伊拉克战争之后，世界新军事革命进入到一个新的发展阶段，广度和深度都有了更大的发展。发达国家尝到了新军事革命的甜头，坚定了继续进行军事革命的信心和决心。发展中国家清醒地认识到，为了在未来战争中避免陷入被动挨打的境地，必须进行新军事革命和军队信息化建设，大大增强了军事变革的紧迫性。美国继续加大军事转型的力度，英、法、德、日等新军事革命的跟随者，以及中国、俄罗斯、印度等后发者，都更加深切地认识到，军事变革是增强军事实力、打赢未来战争的必由之路，促使更多国家加入新军事革命的行列。

总结以往经验，展望未来，世界各主要国家均强调，要自觉地、自上而下地全面统筹军事变革，更多地涉及军事系统的核心内容。各国军队普遍注重进行顶层设计，制订和颁布各种纲领性文件，统筹规划各项变革和转型工作，改变以往缺乏全面规划、各军种（部门）自行其是的状况。美军将 C4ISR 系统再一次演进为包括"打击"功能的 C4IKSR，以后又提出建立 GIG（全球信息栅格）。近十几年来，美军加紧研制下一代指挥控制系统，建立功能更加完备的全球战略级和战术级信息系统。英军、德军、俄军在借鉴美军经验的基础上，均决心建立适合自身需要的军事信息系统。各国注重压缩军队编制，减少层次，使部队趋于小型化、一体化及多功能化。围绕建立和完善联合作战指挥体制，世界各国均采取了许多有益的措施。

近年来，国际形势处在新的转折点上，各种战略力量加快分化组合，国际体系进入了加速演变和深刻调整的时期。在这个前所未有的大变局中，军事领域发展变化广泛而深刻，是世界大发展、大变革、大调整的重要内容之一。世界军事领域发展变化，与世界政治经济等领域发展变化相互呼应、相互影响。到目前为止，世界新军事革命仍然没有结束，仍处于动态发展之中。纵观历史，可以发现，世界新军事革命走过了一条从无到有、从零散到系统、从局部扩展到全局的道路。预计在未来一段时期里，新的军事技术和作战方式仍将会出现，新的变革仍将会继续。最终，机械化战争形态将完成由信息化战争形态所代替。人类军事活动将呈现一个全新的面貌。

三、新军事革命的主要内容

新军事革命不是对原有机械化条件下的军事体系的修补，而是涉及全领域、深层次的根本性的变革。因而，新军事革命的内容是极其丰富的。虽然世界各国在新军事革命中的发展进程不同，侧重点不同，但从总体上看，主要都集中在以下几个方面：

（一）革新军事技术，推进武器装备信息化

自 20 世纪中后期以后，人类科技进步获得巨大进步，出现了信息技术、新材料技术、新能源技术、生物技术、航天技术、海洋技术等高新技术群。这些技术应用于军事领域，又推动着军事高新技术的蓬勃发展。这包括精确制导技术，现代侦察与监视技术，现代伪装与隐身技术，军事航天技术，电子对抗技术，指挥信息系统，以及新概念武器，等等。由此，信息化的武器装备不断研制并广泛使用。即使原有的坦克、大炮、飞机、舰艇等机械化兵器，在加装计算机系统以后，也得到信息化改造。信息化的武器装备种类更加丰富，对目标信息的发现和传输更加准确便捷，使用范围更加广泛，火力打击更加精确，作战性能获得质的飞跃。当前，新一轮科技革命又在孕育兴起，纳米技术、临近空间技术、高超声速技术不断突破，新概念武器向实战化发展，武器装备远程精确化、智能化、隐身化、无人化趋势明显。

（二）革新体制编制，重新塑造军队组织结构

信息化战争中，由于军队的作战能力呈指数增长，小规模的高度一体化和智能化的军队，即可完成过去由数量庞大的军队才能完成的战略任务。因而，世界各国均对军队组织结构和力量编成进行大幅度改革，在缩小军队总体规模的基础上，作战部队的建制规模更加小型灵巧。有专家预计，未来军和师的编制可能最终消亡，旅、营或更低级别的战术单位将成为主要的作战建制，并可能出现按作战职能编成的小型作战群，或能够同时在陆、海、空等多维空间作战的一体化小型联合体。

（三）革新作战方式，实现战争力量的体系对抗

恩格斯曾经指出："一旦技术上的进步可以用于军事目的，并且已经用于军事目的，它们便立刻几乎强制的，而且往往是违反指挥官意志，而引起作战方式上的改革甚至变革。"信息时代高新技术的运用，不可避免地要引发新的作战方式的革命。通过指挥控制信息系统，可以把分散在陆、海、空、天、电等各个战场空间的作战平台，联结成为一个整体。因而，信息化战争是体系与体系的对抗，以往的协同作战已发展成为联合作战，传统密集火力、狂轰滥炸的作战方式转变为信息主导、精确打击，出现"斩首行动"、打击敌关节点从而瘫痪其作战体系等许多具有崭新特点的战法。

（四）革新军事理论，以新的理念谋划国防和军队建设

军事理论创新是军事革命的灵魂。在工业时代向信息时代过渡的时期，很多有识之士对 20 世纪上半叶两次世界大战的惨痛教训进行反思，对机械化战争的某些观点进行大胆否定，提出要结合信息化技术革命的发展，沿着一条全新的道路设想未来战争的形态，牵引国防和军队建设模式的根本性变革。由此，在世界范围内掀起信息化战争理论研究的热潮。信息化战争理论强调信息在战争中的作用，认为敌我双方围绕争夺信息权展开的斗争将决定未来战争的模式，因而必须把建设信息化军队作为军队建设的重点内容。在这些理念的指导下，世界各主要国家都对国防和军队建设模式进行新的调整变革。

　　除此之外，世界各主要国家还在国家安全战略、军事战略、军事训练、军队管理、军事教育、后勤保障等各个方面推动转型。总而言之，新军事革命的范围已经包括军事活动的全部方面，必将引发军事体系的彻底转型。这场军事革命，以信息化为核心，以军事战略、军事技术、作战思想、作战力量、组织体制和军事管理创新为基本内容，以重塑军事体系为主要目标，其速度之快、范围之广、程度之深、影响之大，为第二次世界大战结束以来所罕见。世界新军事革命是全方位、深层次的战争和军队建设全部领域，直接影响着国家的军事实力和综合国力，关乎战略主动权。

第三节　机械化战争

　　机械化战争是人类历史上继冷兵器战争、热兵器战争之后的第三种战争形态。它对近现代世界军事发展的历史和现实影响非常巨大。直到今天，人类战争活动仍然带有一定的机械化战争的特点。认识机械化战争，对于了解人类战争发展的历史，思考当前战争活动，具有十分重要的意义。

一、机械化战争的基本内涵

　　机械化战争，是指主要使用机械化武器装备及相应作战方法进行的战争。所谓机械化武器装备，是以机械动力为主要驱动力，以火力、机动力、防护力为主要战术技术指标的各种装备的统称，如工业化生产的坦克、自行火炮、水面舰艇、潜艇、战斗机、轰炸机等。主要依托建制内装甲战斗车辆等机械化装备实施机动和作战的部队，以机械化步兵或坦克兵等为主体的诸兵种合成部队，被称为机械化部队。机械化部队的典型的作战方法是大规模集群作战、远距离快速机动作战、大范围纵深攻击作战等。交战双方往往构筑阵地，沿着一定的作战线，进行密集的火力交锋。为了打击目标，具有机械化作战能力的部队通常使用大量飞机、坦克、火炮等武器，投射大量弹药，进行猛烈轰炸，实施大范围的火力覆盖。

　　机械化战争是随着工业时代来临而产生和发展的。19世纪末20世纪初以后，人类科学技术获得新的进步，以重工业为重点、以大机器生产为特征的新工业革命发展迅速。相应的，军事科技也获得同步的发展，速射机枪、坦克、飞机、潜艇、航空母舰、无线电设备等一大批机械化武器装备相继问世。与此同时，坦克兵、化学兵、潜艇部队等新的兵种出现，空军诞生并逐步发展为崭新的独立军种，军队编制体制走向大型化、合成化和摩托化，坦克战、化学战、电子战以及空中作战等迅速成为重要的作战方式。所有这些，都使得战争面貌发生重大变化，人类由此步入了机械化战争时代。

　　在20世纪初世界上发生的战争中，已经带有较为明显的机械化战争的特点。第一次世界大战中，机械化战争形态获得飞速发展，到第二次世界大战的时期，机械化战争已经逐渐发展至成熟阶段。自 20 世纪中叶以后，机械化战争形态仍然继续向前发展演变。

不同的战争形态，在时间上不是截然分开的，而是有一个相互交叉的历史过程。虽然近几十年来，在机械化战争形态的"母体"中，信息化战争形态孕育出来，并不断趋于成熟，但在许多战争实践中，仍然表现出较强的机械化战争的特征。21 世纪的今天，人类的许多战争活动，仍然受到机械化战争的影响。只有在未来较长的时间里，机械化战争形态才会彻底消失，信息化战争形态完全取而代之。所以，我们应当认真研究和认识机械化战争这一历史上重要的战争形态。

二、机械化战争的代表性战例

19 世纪末至 20 世纪中期，是世界上战争频繁发生的时期，出现了很多机械化战争的战例。特别是 20 世纪上半叶，在工业革命的推动下，欧洲主要国家的经济迅速发展。与此同时，列强的军事科技水平迅速提高，机械武器装备性能大大增强，军队的规模也快速膨胀起来。这促使强国与落后国家的实力进一步拉大，也造成了列强之间力量对比更加不平衡。为了争取更多的市场、原料产地和投资场所，列强展开激烈争夺。在各国政治、经济上的矛盾激化到不可调和的时候，列强就会不惜使用武力进行斗争，大规模战争不可避免。20 世纪上半叶，发生两次世界大战，成为最典型的机械化战争。

(一)第一次世界大战

第一次世界大战，简称"一战"，是在 19 世纪末 20 世纪初，资本主义国家向帝国主义过渡时产生的广泛的不可调和矛盾，亚洲、非洲、拉丁美洲殖民地和半殖民地基本上被列强瓜分完毕，新旧殖民主义矛盾激化，各帝国主义经济发展不平衡，秩序划分不对等的背景下，为重新瓜分世界和争夺全球霸权而爆发的一场世界范围的帝国主义战争。

对交战的各列强来说，都是非正义的战争。尽管塞尔维亚等国是为了保卫自己的主权和独立而战，具有正义的民族解放的性质，但这并没有从根本上改变整个战争的非正义性。

中国政府于 1914 年 8 月 6 日宣布中立，1917 年 8 月 14 日在协约国敦促下对德奥宣战。17.5 万华工被派往英国、法国和俄国，从事各种后勤保障工作，以弥补协约国劳力之不足。但战后英、法、美等列强迁就日本、出卖中国，加上北洋军阀政府软弱无能，中国虽是战胜国，却未能收回德国在山东半岛的各种权益。中国在巴黎和会上的屈辱遭遇，激发爱国民众的愤怒，引发了"五四"爱国运动。中国由此走上轰轰烈烈的民族解放道路。

第一次世界大战是一场典型的机械化战争。为了取得胜利，参战各国加紧研制新式武器并投入战场，飞机、毒气、坦克、远程大炮相继投入战争，使得机械化武器装备和军事技术飞速发展。飞机、飞艇、潜艇、坦克、高射炮、反坦克炮、迫击炮、远程火炮、毒气弹、烟幕弹、高爆弹、无线电通信和光学测量等武器与技术开始大量装备部队或得到广泛运用，并由此产生了坦克兵、航空兵、防化兵等新兵种。军队的火力、突击力、机动力以及作战指挥能力得到加强和提高。作战空间从陆地、海洋扩大到空中，在濒海方向上出现了陆海空三军配合作战。战役规模扩大，组织协同更加复杂，出现了集团军群(方面军)战役。

（二）第二次世界大战

第一次世界大战结束后，帝国主义时代所固有的各种基本矛盾一个也未解决，而又增加了战胜国与战败国的矛盾，以及帝国主义战胜国相互之间的矛盾。于是第二次世界大战不可避免地爆发了。

第二次世界大战是一场典型的机械化战争，交战双方大量使用坦克、装甲车、飞机、火炮、军舰等武器装备，并首次使用雷达、火箭炮、导弹、原子弹等新式武器和技术，引起作战形式和方法的重大变革，出现了闪击战、大纵深作战、登陆与抗登陆作战、潜艇战与反潜战、航母编队作战、飞机轰炸与防空作战、空降与反空降作战等新的作战形式和方法。德国军队组建大规模装甲部队，实施快速突击的"闪电战"在战争初期获得重大胜利，令世人印象深刻。在斯大林格勒保卫战中，苏联各方面军和集团军之间密切协同，并以坦克军和机械化军组成快速集群，迅速构成合围的对内、对外正面，并在对外正面发展反攻；航空兵第一次采取进攻样式，并协同高射炮兵成功地实施了对德军集团的空中封锁等，从而保证了苏军的胜利。还有其他众多战例都充分体现了机械化部队的作战特点。

两次世界大战是机械化战争形态发展进程中的重要实践，同时也促进了机械化战争形态的发展成熟。在战争中，新型的机械化武器装备层出不穷，技术不断进步，作战性能得到迅速提升；军队构成发生重要变化，体制编制合成化程度不断提高，尤为突出的是战场范围空前扩大，破坏和消耗是以往任何战争都不能比拟的。

20世纪上半叶，中国处于半殖民地半封建社会之中，科技和经济非常落后。虽然国民党军队在美国等西方国家的援助下，建立了具有一定程度的机械化部队。但与日本等国家比较起来，差距非常巨大。因此，在面临日本帝国主义入侵时，中国军队受到巨大损失，几乎陷入亡国灭种的边缘。中国共产党缔造和领导人民军队，武器装备非常落后，长期处于"小米加步枪"的状态。但是，毛泽东等革命前辈，坚定依靠广大人民群众，采取有效的人民战争战略战术，夺取敌人武器壮大自己，最终在抗日战争中打败日本帝国主义，在解放战争中打败配装美式装备的国民党军队。这告诉我们：一方面，在武器装备落后的情况下，要充分发挥人的主观能动性，弥补自身不足；另一方面，也说明要充分认识军事科技的重要性，尽力提高武器装备的水平。机械化战争形态是信息化战争形态发展的基础。时至今日，很多机械化武器装备仍然在使用军队合成化，仍然是非常必要的，陆、海、空仍然是重要的战场，战争消耗仍然非常之大。因而，我们仍然不能忽视机械化建设。相反，更要打好机械化的基础，为建设信息化军队奠定坚实基础。

第四节　信息化战争

信息化战争是人类社会由工业社会步入信息社会的产物。世界新军事革命深入发展，促使战争形态由机械化战争向信息化战争加速演变。信息化战争将逐步取代工业时代的机械化战争，成为信息时代战争的基本形态。对于我们国家和军队来说，必须深入研究信息化战争，适应战争形态发展，加快新时代国防和军队建设步伐，以实现遏制和打赢战争的根本战略目标。

一、信息化战争的基本内涵

信息化战争是信息时代的典型战争形态，是在机械化战争形态进入成熟期，随着信息社会的来临而逐渐形成的。《中国人民解放军军语》将信息化战争定义为："依托网络化信息系统，使用信息化武器装备及相应作战方法，在陆、海、空、天和网络电磁等空间及认知领域进行的以体系对抗为主要形式的战争，是信息时代战争的基本形态。"

信息化战争在武器装备、战场空间、作战形式、军事理论等各个方面，都与以往的战争形态有根本性的不同，是一种崭新的战争形态。信息化战争的主体是信息化武装力量，包括信息化军队和其他武装力量。在战争中，信息化武装力量主要使用以信息技术为主导的武器装备系统，以争夺信息资源为战场目标，以各领域的体系对抗为主要斗争形式，实行以信息化军事理论为基础的战争指导。

信息化战争是信息时代人类社会经济、技术、生产力水平和生产方式在战争领域的客观反映。自20世纪中后期起，伴随着世界新军事革命的兴起，信息化战争在机械化战争的母腹里应运而生。经过半个多世纪的发展，信息化战争已逐步走向成熟。在信息时代的大潮下、任何国家都不能脱离世界军事大局。要想遏制和打赢未来战争就必须适应时代特点，做好应对信息化战争的准备。在此方面，中国也不例外。

二、信息化战争的主要形态与特征

与冷兵器战争、热兵器战争特别是机械化战争相比，信息化战争具有诸多突出的特征：
（1）信息化武器装备成为代表性的主战兵器。
（2）信息优势成为战场争夺的首要目标。
（3）作战空间全维多域，信息空间的作用凸显。
（4）体系对抗成为交战各方主要的较量方式。
（5）一体化联合作战成为基本的作战形式。

三、信息化战争的代表性战例

信息化战争伴随世界新军事革命的发展而发展。计算机、导弹等信息化武器装备最初产生于第二次世界大战末期。因而，可以说信息化战争萌生于机械化战争的实践之中。自20世纪70年代以后，在越南战争等多场局部战争实践中，已经带有一定的信息化战争的特征。到20世纪90年代以后，世界范围相继爆发了多场信息化程度较高的局部战争，战争形态加快了由机械化战争向信息化战争的转变。其中，比较具有典型性、代表性的有以下几场战争：

（一）海湾战争

1990年8月2日，中东海湾地区国家伊拉克的总统萨达姆意图吞并另一个国家科威特，大举派兵入侵。以美国为首的西方军事大国，为了维护本国在中东地区的利益，对伊拉克进行制裁。经过五个半月的全方位战争准备，美国和英国等组成多国部队，于1991年1月17日凌晨开始了代号为"沙漠风暴"的空袭行动。多国部队出动电子战飞机、预警机、侦察机、攻击机、轰炸机、空中加油机等各型飞机共9.4万架次，分四个阶段对伊拉克12个目标群，进行了38天的高速度、高精度、全纵深、全天候的大规模持续空袭。多国部队彻底破坏了伊拉克军队指挥中心和通信枢纽系统，重创了其战争潜力和以"共和国卫队"为主的战略反击能力。空袭之后，完全占据主动的多国部队立即实施了"沙漠军刀"地面作战行动，只用了短短的100个小时，就重创伊军40余个师。2月26日，伊拉克被迫宣布接受停火，伊军迅即崩溃。2月28日达成停战协议，海湾战争结束。

与20世纪中期以来的战争相比，海湾战争具有更为鲜明的信息化特征。一是智能化的精确制导武器，成为战场火力摧毁的主要手段。在海湾战争中，多国部队和伊方都大量使用了精确制导弹药，极大地提高了火力摧毁效果，从一个侧面改变了传统的作战方式。"战斧""飞毛腿""爱国者""哈姆""海尔法""响尾蛇""霍克等导弹，几乎将海湾战场变成了导弹的格斗场。二是计算机指挥控制信息系统将陆、海、空、天、电多维空间的作战行动凝聚为一体，开创了多维空间力量一体化联合作战的成功先例。在空袭阶段，多国部队平均每天出动飞机2000多架次。这些飞机从不同的基地起飞，袭击不同的目标，而指挥控制非常协调，这归功于信息技术革命带来的强有力的战场自动化指挥控制系统。三是以电子战为主要表现形式的战场信息对抗，成为战争中与物质摧毁和反摧毁同等重要的较量内容，直接关系战争的胜负。为确保夺取战场主动权，多国部队在"沙漠风暴"行动前5个小时，动用了EF-14、FC-130、TR-A、F-4G、EH-60等各型电子战飞机及其他电子战设备，进行了代号为"白雪"的作战行动，大面积、长时间地干扰伊方的军事信息系统，致使伊方的指挥控制系统瘫痪，通信系统失灵，雷达屏幕一片雪花，广播电台也一度完全失常。空袭开始时，伊军不知空袭来自何方，飞机无法升空迎战，导弹、高炮找不到打击目标。在空袭过程中，多国部队使用AGM88A反辐射导弹准确地摧毁伊军防空雷达。多国部队以电子战为主要形式的战场信息对抗优势，是夺得战场主动权的关键。

正是因为海湾战争表现出较强的信息化战争特征，很多人把它称作是"信息化战争的雏形"。以美军为首的多国部队虽然出动兵力并不算多，但信息化程度较高。伊拉克军队人数较多，但军事技术和观念都较为落后。多国部队干脆、快速地赢得胜利，对世界军事和政治格局产生了重要影响。这场战争改变了传统的作战模式，对传统战争观念产生了强烈的震撼，促使世界范围掀起研究信息化战争的热潮，推动新军事革命进入更加快速发展的阶段。

(二)科索沃战争

20世纪90年代初，原东欧国家南斯拉夫解体，南斯拉夫联盟共和国从中独立出来，简称南联盟。南联盟内部科索沃地区激进分子也意图独立，南联盟当局采取强硬措施，不断发生武装冲突事件。美国等西方国家力图控制巴尔干局势，并借此打压支持南联盟的俄罗斯。1999年3月24日，以美国为首的北约国家对南联盟发动了代号为"盟军"的空袭行动。3月28日，北约开始了第二阶段空袭，企图破坏南联盟的战争机器。4月13日，北约军队进入第三阶段空袭，扩大空袭范围，增加空袭强度。北约对南联盟境内的所有军事目标进行24小时不间断轰炸。为了削弱南联盟人民的抵抗意志，北约还对南方的民用设施，如桥梁、铁路、公路、工厂、电视台、通信系统和电力系统等进行轰炸，给其造成难以承受的损失。6月2

日，在俄罗斯的斡旋下南联盟被迫接受北约条件，从科索沃撤军。后科索沃在北约国家帮助下，实现独立。

科索沃战争是北约在战区外指挥的规模较大的局部战争，以远距离非接触精确作战为主要作战方式。这场战争是人类历史上第一次仅以空军进行轰炸而没有使用地面部队的战争。在78天的空袭过程中，美军凭借其强大的空中优势和电子战优势，频繁使用精确制导武器对南联盟几乎所有的战略目标实施毁灭性精确打击。据统计，整个战争期间，北约使用的精确制导弹药占总弹药量的35%，而战争初期高达98%。北约正是利用了他们的信息化优势，对南联盟实施了全程性的非接触精确作战：一是从2万千米外出动B-2A隐身战略轰炸机实施半临空轰炸，从2000千米外出动B-52H和B-IB战略轰炸机实施临空轰炸，或在800千米外发射巡航导弹；二是在1000千米外发射舰载巡航导弹；三是在200至1600千米外出动战术飞机实施临空、半临空轰炸，或在30千米以外发射空对地导弹。这些非接触精确作战方式不仅大大减少了北约一方的危险性和战损率，而且作战效果显著，直接达成了战争目的。南联盟尽管也积极抗争，采取了大量的伪装、隐藏、抗击等手段，也取得了击落一架F-17A隐形战斗机的重大战果，但是无法动摇北约以信息化为核心的军事优势，无法逆转战争的结局。

同时，科索沃战争交战双方在信息领域对抗的激烈程度空前增加。在每一次空袭行动中，北约军队都先以EA-6B电子战飞机对南联盟军队预警雷达和火控雷达实施"致盲"干扰，再以EC-130电子干扰飞机对南联盟军队指挥通信系统实施"致聋"干扰，为空中突防提供掩护。担任空中掩护任务的F-15等型号的战斗机，也使用了大量机载干扰器材，迷惑了南联盟军队雷达。整个战争期间，北约军队电子战飞机出动的架次占飞机出动总量的40%以上。此外，北约军队还广泛使用了许多新型电子攻击武器对南联盟的信息系统和电力系统实施毁灭性打击，多次使用电磁脉冲弹，导致南联盟的电子信息系统"大面积"瘫痪；首次使用的碳纤维石墨炸弹，大范围瘫痪了南联盟电力系统。虽然基本丧失制电磁权、南联盟军队仍然积极抗争，一定程度上保存了军力。

计算机网络战在科索沃战争中有了广泛运用。战争一开始，北约就利用因特网进行大量宣传。与此同时，南联盟为了反击北约的宣传战，也利用互联网向全世界不断地传送着自己的声音。为了发挥己方的技术优势，北约利用信息重构技术，秘密地侵入南联盟信息系统窃取情报，同时虚构自己的战场信息实施网上欺骗。南联盟军方则充分利用北约丰富的信息资源，在网上搜集所有关于北约国家实施空袭作战武器装备的信息资料，为其反空袭作战提供了有力支援。尽管南联盟在硬打击手段方面处于绝对的劣势，但利用软打击手段也给北约造成了不小的麻烦。自从北约发动空袭以后，北约的官方网站就不断遭到黑客的攻击。有消息称，由于受到"黑客"的攻击，美国白宫的网络服务器在3月29日全天无法工作。以非接触精确作战和信息作战为主要形式的科索沃战争，更加显现出信息化战争的诸多特征，标志着战争的信息化程度正在进一步提升。

（三）阿富汗战争

冷战结束后，美国在世界范围内推行霸权主义和强权政治，引起许多政治势力的反对。2001年9月11日，两架被恐怖分子劫持的民航客机分别撞向美国纽约世界贸易中心大厦，另有一架被劫持的客机撞击位于华盛顿的美国国防部五角大楼。这就是举世闻名的"9·11"

事件。美国认定本·拉登是恐怖袭击事件头号嫌犯，把支持本·拉登的阿富汗塔利班和基地组织列为打击对象。10 月 7 日，美国和英国组成联军进入阿富汗境内，对塔利班政权发动军事打击行动，阿富汗战争爆发。美军先打击塔利班政权的"总统府"、国家广播电视大楼，武装指挥中心等目标，夺取战场绝对制空权。10 月 31 日起，实施大规模地面进攻，对塔利班武装在各大中城市的外围阵地进行猛烈打击，相继攻占许多重镇。至 12 月 9 日，塔利班控制的最后一个省宣布投降。12 月中旬以后，美军继续搜剿残余抵抗力量。但是，这一过程却持续了很久。2011 年 5 月 1 日，美军在巴基斯坦首都伊斯兰堡郊外击毙本·拉登。2014 年 12 月 29 日，美国宣布阿富汗战争正式结束，但仍有美军留在阿富汗，混乱局面至今仍未结束。

阿富汗战争又在机械化战争向信息化战争的演变中向前跨进了一步。美军对精确制导炸弹的运用已经超过了常规弹药，占总炸弹量的 60%。一些特制的智能化的弹药广泛地运用在这次战争之中。美军地面部队的数字化程度进一步增加，特种士兵和坦克上都装有大量的数字化设备，为他们了解战场态势，实现信息共享创造了条件。

与海湾战争和科索沃战争相比，阿富汗战争交战地区的地理环境更为复杂。美军为了达成战场的完全透明，彻底摧毁对手的反击能力，不仅投入了大量的信息作战力量，而且自始至终运用了信息作战。大量的侦察设备长期不间断地监视塔利班及基地组织的通信联络。美军强大的电子进攻能力给了塔利班组织强大威慑，造成他们不敢使用电子设备，也使得他们自身的作战能力大大下降。

阿富汗战争中，塔利班武装没有太多计算机网络设备可供美军进行攻击，美国的黑客们主要采用拒绝服务式攻击方式对一些伊斯兰的网站实施了攻击，并在一些网页上发布对本·拉登的通缉令。同时，美军还把网络攻击的对象指向阿富汗以外的第三方，即对那些为本·拉登保管资金财产的银行、公司、财团和慈善机构，企图直接进入这些机构的账号，对属于本·拉登的账号要么进行冻结，要么永久删除。

此外，美军还大量运用了心理战。6 架 EC－130 机不间断地对阿富汗实施空中广播，开辟了 13 个栏目。美军飞机在扔下大量炸弹的同时，还扔下了大量的传单和食品。扔下的传单上历数本·拉登及其基地组织的罪状，并许诺重金酬谢那些提供恐怖分子行踪的举报者。这些心理战行动，有效地促使了塔利班内部的分化和瓦解，配合了正面的军事行动，加快了战争的进程。

（四）伊拉克战争

海湾战争中，美军打败了伊拉克，但战后萨达姆仍然是伊拉克总统。美国一直认为萨达姆政权对美国构成严重威胁，而控制伊拉克石油资源可以扩大和加强美国的实力与影响。2002 年 9 月以后，美国谴责伊拉克秘密研制核武器与生化武器。虽然伊拉克被迫接受武器核查，但美国仍然坚持对伊动武。2003 年 3 月 20 日，美国和英国组成的联军大举发动进攻。美英联军先占领伊拉克南部城镇，然后运用蛙跳战术向北推进。与此同时，联军从海上军舰发射巡航导弹，以"斩首行动"为代号进行大规模空袭。21 日，美第 3 机步师开始向伊拉克首都巴格达挺进。伊拉克共和国卫队等武装力量沿途进行阻击，遭猛烈打击，损失惨重。4 月 5 日，第 5 军在空中打击的配合下，美快速突入巴格达，但并未遇到强有力的抵抗。4 月 10 日后，美英联军继续清剿散布各地的伊残余武装。5 月 2 日，美国宣布主要军事活动结束。但此后美军其他军事行动也持续了相当长的时间。这场战争被称为伊拉克战争。

此次战争的大规模军事行动中,西方发达国家军队的信息化程度又向前跨进了一大步。战争中,美陆、海、空军武器装备的信息化程度分别达到了 50%、60% 和 70%,空间系统超过 70%,指挥控制系统超过 80%。空地一体化的非线式作战特征已非常明显,特别是数字化部队首次投入到地面作战中,标志着继海、空、天高度信息化之后,地面力量的信息化进程正在加快,多维一体的信息化战场基本形成。

伊拉克战争开始之前,美军就有针对性地发射了多颗卫星,总共有包括 70 多颗军用卫星在内的 100 多颗卫星参与到伊拉克战争之中,这些卫星担负了大部分的信息侦察、信息传输和导航等任务,成为信息化战场的主要节点。美军 80% 以上的情报是靠卫星获取的,90% 以上的通信是靠卫星来完成的,80% 以上的精确制导武器是靠卫星来制导的。美英联军以太空卫星为依托,构成了一张覆盖全球的信息网络。

伊拉克战争中的电子战主要表现为 GPS 干扰和电磁脉冲武器攻击。美军的许多常规炸弹,加上 GPS 引导设备后,就成为极为精确的智能炸弹。美军 80% 以上的精确制导武器都离不开 GPS 制导。伊军有限的电子干扰手段,在一定程度上削弱了美英联军精确打击的效能。从这次战争情况看,GPS 对抗成为电子战中越来越重要的一个领域。另外,美军还使用了电磁脉冲武器攻击伊拉克电视台和其他电子设备。

心理战也是这场战争中信息战的重头戏,运用传媒对伊拉克高层及民众的心理实施攻击,确实起到了重要作用。美军在需要决战的区域几乎实现了不战而胜,与心理战的成功运用有很大关系。随着战争信息化进程的进一步加大,以攻击敌方的认知和信念系统来降低敌方的作战能力,瓦解敌方的作战意志的信息战行动,将会越来越多地出现,并发挥更大的作用。

伊拉克战争表明,发达国家军队的信息化程度提高,各个战场空间的作战方式已经发生了极大的变化,电子战、导弹战等超视距的远距离多维力量联合攻击已成为基本的行动方式。战争中,当时世界唯一的数字化部队美军第 4 机步师,开赴伊拉克战场,尽管没有进行大规模作战,但数字化地面部队投入实战的时代已经到来。美英联军的其他地面力量的信息化程度也非常高,第 3 机步师在开战的第二天就孤军深入,在天气恶劣的情况下,没有遇到较大规模的抵抗,重要原因之一是他们拥有很强的信息感知能力,一旦发现需要摧毁的目标,就可以在 10 秒钟之内引导空中火力实施摧毁。地面部队的高度信息化,使得他们能够很好地与空中及太空的信息化作战行动协调一致,密切协同的空地一体非线式作战模式已明显地显现出来,"发现就意味着摧毁"已成为现实。所有这些,都使得伊拉克战争成为信息化战争演变过程中一场重要的战争实践。

(五)利比亚战争

利比亚是北非国家,总统卡扎菲长期执政。利比亚有丰富的石油产量,但对西方国家比较强硬。因而,美国等一直希望推翻卡扎菲的统治。2011 年 2 月开始,利比亚多个城市开始出现抗议活动,要求政府下台,游行示威者与政府安全部队发生冲突。示威者组成叛军,与政府军多次交火。西方国家支持叛军,武装干涉利比亚。3 月 19 日法国率先空袭利比亚,美国海军于深夜通过其部署在地中海上的多艘军舰,向利比亚北部防空系统发动了导弹攻击,英国空军派出多架战机参与随后的空袭。20 号晚,多国联军向利比亚发动第二波空袭。2 日美英再向利比亚发射 12 枚"战斧"巡航导弹,意图进行海上封锁。此后,西方国家组成的联军又多次进行空袭，支持反政府军在各地与政府军进行对抗。3月27日，利比亚反政府武装夺取了4座城镇，卡扎菲由攻转守，北约决定全面接管行动指挥权。4月10日，利比亚政府军与反对派武装的战斗在多个城市进行，北约继续空袭利比亚政府军。5月1日，北约战机轰炸利比亚首都的黎波里。到8月21日，利比亚反对派攻入的黎波里，卡扎菲去向不明。10月20日，反对派组成的执政当局占领卡扎菲残余的最后一个据点苏尔特，卡扎菲死于枪杀。

西方国家在利比亚战争中的军事干涉行动再次体现了信息化战争的威力。来自太空的情报信息在多国部队空袭行动中发挥了不可替代的重要作用。西方发达国家尤其是美国、法国等，利用其先进侦察卫星每时每刻都在太空进行侦察和拍摄，可以在700千米的高空拍摄利比亚的空军基地、雷达设施和防空导弹基地，分辨率可达几十厘米。在探测到这些军事情报数据后，又将他们存入一个西方国家联军共享数据库中。

在对利比亚空袭之前，多国部队的这些数据都被派上重要用场，用于计算联军空对地导弹和舰对地导弹的飞行轨迹，然后以照片数据和雷达信号辨认并摧毁目标。在对利比亚的军事干预开始后，类似的军事情报采集仍在不断地继续进行，并以三维数码模型传回法国"戴高乐号"航母上的指挥机构和作战部门，以此指导联军的战斗机发起进攻行动。这样，多国部队实现了战场单向透明，而利比亚政府军却只能像聋人和盲人一样去抵抗和战斗，几乎毫无还手之力。

此次行动中，美军还利用网络病毒入侵敌方通信系统、雷达站计算机，尤其是与地面防空有关的系统。与主动强电磁干扰手段不同，依靠这种方法，美军无须用导弹摧毁对方的通信系统和雷达，便能"凭空"渗透进目标网络，使其呈现"麻痹"或"假死"状态，使己方的攻击机群能轻松完成预定的轰炸任务。

纵观20世纪中后期以来的战争实践可以发现，信息化战争形态从萌生到发展，不断实现新的跃进，正在逐步走向成熟。在新军事革命的发展过程中，世界主要国家战争实践的信息化程度不断提高，战争形态由机械化向信息化的发展进程一刻也没有停止过。以美国、俄罗斯、英国、法国等为代表的西方发达国家在新军事革命中发展迅速，军队信息化程度高，而某些发展中国家发展较慢。这是美国、俄罗斯等国家敢于发动或参与战争，并获得军事胜利的重要因素。当前，虽然人类战争活动还带有一定的机械化战争的特点，但成熟完善的信息化战争形态必将快速地呈现在人们面前。在信息时代大潮中占得先机的国家，将更容易获得战争主动，而落后国家的军队可能会出现新的"被动挨打"的局面。对此，人们必须保持清醒的认识。

四、信息化战争形态的发展趋势

当前，世界新军事革命仍然在动态发展之中，信息化战争形态也仍然处在不断演变之中。在未来一段时期，关于信息化战争发展的更高阶段究竟如何，军事学术界众说纷纭。较具代表性的观点有以下三种。

（一）网络化战争

这种观点认为，催生新战争形态的直接动力是社会生产方式在战争领域的深度应用模式，现代战争形态处于网络化战争阶段。自从计算机网络诞生以后，就迅速应用于战争，发挥重要作用。进入 21 世纪，网络作为信息化军队的"链接器"，打通了部队的各个角落。在信息化战场上，网络连接作战实体，聚集作战力量，聚合作战能量。这一时期的信息化战争，实质是通过网络综合集成了实体摧毁战、电子战、心理战、情报战、舆论战等作战样式的网络化战争。近些年来，战争领域的普遍网络化，使得网络化的战争不再局限于单纯的网络战作战样式。随着大数据时代的发展，内涵更加丰富、外延更加广阔的网络化战争可以作为信息化战争的中高级阶段。美军的"网络中心战"理论是最具代表性的理论成果。

（二）智能化战争

这种观点认为，信息化战争发展的高级阶段将是智能化战争。近些年来，人工智能理论和技术日益成熟，应用领域不断扩大。随着人工智能技术的发展，社会信息化将进入一个新的阶段。而人工智能技术在军事上的运用，将推动智能化战争的来临。智能化战争，以军事智能化手段的广泛使用为标志，机器智能将与人类智能协同配合，最终走向融合。与数字化战争关注单个制导回路、网络化战争关注体系依网聚能不同，智能化战争更加关注人机协同智能，同时智能优势将带来决策优势和行动优势。军事智能化正在成为未来军事领域竞争的制高点，以智能化带动机械化信息化推动"三化"融合发展，也成为新一轮军事革命超车领跑的主要发力点。智能化战争既是信息化战争的最高形态，也是扬弃信息化战争的更高战争形态。必须强调的是，人工智能的基础是人的智慧。智能化战争，仍然是人的智慧发挥决定性作用，而不是机器取代人的作用。

（三）云战争

这种观点认为，信息化战争高级阶段是对中级阶段的深度扬弃与颠覆性发展。在高级阶段，作为战争形态主要标志的主战装备体系，无论是概念还是结构均发生新的根本性变化。新一代核武器、空间攻防作战平台、天基战略打击武器、临近空间高超声速武器、跨界飞行器、洲际战略轰炸机、空天防御系统、网络战武器和战略电子战武器等将构成战略威慑与打击的中坚力量，而各新型无人机、无人车辆、无人舰艇、水下自主航行器、纳米仿生机器以及电磁轨道炮、激光武器、高功率微波武器和新一代网络电子战武器等，将取代传统的信息化低级阶段的武器。而且，各类武器通过更加先进的传感器和战场物联网而实现"万物感知""万物互联""集网成云"，每个有生力量都能成为战场信息节点，信息触角拓展至微观、延伸至战场各个角落。由此，作战力量结构也将发生重大变化，战略战役层面将呈现出动态的无尺度网络结构，关键性节点的数量大幅减少且相互支撑、备份、接替，指挥关系动态变化，"死穴"越来越少。在战术层面，则可能更多是无中心网络结构，作战组织因需即时建构、即时解构，组织形态呈现出高度流动的"云态化"特征。如果未来交战双方作战体系都发展成为"云态化"，就会出现"云态化"体系与"云态化"体系之间自主对抗的"云战争"。"云战争"将成为主导性形态。

当然，以上这些只是人们站在当前的基础上，对信息化战争形态未来发展趋势的预测。人类科学技术仍在不断发展之中，未来还有很多不确定的因素。虽然信息化战争形态将来发展的具体情况，还难以完全准确地进行论断，但可以肯定的是，将来必然还会出现新的重大的军事科技突破，信息化战争形态必将向更高的阶段演变。学术界普遍认为，信息化战争形态将在 21 世纪中叶完全发展成熟。在此过程中，哪个国家能够更好地把握时代脉搏，前瞻性地做好国防和军队建设，哪个国家就能赢得先机占得主动，为遏制或打赢信息化战争创造出更好的条件。

五、信息化战争与中国国防建设

对任何国家来说，认识和研究战争活动，都是为了遏制和打赢战争。而对战争形态进行考察，是认识和研究战争的重要基础。在新的时代背景下，中国未来可能面对的战争，和世界其他国家一样，也将是信息化战争。只有准确把握世界新军事革命和信息化战争形态演变提出的新要求，按照加速推进中国特色军事变革的要求，深入进行国防和军队建设，充分做好军事斗争准备，才能提高信息化战争综合实力，实现遏制和打赢未来战争的战略目标。当前和今后一个时期，我们应当重点做好以下几个方面的工作。

（一）确立与信息化战争相适应的思想观念

习近平同志指出，研究军事问题首先要科学判断世界发展大势，准确把握世界军事发展新趋势，要坚持解放思想转变观念。新时代，面对世界新军事革命的深入发展和战争形态的快速演变，需要我们的思想观念有一个大的解放，勇于改变机械化战争的思维定式，树立与信息化战争相适应的思想观念。

1. 树立维护国家信息安全的新理念

信息化战争是以争夺信息权为中心的战争，维护信息安全至关重要。信息安全是国家总体安全的重要组成部分。所谓信息安全，就是要保护信息系统或信息网络中的信息资源免受各种类型的威胁干扰和破坏，即保证信息的安全性。信息安全作为一种新型安全，它不是传统的财产安全、政治安全或军事安全，而是一种资源安全和战略安全。在新的时代条件下，信息已成为比物质更为重要的国家安全资源。信息安全概念的提出，不仅极大地突破了传统国家安全的范畴，使其从有形的领域扩展到无形的信息网络空间，也为如何保卫信息时代的国家安全提出了前所未有的新课题。从一定意义上讲，各国的政治、经济、军事、科技、文化、社会等各个安全领域，都依赖于国家信息安全，信息安全正在成为国家安全的战略命脉。因此，不管是军人，还是其他公民，都应当自觉树立维护国家信息安全的观念，增强信息安全意识，遵守国家信息安全法规和制度，为保护国家信息安全做出应有贡献。只有这样，才能为遏制和打赢信息化战争创造出良好的前提条件。

2. 树立与信息化战争相适应的人民战争新观念

习近平同志深刻指出，不论形势如何发展，人民战争这个法宝永远不能丢，但要把握新的时代条件下人民战争的新特点新要求，创新内容和方式方法，充分发挥人民战争的整体威力。人民战争是马克思主义者认识与指导战争的一个重要的立场、观点和方法，是我军克敌制胜的法宝。在信息时代仍然要坚持和发展人民战争思想，充分运用人民战争的各种手段，充分发挥人民战争的实战功能、威慑功能、激励功能与指导功能，使人民战争既成为指导我国国防建设、军队建设的根本指导思想，又成为维护国家安全和打赢信息化战争的基本手段。在信息时代继承和发展人民战争思想，必须在人民战争理论创新发展上取得重大突破，在实践形式上不断创新。随着战争形态向信息化过渡，我们的人民战争也要向信息化战争方向发展。如果认为我们坚持搞人民战争可以用老一套方法打仗，而不进行打信息化战争的准备，那将来失败的就可能是我们而不是对手。在新军事革命的背景下，我们的人民战争一定要和信息化战争相统一，人民战争只有借助信息化战争的理论和组织实施方式才能发挥威力。

（二）增强军队打赢信息化战争的能力

随着世界新军事革命深入发展，建设信息化军队已成为各国打赢未来信息化战争的战略性举措。党的十九大报告明确提出，确保到 2020 年我军基本实现机械化，信息化建设取得重大进展，力争到 2025 年基本实现国防和军队现代化，到 21 世纪中叶把人民军队全面建成世界一流军队。军队现代化，是运用现代文明创造的科技、教育、管理、文化等优秀成果，使军队建设在体制编制、武器装备，人员素质、军事理论等各方面达到当代先进水平的目标、要求及其相应活动和过程的统称。其中，信息化是当今军队现代化的核心内容。新时代，我军根据战争形态演变和国家安全形势，将军事斗争准备基点放在打赢信息化局部战争上。以此为索引，全军坚定不移深化国防和军队改革，完善和发展中国特色社会主义军事制度，加快构建能够打赢信息化战争、有效履行使命任务的中国特色现代军事力量体系。

1. 提高武器装备的信息化水平

有什么样的武器打什么样的仗，这是人们的一个普遍共识，也是我军长期以来的一贯做法。但是正如要打什么样的仗就需要什么样的武器一样，信息化战争的发展要求我们必须发展信息化武器装备。目前，西方发达国家武器装备的信息化程度较高，其武器系统的主体已实现信息化。而我军目前仍处于机械化建设还未完成，信息化建设还在发展阶段。因此，我军装备发展应走以机械化促进信息化，以信息化带动机械化的复合式、跨越式发展道路，在大力加强武器装备机械化建设的同时，努力提升武器装备的信息化水平，为打赢未来信息化战争锻造"杀手锏"。对于地方人员来说，要主动发现、培育、运用可服务于国防和军队建设的前沿尖端技术，捕捉军事能力发展的潜在增长点，强化军事需求牵引，最大限度实现民为军用，做好国防科技民用转化这篇大文章，发挥国防科技转化运用最大效益，形成协同共进、跨越发展的新兴领域融合发展布局。

2. 发展和创新信息化战争理论

先进的军事理论，历来是武器装备和军队建设的先导，也是战争制胜的前提条件。因此，必须发展和创新我军军事理论，为我军应对未来信息化战争提供科学的理论指导。科学的军事理论就是战斗力，一支强大的军队必须有科学理论作指导。我们要加强顶层设计，重构和完善面向信息化战争的中国特色的军事理论体系。必须加强信息化战争理论研究，从宏观上和总体上把握信息化战争的特点与规律，尤其是要着重探索信息化战争的制胜机理，重点研究信息化战争条件下军队建设理论、政治工作理论、信息作战理论、信息化作战保障理论、一体化联合作战理论、战斗力生成模式转变理论及基于信息系统的体系作战理论，切实为我军的信息化建设、实战化训练及信息化作战提供科学的理论指导。

3. 提高基于网络信息体系的联合作战能力、全域作战能力

在党的十九大报告中，习近平同志强调，要"提高基于网络信息体系的联合作战能力、全域作战能力"。这是对新时代我军作战能力的新概括，也是中国特色现代作战体系建设的核

心指标。为此，我们应积极探索现代战争特点规律和制胜机理，前瞻设计未来作战行动模式、力量运用方式、指挥协同程式等，为构建中国特色现代作战体系提供支撑；按照军委管总、战区主战、军种主建的新格局，适应联合作战指挥新体制、军队规模结构和力量编成改革，突出网络信息体系这个核心支撑，打造能够生成强大联合作战能力的作战体系，充分发挥诸军兵种作战力量整体威力；要瞄准未来战争的前沿，按照仗怎么打、兵就怎么练的原则，大力加强实战化训练；着眼妥善应对各战略方向传统和非传统安全威胁，确保我军可靠遂行各种作战任务，打造能够生成强大全域作战能力的作战体系，实现陆海空天电网多维战场、多域战场的整体联动。我们不仅要思考近期的军事斗争准备，还要研究未来十几年乃至数十年的战争形态演变，并以此牵引当前的各项军事建设活动。在任何时候，都要能够有效塑造态势、管控危机、遏制战争、打赢战争。

（三）大力加强国防动员和后备力量建设

遏制和打赢信息化战争，军队是主力。但是，信息化战争的力量不仅包括军队力量，也包括支持和配合军队运转的国家政府机构、科研部门、信息产业、装备制造、能源生产乃至舆论宣传等各个方面的力量。这些力量存在于人民群众之中。没有人民群众的支持，就无法凝聚起足够的战争力量，无法实现维护国家安全和利益的根本目标。打赢未来信息化战争的伟力在人民之中，实现伟大梦想的伟力同样在人民之中。而要调动这种伟大力量，就必须加强国防动员和后备力量建设。

国防动员是把国防潜力转化为国防实力的重要途径。当前，我国正处于全面建成小康社会决胜阶段、中国特色社会主义发展关键时期，国防动员建设如何适应新形势、履行新使命，是事关全局的战略大计。随着我国改革开放的深入发展，社会信息化建设也取得了巨大成就，以信息产业为代表的各种新型产业蓬勃兴起，为遏制和打赢未来战争提供了厚实的潜力资源。因而，适应信息化战争需要，加强国防动员极为重要。我们必须把坚持党管武装作为根本原则，确保人民武装力量始终置于党的绝对领导之下；把增强打赢能力作为目标指向，紧紧围绕打赢信息化战争需求，扎实做好军事斗争动员准备，确保应战动员快速有力；把提供可靠保障作为重要职责，着眼支援保障诸军兵种一体化联合作战，实施创新驱动，紧贴军事战略和作战方式新发展，创新动员机制、模式和方式；把依法实施动员作为行动准则，贯彻依法治国、依法治军要求，建立完善具有中国特色的现代国防动员法规制度体系，提高国防动员法制化水平。要以新时代军事战略方针为统揽，适应信息化战争特点规律，围绕构建中国特色现代国防动员体系，加快实现由保障陆军为主向保障多军兵种、由数量规模向质量效能、由对应建设向互补建设、由粗放管理向精确管理、由行政动员向依法动员的根本性转变。

大力加强国防后备力量建设。国防后备力量，是平时进行必要的准备，战时经过动员可以直接参加和支援战争的人力，是可依赖的重要的战争力量。我国后备力量的主体是民兵和预备役部队，它们是我国武装力量的重要组成部分。国防后备力量的建设应以习近平强军思想为指导，以信息化建设为重点、打赢信息化战争为目标，全面提高科学技术水平。当前和今后一个时期，必须加快实现国防后备力量结构转型重构使民兵预备役体制机制、规模结构、力量编成改革取得更大的进展；全国基干民兵规模，结构布局趋于合理，建设重点更加突出，保障措施不断完善；全军预备役部队与现役部队的结合更加紧密，一体化建设迈出实质性步伐。

建设信息化国防和军队，是一个长期而复杂的系统工程。除上述内容外，要解决的问题还有很多。这都需要全国军民的共同努力。我们的国防是全民的国防，我们的军队是人民的军队，中国未来仍然要走人民战争的道路。新时代，广大大学生最富有创新精神，科学文化尤其是信息素养高，是青年中最优秀的组成部分，也是人民群众中最具发展潜力的群体。大学生是未来国家建设的最重要力量，是支持国防和军队建设的重要力量，也是遏制和打赢战争的可以依赖的力量。因而，大学生应当认真学习，充分认识和了解信息化战争及其他各种军事知识，在祖国需要的时候加入中国人民解放军和其他武装力量，或者在各行各业的岗位上努力工作，为增强我们国家的综合国力做出贡献。最终，这些都会为促进国防和军队现代化建设做出贡献。只要全体人民共同努力，我们国家一定能够有效遏制和打赢战争，为社会主义建设创造良好的和平发展环境。展望未来，中华民族伟大复兴的中国梦一定能够实现！

第五章

信息化装备

学习目标

1. 了解信息化装备的内涵、分类、发展及对现代作战的影响；
2. 熟悉世界主要国家信息化装备的发展情况；
3. 激发学生学习高科技的积极性，为国防科研奠定人才基础。

第一节　信息化装备概述

20世纪70年代以来，随着以信息技术为核心的高新技术群的迅猛发展，人类社会技术形态逐步由机械时代向信息时代转变。以科学技术为重要推动力的武器装备发展，也逐步开始由机械化向信息化转变，并对现代战争形态、军队结构、作战样式等产生了深远影响。

"人类用什么生产，就用什么进行作战。"自人类快步迈入信息时代，信息化科学技术、生产工具和生产方式，便成为推动人类文明发展的最根本因素；相应地，各种各样的信息化武器装备也纷至沓来，推动战争形态由机械化向信息化快速转变。

一、信息化装备的内涵

信息化装备是采用现代信息技术，具有单一或多种信息功能的装备。如精确制导武器、综合电子信息系统及加装数据链和相关信息系统的飞机、舰船等。信息化装备是信息化战争的重要物质技术基础，是信息化战争工具的主体。

传统武器装备主要由物质和能量两大要素构成，杀伤力和机动力是衡量武器装备性能优劣的主要指标，影响和决定武器装备性能的主要是传统的机械技术、材料技术等。信息化战争中，各国军队纷纷利用信息采集、信息融合、信息处理、信息传输、信息显示等信息技术和计算机技术等，即为提高武器装备的火力、防护力和机动力等机械化性能，开辟了新的技术途径和发展方向，也促使武器装备的战场侦察、态势感知、指挥控制、通信联络、精确打击等能力的快速生成与极大提高；信息技术成为决定装备功能和效能的支撑因素，这使得信息化装备具有较高的数字化、网络化和智能化水平，成为信息化战争中武器装备的主体。鉴于此，世界发达国家的军队广泛运用新的信息技术成果，采取研制、改造、整合等多种手段，一方面加快信息化装备建设，另一方面从整体上统筹规划，力求信息化装备建设通用化、集成化、系统化。

根据武器装备的性质，信息化装备可分为进攻类信息化武器装备、防御类信息化武器装备和支援类信息化武器装备；根据杀伤效应，可分为"硬杀伤"（摧毁实体）类信息化武器装备和"软杀伤"（系统失能）类信息化武器装备；根据武器装备的功能，可分为信息系统、信息化作战平台、信息化弹药(精确制导弹药)、新概念武器等。

二、信息化装备对现代作战的影响

以信息和计算机技术为代表的高新技术群的飞速发展和广泛应用，已经并正在军事领域引起一系列革命性的变化，其中最直接、最突出的变化，是大量信息化装备登上了现代战争舞台，对作战行动产生的巨大影响。

（一）侦察立体化

在传统战争中，由于受科技与装备发展水平的限制，"眼观六路观不远，耳听八方听不全"。随着信息技术的飞速发展和广泛应用，情况发生了本质的变化。一方面，侦察监视装备遍布实体物理空间。从大洋深处到茫茫太空，布满了天罗地网式的侦察监视设备：水下长航时无人潜航器、地面(海上)各种波段的雷达、空中的侦察飞机、太空甚至外太空中的侦察卫星等，密切监视战场的一举一动。另一方面，侦察监视系统的"触角"向网络、电磁等虚拟空间延伸。运用网络侦察攻入敌方的信息网络系统，可以大量地获取敌方的作战企图、作战计划等情报信息；运用电磁探测技术，可以近实时地确定敌方信息化装备的位置和状态。信息技术将广泛部署于太空、空中、地面、海上、水下和虚拟空间的各类侦察装备联为一体，成为可以实现信源相互印证的立体侦察体系，使作战行动随时面临暴露的危险。

（二）打击精确化

传统的武器装备，由于对能量的释放缺乏有效的控制，准确度不高，往往依靠作战效果的线性叠加累积作战效能。信息化武器装备，强调精确——空间上不差分毫、时间上不差分秒、强度上不及其余。计算表明：爆炸威力提高一倍，杀伤力仅增加40%；但是命中率提高一倍，杀伤力则能提高400%。当前，一方面，能够实施精确打击的武器装备类型不断拓展。随着能量定向控制技术的发展成熟，电磁干扰、微波武器等"软杀伤"武器也在逐渐改变以往"面"杀伤的方式，向"点穴式"式的精确毁伤方向发展。另一方面，战争中精确制导武器的占比快速提高。据统计：海湾战争中多国部队使用的精确制导武器占武器总数的8%，科索沃战争中北约使用的精确制导武器占武器总数的35%，阿富汗战争中美军使用的精确制导武器占使用武器总数的55%，伊拉克战争中美军使用的精确制导武器占比提高到90%。精确制导武器已经成为战场的"主角"，为"斩首战"等精确作战方式提供重要支撑。

(三)反应高速化

虽然历来"兵贵神速"，但受技术条件的限制，传统武器装备常常"欲速不达"。信息化战争，由于充分利用了信息技术的成果，真正做到了侦察快、决策快、打击快。立体化的侦察体系，可以全天候监视战场，并将侦察信息近实时地传输给指挥控制系统。借助计算机辅助决策系统，能够将掌握的战场情况综合处理、高效利用，系统会利用计算机强大的储存和计算能力，给出作战计划建议及各种情况的处置方案供指挥员参考和选择，且许多作战平台可以按照设定的程序进行自主目标识别和攻击，武器平台、信息化弹药的速度也极大地提高，美军 F－22 隐身战斗机的最大飞行速度为 2.25 马赫，洲际弹道导弹的飞行速度最高可达 20 马赫。据统计，信息化战争中发现至摧毁的平均耗时，已由海湾战争的 2880 分钟，骤降至伊拉克战争的 10 秒钟，速度整整提高了 17280 倍，这意味着"发现即摧毁"已经成为现实，现代作战真正进入"秒杀"时代。

(四)防护综合化

"保存自己，消灭敌人"是一切战争的共同原则。战争就"好比是一个未经航行过的、充满暗礁的大海，统帅可以凭智力感觉到这些暗礁，但是不能亲眼看到，并且要在漆黑的夜里绕过它们"机械化战争中，战场侦察手段单一、目标攻击方式单一，装备防护的主要方式是进行光学伪装和覆盖装甲。信息化战争中，在网络和信息技术的支撑下，作战演变为体系与体系的对抗。一方面，信息化装备的防护，不但要应对陆、海、空、天、电、网等多维空间侦察平台的立体化侦察，还要综合采用光学、热红外、电磁等多种技术手段应对全频谱侦察；另一方面，不但要应对敌方的"硬摧毁""软杀伤""特种破袭"等多种攻击手段，还要将"隐真"与"示假"相结合，躲避或抗击敌方的复合打击和饱和攻击。信息化装备通过多种技术、手段和措施的综合运用，其防护能力显著提升，战场生存能力大大增强。

(五)控制自动化

随着网络、软件、控制和智能技术的飞速发展，越来越多的信息化装备能够自动搜集、传输、处理信息，并实施自主判别目标、精确攻击目标，控制自动化的特征日益明显。一方面，依托广泛互联的战场信息网络，武器装备能够近实时感知战场态势和接受作战指令；另一方面，预先被写进武器控制系统的敌我识别标准、攻击时机选择、交战规则等程序，赋予了武器装备自主攻击的权力和能力，使得武器装备能够按照人的意志适应战场环境、处理战场情况、实施作战行动。在这两方面因素的推动下，武器装备加快由人工控制作战向自主作战方向发展，机器人战争、智能化战争离人类越来越近。

三、信息化装备的发展趋势

在军事高技术的推动下，当今武器装备的发展呈现出前所未有的新特点，这就是充分利用以信息技术为核心的高技术成果，在实现军事技术整体跃升的基础上，重点实现武器装备的无人化、一体化、隐形化和智能化。

（一）无人化

信息化装备的无人化发展趋势，是指无人化装备将大量、成建制地走上战场，无人作战系统的运用越来越广泛，在陆海空天网多维战场的作用越来越突出，并将取代有人装备，成为战争主角。

传统的有人装备，是在以人为核心的操控主体与装备有效结合的基础上，人通过运用知识、经验和技能直接操控装备，发挥装备的特定功能；而无人装备，则在现代科学技术支撑下，使人与装备在物质实体层面分离出来，不再需要人直接操控，只需要由人实施间接操控，或者装备自身自主操控；官兵直接上战场面对面搏杀的场景越来越少，而更多的成为战争和作战行动的决策者、指导者、保障者和装备的远程操控者。未来，无人化装备将广泛执行精确打击、火力摧毁、扫雷破障、网电对抗等作战任务，无人化装备的运用方式也将由"单打独斗"向集群运用、规模运用转变。一些发达国家军队甚至还提出了必须做好打一场"无人化战争"准备的发展计划，科幻电影中多个"钢铁勇士"在枪林弹雨中冲锋陷阵的场景，有可能成为现实。

（二）一体化

信息化装备的一体化发展趋势，一方面是指单个信息化装备多种功能的集成化，另一方面是指多个信息化装备运用的体系化。

首先，为实现从侦察行动到打击行动的无缝链接，世界各国纷纷提高武器装备研制生产的标准化程度，并通过加装标准化功能模块，实现武器装备多种作战能力的有效集成。

其次，以信息网络为基础，依托综合电子信息系统，将多种武器装备进行结构优化和系统集成，从而形成主战武器与支援保障装备、硬杀伤武器与软杀伤武器、进攻性武器与防御性武器合理配置的多系统组成的大体系，使多种作战能力合理集成，形成一个有机整体。这种装备体系是联合作战体系的重要组成部分，它集战场观测、战场机动、指挥控制、火力打击、力量集结与部署、勤务保障等作战功能于一体，且各武器装备系统之间能够实现互联互通互操作，使多种武器装备的功能优势互补，形成整体功能远大于各部分功能之和的有机体系，实现作战行动高度协调。

（三）隐形化

信息化装备的隐形化，是指通过广泛采用隐形材料、新动力、特殊外形设计、缩微实体尺寸、非实体逻辑攻击信息代码和影响生物意识活动的电磁波等技术和措施，普遍降装备的光学、声学、雷达、红外、电磁等特征信号，使未来战场上敌方更难以发现己方的武器装备。

《孙子兵法》云："善守者，藏于九地之下；善攻者，动于九天之上，故能自保而全胜也。"侦察监视与反侦察监视历来都是交战双方对抗的焦点。但是，在机械化及其以前形态的战争中，装备本身不具备隐形功能，都是在装备之外采取的一些附加措施。信息化战争中，针对现代侦察监视手段的各种隐形技术不断涌现，且被广泛应用于武器装备，使得装备成为天然的具有隐形功能的信息化装备。而存在于虚拟网络空间的装备，如计算机和网络病毒、软件漏洞等，天生就具有无形的特征。广泛分布于多维空间的隐形化装备家族，即改变了传统装备的探测特征，降低了被发现的概率，战场呈现"来无影、去无踪"的景象；也使得各种易被探测的传统"有形"装备难以生存和发展，必将逐步退出战争舞台。

（四）智能化

信息化装备的智能化发展趋势是指充分利用计算机技术和人工智能技术，使武器装备系统具有人脑的部分功能，不仅能利用自身的探测和信息处理装置自主地对目标进行分析、识别、筛选和分配，而且能有意识地分析判断目标的威胁程度，并选择最佳的时机与方式实施攻击；并且，在遇到程序规定以外的情况时，智能化装备能够根据所积累的"经验"、经过"思考"后做出符合人类意愿的决策和行动。随着智能化技术逐步运用于战场，在可以预见的未来，人类将在战争中由"前台"逐渐退居"后台"，形成由人类设计战争、控制战争，而由智能作战力量执行战斗任务、在战场上冲锋陷阵的局面，战争的制胜机理也将由多维体系对抗向全域智能博弈发展。

第二节　信息化作战平台

信息化作战平台，是指安装有大量电子信息设备的高度信息化的作战平台，是信息化装备的依托，如信息化的飞机、舰艇、装甲车辆等。

一、陆上信息化作战平台

陆上信息化作战平台，主要是指大量采用信息技术的各类坦克、步兵战车、自行火炮导弹发射装置以及无人地面车辆等陆上作战平台。它们是在原有机械化作战平台的基础上嵌入了指挥控制、通信、侦察监视、敌我识别、导航定位和威胁预警与电子对抗等信息系统，实现了作战效能的大幅提升。

（一）主要类型

陆上信息化作战平台主要包括坦克、步兵战车、自行火炮、无人地面车辆等。

1. 坦克

坦克，是由武器系统、防护系统、信息系统和越野机动平台组成，具有强大的直射火力、高度的越野机动性、良好的装甲防护力，主要用于遂行地面突击或两栖突击任务的装甲战斗车辆。通常装备有数字化火控系统、定位导航系统、综合电子战系统、指挥控制系统、通信系统、威胁预警系统等信息系统。

2. 步兵战车

步兵战车，是装有武器系统、防护系统、信息系统等，具有较强的火力和较好的装甲防护力，主要用于承载步兵以乘车作战的方式遂行地面突击或两栖突击任务的装甲战斗车辆。装备有数字化火控系统、定位导航系统、综合电子战系统、指挥控制系统、战场管理系统、威胁预警等信息系统。

3. 自行火炮

自行火炮，是同车辆底盘构成一体，靠自身动力运动的火炮。装备有专用火控计算机、定位定向系统、数字通信装备和自动瞄准系统等信息系统。

4. 无人地面车辆

无人地面车辆，主要用于未爆弹药处理、简易爆炸装置探测、预警侦察、安全巡逻、战场救护、扫雷和后勤保障等。

（二）战例应用

伊拉克战争中，美军多种陆上信息化作战武器系统发挥了卓越效能，不仅再次向世人展示了信息化装备在作战中的巨大威力，也催生了新的陆上作战方法和作战理论。

1. 快速闪击

伊拉克战争中，美军地面部队对巴格达的快速闪击，是信息化远程机动作战的著名战例。美军第 3 机步师先头部队约 7000 余人，凭借 MIA2 主战坦克、M2A3 步兵战车、M109A6 "帕拉丁"自行榴弹炮强大的机动能力和优异的火力优势，在开战伊始即绕过伊拉克南部各防御要塞，在空军力量的掩护下脱离侧翼的掩护，长驱直入、日夜兼程穿越沙漠地带，在开战第 5 天即 2003 年 3 月 24 日，即到达距巴格达约 80 千米的南部战略重镇卡尔巴拉附近，并与伊军防守部队交战，目标直指巴格达，其集群式推进的速度着实令人吃惊。

2. 城市作战

2003 年 4 月 5 日上午，第 3 机步师第 2 旅一个坦克营沿巴格达南部高速公路执行侦察任务，顺利穿越市中心，并击溃了伊军。其 20 余辆 M1A2 坦克和 10 辆 M2A3 步战车，依托先进的战术通信与指挥控制系统、热红外夜视成像系统等信息化设备，击毙击伤约 100 名伊军，而美军只有一名坦克车长阵亡和两名士兵受伤。

3. 阵地攻防

美军在纳西里耶、纳杰夫、卡尔巴拉、巴格达等地与伊军发生过多次阵地战。美军在进军巴格达的一场 3 小时激战中，拥有信息化武器装备的第 3 机步师击毙了很多伊军士兵，而美军则依靠平台的综合防护系统，仅阵亡 1 人。巨大的伤亡代价和悬殊战果表明了这种阵地战的不对称性。

（三）发展趋势

21 世纪，世界各国均通过研发、改造和升级等手段，加快陆上信息化作战平台的发展，综合世界各国情况来看，其主要发展趋势为以下几点。

1. 信息技术综合运用

近年来，美、俄、英、法、日等发达国家都在先期概念演示验证的基础上开始研究下一代陆上主战平台，都将采用目前已经成熟的和不久即将成熟的信息技术，包括车辆综合电子技术、战场管理技术、车际通信技术、数字化电台技术、多功能综合无线电通信技术、嵌入式训练技术等，提高其战斗性能。

2. 生存能力全面增强

未来陆上作战平台将通过多种途径，全面系统地提高平台的防护性能。一是采用隐身技术来提高防护能力。新一代坦克将全面采用隐身技术，除采用隐身材料外，还采用防红外涂料、迷彩，安装烟幕施放装置和排气管冷却装置和其他隐身技术等，以提高陆上作战平台的隐身能力。二是大量采用复合装甲提高防护能力。重点是研究新型复合装甲、反作用装甲和主动防护系统。

3. 机动性能继续提高

信息化战争的战场广域多维，对陆上信息化作战平台的快速、远程机动能力要求更高。一方面，世界各国军队致力于提高陆上信息化作战平台的越野机动性、加速性和转向性。另一方面，为陆上作战平台加装信息化功能模块，如在平台上配置战场管理信息系统，安装显示器，供乘员阅读地图信息，配设导航仪，明确敌我配置态势等。此外，力求在增加功能的同时减小平台体积和重量，以满足空运、空投和吊运的需求。

4. 结构设计开放通用

信息化战争中，陆上作战平台无论是基础车辆还是信息网络都将采用了开放式、通用式的结构设计，这样不仅可以根据作战需求灵活改变系统的装备构成，而且便于未来对系统进行技术升级和改进。未来，将把导弹和火炮综合在同一辆装甲车上，便构成弹炮一体化武器系统，使坦克具有直射、间射和对空作战能力，装上不同的武器就可以使之成为主战坦克、步兵战车或防空系统。

二、海上（水下）信息化作战平台

海上（水下）信息化作战平台，是指大量采用信息技术的各类舰、艇等海上（水下）作战平台。海上（水下）信息化作战平台嵌入的信息系统主要包括情报采集与处理系统、作战支持系统、舰载武器控制系统、舰载通信系统、舰载作战指挥控制系统和电子战系统等。

（一）主要类型

海上（水下）信息化作战平台主要包括航空母舰、驱逐舰、护卫舰、导弹快艇、登陆舰、潜艇、水下无人潜航器等。

1. 航空母舰

航空母舰，是以舰载机为主要武器，并作为其海上活动基地的大型水面战斗舰艇。装备有作战指挥、电子对抗、雷达、导航设备和综合通信系统等信息系统。它主要用于攻击敌舰船，袭击基地、港口设施和陆上目标，夺取作战海区的制空权和制海权，支援登陆和抗登陆作战等。

2. 驱逐舰

驱逐舰，是装有导弹、舰炮、鱼雷、深水炸弹和直升机等武器系统，具有多种作战能力，可在中、远海机动作战的中型水面战斗舰艇。装备有作战指挥系统、电子对抗、雷达、导航设施系统和武器射击指挥控制系统、声呐探测系统等信息系统。

3. 护卫舰

护卫舰，是装有导弹、舰炮、鱼雷、深水炸弹和直升机等武器系统，能在近、中海机动作战的中小型水面战斗舰艇。装备有作战指挥系统、电子对抗、导航设施系统和武器射击指挥控制系统、声呐探测系统等信息系统。

4. 导弹快艇

导弹快艇，是以反舰导弹为主要武器，用于近海作战的小型战斗舰艇。执行攻击任务外，也可担负巡逻、警戒、反潜、布雷等其他任务。装备有搜索探测雷达、通信导航系统、电子对抗和武器射击指控系统等信息系统。

5. 登陆舰

登陆舰，是输送登陆兵力及其武器装备、物资到敌方岸滩实施直接登录的作战舰艇。它包括坦克登陆舰、步兵登陆舰，以及人员登陆艇、车辆登陆艇、坦克登陆艇等。登陆舰装备有搜索探测雷达、通信导航系统和武器射击指控系统等信息系统。

6. 潜艇

潜艇，是用于水下活动和作战的战斗舰艇。装备有作战指挥系统、声呐探测系统和武器射击指挥控制系统等信息系统。

7. 水下无人航行器

水下无人航行器，是一种依附于水面舰艇和潜艇，能从舰艇上布放（有的还可以从飞机或岸上布放）和回收的智能化装备。它能够携带多种传感器、专用机械设备或武器；能遥控或自主航行，完成风险性较大的作战任务。

（二）战例应用

海湾战争中，以美军为首的多国部队投入大量信息化海上作战平台。这些高技术武器装备利用其优势电子战能力和体系作战能力，成功地压制伊军各类装备性能的发挥，不仅直接用于海上作战，而且在空中作战和地面作战中也发挥了重要作用。

1. 反舰作战

1991 年 1 月 24 日到 2 月初，多国部队海军依靠其强大的体系作战能力，综合运动海上信息化作战平台的侦察、指挥、通信设备及系统，大量使用导弹快艇和舰载机等，对伊拉克的导弹艇进行了攻击。至 2 月 2 日，伊军能够发射反舰导弹的 13 艘舰艇全部被摧毁或受伤失去了战斗力。2 月 8 日，中央总部宣布掌握了波斯湾北部海域的制海权。在整个反舰作战中，多国部队击毁或击伤伊军 143 艘舰船，伊拉克所有海军基地和港口被严重毁坏，基本上全军覆没，未对多国部队海军发动过任何攻击。

2. 防空作战

多国部队中央总部海军专门成立了防空作战司令部，负责指挥和控制舰艇编队的防空作战。作战兵力包括波斯湾上的 4 艘航空母舰、9 艘巡洋舰、12 艘驱逐舰和护卫舰。防空作战中，多国部队依靠其舰艇的强大电子战能力，对伊军的侦察、通信系统实施"软压制"，致使伊军处处被动挨打，根本无法主动出击。

3. 反水雷战

伊拉克战前在费莱凯岛到科威特边界南端 230 千米长的弧线内布设了 1167 枚水雷。为了扫除水雷，中央总部海军建立了反水雷大队，共 20 余艘反水雷舰艇，以及 6 架 MH-53E 扫雷直升机，还部署了多种未经试验的扫雷装备，如第一艘"复仇者"级扫雷舰和一批感应式、机械式扫雷装置等。1991 年 2 月 16 日，反水雷大队首先在科威特以东 100 千米海域扫出一条长 24 千米、宽 300 米的通道，为美海军作战开辟了道路。

(三) 发展趋势

1. 广泛高效互联

未来战争必将是陆、海、空、天、电、网多维空间一体的联合作战，海上(水下)信息化作战平台单独作战的可能性微乎其微；海上(水下)信息化作战平台的作用也绝不仅仅限于海上，将越来越多地参与制信息权争夺、联合防空、对陆地纵深战略目标的远程精确打击和为地面战斗提供火力支援等作战行动。因此，发达国家的军队，在研制新一代海上(水下)作战平台时，都特别注重在各平台上安装或预留互联互通互操作的网络信息模块或端口，以便把各种作战单元和作战要素链接起来，实现从以平台为中心到以网络为中心作战方式的转变。

2. 隐身快速机动

鉴于海上(水下)作战环境的特殊性，海上(水下)作战平台机动速度慢、隐蔽性差，易被发现和遭受攻击是水面舰艇主要的弱点。随着材料、动力推进技术的发展，海上(水下)作战平台的隐形性、机动性将大大提高。一方面，通过不断改进船体结构，运用新的动力推进技术和航向控制技术，提高海上(水下)作战平台机动能力，减小舰体的水阻力，增强舰艇的适航性。另一方面，将主甲板以上的各种武器、装备、器材隐藏在舷侧舱壁的背后，并在主要部位喷特殊材料，尽可能地减少雷达波的反射面积。

3. 智能自主控制

现代海战的作战空间空前扩展，反应时间大大缩短，探测跟踪的目标数量急剧增多。在瞬息万变的战场上，单单依靠人工已经难以对各种情况及时做出正确判断和决策，因此以计算机为核心的无人、智能系统将在新一代海军武器装备上得到广泛的应用，作战指挥和装备操纵将更加简化。

4. 通用化与多功能化

为了提高发展武器装备的经济可承受性，西方先进国家海军普遍重视武器平台的通用化。多功能就是一艘舰能完成多种任务，如"朱姆沃尔特"级导弹驱逐舰是美军新一代多用途主战舰艇，既可以用"宙斯盾"系统防空，也能利用"战斧"巡航导弹进行对陆攻击，还具有一定的反潜能力。通用化就是减少研制型号，在同一基本舰型的基础上，根据任务的不同，组装或发展派生型号，以缩短研制周期，节省建造维护成本费用，并提高可靠性。

三、空中信息化作战平台

空中信息化作战平台，是指大量采用信息技术的各类作战飞机和直升机等空中作战平台。通常装备由综合显示控制管理、目标探测、通信导航识别、电子战、精确制导武器管理等构成的综合航空电子信息系统。

（一）主要类型

空中信息化作战平台主要包括预警机、战斗机、轰炸机、战斗轰炸机、近距离支援飞机、武装直升机、无人机等。

1. 预警机

预警机，亦称预警指挥机，是指装有机载预警雷达和电子侦察设备，专门用于搜索、监视空中、地面或海上目标，并可指挥引导己方飞机遂行作战任务的作战飞机。通常有雷达探测系统、敌我识别系统、电子侦察和通讯侦察系统、导航系统、数据处理系统、通信系统、显示和控制系统等。

2. 战斗机

战斗机，亦称歼击机，是指主要用于拦截和摧毁敌空中目标、进行空战以夺取制空权的飞机。装备有飞行控制系统、通信导航系统、火控系统和电子对抗系统等信息系统。

3. 轰炸机

轰炸机，是以空地导弹、航空炸弹、航空鱼雷为基本武器，具有轰炸能力的作战飞机。装备有飞行控制系统、通信导航系统、火控系统和电子对抗系统等信息系统，具有突击力强、载弹量大、航程远等特点。

4. 战斗轰炸机

战斗轰炸机，亦称歼击轰炸机，主要用于突击敌战役战术纵深内的地面、海面目标，并具有空战能力的飞机。装备有火控系统和探测、导航系统等信息系统。

5. 近距离支援飞机

近距离支援飞机，亦称强击机以空地导弹、航空炸弹、航空火箭弹和航炮为基本武器，具有低空、超低空攻击能力的作战飞机。装备有夜视系统和目标探测系统、通信导航系统、火控系统和电子对抗系统等信息系统。

6. 武装直升机

武装直升机，是装有机载武器系统，主要用于攻击空中、地面、水面及水下目标的直升机。装备有夜视系统、目标截获/标识系统、通信导航系统、火控系统和电子对抗系统等信息系统。

7. 无人机

无人机，是由遥控设备或自备程序控制装置操纵的不载人飞机。它主要包括机体、机上飞行控制系统、动力装置、有效载荷与数据链路，以及用于起飞和回收的装置。它可分为侦察无人机、攻击无人机、反辐射无人机和运输无人机等。

（二）战例应用

伊拉克战争像以往历次高技术局部战争一样，美英联军的空中作战装备发挥了关键作用。

1. 争夺综合制权

信息化战争中，以制信息权为主导的综合制权是作战胜利的基础和前提。伊拉克战争中，美军一方面广泛使用 E/A－18 电子战飞机干扰伊拉克的预警雷达、制导雷达等，破坏伊拉克防空系统；另一方面，运用 F－15 战斗机投掷电磁脉冲炸弹，破坏伊拉克指挥控制机构中的电子系统。

2. 防区外精确打击

防区外精确打击是指空中作战平台在敌方防空火力圈外，利用远程空地导弹或制导炸弹等对敌方目标实施攻击。

（1）固定的点目标和面目标打击

战争中，美军的猛烈轰炸使伊军战场指挥体系陷入瘫痪，分散部署的作战部队都变成了"瞎子"和"聋子"，雷达被摧毁、电台联络不通、指挥命令无法下达。伊军不得不采取类似于阿富汗战争中塔利班部队所采取的原始办法，利用摩托车送信等方法下达作战命令，其时效性和可靠性可想而知。

（2）定点打击单个目标的"斩首"行动

4 月 7 日下午，萨达姆在曼苏尔区街头会见民众后进入一所房子，美军特种部队跟踪到了目标，美军战机半小时后投下几枚激光制导钻地炸弹，将这所房子炸成了一个巨大的弹坑。

3. 战斗空域临空轰炸

尽管伊军没有像海湾战争那样把坦克埋在沙堆下，而是分散部署和进行城市防御，但只要一出动，被发现进而被摧毁的命运就无法避免。4 月 2 日，美军 B－52 向巴格达伊军坦克部队投下 6 枚 CBU－105 集束炸弹，每枚装有 10 个 CBU－108"斯基特"灵巧反坦克子弹头，可以同时攻击多个目标，使暴露的伊军坦克部队遭受了灭顶之灾。

4. 低空对地支援打击

低空对地支援轰炸是空中力量支援地面部队作战的行动，主要是杀伤敌方作战力量，为地面部队推进扫清障碍。海湾战争中，144 架第一次参战的 A－10 近距离支援战机共执行了 8100 架次作战任务，依靠其强大的火力系统和优异的机动性能，共摧毁伊军坦克 900 多辆，其他战斗车辆 2000 余辆，以及地面火炮据点 1200 多个，成为海湾战争中作战效率最高的飞机。

（三）发展趋势

在信息技术的驱动下空中作战平台发展迅猛。总体而言，其发展趋势包括：

1. 隐身化

无论是战斗机还是轰炸机，新一代作战飞机将采用现代化的传感器和先进的复合材料技术以及各种吸波材料涂层，隐身成为新一代机型的"标配"功能。

2. 高速化（超高速化）

在信息化战争需求的牵引下，在大气动力学、内燃机技术、燃料技术、材料技术的共同推动下，空中信息化作战平台将向高速化甚至是超高速化的方向发展。当前，美空军正在研制的 B－3 隐身战略轰炸机，据称能以 5 倍音速飞行，可在 2 小时内到达世界任何一个角落。

3. 无人化

采用高技术研制新型的无人机将是空中作战平台今后发展的一个重要方面。近些年来随着电子技术、发动机技术、人工智能技术和材料技术等的快速发展，无人机正由传统的以侦察为主的单用途无人机向以集侦察、通信、攻击和空战为一体的多用途无人机发展。

4. 多用途

随着气动技术、火控技术以及航空电子技术的发展，使战斗机实现综合化、多功能成为可能。一方面，目前，世界各国普遍重视研制和购买多功能战斗机，如以空战为主、兼有很强对地攻击能力的多用途战斗机等。另一方面，在一般作战飞机上加装电子对抗设备，除进一步扩大频宽、增大有效辐射功率外，还将发展以电子计算机为核心的自适应系统。此外，未来运输机通过功能模块的变更与替换，或经过适当改装，能变成多用途的飞机。

四、太空信息化作战平台

太空信息化作战平台，主要是指能对敌方卫星和空中、海上、陆地目标实施攻击的太空作战平台。信息化战争中无"天"不胜，世界各军事强国都非常重视太空武器装备，加紧布局太空信息化作战平台的研发与列装工作，力求争夺信息化战场的"制高点"。

（一）主要类型

太空信息化作战平台主要包括军用卫星和军用载人航天器。

1. 军用卫星

军用卫星，是指用于军事目的的人造地球卫星。包括侦察卫星、军用通信卫星、军用导航卫星、军用气象卫星、军用测地卫星等。

（1）侦察卫星

侦察卫星用于获取情报信息，一般装有光电遥感器、雷达或无线电接收机等侦察设备。包括成像侦察卫星、电子侦察卫星、通信侦察卫星、海洋监视卫星、导弹预警卫星、核爆炸探测卫星和空间目标监视卫星等。

（2）军用通信卫星

军用通信卫星，是用作军用无线电通信中继站的卫星，是卫星通信系统的空间部分。

（3）军用导航卫星

军用导航卫星，是指通过发射无线电信号，为地面、空中、海洋和空间用户提供位置、速度和时间等导航、定位、授时信息的卫星。

（4）军用气象卫星

军用气象卫星，是指用于军事气象观测的人造地球卫星，可探测气温、湿度、风、大气气溶胶、地表和海面温度等；分为太阳同步轨道气象卫星和地球同步轨道气象卫星。

（5）拦截歼击卫星

拦截歼击卫星系统，主要包括武器载体型卫星、自爆摧毁型卫星和捕获型卫星。武器载体型卫星，是指配置有导弹、火箭、激光武器、粒子束武器和微波武器等杀伤性武器，用以损伤或摧毁目标卫星的卫星。自爆摧毁型卫星，是指移动到目标卫星附近，利用自身爆炸产生的动能摧毁目标卫星的卫星。捕获型卫星，是指可以"捕获"目标卫星的卫星。

2. 军用载人航天器

军用载人航天器，由运载器发射进入宇宙空间，供人驾驶和乘坐并从事太空空间活动的航天器。包括载人飞船、航天飞机、空间站等。

载人飞船，由运载火箭发射进入宇宙空间，供人驾驶和乘坐并进行航天活动后返回地面的无翼载人航天器；可以向空间站运送各种军事物资和人员，进行空间人员救护，对特定目标实施侦察与监视等。

航天飞机，垂直发射进入宇宙空间，靠机翼滑翔水平着陆，可部分重复使用的航天器。主要用于天地往返运输、释放航天器、在轨服务和用作空间实验室、空间武器平台等，是一种兼具航空和航天特性的飞行器。

空间站又称太空站、航天站或轨道站，是一种具备一定的试验或生产条件、可供航天员在固定轨道上居住和工作的、能够长期运行的大型空间平台。它平时作为载人空间基地、空间工厂、空间试验中心，战时则可以作为空间指挥所、空间基地和空间武器发射平台。

(二)战例应用

2003 年的伊拉克战争中，美国部署的各类卫星系统是组成 C4ISR 系统的重要一环，覆盖了对伊作战所需的各个信息领域。在这次战争中，太空信息化作战平台的应用充分显示出航天军事力量的关键作用。

1. 战场侦察监视

美国现有 6 颗高分辨力成像侦察卫星在对伊拉克一些特定设施保持严密监视。其中，3 颗是装有可见光和红外遥感器的 KH – 12 光学成像卫星，另外 3 颗是具有全天时、全天候侦察能力的"长曲棍球"雷达成像卫星。这两种不同类型的卫星相互补充，协同工作，每颗卫星的地面轨迹都能以最佳观测角观测伊拉克，并与其他 5 颗卫星协同工作，共同监视战场态势的变化。电子侦察卫星，如"白云"可与 KH – 12 相互配合，主要用于截获伊军雷达、通信、遥测等系统的传输信号。

2. 导航定位服务

开战前，美国于 2003 年 1 月 29 日发射了一颗 GPS – 2R8 卫星；战争期间，在 3 月 31 日又发射一颗代号为 GPS Block 2R – 9 的全球定位系统战术导航卫星。此次对伊战争，美军更广泛地应用了导航定位卫星，极大地提高了精确制导武器系统的打击精度，并为战机飞行提供精确导航。

3. 保障指控通信

美国曾发射的 3 颗军用卫星均是通信类卫星，开战前的 2003 年 3 月 1 日，又发射了一颗国防卫星通信系统(DSCS)3 – A3。这使得美国的天基通信能力大大加强，为战场实时指挥控制提供了强有力的保障。美军通过军用通信卫星与五角大楼保持实时联系，双向传送数据、语音、图像等各种信息，指挥与协调战区内所有作战。

4. 提供气象预报

将气象卫星取得的气象信息与 C4ISR 系统中的其他信息进行综合分析，其结果对战役的进程产生了重大的影响。例如，伊拉克地区如出现大的沙尘暴，有时能见度可能会下降到只有几米，这将会严重干扰精制导武器，影响直升机的作战性能，增加出现意外事故的概率，甚至使军事行动无法执行。

5.链接信息网络

卫星系统与 E－3 预警指挥机、E－8 联合监视目标攻击雷达系统、U－2、RC－135、SR71、无人侦察机及地面指挥中心等战区指挥系统实现联网，形成了以卫星为核心，E－3 预警机为中枢，由各型侦察机、地面特种部队组成的空天地海一体化的 C4ISR 系统，而其中的卫星则是整个武器系统的信息核心。

作为一支以信息支援力量为主体的新型作战力量，太空信息化作战平台以各种军事应用卫星系统为主，支援保障部队的战斗行动，全面提高了作战体系的作战效能。

(三)发展趋势

未来战争中，外层空间将成为新的制高点，能否占领这个制高点关系战争胜负，世界各国必将进一步加大外层空间信息化装备的投入力度，太空信息化作战平台也将迎来繁荣发展。

1.军用卫星的作战性能和生存能力将得到进一步提高

未来，将会有越来越多的国家拥有越来越多的军用卫星系统。除现有的侦察卫星、预警卫星、导航卫星、通信卫星外，还将出现或部署"杀手卫星"、攻击卫星和"卫士卫星"。在发展新的军用卫星系统的同时，军用卫星还将采用更为先进的遥感技术、数据处理传输技术、防护技术等。装备先进的威胁识别预警系统、采用先进加固技术，不断增强卫星的威胁探测识别、机动变轨、抗毁伤能力，使敌人无法或难以实施有效攻击。

2.大力研发、构建和应用星座式微小型卫星体系

利用小卫星构成星座进行工作，不仅可以提高对地表的覆盖能力，而且可以相互弥补各自的不足，充分发挥各自的优势。同时，不同种类、数目的小卫星互相联合，协同作战，不仅大大提高其作战效能，而且也有利于提高系统的生存能力。

3.军用载人航天器的战术运用更加灵活多样

军用载人航天器可以使人在军事航天活动中发挥积极的作用。未来军用载人航天器将向灵活、机动的航天飞机、空天飞机一类航天器的方向发展，发展性能更高、技术装备更先进的航天、空天飞机。

空间站作为未来天基武器系统平台，将朝着大型化、永久化的方向发展。未来的军用空间站，不仅装有各种侦察、通信、指挥、控制等系统，而且还有提供航天飞机、宇宙飞船等停靠的码头以及作战武器系统，将成为天战中作战、指挥、保障、支援四位一体的军事基地。未来有可能将在空间站的基础上发展出大型载人航天母舰，它将成为航行在太空的空军基地，作为空间武器发射平台，用以部署和使用空间武器；作为指挥通信中心，进行监视、预警、指挥、联络；作为后方空间基地，用以储存、维修空间作战飞行器。其上还将装备必要的自卫武器及医疗、生活设施。

4.空间武器的部署运用将使外层空间的争夺战更加白热化

随着美国"星球大战"计划的变种——国家导弹防御系统和战区导弹防御系统的提出和

实施，围绕着建立导弹防御体系，摧毁对方洲际导弹的进攻能力，以夺取"制天权"为中心研制反卫星、反导弹武器和轨道攻击武器，将成为未来军事航天中一个不容忽视的发展趋势。

第三节　综合电子信息系统

信息化武器装备在现代战争中的大量运用，使作战空间急剧扩大，作战行动样式多样，作战指挥日趋复杂。能否实现侦察、监视、情报、指挥、控制、通信、计算机等系统的一体化，即建立高效的综合电子信息系统，即 C4ISR 系统，使参战部队及其所使用的各类武器系统能够有机地融为一体，发挥整体威力，已经成为赢得战争胜利的一个至关重要的因素。在近几场局部战争中，综合电子信息系统在实现战场透明、指挥部队作战，使部队作战能力成倍增加等方面发挥出前所未有的威力，被誉为战斗力的"倍增器"。作为新军事变革和信息化建设的龙头，它是夺取信息优势和全面军事优势的物质基础，已受到世界各国的广泛重视。

一、综合电子信息系统的构成

在军事需求牵引和信息技术推动下，综合电子信息系统已经历了初始发展、军兵种独立发展和跨军兵种集成建设三个阶段，目前进入一体化建设阶段。它主要由指挥控制系统、预警探测系统、情报侦察系统、信息处理系统、信息传输系统等组成。一体化建设阶段的主要技术特征是采用以网络为中心的扁平化组网模式，统一的体系结构、技术体制和标准规范，实现一体化、网络化、服务化。

（一）指挥控制系统

指挥控制系统是实现 C4ISR 系统功能的核心分系统，由指挥员、参谋人员及相应的指挥自动化设备组成，可分为战略、战役和战术级指挥控制系统。典型的战略级指挥控制系统如美军的全球指挥控制系统（GCCS），它采用三层结构：最低层是战术层；中间层是战区和区域层；最高层是国家层，包括国家总部、参谋长联席会议、中央各部门等。全球指挥控制系统既可用于战略指挥，也可用于战区和战术的指挥控制；实现了通过陆、海、空等各军种战役、战术指挥控制系统的综合集成。其联合全球指挥控制系统采用面向服务的体系结构和"联合作战规划执行系统"软件，能有效地用于多军种联合作战，以及与友军协同作战的指挥控制，具有自动作战规划、作战方案评估等功能。其中，空军的指挥控制系统能在 24 小时内制订空中作战任务指令，并在数小时内更新；陆军的 21 世纪旅及旅以下作战指挥系统的通用作战图像更新率已从原来的数分钟缩短到 10～15 秒，显著提高了战场态势感知的实时性。

（二）预警测系统

预警探测系统是对空间、空中、地面、海上和水下进行不间断搜索、探测，以尽早发现威胁目标，并实时报警的信息系统装备的统称。它能实时获取目标信息，为国家决策当局和各级指挥机构提供尽可能长的预警时间。美军已建成由预警卫星、预警机和地面预警装备组成的全空域、全天时、多层次预警探测系统。预警卫星已实现全球覆盖；已装备的 100 多架

E-2和E-3预警机可根据需要在指定的海面和地面上空执行预警任务。

（三）情报侦察系统

情报侦察系统是利用各种平台、侦察设备和技术手段获取敌方情报，并对其进行处理、存储和分发的信息系统装备的统称。美军天基、空基、陆基、海基情报侦察装备通过分布式通用地面站系统、协同作战能力系统实现集成，初步实现了情报侦察系统一体化，能对全球作战空间实施全天时、全天候、近实时侦察。地面战场侦察雷达已能探测40千米外的坦克，被动声呐探测距离已达50～100海里。

（四）信息处理系统

该系统负责处理信息，主要由计算机软硬件及其输入输出设备组成。应用时，往往借助通信设备将信息处理使用的计算机联成网络，接收信息获取分系统获得的各类情报信息，由情报辅助分析系统进行分类、比较、筛选、印证、融合等处理，再将处理结果以图表、图像、文字、语音等形式及时传递给各级指挥部、指挥员和部队。

（五）信息传输系统

信息传输系统又称通信子系统，主要由传输信息的各种信道、交换设备和通信终端等组成。例如，美军通过数据链实现了与大部分武器系统的交链，初步具备将信息优势转变为行动优势的能力。目前，美军大量的作战飞机（如F-15、F-16、F2），E-2、E-3预警机等作战平台都装备了Link-16等数据链，实现了指挥中心与作战平台之间的指挥控制命令和态势信息的实时传送。作战飞机起飞后，能根据综合电子信息系统提供的战场态势，更新目标信息，提高灵活响应能力。

二、综合电子信息系统发展趋势

综合电子信息系统已经成为现代战争的主战装备，是获取战场信息优势的关键。为此，各国都在大力加强综合电子信息系统建设。今后，综合电子信息系统系统的发展，将主要集中在以下几个方面：

（一）提高侦察预警探测能力

为提高C4ISR系统的侦察预警能力，一些国家主要是发展侦察预警卫星和新型预警机，以提高空间和空中侦察预警能力。以美国为例：天基预警系统，将以天基红外预警卫星系统取代国防支援卫星系统，以提供更便捷、更准确的预警信息；陆基预警系统，将部署机动式远程高空弹道导弹防御系统；海基预警系统，为提高海军反战术导弹和弹道导弹能力，将部署"海军防御系统"和"海军全战区防御系统"；为了实现对各种威胁的快速反应，将开发固态相控阵多功能雷达，特别是相控阵雷达预警机。

（二）加快网络化建设步伐

信息网络是C4ISR系统的神经和生命线。为提高C4ISR系统的作战效能，各国将进一步加强系统网络建设。美军在本土、欧洲与太平洋战区等区域建立了近百个全球信息栅格站点，并实现联网，具备了初始作战能力。从功能上看，全球信息栅格主要包括通信、计算、服务及信息保障等基础设施，其中通信和计算能力是其核心和基础。美军已初步建成由地面光纤通信网和卫星通信系统组成的全球信息栅格通信基础设施并通过全球信息栅格扩展计划，将地面光纤通信网传输容量提高到了 10 吉比特/秒卫星通信容量也得到了扩大。这一栅格化信息基础设施能高速率传输话音、数据、图像、视频等保密、非保密信息，大幅提高美军在全球执行军事行动时所需的海量信息传输能力。计算基础设施能高效率地进行作战仿真模拟。能对来自天基、空基、地面和海上侦察监视平台获取的海量情报信息进行高速处理，提高美军执行军事行动时的情报信息处理能力。

（三）加强与作战进攻系统的融合

C4ISR 系统要真正成为主战装备，就必须加强与作战进攻系统的融合。所谓融合就是使作战进攻系统成为 C4ISR 系统的有机组成部分，使作战进攻系统成为 C4ISR 系统的子系统、终端和"触角"。核心是实现武器系统与指挥控制系统之间的信息共享，目标是实现从传感器到射手之间的互联互通，实现系统之间的互操作。信息共享首先是在军种内部实现，而后将进一步扩展到军种之间，最终实现上至总统、下至一线官兵共用同一幅战场图像的目标，从而极大提高武器系统的作战效能。

（四）增强系统的攻防作战能力

C4ISR 系统在现代战争中举足轻重，广泛渗透到侦察、预警、导航、指挥、控制、通信、识别和评估等每一个军事行动和所有部队，真正成为作战系统的"中枢神经"，未来战争交战双方围绕系统的斗争必将异常激烈。双方除运用各种作战手段削弱、瘫痪或摧毁敌方系统外，还将积极采用各种有效的措施和办法，确保其在敌方各种手段的攻击下仍能正常工作，提高 C4ISR 系统的防御与进攻作战能力。为此，需要增强系统中电子设备和光电设备的电子防御能力，加强信息网络安全建设，最大限度地提高系统的抗干扰、防摧毁能力。

三、综合电子信息系统在战争中的应用

综合电子信息系统被作为现代战争的"头脑"和"中枢"，越来越多地应用于近几场局部战争中，其中以伊拉克战争尤为明显。伊拉克战争是美军 21 世纪进行的一场信息化高技术战争，数十万美英联军和多国部队在陆、海、空、天、电、网等多维作战中，自始至终以综合电子信息系统为支撑和主导。战争中，他们广泛使用了航天、航空、海上和地面等多种监视和侦察手段：在太空，利用"锁眼""长曲棍球""诺阿"等 50 多颗卫星组成的严密监控网络；在空中，使用 U-2，RC-135 等数种有人侦察机和 E-3B/C，E-8C，E-2C 等预警机，以及"捕食者""全球鹰"数种无人侦察机组成的航空侦察系统；在地面，利用特种部队搜集各种信息与各地监测站等构成全方位的信息网；在海上，使用以 C1 系统为核心的海军舰载作战数据系统（NTDS）和先进作战指挥系统（ACDS）及"宙斯盾"指挥与武器控制系统（AEGIS）等，从而发挥了综合电子信息系统的巨大优势，牢牢地控制了"制信息权"，实现了各军兵种信息资源共享，作战信息和战场态势的准实时交互，轻快地打赢了这场信息化战，而伊拉克则付

出了惨痛的代价，以失败告终。伊拉克战争再次证明，综合电子信息系统越来越成为决定现代战争胜负的关键因素和最大战斗力。

第四节　信息化杀伤武器

信息化杀伤武器是现代作战中摧毁敌方作战实体的"拳头"。虽然信息化战争强调信息的主导作用，但物质的力量只能用物质的手段去摧毁。

一、信息化弹药

信息化弹药，又称精确制导弹药，是指采用精确制导技术，具有较高命中精度或直接命中概率大于 50% 的弹药。与传统弹药相比，信息化弹药能够获取和利用目标的位置信息，进行飞行控制、弹道修正直至命中目标。

（一）主要类型

信息化弹药主要包括各类导弹、制导炸弹和制导炮弹等。

1. 导弹

导弹、是依靠自身动力装置推进，由制导系统控制飞行、导向目标，以其战斗部毁伤目标的武器。鉴于较高的作战效能，导弹已经成为担任第一波次打击的首选武器，成为名副其实的战争"急先锋"。按照发射平台和打击目标，导弹可分为防空导弹、空空导弹、空地导弹、反舰导弹、地地导弹、潜射导弹和反坦克导弹等。

2. 制导炸弹

制导炸弹，又称"灵巧炸弹"，是装有制导装置和空气动力操作面的炸弹。它主要包括激光制导炸弹、电视制导炸弹、红外制导炸弹等。制导炸弹大都由常规炸弹加装制导装置和气动力控制面（弹翼、尾翼）制成，由各种飞机携带，结构简单、成本较低，主要用于毁伤敌方防空系统、火炮、坦克和装甲车辆、机场、桥梁、建筑物，命中精度大大高于普通炸弹。

3. 制导炮弹

制导炮弹，是用地面火炮发射，弹丸带有制导装置的炮弹。它主要用于攻击坦克、装甲车、反坦克导弹的发射装置、观察所、掩蔽部和火力发射点等小型目标。

（二）战例应用

1. 严密侦察，点穴袭击

1996 年 4 月 21 日夜晚，原俄联邦车臣共和国总统杜达耶夫第一次用手机通话时，其手机发出的电磁信号就被俄军 A － 50"中坚"式雷达捕捉，其所处位置也被俄军准确地计算出来，为了避免"打草惊蛇"，俄军只是密切监视信号而没有立即采取打击行动。当电磁信号再次出现时，俄军紧紧抓住稍纵即逝的战机，迅速出动飞机对杜达耶夫实施了"点穴"式精确制导导弹突击，使杜达耶夫饮弹而亡。

2. 点面结合，集中突击

1982 年，以色列入侵黎巴嫩，并同叙利亚开战。以色列在攻击贝卡谷地时，第一波次由无人驾驶飞机引诱"萨姆"-6 导弹雷达开机，不但消耗了叙利亚第一批拦截导弹，而且还成功获取了制导雷达的频率、方位、距离等信息，为反雷达导弹实施攻击提供了必不可少的依据；第二波次由电子战飞机、空地反雷达导弹、地地反雷达导弹、反雷达"自杀"无人驾驶飞机，对导弹制导雷达进行电子干扰和火力打击；第三波次由战斗机、轰炸机发射空地导弹及投放炸弹，对导弹阵地进行饱和攻击。以军反坦克导弹、空地导弹、地地导弹将叙利亚经营10 年的防空导弹阵地炸为一片废墟。

3. 实时评估，补充打击

由于精确制导武器并不具有百分之百的命中率和绝对有效的摧毁率，加之防御一方采取的各种对抗措施，使得对重要目标打击效果的准确评估显得尤其重要。在对重要目标实施精确打击时，世界各发达国家军队均非常注重对打击效果的准确评估，以便视战况加以补充打击，确保对目标的有效摧毁。

（三）发展趋势

为适应迅猛发展的世界新军事变革，特别是未来信息化战争中实施精确打击的现实需要，世界各主要国家都在大力发展信息化弹药。未来的信息化弹药将呈现出如下特点：

1. 精确

采用新型制导技术的信息化弹药，其命中精度将比现有信息化弹药提高一个数量级，打击效果也将同步提高。各国的主要做法是：一是进一步提高目标探测精度，如将红外探测方式从点源探测发展为成像探测；二是探测元件从单元向多元发展；三是采用多种导引头，以应对打击不同目标的需要；四是采取复合制导技术；五是信号处理电路由模拟化向数字化处理方式发展。

2. 远程

各种防区外发射的信息化弹药将成为发展重点，以提高自身生存能力和增强打击的突然性。一些信息化弹药不但可能具备洲际作战的能力，甚至还将能够从外太空发射。如美国正在研制的"联合防区外发射武器"，并计划将现有"陆军战术导弹系统"（ATACMS）的射程提高到150～250 千米。

3. 隐身

信息化弹药除采用高速飞行、改变弹道飞行轨迹、实现导弹末端弹道机动等措施提高突防能力外，还将广泛采用隐身技术，实现隐身化。例如美国研制的"联合直接攻击弹药"（JDAM）和"三军防区外攻击导弹"（TSSAV）等。

4. 智能

广泛利用人工智能技术，使之真正具备自主搜索、自主选择、自主攻击的能力，成为具备部分人工智能的智能化弹药。

二、新概念武器

新概念武器，是工作原理、毁伤机理和作战运用方式与传统武器有显著不同的各类高技术武器的统称。它可大幅提高作战效能，在信息化战争中将充当重要角色。新概念武器只是一个历史的范畴，是相对于常规武器而言的，具有一定的历史阶段性或时限性。随着科学技术和武器技术的不断发展，前一时代的新概念武器必然变为下一时代的常规武器。

（一）主要类型

当前，正在研制发展中的新概念武器主要有定向能武器、动能武器、非致命武器等。

1. 定向能武器

定向能武器，是利用定向发射的电磁波束、高能激光束、高能粒子束直接攻击目标的武器，它主要包括激光武器、粒子束武器和高功率微波武器。

（1）激光武器

激光武器，是利用激光束直接毁伤目标或使目标功能失效的定向能武器，具有远程、方向性好、能量集中、机动灵活、抗电子干扰能力强、反应时间短、命中精度高等特点。按激光功率大小，可分为低能激光武器和高能激光武器。

（2）粒子束武器

粒子束武器，是利用接近光速的密集粒子束流毁坏目标或使目标功能失效的定向能武器。具有拦截速度快、杀伤力极大、全天候作战等特点。按照部署方式和载体平台类型，可分为陆基、舰载和天基粒子束武器。

（3）高功率微波武器

高功率微波武器，亦称射频武器，是利用定向发射的高功率微波波束毁伤电子设备或杀伤有生力量的定向能武器。具有可实施全天候、多种目标攻击及附带损伤很小等优点，且具有极强的穿透性，就连地下工事和装甲战车内的人员也难以逃脱它的伤害。一般分为微波波束武器和微波炸弹两类。微波波束武器主要是利用定向辐射的高功率微波波束杀伤点状目标，且可同时杀伤多个目标。微波炸弹又称电磁脉冲武器，这种武器可在几秒内闪电般地摧毁敌方电子设备，使雷达、电话等系统陷于瘫痪和引起人体心血管紊乱。

2. 动能武器

动能武器，是利用具有巨大动能的非爆炸性战斗部，直接碰撞并摧毁目标的武器。它是一种典型的直接拦截武器，将成为反飞机、反弹道导弹和反卫星的"杀手锏"。它主要包括动能拦截武器和电磁发射武器。

（1）动能拦截武器

动能拦截武器，是一种由火箭推动的、自主寻的、利用其与目标直接碰撞的巨大动能来摧毁目标的飞行器。它具有命中精度高（脱靶率几乎为零）；杀伤力强且无污染；质轻体小；机动性好；既适于大气层内外作战，又可在陆、海、空、天全方位部署等突出优点。它是信息化战争中反弹道导弹、反卫星或卫星自卫的理想武器，还将发展成为空空、空地及反坦克多用途动能导弹。

（2）电磁发射武器

电磁发射武器，是一种靠电磁能推动的发射武器。它主要包括电热炮和电磁炮等。电热炮具有弹丸初速高、威力大、射程远、可控射程、反应快等显著优点，可用于天基反导系统、防空系统、反装甲武器或作为坦克炮以及舰载炮使用，也可作为远程火力压制武器使用。电磁炮是一种利用电磁能或电磁力超高速推进弹丸的动能武器，具有射速快、精度高、射程远、动能大、抗电子干扰能力强、隐蔽性好和毁伤效果好等显著优点，主要用于摧毁反舰导弹、战区弹道导弹、空地导弹和反辐射导弹。

3. 非致命武器

致命武器，又称失能武器，是指利用声、光、电、电磁和化学制剂等非致命技术手段，使敌方人员或装备暂时或永久失能，而不致人死亡和产生不必要的物质损害及环境危害的武器。按作用对象，可分为反人员非致命武器和反装备非致命武器。

除上述定向能武器、动能武器和非致命武器外，正在研究和探索的新概念武器还有空间环境武器（如地震武器、臭氧武器、气象武器、电离层武器）、基因武器、纳米武器等。

（二）作战应用

新概念武器目前尚未形成完整的作战能力，要全面进入实战运用还需要一个较长的研究试验阶段，其作战特点在现时也不可能得到充分的展示。但根据对新概念武器的工作原理、杀伤破坏机制和作战效能等进行综合分析，可以大致归纳以下作战应用。

1. 突然袭击

瞬时攻击。如激光、粒子束、微波等武器都是以光或接近于光的速度攻击目标，"弹丸"飞行时间相当于"零"；动能武器的攻击速度虽然要慢一点，但也达到 10～20 千米/秒的速度；计算机病毒武器只要一旦找到对方计算机网络接口或侵入渠道，一个攻击指令就可使对方计算机运作机制在顷刻之间全面瘫痪。因此，只要战场目标被这些武器所攻击，对方就难以进行规避，也无法或根本没有时间采取有效的防范措施。

隐蔽攻击。新概念武器除动能武器外，大部分武器不发射弹丸，而是以光束、波束、病毒、化学、生物战剂等能量、信息、微小物质攻击对方，攻击时既无可供观察的外形，又没有丝毫的声响，单凭人的视觉、听觉和一般的探测设备很难发现其行动的踪影，很多情况下是在对方受到某种损失后，才能判断可能受到了某种武器的攻击。

远程攻击。大部分武器都有较强的远战能力，可以在数十千米、几百千米甚至上千千米的距离上打击对方。因此，大部分武器并不直接配置在前沿战场，通常配置在战役、战略后方，有的甚至配置在太空，以便于对空中和地面的任何目标实施攻击。

2. 全频攻击

新概念武器的这一作战特点主要体现在以下三个方面：

新概念武器将激光、微波、粒子束、电磁频谱、微电子、基因、信息、气象等各个方面都纳入了军事斗争的范畴，都可以使用相应的武器对对方实施"全频道"的攻击。新概念武器扩大了目标的打击范围。新概念武器既可以对战场目标实施硬打击，也可以对通信、制导雷达、计算机系统等目标实施软打击；既可以对战场前沿目标，也可以对战略后方和太空的目标实施打击；既可以对战场目标实施直接攻击，也可以通过改变战场环境对对方实施间接伤害。

新概念武器拓展了打击的渠道。新概念武器可以通过连接电路、线路、计算机网络、发射电磁波束、传播致病基因、施放化学战剂、投送智能武器等多种渠道对对方实施全方位的打击。

3. 精确打击

新概念武器在作战效能方面，最大的特点就是命中精度高。激光、粒子束、高功率微波武器所发射的"光子弹"，以 30 万千米/秒的光速飞行，能够在瞬间射向目标并将其摧毁。攻击运动目标不需要提前量，只要对准目标即可击中，具有较高的命中精度。此外，射向变换灵活。概念武器大部分属于无惯性武器，射击时武器不会产生后坐力，操作使用省时省力，十分灵便，可以快速、灵活地变换射击方向，一件武器可以同时攻击多个目标，而且转换射击方向时，并不降低攻击速度和射击精度。

4. 传播攻击

新概念武器的作用范围极广，有时只要使用一两件武器就会给对方在作战全局上造成很大的影响。例如，使用基因武器就有可能使对方的所有战场人员迅速染上病毒，使其全面丧失战斗力；使用计算机病毒武器，一次攻击就可能使对方作战系统内的电子计算机网络全部瘫痪，所有的计算机将无法进行正常工作，从而导致整个战场指挥体系"失灵"。新概念武器独特的作战效能，确保了作战能量的有效释放，确保了打击行动的高度精确，确保了战场行动的连续性，使战场行动更加科学合理，战场消耗更加经济节约。

（三）发展趋势

随着人类文明程度的提高和军事高技术在武器装备建设中的广泛运用，区别于传统杀伤破坏机理的新概念信息化武器将得到飞速发展。

1. 强激光武器将成为防空反导的利器

强激光武器将成为防空、防天和导弹攻防作战的利器。近 10 年来，美、俄等国都在积极发展强激光武器，并取得了巨大进展，有的已接近战斗部署阶段。美军正在研制的高能量激光区域防御系统（HELLADS）项目，采用液体型激光器与固体型激光器相结合的技术，以减少激光器的体积和重量。目前的原型机已可发出 $1 \sim 15$ kW 能量的激光，不久可发射 150 kW 能量的激光。计划装备于战斗机，作为国家防御系统的一部分，负责击落敌方导弹。

2. 高功率微波武器将成为信息战的重要手段

高功率微波武器作为未来信息战的重要软、硬杀伤武器，将成为攻击敌方信息链路或节点的主要手段之一。

3. 非致命武器将广泛应用于战争与非战争军事行动

基因武器、气象武器和各种非致命武器将为未来的战争与非战争军事行动提供更多的选择。广泛运用信息技术的非致命武器有的已投入使用，大部分则处于制阶段。预计在未来三十年内，将陆续投入使用。未来还可能利用纳米技术，制造更小的"雄蜂"，随心所欲地远距离改变敌方天空的云层状况，为向敌方实施进攻创造条件。

三、核、化、生武器

核武器、化学武器和生物武器都属大规模杀伤武器，具有巨大的威慑和实战能力。虽然国际社会签署了各种协议或公约，以制止或限制这些大规模杀伤性武器的研制和使用，但鉴于战争的暴烈性以及核、化、生武器的巨大威慑效果，它们在未来相当长时间内仍将获得运用和发展。

（一）主要类型

1. 核武器

利用原子核裂变或裂变一聚变反应，瞬时释放巨大能量，造成大规模杀伤破坏效应的武器。包括原子弹、氢弹和特殊性能核弹等。其武器系统由核武器（核弹头、核航弹和核炮弹等）、投射系统（导弹、飞机、火炮等）以及指挥控制与作战支持系统组成。

2. 化学武器

化学武器是以毒剂的毒害作用杀伤有生力量的武器。包括毒剂和毒剂前体，化学弹药和施放装置等。化学毒剂是化学武器的主要组成部分，是用以毒害人畜、影响军事行动的化学物质，故又称化学战剂或军用毒剂。它是化学武器的基本要素，决定着化学武器性能、作用特点以及使用方式等。

3. 生物武器

生物武器是利用生物战剂的致病作用杀伤有生力量和毁伤动植物的武器。包括生物战剂、生物弹药和施放装置等。生物战剂是指在战争中用以杀伤人畜和破坏植物的致病微生物及其产生的毒素（细菌或真菌产生的毒素是无生命的蛋白质等化学物质，又称生物—化学战剂，以区别于纯化学战剂）。

（二）战例应用

1. 核武器的战例应用

由于核武器的巨大破坏力，历史上只有 1945 年美国向日本的广岛和长崎投掷过原子弹。但有核国家从未停止过核武器作战运用领域的研究。

在使用核武器时，应该根据攻击目标特性和要达到的毁伤程度，选取恰当爆炸威力的武器。对于面目标，一般是根据攻击目标标的破坏半径要求，经过详细计算，来确定必需的核武器的最低威力。

对于点（硬）目标，当目标处于地面，则地面爆炸是最佳的爆炸方式；对于地下的点目标，采用浅地下爆炸方式更为有效。对于面目标，一般采用空中爆炸方式，可以充分地利用核爆炸的各种毁伤、破坏因素，摧毁城市和地面不太坚固目标以及大面积杀伤敌方的有生力量。水中爆炸主要攻击水面和水下的目标，诸如船只、舰艇、潜艇、码头和港口设施等。高空爆炸一般用于反导，摧毁敌人来袭的导弹核武器，也可以大范围损伤敌方的电子系统，从而干扰和破坏指挥、控制、通信和信息系统等。

2. 化学武器的战例应用

在两伊战争中(1980—1988年),双方战斗对峙进入最困难之时,伊拉克往往能够借助化学武器的特殊威力夺取优势。据统计,伊拉克至少对伊朗发动过200余次化学武器袭击,其中既包括塔崩、沙林等神经毒气,也有以芥子气为主的糜烂性毒剂。这些化学武器造成大约十万名伊朗人中毒,其中约一万人在没有接受任何治疗以前就已经死亡。

3. 生物武器的战例应用

生物战剂使用时机主要取决于战争需要和气象是否有利于生物武器发挥最大作用。其突击目标主要是交通枢纽、战略后方、工业城市、政治中心、导弹发射基地、部队集结或休整地区、预备队或后续部队、指挥所或通信枢纽、不准备占领或通过之地、敌方活动或必经之地、后勤地域、游击队隐蔽或活动区域,有时也袭击被围困的要塞、孤立的海岛等。

(三)发展趋势

1. 核武器发展趋势

在世界各有核国家纷纷调整核战略的大背景下,掌握先进核技术的国家正在研制"第四代核武器"。"第四代核武器"是指以裂变武器和聚变武器的原理为基础、使用惯性约束核裂变装置作为关键研究设施的武器。它不产生剩余核辐射,因而不受全面核禁试条约的限制。已被披露的"第四代核武器"有美、法、俄等国正在研制的金属氢武器(其爆炸威力相当于TNT炸药的2535倍)、核同质异能素(其能量的量级比TNT炸药高出百万倍)反物质武器等。当前"第四代核武器"尚处于原理验证阶段,还远未达到实用化的程度。

2. 化学武器发展趋势

虽然国际社会强烈反对研制和使用化学武器,但化学战的威胁依然存在,化学武器的扩散无法避免,隐秘发展化学武器的研制也不会因此停止。

(1)研制二元化学武器

二元化学武器由两种无毒或低毒化学组分组成。它们分别装填在弹体中以隔膜分为两室的容器内。在弹药抛掷过程中,装填的无毒或低毒化学组分借助弹体运动迅速混合发生化学反应,生成化学毒剂。

(2)研制新型毒剂

美、俄等国为保持强大的化学战能力,都在不断地研制和发展毒性高、稳定性好、渗透性强的新化学武器毒剂。这些毒剂具有新的中毒机理,使现有毒剂各种侦检、防护和救治手段不起作用。

分子生物学和生物技术的发展使一些国家可大量合成来源于动物、植物和微生物的毒素,其毒性将比现装备毒剂的毒性大几十至几百倍。天然毒素进入化学战剂谱,出现了生物化学战剂,使生物战剂和化学战剂已失去明确界限。

(3)改进现有化学战剂的使用技术

一些国家改进化学战剂使用技术,增强杀伤效果。如采用微包衣技术和改进气溶胶分散技术,可减少毒剂使用过程的损耗,增强杀伤效果和范围。运用精确制导等高技术提高化学袭击的准确性,加大打击距离和空间范围,可增强化学武器在战争中的战略战术用途。

3. 生物武器发展趋势

20 世纪 70 年代以来，由于生物工程如遗传(基因)工程、发酵工程和细胞工程迅速发展，生物武器研究进入一个新阶段。

(1)研制基因生物战剂

生物工程技术的发展使人们可根据自己的意志用基因重组方法生产出毒力强、抗性大、稳定性好的新生物战剂。当前国外已可使炭疽毒素在大肠杆菌中克隆，已将眼镜蛇的毒素基因插入流感病毒，生产出一种能使人瘫痪和死亡的剧毒生物战剂。

(2)研制人工合成毒性生物肽或毒素作为生物—化学战剂

由于生物化学和有机合成化学的迅速发展，在摸清一些生物毒素的理化结构的基础上，人工合成有毒的活性肽或多肽和生物毒素将成为可能。这将使生物武器和化学武器的界线变得越来越模糊，而成为生物化学武器。这类战剂的毒性比现有化学战剂强 100 ~ 1000 倍。

(3)改造现有的生物战剂

人们利用蛋白质工程技术，借助精细三维结构的数据和计算机辅助分子设计方法，对致病微生物抗原或毒性蛋白进行结构修饰，用基因合成或突变改造基因，再通过基因工程使其表达，产生更烈性的毒素或使原有的免疫诊治方法失去特异性，使原有效疫苗丧失保护功能。

(4)研究现有的微生物特别是病毒作为生物战剂

已发现的致病微生物特别是那些病死率高、传染性强、缺乏特异防治方法的病原体有可能作为生物战剂。

第六章

共同条令教育与训练

学习目标

1. 了解中国人民解放军三大条令的主要内容；
2. 掌握队列动作的基本要领；
3. 养成良好的军事素养；
4. 增强组织纪律观念；
5. 培养学生令行禁止、团结奋进、顽强拼搏的过硬作风。

第一节　共同条令教育

中国人民解放军条令是中央军委以简明条文的形式发布给全军的命令，是军队战斗、训练、工作、生活的法规和准则。

中国人民解放军有很多条令、条例，有中央军委颁发的，也有各军兵种根据自己的特点颁发的，中央军委颁发的《内务条令》《纪律条令》《队列条令》是全军必须执行的条令，是全体军人必须共同遵守的法规，被称为"共同条令"或"三大条令"。

一、《内务条令》

（一）《内务条令》的概念和作用

《内务条令》是以法规的形式规定军人职责、军队内部关系、日常制度、管理和勤务规则的条令，是全军行政管理工作和军事生活的基本准则。它为军队建设正规的生活、工作、训练和战备秩序提供了重要依据，为军人的行为规定了准则，是我军正规化建设的一项重要法规，在我军建设中具有极为重要的地位和作用。

现行《内务条令》于 2018 年 5 月 1 日颁布施行。它生动地体现了我军新时期建军方针、原则，进一步强调了坚持党对军队的绝对领导，坚持依法治军、从严治军的方针，继承和发扬我军优良传统，反映了我军内务制度建设的新情况、新问题，是我军多年来部队管理实践的理论概括和内务建设经验的科学总结，是我军在新的历史条件下，行政管理工作和军事生活的准则。认真贯彻《内务条令》，必将有力地推动我军正规化建设，促进我军革命化、现代化建设。

（二）《内务条令》的主要内容

2018 年 4 月，中央军委主席习近平签署命令，发布新修订的《中国人民解放军内务条令》，自 2018 年 5 月 1 日起施行。

新修订的《内务条令》，由原来的 21 章 420 条，调整为 15 章 325 条，明确了内务建设的指导思想和原则，坚持政治建军、改革强军、科技兴军、依法治军，聚焦备战打仗，着眼新体制新要求，调整规范军队单位称谓和军人职责，充实日常战备、实战化军事训练管理内容要求；着眼从严管理科学管理，修改移动电话和互联网使用管理、公车使用、军容风纪、军旗使用管理、人员管理等方面规定，新增军人网络购物、新媒体使用等行为规范；着眼保障官兵权益，调整休假安排、人员外出比例和留营住宿等规定，新增训练伤防护、军人疗养、心理咨询等方面要求。其主要内容可归纳为以下几个方面：

1. 条令总则

总则是条令基本精神和原则的高度概括，是条令的总纲，其内容有很重的分量和深刻的含义。《内务条令》总则除规定制定条令的目的和依据外，主要规定了以下几个方面的内容：

（1）规定了我军的性质和要求

中国人民解放军的内务建设，必须坚持人民军队的性质。实践全心全意为人民服务的宗旨，实行官兵一致、军民一致、军政一致的原则，实行政治民主、经济民主、军事民主，保证军队忠于党，忠于人民，忠于国家，忠于社会主义。

（2）重塑了内务建设的指导思想和原则

《内务条令》总则将"党在新时代的强军目标""建设世界一流军队""全面从严治军""推进治军方式根本性转变""'四铁'过硬部队""'四有'新时代革命军人"等重要思想和论述写入条令，充分体现了习主席政治建军、改革强军、科技兴军、依法治军和备战打仗等重大战略思想。

（3）规定了内务建设的基本原则

中国人民解放军的内务建设，必须坚持继承和发扬优良传统。在管理教育工作中应当做到：服从命令，听从指挥；官兵一致，尊干爱兵；发扬民主，依靠群众；严格要求，赏罚严明；说服教育，启发自觉；公道正派，不分亲疏；艰苦朴素，廉洁奉公；干部带头，以身作则；团结紧张，严肃活泼；拥政爱民，军民团结。在继承和发扬优良传统的基础上，应当根据新时期国家和军队建设的发展以及军事斗争的需要，探索新特点，充实新内容，创造新方法。

（4）规定了内务建设的基本任务

中国人民解放军的内务建设，必须坚持依法治军、从严治军。严格遵守国家法律、法规，按照军队的条令、条例统一内务建设的各项工作和规范军人的行为，实施正规的严格管理，增强军队的组织性、计划性、准确性、纪律性，保持军队的高度稳定和集中统一。

2. 军人宣誓

军人誓词是："我是中国人民解放军军人，我宣誓：服从中国共产党的领导，全心全意为人民服务，服从命令，忠于职守，严守纪律，保守秘密，英勇顽强，不怕牺牲，苦练杀敌本领，时刻准备战斗，绝不叛离军队，誓死保卫祖国。"

3. 军人职责

本部分主要包括：士兵职责、军官职责、主管人员职责。

4. 内部关系

本部分主要包括：军人相互关系、官兵关系、机关相互关系、部(分)队相互关系。

5. 礼节

本部分主要包括：军队内部的礼节、军人和部(分)队对军外人员的礼节、其他时机和场合的礼节。

6. 军人着装

本部分主要包括：着装的基本要求、作训服、常服、礼服。

7. 军容风纪

本部分主要包括：仪容、举止、军容风纪检查。

8. 与军外人员的交往

9. 作息

本部分主要包括：时间分配、基层单位一日生活、机关一日生活。

10. 日常制度

本部分主要包括：值班、警卫、行政会议、请示报告、内务设置、登记统计、请假销假、查铺查哨、留营住宿、点验、交接、接待、证件和印章管理、保密。

11. 日常战备

本部分主要包括：日常战备的基本要求、紧急集合、节日战备。

12. 军事训练和野营管理

本部分主要包括：军事训练管理、野营管理。

13. 日常管理

本部分主要包括：零散人员管理、军人健康保护、财务和伙食管理、车辆使用管理、装备管理、移动电话和国际互联网的使用管理、营区管理、安全管理。

14. 国旗、军旗、军徽的使用管理和国歌、军歌的奏唱

本部分主要包括：国旗的使用管理和国歌的奏唱、军旗的使用管理、军徽的使用管理、军歌的奏唱。

二、《纪律条令》

(一)《纪律条令》的概念和作用

我军纪律,是建立在政治自觉基础上的严格的纪律,是保障军队战斗力的重要因素,是坚持人民军队的性质、宗旨,团结自己、战胜敌人和完成任务的保证。军队的一切行动,都离不开纪律,严明的纪律可以统一全军意志,规范全军行动。

《纪律条令》是以法规形式规定军队纪律的条令,是军人的行为准则和军队维护纪律、实施奖惩的基本依据。它是维护部队高度稳定和集中统一、巩固和提高战斗力的强有力的武器,是保障我军其他条令、条例、规章制度贯彻落实的一个保障性法规,对于依法治军和军队正规化建设具有十分重要的作用。

军队纪律,是由军队最高领导机关制定的要求全军所有成员共同遵守的行为规则。纪律规范了个人与组织、个人利益与整体利益的关系。纪律制约着人们的行为,不论愿意与否,人人都必须遵守,谁违反了就要受到追究。军队是特殊的组织,担负着特殊的任务,这就决定了军队纪律的极其严格性。我军的纪律,是保障军队战斗力的重要因素,是团结自己、战胜敌人和完成一切任务的保证。

现行《纪律条令》于 2018 年 5 月 1 日颁布施行。它继承了我军维护和巩固纪律的优良传统,反映了我军纪律建设的新发展,贯彻了从严治军、依法治军的方针,体现了党的路线、方针、政策和宪法精神,它的贯彻执行使我军纪律建设提高到一个新水平。

(二)《纪律条令》的主要内容

现行《纪律条令》共 10 章、262 条、8 个附录,其基本内容为四大部分:总则、奖励、处分和维护纪律的有关措施。经 2018 年 3 月 22 日中央军委常务会议通过,自 2018 年 5 月 1 日起施行。

1. 总则

总则主要规定了我军纪律的基本内容、性质和作用,维护和巩固纪律的原则与要求,军人在维护纪律中应尽的责任和义务。

中国人民解放军纪律的基本内容:执行中国共产党的路线、方针、政策;遵守国家的宪法、法律、法规;执行军队的条令、条例和规章制度;执行上级的命令和指示;执行三大纪律、八项注意。

中国人民解放军的纪律,是建立在政治自觉基础上的严格的纪律,是保障军队战斗力的重要因素,是坚持人民军队的性质、宗旨,团结自己、战胜敌人和完成一切任务的保证。

维护和巩固纪律,主要依靠经常性的理想、道德和纪律教育,依靠经常性的严格管理,依靠各级首长的模范作用和群众监督,从而使官兵养成高度的组织性、纪律性。

军人在任何情况下,都必须严格遵守和自觉维护纪律。本人违反纪律被他人制止时,应当立即改正;发现其他军人违反纪律时,应当主动规劝和制止;发现他人有违法行为时,应当挺身而出,采取合法手段坚决制止。

2. 奖励和处分

奖励和处分是《纪律条令》的主体部分。主要有以下四个方面的内容：

（1）奖励和处分的目的和原则

条令规定，"奖励的目的在于鼓励先进，维护纪律，调动官兵的积极性、创造性，发扬爱国主义、共产主义和革命英雄主义精神，保证作战、训练和其他各项任务的完成"。奖励应当坚持的原则是：严格标准，按绩施奖；发扬民主，贯彻群众路线；以精神奖励为主，物质奖励为辅。处分的目的在于严明纪律，教育违纪者和部队，加强集中统一，巩固和提高部队战斗力。处分应坚持的原则是：依据事实，惩戒恰当；惩前毖后，治病救人；纪律面前人人平等。

条令规定的奖惩目的和原则体现了我军的性质、宗旨和优良传统，概括了我军奖惩工作的基本规律和经验，是新形势下实施奖惩的基本出发点和必须遵循的准则。

（2）奖励和处分项目

我军的奖励项目经过多年实践，逐步形成了嘉奖、三等功、二等功、一等功、荣誉称号五个项目，比较规范，并得到了地方政府的认可。对士兵的处分有警告、严重警告、记过、记大过、降职或者降衔、撤职、除名、开除军籍；对军官和文职干部的处分有警告、严重警告、记过、记大过、降职（级）或者降衔（级）、撤职、开除军籍。在奖励中规定，对获得三等功以上奖励的义务兵，可以提前晋衔；对获得二等功以上奖励或者3次三等功奖励的士官，可以增加军衔级别工资档次；对获得二等功以上奖励或者3次三等功奖励的军官、文职干部，可以增加职务（专业技术等级）工资档次、提前晋衔、晋文职干部级别等。

（3）奖惩条件

《纪律条令》规定的奖惩条件，对军人的思想和行为具有很强的导向作用和规范作用。条令针对长期和平环境和市场经济条件下部队建设出现的新情况、新问题，从加强纪律建设的需要出发，对于奖惩条件的规定，注意了定性与定量相结合，以定性为主，扩大了规范的覆盖面，并对每项奖惩都规定了一定的幅度。

（4）奖惩的权限和实施

奖惩权是领导权和指挥权的重要组成部分。奖惩权限的确定，关系到能否正确实施奖惩，政策性很强。条令本着有利于贯彻党委集体领导、有利于首长履行职责和增强奖惩时效的原则，并适应我军现行编制，明确规定了各级首长享有的奖惩权限和奖惩的实施办法。

3. 维护纪律的有关措施

（1）行政看管

行政看管是维护秩序，制止严重违纪行为和预防事故、案件发生的措施。对有打架斗殴、聚众闹事、酗酒滋事、持械威胁上级或者他人、违抗命令、严重扰乱正常秩序等行为的人员，或者确有迹象表明可能发生逃离部队、自杀、行凶等问题的人员，可以实行行政看管。行政看管的时限，一般不超过七日，如需要延长时间，应当报上级批准，但累计不得超过十五日。

（2）控告和申诉

控告和申诉是军人的民主权利，其目的在于充分发挥群众的监督作用，保护军人的合法权益，维护军队严格的纪律。军人对违法违纪者有权提出控告；认为给自己的处分不当或者合法权益受到侵害的军人，有权提出申诉。

（3）首长责任和纪律监察

各级首长负有维护纪律的直接责任。各级首长应当以身作则，严于律己，严格遵守和执行纪律；经常对部属进行纪律教育，增强官兵的法纪观念；有针对性地进行作风纪律整顿，解决本单位在纪律建设方面存在的突出问题。各级首长应当对下级实施纪律监察，并自觉接受上级的监察以及下级和群众的监督。对发现违纪行为制止不力或者不予制止的，应当给予批评或者给予处分；对带头违反纪律的，应当从重给予处分。

三、《队列条令》

（一）队列的概念、性质和作用

队列，自古有之。可以说，自从产生了军队就有了队列。队列有广义和狭义之分，从广义上讲，泛指排成行列的队伍；从狭义上讲，特指军队进行集体活动时按一定的顺序列队的组织形式。在军队的训练、工作和生活中，队列是必不可少的。队列伴随着军队的发展而发展。

《队列条令》是规范全军队列动作、队列队形、队列指挥的军事法规，是全军官兵必须共同遵循的行为规范。最新条令自 2018 年 5 月 1 日起施行。在军队的建设发展中，《队列条令》有着十分重要的地位和作用。

（二）《队列条令》的主要内容

《队列条令》主要规范了全体军人和部（分）队队列活动的有关内容，共 10 章、89 条、4 个附录。

第一章 总则：包括制定本条令的目的、适用范围、作用与意义、首长机关的责任、队列纪律；

第二章 队列指挥：包括队列指挥的位置、队列指挥的方法、队列指挥的要求；

第三章 队列队形：包括队列基本队形，队列的间距，班、排、连、营、团各级的队形要求；

第四章 单个军人的队列动作：包括单个军人立正、跨立（即跨步站立）、稍息、停止间转法（向右、左、后转）、行进（齐步、正步、跑步、便步、踏步、移步、礼步、携枪行进、携便携式折叠写字椅行进、立定、步法变换）、行进间转法、坐下、蹲下、起立、脱帽、戴帽、宣誓、整理着装、操枪；

第五章 分队、部队的队列动作：包括集合、离散、整齐、报数、出列、入列、行进、停止、队形变换、架枪、取枪等；

第六章 分队乘坐交通工具：包括乘坐运输车、乘坐客车、乘坐火车、乘车舰（船）艇和飞机实施和行进中的调整；

第七章 国旗的掌持、升降和军旗的掌持、授予与迎送；

第八章 阅兵：包括阅兵的权限、阅兵的形式、阅兵的程序、师以上部队阅兵及军兵种部队和院校阅兵；

第九章 仪式：包括基本规范、升国旗仪式、誓师大会仪式、凯旋仪式、组建仪式等；

第十章 附则：包括本条令的参照执行范围，本条令的解释权和本条令的生效时间及附录。

其中，队列指挥、队列队形和队列动作是《队列条令》的基本内容，也是军人、分队和部队队列活动的三个基本要素。

（三）学生军训内务、纪律条令

1. 着装和整理军容制度

（1）着军训服时，应当戴军训帽。戴大檐帽、作训帽时，男学生帽檐前缘与眉同高，女学生帽稍向后倾；大檐帽饰带应当并拢，并保持水平。大檐帽风带不用时应当拉紧并保持水平状态。大檐帽松紧带不使用时，不得露于帽外。

（2）军训服应当保持整洁，配套穿着，不得混穿。不得在军训服外罩便服。不得披衣、敞怀、挽袖、卷裤腿。扣好领钩、衣扣。着长袖衬衣（内衣）时，下摆扎于裤内。军训服内着毛衣、绒衣、棉衣等内衣时，下摆不得外露。内衣领不得高于外衣领。

（3）操课和集体活动时通常着解放鞋，不得赤脚穿鞋。

（4）参加训练、集会、检阅等活动的着装，按照主管（主办）单位规定执行。

（5）参加执勤、操课、检阅时，通常扎腰带，其他场合需扎外腰带时，由主管（主办）单位规定。

2. 一日生活制度

（1）起床

听到起床号（信号）后，全体人员立即起床（连值班员应当提前10分钟起床），按照规定着装，迅速做好出操准备；各类值班（值日）人员按照规定认真履行职责；卫生员检查有无病号，对患病者根据情况处理；因集体活动超过熄灯时间1小时，可以推迟次日起床时间。

（2）早操

除了休息日、节假日之外，通常每日出早操，每次时间通常为30分钟，主要进行队列训练和体能训练。除担任公差、勤务的人员和经医务人员建议并经领导批准休息的伤病员外，都应当参加早操；听到出操号（信号）后，各班、排迅速集合，检查着装和携带的武器装备，跑步带到连集合场，向连值班员报告。连值班员整理队伍，清查人数，向连首长报告，由连首长或者连值班员带队出操；结合早操每周进行1~2次着装、仪容和个人卫生的检查，每次不超过10分钟。

（3）整理内务和洗漱

早操后，整理内务、清扫室内外卫生和洗漱，时间不超过30分钟。值班人员协助检查并整理本班的内务卫生。连值班员检查全连的内务卫生。连首长每周组织一次全连的内务卫生检查。

（4）开饭

按照规定时间准时开饭。开饭时间通常不超过30分钟；听到开饭号（信号）后，以班、排或者连为单位带到食堂前，由连值班员整队，按照连值班员宣布的次序依次进入食堂；就餐时保持肃静，餐毕自行离开。

（5）操课

操课前，根据课目内容做好准备。听到操课号(信号)后，连(排、班)迅速集合整队，清查人数，检查着装和装备、器材，带到课堂(训练场、作业场)；操课中，按照训练计划周密组织，严格课堂(训练场、作业场)纪律，严防事故；课间休息(操课通常每小时休息10分钟，野外作业和实弹射击时根据情况确定休息时间)，由连值班员发出休息信号；休息完毕，发出继续操课信号；操课结束后，检查装备，清理现场，集合整队，进行讲评；操课往返途中应当队列整齐，歌声嘹亮。

(6)午休

听到午睡号(信号)后，除执勤人员外均应当卧床休息，保持肃静，不得进行其他活动，连值班员检查全连人员午睡情况。午休时间由个人支配，但不得私自外出，不得影响他人休息。

(7)点名

连队通常每日点名，休息日和节假日必须点名。点名由一名连首长实施。每次点名不得超过15分钟；点名通常以连为单位于就寝前或者其他时间队列进行(也可以排为单位进行)。点名的内容通常包括清点人员、生活讲评、宣布次日工作等。

(8)就寝

连值班员在熄灯号(信号)前10分钟，发出准备就寝信号，督促全体人员做好就寝准备。就寝人员应当放置好衣物装具，听到熄灯号(信号)立即熄灯就寝，保持肃静；休息日的前一天可以推迟就寝，时间通常不超过1小时；休息日和节假日可以推迟30分钟起床。起床后，整理内务，清扫室内外。早饭后至晚饭前，主要用于整理个人卫生，处理个人事情。

3.请销假制度

(1)外出必须按级请假，按时归队销假；未经领导批准不得外出。在执勤和操课(工作)时间内，无特殊事由不得请假。

(2)请假外出时，由连值班员负责登记，检查着装和仪容，交代注意事项；归队后，必须向连值班员销假，连值班员应当将外出人员的归队情况，报告领导。

(3)请假人员续假，因特殊情况经批准后方可以续假。未经批准，超假或者逾假不归者，应当予以追究。

4.值守及内务整理制度

(1)哨兵守则

①按照规定着装。

②熟悉任务和警卫区域内的地貌、地物等情况，熟记并正确使用口令、信号。

③时刻保持警惕，严密监视警卫区域。在任何情况下都必须坚守岗位。

④精神饱满，姿态端正，不得有任何影响卫兵形象和警卫任务的行为。

⑤向接班人员交代执勤情况、上级的指示和哨位的器材。

(2)整理"内务"及摆放好连队宿舍物品

①床铺应当铺垫整齐。被子要叠成"豆腐块"——竖叠三折，横叠四折；叠口朝前，置于床铺一端中央。战备(枕头)包通常放入被子上层，也可以放于被子一侧或者床头柜内。

②蚊帐悬挂应当整齐一致，白天可以将外侧两角移挂在里侧两角上，并将中间部分折叠整齐；也可以取下叠放。

③穿着大衣的季节，白天不穿大衣时，应当折叠整齐，置于被子上(下)面。大衣长久不

穿时，应当统一放在储藏室内。

④经常穿用的鞋置于床下的地面上，有条件的放在床下的鞋架上。鞋子放置的数量、品种、位置、顺序，应当统一。

⑤衣帽和腰带通常按照腰带、军衣、军帽的顺序放在衣帽钩上，也可以置于床铺上。

⑥洗漱用具通常放在宿舍内，有条件的也可以放在洗漱室内，毛巾统一晾置在绳、架上。

⑦背包带通常缠好压在床铺一端褥子下面，也可以放于床头柜内。挎包、雨衣统一放在柜内，摆放的顺序、位置应当统一。

⑧暖瓶、水杯、墨水、胶水瓶、报纸等物品的放置应当统一。

⑨小凳放置位置应当统一，可以集中放在各自床下一端。

（3）连值日员职责

①看管营房、营具和设备。

②维护室内外环境卫生。

③纠察军容风纪。

④接待来队人员，并负责登记。

5. 枪支管理制度

（1）军训用枪制度

①军训使用的枪支必须加强管理，严格出入库手续，建立交接登记制度。

②军训使用枪支原则上按照训练的要求进行，由各连首长签名登记，统一领取，使用完后，擦拭干净及时送回并注销。

③使用装备，必须掌握其技术性能，严格遵守操作规程和安全规定。

④弹药的使用遵循"用旧存新，用零存整"的原则，严格执行启封规定，注意节约弹药。

（2）保管好军训用的枪支弹药

①加强对训练器材、教具和设备的管理，严格保管制度，认真维护保养，适时检查，正确使用，防止丢失和损坏。

②兵器室集中保管的轻武器，每周擦拭或者分解一次；随身携带的轻武器每日擦拭一次；用于训练、执勤的轻武器，每次使用后擦拭和每周分解擦拭一次。擦拭武器包括对武器配套的器材进行清洁、润滑、调整和更换油液，由班、组和使用人员实施。

③发现装备损坏（伤），应当及时上报，并根据损坏（伤）程度及时组织修复；如本单位不能修复，按照上级要求组织送修或者就地修理。

④轻武器通常存放在兵器室内。兵器室应当设置完备的安全设施，并设双锁（钥匙由主管人员和保管员分别掌管）；枪、弹应当分室或者分柜存放，每周清点数量不少于两次。

⑤存放的装备、弹药必须账物相符，严禁留存账外装备、弹药。

⑥装备的交接和送修，应当严格手续，及时登记、统计。装备的损失、消耗如实上报。

6. 军训中的安全事故预防工作

（1）紧急救护常识

①食物中毒。

食物中毒一般是由进食不洁或污染食物后引起，其症状是：头痛、头晕、胃痛、恶心，有时呕吐、上腹有压痛等。此时，必须立即把有毒的食物从胃里吐出来。可先让患者喝5～6杯加盐或苏打水，然后用两个指头伸到嘴里，抵住舌根使其催吐。若是严重中毒，上述方法要重复好几次。若患者已失去知觉，就要把患者的头偏到一边，以免呕吐物倒吸入呼吸道。对患者进行初步急救处理后，迅速将其送往医院。

②中暑。

中暑一般有以下三种情况：一种是长时间在高温环境下，身体散热难，热量积蓄体内，体温调节发生障碍，使人发烧，同时出现头晕、胸闷、口渴、恶心等症状。另一种是出汗过多引起的，因为每100毫升的汗水里约含有200~500毫克的盐分，大量出汗会使身体排出许多盐分。盐分少了，肌肉就会酸痛，甚至发生痉挛，还有一种是由于太阳光直接照射头部，使脑膜和大脑充血、水肿，引起头痛、头晕、耳鸣、眼花，严重者可以昏迷、抽筋。发现中暑病人，应尽快让其到阴凉的地方休息；发烧的病人，可用冷水毛巾敷头部，给病人服一些人丹、十滴水，喝一些带盐的茶水，病情严重者，应立即送医院抢救。预防中暑主要措施包括：通风、降温、及时补充水分和盐分等。

③外伤出血。

外伤出血是指有明显外伤造成的出血。一般分为外伤后骨折或软组织操作和外伤引起内脏破裂出血两大类。大腿股骨和骨盆骨折可导致大出血。股骨骨折出血可以达到500毫升至2000毫升；骨盆出血可多达500毫升。也就是说相当于一个成人全身的血液量。其他部位骨折出血虽较少，但是如不及时处理，也会影响身体的健康。对于四肢远段骨折出血，可以采取局部包扎压迫和固定措施，一般是可以止住血的。骨盆骨折和股骨骨折是一种严重骨折，应该及时转送医院。如果外伤引起内脏出血，一般比较危险。例如左上肢肋部外伤后可以引起脾出血；右上肢肋部外伤可引起肝破裂，这时病人不仅外伤部分疼痛，而且满腹痛，脉搏快，血压下降，如果进行腹腔穿刺可吸出血。内脏出血需要手术止血。一般来说，只要及时就医，是完全可以治愈的。

（2）预防事故

①预防冻伤事故。

a.严寒条件下训练等，应当准备御寒的被装和防冻药品。

b.注意保持衣、帽、鞋、袜、手套的干燥和清洁，注意手、脚、耳、鼻的保护。

c.操练、作业休息时，不得静立或者坐卧过久，乘坐车辆的人员，注意适时活动。

d.必要时缩短哨兵每次执勤时间。

②预防武器伤人事故。

a.加强武器弹药的管理。严禁私存武器、弹药，严禁私带武器外出，严禁私自将武器借给他人。

b.枪支擦拭和使用前后，应当认真验枪。平时枪内不得装填子弹。

c.严禁摆弄武器和随意动用他人武器，严禁持枪打闹和枪口对人。

d.严密组织实弹射击和实爆作业。场地的选择与设置应该符合安全要求。

e.认真清查收缴剩余弹药。对瞎火弹按照规定处理。教练弹、练习弹和实弹不得混放，发放教练弹、练习弹时，严格检查，防止混入实弹。

③预防煤气中毒事故。

a.使用火炉、燃气灶前应当认真检查和试烧，使用过程中应当经常检查，发现漏烟漏气，及时修理。

b. 用炉火取暖的房间，必须安装烟筒的风斗，并经常清理烟筒，保持烟道通畅，封火时不得堵塞烟道。

c. 查铺时应当认真检查炉火和室内通风情况。

④预防触电和雷击事故。

a. 输电线路、用电设备和避雷设施的安装，应当符合安全要求，有专人管理，经常检修。

b. 禁止私拉、移动电线和私装用电设备，禁止将电话线广播线与输电线混架或者捆绑在一起，禁止在输电线上搭、晒东西。

c. 发现有人触电，应当立即切断电源或者用绝缘物挑开电缆。

d. 雷雨时，不得站在室外突出的高处，不得在大树、电线杆和高压线下避雨或者逗留。

⑤预防中暑事故。

a. 炎热季节，应当适当控制人员的活动量，在任务允许的情况下，尽量缩短在烈日下的活动时间，注意劳逸结合。

b. 训练和劳动时，应当有饮水供应，并适量饮用淡盐水。

c. 室内或者车、船内注意通风。

第二节　分队的队列动作

一、单个军人队列动作训练

(一)立正、跨立、稍息

1. 立正

立正是军人的基本姿势，是队列动作的基础。军人在宣誓、接受命令、进见首长和向首长报告、回答首长问话、升降国旗、奏国歌等严肃庄重的时机和场合，均应当自行立正。

口令：立正。

要领：两脚跟靠拢并齐，两脚尖向外分开约 60 度；两腿挺直；小腹微收，自然挺胸；上体正直，微向前倾；两肩要平，稍向后张；两臂自然下垂，手指并拢自然微屈，拇指尖贴于食指的第二节，中指贴于裤缝；头要正，颈要直，口要闭，下颌微收，两眼向前平视。

2. 稍息

主要用于长时间站立。

口令：稍息。

要领：左脚顺脚尖方向伸出约全脚的 2/3，两腿自然伸直，上体保持立正姿势，身体重心大部分落于右脚。稍息过久，可自行换脚。

3. 跨立

跨立主要用于军体操、执勤等场合。可与立正互换。

口令：跨立。

要领：左脚向左跨出约一脚之长，两腿挺直，上体保持立正姿势，身体重心落于两脚之间。两手后背，左手握右手腕，拇指根部与外腰带下沿（内腰带上沿）同高；右手手指并拢自然弯曲，手心向后。携枪时不背手。

（二）停止间转法

停止间转法，是停止间变换方向的方法。

1. 向右（左）转

口令：向右（左）——转。

要领：以右（左）脚跟为轴，右（左）脚跟和左（右）脚掌前部同时用力，使身体和脚一致向右（左）转90度，体重落在右（左）脚，左（右）脚取捷径迅速靠拢右（左）脚，成立正姿势。转动和靠脚时，两脚挺直，上体保持立正姿势。

2. 向后转

口令：向后——转。

要领：按向右转的要领向后转180度。

3. 半面向右（左）转

口令：半面向右（左）——转。

要领：按向右（左）转要领半面向右（左）转45度。

（三）行进

行进的基本步法分为齐步、正步和跑步，辅助步法分为便步、踏步和移步。

1. 齐步

齐步是军人行进的常用步法。

口令：齐步——走。

要领：左脚向正前方迈出约75厘米着地，身体重心前移，右脚照此法动作；上体正直，微向前倾；手指轻轻握拢，拇指贴于食指第二节；两臂前后自然摆动，向前摆臂时，肘部弯曲，小臂自然向里合，手心向内稍向下，拇指根部对正衣扣线，并与最下方衣扣同高（着夏季作训服时，与第四衣扣同高），离身体约25厘米；向后摆臂时，手臂自然伸直，手腕前侧距裤缝线约30厘米。行进速度每分钟116～122步。

2. 正步

正步主要用于分列式和其他礼节性场合。

口令：正步——走。

要领：左脚向正前方踢出（腿要绷直，脚尖下压，脚掌与地面平行）约75厘米，适当用力使全脚掌着地，同时身体重心前移，右脚照此法动作；上体正直，微向前倾；手指轻轻握拢，拇指贴于食指第二节；向前摆臂时，肘部弯曲，小臂略成水平，手心向内稍向下，手腕下沿摆到高于最下方衣扣约10厘米处（着作训服时，约与第三衣扣同高），离身体约10厘米；向后摆臂时（左手心向右，右手心向左），手腕前侧距裤缝线约30厘米。行进速度每分钟110～116步。

3. 跑步

跑步主要用于快速行进。

口令：跑步——走。

要领：听到预令，两手迅速握拳（四指蜷握，拇指贴在食指第一关节和中指第二节上），提到腰际，约与腰带同高，拳心向内，肘部稍向里合。听到动令，上体微向前倾，两腿微弯，同时左脚利用右脚掌的蹬力跃出约 80 厘米，前脚掌先着地，身体重心前移，右脚照此法动作；两臂前后自然摆动，向前摆臂时，大臂略直，肘部贴于腰际，小臂略平，稍向里合，两拳内侧各距衣扣线约 5 厘米；后摆臂时，拳贴于腰际。行进速度每分钟 170～180 步。

4. 踏步

踏步用于调整步伐和整齐。

停止间口令：踏步——走。

行进间口令：踏步。

要领：两脚在原地上下起落（抬起时，脚尖自然下垂，离地面约 15 厘米；落下时，前脚掌先着地），上体保持正直，两臂按齐步或跑步摆臂的要领摆动。

踏步时，听到"前进"的口令，继续踏 2 步再换齐步或跑步。

5. 便步

便步用于行军、操练后恢复体力及其他场合。

口令：便步——走。

要领：用适当的步速、步幅行进，两臂自然摆动，上体保持良好姿态。

6. 立定

口令：立——定。

要领：齐步和正步时，听到口令，左脚再向前大半步着地，两腿挺直，右脚取捷径迅速靠拢左脚，成立正姿势。跑步时，听到口令，再跑 2 步，然后左脚向前大半步（两拳收于腰际，停止摆动）着地，右脚靠拢左脚，同时将手放下，成立正姿势。踏步时，听到口令，左脚踏 1 步，右脚靠拢左脚，原地成立正姿势（跑步的踏步，听到口令，继续踏 2 步，再按上述要领进行）。

持枪立定时，在右脚靠拢左脚后，迅速将托底钣轻轻着地。其余要领同徒手。

（四）步法变换

1. 齐步、正步互换

口令：同齐步、正步。

要领：齐步行进中，听到"正步——走"的口令，右脚再向前一步，即从左脚开始按正步要领进行；正步行进中，听到"齐步——走"的口令，右脚再向前一步，即从左脚开始按齐步要领行进。

2. 齐步、跑步互换

口令：同齐步、跑步。

要领：齐步行进中，听到"跑步"的预令，两手迅速握拳提到腰际，两臂前后自然摆动；听到"走"的口令，即从左脚开始按跑步要领行进。跑步行进中，听到"齐步——走"的口令，继续跑两步，从左脚开始按齐步的要领行进。

3. 齐步或跑步与踏步互换

口令：踏步，前进。

要领：齐步或跑步换踏步时，听到"踏步"的口令，即从左脚开始换踏步；踏步换齐步或跑步时，听到"前进"的口令，继续踏两步，再从左脚开始换齐步或跑步前进。

（五）坐下、蹲下、起立

1. 坐下、起立

坐下、起立主要用于集会、休息等场合：

口令：坐下、起立。

要领：听到"坐下"的口令，左小腿在右小腿后交叉，迅速坐下，两手自然放在两膝上，上体保持正直。听到"起立"的口令，全身协力迅速起立，成立正姿势。

2. 蹲下、起立

口令：蹲下、起立。

要领：听到"蹲下"的口令，右脚后退半步，前脚掌着地，臀部坐在右脚跟上（膝盖不着地），两腿分开约60度，两手自然放在两膝上，上体保持正直。蹲下过久，可自行换脚。听到"起立"的口令，全身协力迅速起立，成立正姿势。

（六）敬礼

敬礼表示军人之间相互团结友爱，表示部属与首长、下级与上级的互相尊重。敬礼分为举手礼、注目礼和举枪礼。

1. 举手礼

口令：敬礼、礼毕。

（1）停止间徒手敬礼。

要领：听到"敬礼"的口令，上体正直，右手取捷径迅速抬起，五指并拢，自然伸直，中指微接帽檐右角前约2厘米处（戴无檐帽或不戴军帽时微接太阳穴，与眉同高）。手心向下，微向外张（约20度），手腕不得弯屈，右大臂略平，与两肩略成一线，同时注视受礼者。听到"礼毕"的口令，将手放下。

（2）行进间徒手敬礼。

要领：在距受礼者5～7步处转头向受礼者行举手礼，并继续前进，待受礼者还礼后，将手放下。

2. 注目礼

要领：携枪或未戴军帽等不便行举手礼时，面向受礼者成立正姿势，同时注视受礼者，并目迎目送（右、左转头不超过45度）。待受礼者还礼后礼毕（携手枪或背枪时行举手礼）。

3. 举枪礼

要领：右手举枪提到胸前，枪身垂直对正衣扣线，枪面向后，离身体约10厘米，枪口与眼同高，大臂轻贴右胁；左手接握表尺上方，小臂越平；转头向右注视受礼者，并目迎目送（转头不超过45度）。

二、分队队列动作训练

（一）集合、离散

1. 集合

集合，是单个军人、分队、部队按照规范队形聚集起来的一种队列动作。

集合时，指挥员应当先发出预告或者信号，如"连（或者×排）注意"，然后，站在预定队列中央前，面向预定队形成立正姿势，下达"成××队——集合"的口令。所属人员听到预告或者信号，原地面向指挥员成立正姿势；听到口令，跑步到指定位置面向指挥员集合（在指挥员后侧的人员，应当从指挥员右侧绕过），自行对正、看齐，成立正姿势。

（1）班集合

口令：成班横队（二列横队）——集合。

要领：基准兵迅速到班长左前方适当位置，成立正姿势；其他士兵以基准兵为准，依次向左排列，自行看齐。

成班二列横队时，单数士兵在前，双数士兵在后。

口令：成班纵队（二路纵队）——集合。

要领：基准兵迅速到班长前方适当位置，成立正姿势；其他士兵以基准兵为准，依次向后排列，自行对正。

成班二路纵队时，单数士兵在左，双数士兵在右。

（2）排集合

口令：成排横队——集合。

要领：基准班在指挥员前方适当位置，成班横队迅速站好；其他班成班横队，以基准班为准，依次向后排列，自行对正、看齐。

口令：成排纵队——集合。

要领：基准班在指挥员右前方适当位置，成班纵队迅速站好；其他班成班纵队，以基准班为准，依次向右排列，自行对正、看齐。

（3）连集合

口令：成连横队——集合。

要领：队列内的连指挥员或者基准排，在指挥员左前方适当位置，成横队迅速站好；各排和连部成横队，以连指挥员或者基准排为准，依次向左排列，自行对正、看齐。

口令：成连纵队——集合。

要领：队列内的连指挥员或者基准排，在指挥员前方适当位置，成纵队迅速站好；各排和连部成纵队，以连指挥员或者基准排为准，依次向后排列，自行对正、看齐。

口令：成连并列纵队——集合。

要领：队列内的连指挥员或者基准排，在指挥员左前方适当位置，成纵队迅速站好；各排和连部成纵队，以连指挥员或者基准排为准，依次向左排列，自行对正、看齐。

2. 离散

离散，是使队列的单个军人、分队、部队各自离开原队列位置的一种队列动作。

（1）离开

口令：各营（连、排、班）带开（带回）。

要领：队列中的各营（连、排、班）指挥员带领本队迅速离开原列队位置。

（2）解散

口令：解散。

要领：队列人员迅速离开原列队位置。

（二）整齐、报数

1. 整齐

整齐，是使列队人员按照规定的间隔、距离保持行、列齐整的一种队列动作。整齐分为向右（左）看齐和向中看齐。

口令：向右（左）看——齐。

向前——看。

要领：基准兵不动，其他士兵向右（左）转头（持枪时，听到预令，迅速将枪稍提起，看齐后自行放下），眼睛看右（左）邻士兵腮部，前四名能通视基准兵，自第五名起，以能通视到本人以右（左）第三人为度。后列人员，先向前对正，后向右（左）看齐。听到"向前——看"的口令，迅速将头转正，恢复立正姿势。

口令：以×××为准，向中看——齐。

向前——看。

要领：当指挥员指定"以×××为准（或者以第×名为准）"时，基准兵答"到"，同时左手握拳高举，大臂前伸与肩略平，小臂垂直举起，拳心向右。听到"向中看——齐"的口令后，其他士兵按照向左（右）看齐的要领实施。听到"向前——看"的口令后，基准兵迅速将手放下，其他士兵迅速将头转正，恢复立正姿势。

一路纵队看齐时，可以下达"向前——对正"的口令。

2. 报数

口令：报数。

要领：横队从右至左（纵队由前向后）依次以短促洪亮的声音转头（纵队向左转头）报数，最后一名不转头。数列横队时，后列最后一名报"满伍"或者"缺×名"。连集合时，由指挥员下达"各排报数"的口令，各排长在队列内向指挥员报告人数，如"第×排到齐"或者"第×排实到××名"。

必要时，连也可以统一报数。

要领：连实施统一报数时，各排不留间隔，要补齐，成临时编组的横队队形。报数前，连指挥员先发出"看齐时，以一排长为准，全连补齐"的预告，尔后下达"向右看——齐"口令，待全连看齐后，再下达"向前——看"和"报数"的口令，报数从一排长开始，后列最后一名报"满伍"或者"缺×名"。

（三）出列、入列

单个军人和分队出列、入列通常用跑步（5 步以内用齐步，1 步用正步），或者按照指挥员指定的步法执行；然后，进到指挥员右前侧适当位置或者指定位置，面向指挥员成立正姿势。

1. 单个军人出列、入列

（1）出列

口令：×××（或者第×名），出列。

要领：出列军人听到呼点自己姓名或者序号后应当答"到"，听到"出列"的口令后，应当答"是"。

位于第一列（左路）的军人，按照本条上述规定，取捷径出列。

位于中列（路）的军人，向后（左）转，待后列（左路）同序号的军人向右后退 1 步（左后退 1 步）让出缺口后，按照本条的上述规定从队尾（纵队时从左侧）出列；位于"缺口"位置的军人，待出列军人出列后，即复原位。

位于最后一列（右路）的军人出列，先退 1 步（右跨 1 步），然后，按照本条有关规定从队尾出列。

（2）入列

口令：入列。

要领：听到"入列"口令后，应当答"是"，然后，按照出列的相反程序入列。

2. 班（排）出列、入列

（1）出列

口令：第×班（排），出列。

要领：听到"第×班（排）"的口令后，由出列班（排）的指挥员答"到"，听到"出列"的口令后，由出列班（排）的指挥员答"是"，并用口令指挥本班（排），按照本条的有关规定，以纵队形式从队尾（位于第一列的班取捷径）出列。

（2）入列

口令：入列。

要领：听到"入列"的口令后，由入列班（排）指挥员答"是"，并用口令指挥本班（排），以纵队形式从队尾（位于第一列的班取捷径）入列。

（四）行进、停止

横队和并列纵队行进以右翼为基准，纵队行进以左翼为基准（一路纵队行进以先头为基准）。

1. 行进

指挥员应当下达"×步——走"的口令。听到口令，基准兵向正前方前进，其他士兵向基准翼标齐，保持规定的间隔、距离行进。纵队行进时，排、连通常成三路纵队，也可以成一、二路纵队。行进中，需要时，用"一二一"（调整步伐的口令）、"一二三四"（呼号）或者唱队列歌曲，以保持步伐的整齐和振奋士气。

2. 停止

指挥员应当下达"立——定"的口令。听到口令，按照立定的要领实施，分队的动作要整齐一致。停止后，听到"稍息"的口令，先自行对正、看齐，再稍息。

(五)队形变换

队形变换,是由一种队形变为另一种队形的队列动作。

1. 横队和纵队的互换

横队变纵队:

停止间口令:向右——转。

行进间口令:向右转——走。

纵队变横队:

停止间口令:向左——转。

行进间口令:向左转——走。

要领:停止间,按照单个军人向右(左)转的要领实施。行进间,按照单个军人向右(左)转走的要领实施。分队动作要整齐一致。队形变换后,排以上指挥员应当进到规定的列队位置。

2. 停止间班横队和班二列横队,班纵队和班二路纵队互换

(1)班横队变班二列横队

口令:成班二列横队——走。

要领:变换前,先报数。听到口令,双数士兵左脚后退1步,右脚(不靠拢左脚)向后跨1步,左脚向右脚靠拢,站到单数士兵之后,自行对正、看齐。

(2)班二列横队变班横队

口令:间隔1步,向左离开。

成班横队——走。

要领:听到"间隔1步,向左离开"的口令,取好间隔;听到"成班横队——走"的口令,双数士兵左脚左跨1步,右脚(不靠拢左脚)向前1步,左脚向右脚靠拢,站到单数士兵左侧,自行看齐。

(3)班纵队变班二路纵队

口令:成班二路纵队——走。

要领:变换前,先报数。听到口令,双数士兵右脚右跨1步,左脚(不靠拢右脚)向前1步,右脚向左脚靠拢,站到单数士兵右侧,自行对正、看齐。

(4)班二路纵队变班纵队

口令:距离2步,向后离开。

成班纵队——走。

要领:听到"距离2步,向后离开"的口令,取好距离;听到"成班纵队——走"的口令,双数士兵左脚左后退1步,右脚(不靠拢左脚)向后1步,左脚向右脚靠拢,站到单数士兵之后,自行对正。

3. 连纵队和连并列纵队的互换

(1)连纵队变连并列纵队

停止间口令:成连并列纵队,齐步——走。

行进间口令:成连并列纵队——走。

要领：连指挥员或者基准排踏步，其他排和连部逐次进到连指挥员或者基准排左侧踏步并取齐，然后，听口令前进或者停止。

连、排指挥员位置的变换方法：听到口令，连长左脚继续踏1步，右脚向右前1步，进到政治指导员前方仍踏步，政治指导员继续踏步，副连长向前2步（未编有副政治指导员时，副连长向左前2步），进到连长左侧，副政治指导员向左前1步，进到政治指导员左侧，排长、司务长进到预定列队位置，继续踏步并取齐。

（2）连并列纵队变连纵队

停止间口令：成连纵队，齐步——走。

行进间口令：成连纵队——走。

要领：连指挥员或者基准排照直前进，其他排和连部停止间和行进间均踏步，待连指挥员或者基准排离开原位后，各排按照排长、连部和炊事班按照司务长的口令依次跟进。

连、排指挥员位置的变换方法：听到口令，连长向左前1步，进到副连长前方踏步，政治指导员向前2步，进到连长右侧继续踏步，副政治指导员向右前1步，进到副连长右侧继续踏步（未编有副政治指导员时，副连长右跨半步并踏步），排长、司务长进到预定列队位置继续踏步，取齐后照直前进。

三、阅兵

阅兵，分为阅兵式和分列式。通常进行两项，根据需要，也可以只进行一项。

阅兵，分为上级首长检阅和本级首长检阅。当上级首长检阅时，由本级军事首长任阅兵指挥；当本级军政主要首长检阅时（由一人检阅，另一人位于阅兵台或者队列中央前方适当位置面向部队），由副部队长或者参谋长任阅兵指挥。在阅兵式开始前进行升国旗、迎军旗仪式。

（一）升国旗

国旗由一名掌旗员掌持，两名护旗兵护旗，护旗兵位于掌旗员两侧。掌旗员和护旗兵应当具备良好的军政素质和魁梧匀称的体形。

1.掌持国旗的姿势为扛旗

扛旗要领：右手将旗扛于右肩，旗杆套稍高于肩，右臂伸直，右手掌心向下握旗杆，左手放下。听到"齐步——走"的口令，开始行进。

2.国旗的升降

要领：升旗时，掌旗员将旗交给护旗兵，由两名护旗兵协力将国旗套（挂）在旗杆绳上并系紧，掌旗员将国旗抛展开的同时，由护旗兵协力将旗升至旗杆顶。

降旗时，由护旗兵解开旗杆绳并将旗降下，掌旗员接扛于肩。

下半旗时，先将国旗升至旗杆顶，然后徐徐降至旗顶与旗杆顶之间的距离为旗杆全长的三分之一处；降旗时，先将国旗升至旗杆顶，然后再降下。

升、降国旗时，掌旗员应当面向国旗行举手礼。

(二)迎军旗

将展开的军旗持入队列时,部队应当整队举行迎军旗仪式。迎军旗时,通常成营横队的团横队。特殊情况下,可以由机关和指定的分队参加,按照部队首长临时规定队形列队。

迎军旗时,主持迎军旗的指挥员下达"立正""迎军旗"的口令,听到口令后,掌旗员(扛旗)、护旗兵齐步行进,当由正前或者左前方向本团右翼进至距队列40~50步时,主持迎军旗的指挥员下达"向军旗——敬礼——"的口令,听到口令后,位于指挥位置和阅兵台的军官行举手礼,其余人员行注目礼;掌旗员(由扛旗换端旗)、护旗兵换正步,取捷径向本团右翼排头行进,当超过队形时,主持迎军旗的指挥员下达"礼毕"口令,部队礼毕;掌旗员(由端旗换扛旗)、护旗兵换齐步。军旗进至团指挥员右侧3步处时,左后转弯立定,成立正姿势。

军旗由部队首长指派一名掌旗员掌持,两名护旗兵护旗。位于掌旗员两侧。

掌旗员通常由连、排级军官或者士官充任,护旗兵由士兵充任。掌旗员和护旗兵应当具备良好的军政素质和魁梧匀称的体形。

1.掌旗姿势

掌持军旗的姿势分为持旗、扛旗和端旗。

持旗要领:立正时,右臂自然下垂,右手持旗杆,使旗杆垂直立于右脚外侧。稍息时,持旗姿势不变。

扛旗要领:听到"齐步——走"的预令后,左手握旗杆套下方约10厘米处,两手协力将旗上提,扛于右肩,旗杆套稍高于肩,右臂伸直,右手掌心向下握旗杆,左手放下。听到动令,开始行进。

端旗要领:右手握旗杆套下约10厘米处,右臂向前伸直,右手约与肩同高,左手握旗杆下部,左小臂斜贴于腹部。

2.扛旗、端旗互换

(1)扛旗换端旗

口令:正步——走。

要领:听到"正步——走"的口令后,在左脚落地时,左手在右手腕处握旗杆;在右脚落地时,右手移握距旗杆套约10厘米处;再出左脚的同时,右臂向前伸直,左手向后压,两手协力转换成端旗姿势,继续行进。

(2)端旗换扛旗

口令:齐步——走。

要领:听到"齐步——走"的口令后,在左脚落地的同时,收右臂,左手前推,将旗扛于右肩;在右脚落地时,右手移握旗杆下部,右臂伸直;再出左脚的同时,左手放下,换齐步行进。

(3)掌旗员、护旗兵行进中变换方向时,以掌旗员为轴。迎送军旗时,其行进、转弯、步法变换和停止的口令由掌旗员下达

(三)阅兵式

团阅兵式的队形,通常为营横队的团横队,或者由团首长临时规定。

阅兵式程序：

1. 阅兵首长接受阅兵指挥报告

当阅兵首长行至本团队列右翼适当距离时或者在阅兵台就位后（当上级首长检阅时，通常由团政治委员陪同入场并陪阅），阅兵指挥在队列中央前下达"立正"的口令，随后跑到距阅兵首长5~7步处敬礼，待阅兵首长还礼后礼毕并报告。例如："首长同志，第×团列队完毕，请您检阅。"报告后，左跨1步，向右转，让首长先走，尔后在其右后侧（当上级首长检阅时，团政治委员在团长右侧）跟随陪阅。

2. 阅兵首长向军旗敬礼

阅兵首长行至距军旗适当位置时，应当立正向军旗行举手礼（陪阅人员面向军旗，行注目礼）。

3. 阅兵首长检阅部队

当阅兵首长行至团机关、各营部、各连及后勤分队、装备分队队列右前方时，团机关由副团长或者参谋长、各营部由营长、各连由连长、后勤分队和装备分队由团指定的指挥员下达"敬礼"的口令。听到口令后，位于指挥位置的军官行举手礼，其余人员行注目礼，目迎目送首长（左、右转头不超过45度）；阅兵首长应当还礼，陪阅人员行注目礼。当首长问候："同志们好！"或者"同志们辛苦了！"，队列人员应当齐声洪亮地回答："首——长——好！"或者"为——人民——服务！"，当首长通过后，指挥员下达"礼毕"的口令，队列人员礼毕。

4. 阅兵首长上阅兵台

阅兵首长检阅完毕后上阅兵台，阅兵指挥跑步到队列中央前，下达"稍息"口令，队列人员稍息。当上级首长检阅时，团政治委员陪同首长上阅兵台，然后跑步到自己的列队位置。

5. 分列式

团分列式队形由团阅兵式队形调整变换，或者由团首长临时规定。

团分列式，应当设4个标兵。一、二标兵之间和三、四标兵之间的间隔各为15米，二、三标兵之间的间隔为40米。

分列式程序：

（1）标兵就位

分列式开始前，阅兵指挥在队列中央前，下达"立正""标兵，就位"的口令。标兵听到口令，成一路纵队持（托）枪跑步到规定的位置，面向部队成立正姿势。

（2）调整部（分）队为分列式队形

标兵就位后，阅兵指挥下达"分列式，开始"的口令，尔后，跑步到自己的列队位置。听到口令后，各分队按照规定的方法携带武器（掌旗员扛旗），团、营指挥员分别进到团机关和营部的队列中央前，各分队指挥员进到本分队队列中央前，下达"右转弯，齐步——走"的口令，指挥分队变换成分列式队形。

（3）开始行进

变换成规定的分列式队形后，团机关由副团长或者参谋长下达"齐步——走"的口令。听到口令后，团指挥员、团机关人员齐步前进，其余分队依次待前一分队离开约15米时，分别由营长、连长及后勤分队、装备分队指挥员下达"齐步——走"的口令，指挥本分队人员前进。

（4）接受首长检阅

各分队行至第一标兵处，将队列调整好。进到第二标兵处，掌旗员下达"正步——走"的口令，并和护旗兵同时由齐步换正步，扛旗换端旗（掌旗员和护旗兵不转头）。此时，阅兵首长和陪阅人员应当向军旗行举手礼。副团长或者参谋长和各分队指挥员分别下达"向右——看"的口令，队列人员听到口令后（可以呼喊"一、二"），按照规定换正步（81式自动步枪手换端枪）行进，并在左脚着地的同时向右转头（位于指挥位置的军官行举手礼，并向右转头，各列右翼第一名不转头）不超过45度注视阅兵首长，此时，阅兵台首长应当行举手礼。

进到第三标兵处，掌旗员下达"齐步——走"的口令，并与护旗兵由正步换齐步，同时换扛旗；其他分队由上述指挥员分别下达"向前——看"的口令，队列人员听到口令后，在左脚着地时礼毕（将头转正），同时换齐步（81式自动步枪手换提枪）行进。

当上级首长检阅时，团长和团政治委员通过第三标兵后，到阅兵首长右侧陪阅。各分队通过第四标兵，换跑步到指定的位置。待最后一个分队通过第四标兵，阅兵指挥下达"标兵，撤回"的口令，标兵按照相反顺序跑步撤至预定位置。

（5）阅兵首长讲话

分列式结束后，阅兵指挥调整好队形，请阅兵首长讲话。讲话完毕，阅兵指挥下达"立正"口令，向阅兵首长报告阅兵结束。当上级首长检阅时，由团政治委员陪同阅兵首长离场。

6. 送军旗

送军旗，在阅兵首长讲话后或者分列式结束后进行。

将军旗持出队列时，部队应当整队举行送军旗仪式。

主持送军旗的指挥员下达"立正""送军旗"的口令。听到口令后，掌旗员（成扛旗姿势）、护旗兵按照迎军旗路线相反方向齐步行进。军旗出列后行至团机关队形右侧前时，主持送军旗的指挥员下达"向军旗——敬礼——"的口令。听到口令后，掌旗员（由扛旗换端旗）、护旗兵换正步，全团按照迎军旗的规定敬礼。当军旗离开距队列正面40～50步时，主持送军旗的指挥员下达"礼毕"的口令，部队礼毕；掌旗员（由端旗换扛旗）、护旗兵换齐步，返回原出发位置。

第三节　现地教学

现地教学，是指在课堂教学之外，根据教学内容需要，在现地结合自然实景、实情、实物等进行的教学。大学生军训期间的现地教学，除了指在训练场上进行的各种科目的军事技能训练之外，还指有组织、有计划地进行的走进军营参观、走进爱国主义教育基地学习参观、学唱军营歌曲等活动。这些现地教学，是大学生军训期间促进军事技能训练、提升训练激情和增强爱国军情怀的有益形式。

一、走进军营

向本国民众开放一般性军事活动早已成为国际惯例，是开展全民国防教育的重要方式。

俄罗斯、以色列、法国、荷兰、韩国、新加坡、马来西亚等国都设有军事机关、院校和基地的"开放日"，美国五角大楼常年对外开放，每年参观者达到10万人次。这种开放有时还扩大到军事表演和演习项目。如日本陆上自卫队每年最大规模的实弹射击演习"富士综合火力演习"和海上保安厅举行的海空阅兵及综合演练都向社会开放，现场观众经常达到两万余人。2017年10月12日，经中央军委批准，中央军委办公厅印发了《中国人民解放军军营开放办法》(以下简称《办法》)，这是新形势下发挥军队资源优势、推动全民国防教育普及深入的重要举措，为各部队规范有序组织军营向社会开放提供了基本遵循。该《办法》对于依法推进军营向社会开放工作，充分展示人民军队强军兴军新面貌和新一代革命军人良好形象，进一步增进人民群众对人民军队的热爱，在全社会营造关心国防、热爱军队、尊重军人的浓厚氛围，激发广大官兵投身强军兴军伟大实践的政治热情，具有重要意义和作用。大学生军训期间和整个在校学习期间，都应当充分利用军营开放日开展走进军营参观的现地教学活动，激发大学生热爱国防、热爱军队的情怀。

军营开放单位应当在国庆节、建军节、国际劳动节、全民国防教育日、全民国家安全教育日、抗日战争胜利纪念日、烈士纪念日、军兵种成立纪念日期间组织向社会开放；也可以根据驻地国防教育工作需要组织向社会开放。军营开放单位向社会开放，主要包括军史馆、荣誉室等场所，部队可以公开的军事训练课目和武器装备，基层官兵学习、生活、文化活动等设施。开展军营开放活动，部队应当严密做好保密工作，事先拟定保密方案，开展必要的防护伪装，采取针对性技术管控措施，加强对参观人员的保密教育提醒，参观活动结束进行必要的安全检查，严防失泄密问题发生。学校组织学生走进军营参观学习，应事先加强纪律教育，保密知识和意识教育，做好充分的组织计划与协调工作，着眼培育大学生的家国情怀和爱军尚武精神，让大学生零距离感受我军优良传统和作风，感受国防和军队改革发展的巨大成就，感受官兵聚力强军、聚焦打赢的昂扬战斗精神，进一步增强大学生对国防和军队建设的信心，增进对人民子弟兵的感情，强化大学生国家安全意识和国防观念。

二、走进爱国主义教育基地

加强爱国主义教育，继承和发扬爱国主义传统，对于振奋民族精神，增强民族凝聚力，具有重要的现实意义。强化大学生的爱国主义精神，必须充分发挥爱国主义教育基地的作用，经常性组织大学生走进爱国主义教育基地接受爱国主义教育。

1994年8月23日，中宣部颁布了《爱国主义教育实施纲要》。它论述了进行爱国主义教育极为重要的意义，提出了教育的基本原则、主要内容、重点对象以及一系列具体措施，拓宽了进行爱国主义教育的渠道，强调通过群众丰富多彩的实践活动取得教育成果，并着眼于建立长远的教育机制，体现了精神文明重在建设的方针。自1995年3月民政部确定了第一批(100处)爱国主义教育基地后，我国又相继公布了多批爱国主义教育基地。目前，爱国主义教育基地遍布全国各地，发挥了良好的国防教育功能。高校应当经常组织大学生集体走进爱国主义教育基地进行学习参观活动，大学生也应当自觉走进爱国主义教育基地接受爱国主义教育。

三、学唱军营歌曲

军营歌曲，即军歌，是反映部队官兵战争时期的战斗生活、和平时期的训练生活，反映官兵精神面貌，激发战斗精神的军队生活歌曲或队列歌曲。我军军歌诞生于战争时期，丰富发展于和平建设时期，承载和反映了我军辉煌的革命历史、光荣的优良传统和优秀的军事文化，不但为广大官兵所喜爱，也受到全国人民的喜爱。

军训是大学新生的第一课，是落实立德树人根本任务和提高大学生综合素质的重要途径。在大学生军训期间，组织大学生学唱军歌，不但能够激发训练热情，而且有益于大学生受到军事文化的熏陶。

第七章

射击与战术训练

学习目标

1. 了解轻武器的战斗性能和基本射击理论；
2. 掌握半自动步枪射击的动作要领，完成第一练习实弹射击；
3. 学会单兵战术基础动作；
4. 了解战斗班组攻防的基本动作和战术原则，培养学生良好的战斗素养。

第一节 轻武器射击

轻武器，亦称轻兵器，是指单个士兵携带和使用的武器，是用于近距离内消灭敌人有生力量的工具。现装备的轻武器，可分为手枪、步枪、冲锋枪、机枪、火箭筒和榴弹发射器等。本章主要介绍我军目前最常用的 81 式自动步枪、56 式半自动步枪的基本常识及射击操作方法。

一、武器概述

武器，又称为兵器，是用于攻击的工具，也因此被用来威慑和防御。当武器被有效利用时，它应遵循期望效果最大化、附带伤害最小化的原则。任何可造成伤害的事物（甚至可造成心理伤害的）都可称为武器。只要用于攻击，武器可以是一根简单的木棒，也可是一枚核弹头。随着新军事变革深入发展，推进军事转型，构建信息化军队，打赢信息化战争，已经成为世界各国发展武器装备的目标牵引。军事大国正加紧调整军事战略，以信息技术推动信息化武器装备的发展。

武器与战争进程息息相关，并很大程度上影响到一个时代的世界政治进程。第一次世界大战中，以战壕和机枪群为基础的防守优于进攻，因此一战主要以阵地僵持战为主，一战期间，防守的武器优于进攻武器，冲锋枪、火炮、毒气、战列舰主导了战局。一战后期出现的新式武器坦克、飞机仍有众多不完善之处，只能是一战的战场插曲。到了第二次世界大战的时候，情况就逆转过来了，坦克、飞机、航母、潜艇为主的陆海空新式武器的优势得到了发挥，主导了战局，这一时局被证明是进攻强于防守。纳粹基于坦克与飞机集群的闪电战、美日以航母为主的突击战法取得了巨大的成功，使得二战呈现出整片整片的大陆来回易主，整个战线具有极大的流动性，也造成了往甚于一战的破坏性、毁灭型结果。

二战后的 60 年，攻防武器都有很大的发展，总的来说，防御型武器的发展更令人振奋，当然如此，防御型的武器成长往往与和平关联在一起。雷达技术的成熟，各类反坦克武器、防御型导弹、反导系统的成熟，单兵武器系统的成熟，以及热门话题"导弹防御体系"的出现，都促使武器的攻防系统，从二战一边倒的局面，逐步向防御型武器平衡。进攻型武器上除了导弹技术的成熟，卫星、定位技术的成熟，最重要的一个革命是无人作战系统的出现，机器人战争可能将在不远的未来在这片大陆上出现。

武器家族，成员众多，随着科技的进步，新的成员层出不穷，各有特色。由于武器是在矛与盾的对抗中发展起来的，所以呈现出名目繁多、相互兼容的特点，给武器分类带来了许多困难。从大的方面讲，按战争中的作用可分为战略武器、战役武器、战术武器；按毁坏程度和范围，可分为大规模的杀伤破坏武器和常规武器；按使用的兵种可分为陆军武器、海军武器、空军武器、防空部队武器、海军陆战队武器、空降部队武器和战略导弹部队武器等。

按照人们的习惯划分，武器可分为 14 种类型（表 7 - 1）。

表 7 - 1　武器分类表

序号	类型	名称
1	枪械	包括手枪、步枪、冲锋枪、机枪、特种枪和霰弹枪
2	火炮	包括加农炮、榴弹炮、火箭炮、迫击炮、高射炮、坦克炮、反坦克炮、航空炮、舰炮和海岸炮等
3	装甲战斗车辆	包括坦克、装甲输送车和步兵战车等
4	舰艇	包括战斗舰艇（航空母舰、战列舰、巡洋舰、驱逐舰、护卫舰、潜艇、导弹舰等）、两栖作战舰艇（两栖攻击舰、两栖运输舰、登陆舰艇等）、勤务舰艇（侦察舰船、抢险救生舰船、航行补给舰船、训练舰、医院船等）
5	军用航天器	包括军用人造卫星、宇宙飞船、空间站和航天飞机
6	军用航空器	包括作战飞机（轰炸机、歼击机、强击机、反潜机等）、勤务飞机（侦察机、预警机、电子干扰机、空中加油机、教练机等）、直升机（武装直升机、空中运输直升机等）、无人驾驶飞机、军用飞艇等
7	化学武器	包括装有化学战剂的炮弹、航空炸弹、火箭弹、导弹弹头和化学地雷等
8	防暴武器	包括橡皮子弹、催泪瓦斯、炫目弹、高压水枪等
9	生物武器	包括生物战剂（细菌、毒素和真菌等）及其施放装置等
10	弹药	包括枪弹、炮弹、航空炸弹、手榴弹、地雷、水雷、火炸药等
11	核武器	包括原子弹、氢弹、中子弹和能量较大的核弹头等

续表 7 – 1

序号	类型	名称
12	精确制导武器	包括导弹、制导导弹、制导炮弹等
13	隐形武器	包括隐形飞机、隐形导弹、隐形舰船、隐形坦克等
14	新概念武器	包括定向能武器(激光武器、微波武器、粒子束武器)、动能武器(动能拦截弹、电磁炮、群射火箭)、军用机器人和电脑"病毒"等

二、枪械发展史

(一)前装枪时期

中国在世界上最早发明了火药,据史料记载,早在南宋开元时期(1259 年),中国首先使用以竹制成身管,用黑火药发射小弹丸的突火枪,这是世界上最早的管形射击火器。13 世纪末,中国又发明了世界上最早的金属管形射击火器——火铳,并在元代和明代军队中大量装备。中国人发明的火药传到西方后,14 世纪,欧洲也有了通过枪管尾部与枪膛相通的火门枪,射速很低,射击精度也差。15 世纪,欧洲出现了通过转动杠杆使得引燃着的浸过硝酸钾的火绳头接近火门孔点燃发射药的火绳枪。16 世纪初,德国出现了依靠带发条的钢转轮摩擦燧石发火的燧石枪。16 世纪末又出现了利用撞击使燧石发火的火燧石枪,它的结构比较简单,使用比较方便,也提高了射速,加上生产工艺的改进,口径减小到 17 毫米,质量减小到 5~6 千克。17 世纪中叶,作为步枪使用的火燧石枪,开始装上刺刀,利用步枪可以进行拼刺搏斗。由于后装枪难于闭塞火药燃气,因而早期的枪都是前装滑膛枪,装填发射药和弹丸都很困难。

(二)后装枪时期

1807 年,英国人福赛斯发明了含雷汞击发药的火帽,打击火帽即可引燃膛内的发射药,继而出现了将弹头、发射药和带金属底火纸弹壳连成一体的定装式枪弹,使用定装弹大大简化了从枪管尾部装填枪弹的操作,便于密闭火药燃气,为后装枪的普遍使用创造了条件,是枪械发展史上一次重大的突破。早在 15 世纪,已经有人在前装枪的枪膛内刻上直线形膛线,以便于从枪口装入弹丸,而螺旋形膛线由于前装弹丸很费事,一直到发明定装弹并改用后装枪之后,才广泛采用便于弹头旋转稳定以提高精度和最大射程的螺旋形膛线。1835 年,德国研制成功德莱西步枪,它采用螺旋形膛线,用击针打击枪弹底火,发射定装式枪弹,称为击针枪。它使战斗射速提高到 6~7 r/min,任何姿势都可重新装弹。19 世纪中叶,出现了预先压上底火的整体金属弹壳,并且出现了可存放 8 发枪弹的管形弹仓。射击时,射手可将弹仓中的枪弹一个接一个射出,显著提高了战斗射速。1884 年,法国研制成功无烟火药,减少了火药燃烧后的残渣,加上金属深孔加工技术的改进,步枪口径进一步减少到 8 毫米以下,并提高了弹头的初速。

（三）自动装枪时期

在 19 世纪末期，当时不少守旧的将军认为马克沁机枪是浪费枪弹的武器，但是在多次战斗中，它成功地消灭了进攻的战士。因此在 20 世纪初开始，各国竞相研制成功不同自动原理、不同结构的机枪、手枪和步枪。随着对枪的结构和自动原理认识的不断深化，涌现了许多新发明，枪械的结构逐渐趋向成熟。1833 年，英籍美国人马克沁以膛内火药燃气作动力，采用枪管短后坐自动原理，曲柄连杆式闭锁机构，布料弹链供弹，用水冷却枪管的机枪，使理论射速提高到 600 r/min，能长时间连续射击，成为世界上第一支成功的自动武器，是枪械发展史上又一次重大技术突破，从此开始了近代自动枪械的发展。19 世纪中叶以后，出现了许多机械化的连发枪械，如美国人加特林发明了手摇式机枪，它用 6 根口径为 14.7 毫米的枪管，按圆周排列装在转轮上，射手摇动曲柄，通过机构传动进行重新装填枪弹，由 6 根转动的枪管依次发射枪弹。它依靠射手的体力操作机构动作和发射，最高射速可达 300～350 r/min。现代也有采用电力或液压加特林原理带动机构动作的航空自动武器，最高射速可达 6000 r/min。

三、枪械常识

轻武器的主体是枪械，一个国家枪械（尤其是步枪）的发展水平，可以看作是其轻武器发展水平的标志。枪械通常包括手枪、冲锋枪、步枪、机枪和特种枪（霰弹枪、防暴枪、救生枪、信号枪）等。手榴弹的基本弹种是杀伤手榴弹，另外还有反坦克、燃烧、烟幕等弹种。枪榴弹主要有杀伤、破甲、烟幕、燃烧和照明等类型。榴弹发射器可分为枪械型和迫击炮型两大类。枪械型又有结合在步枪枪管下面的枪挂式榴弹发射器、步枪式肩射榴弹发射器（也称榴弹枪）和机枪式架射自动榴弹发射器（也称榴弹机枪）之分；迫击炮型可抵地发射，主要包括掷弹筒和弹射榴弹发射器。火箭发射器包括各类火箭筒、枪发大威力攻坚火箭弹和其他小型火箭发射装置。无坐力发射器有后喷火药燃气式和平衡抛射式两种。轻型燃烧武器包括便携式喷火器及其他一些专用燃烧器材。便携式喷火器是一种单兵使用的喷射火焰射流的近距火攻武器，主要用于消灭依托工事据守的有生力量，抗击冲击的集群步兵，特别适于攻击坑道、洞穴和火力点等坚固工事。单兵导弹为一种单兵可以携行使用的导弹，主要用于反坦克或防低空飞行目标作战。

英文 small arms 最初仅指可供单兵携带的枪械，如手枪、冲锋枪、步枪等，后经发展才包括了各种大小口径的机枪、榴弹发射器、火箭发射器和无坐力发射器等。中国现代的轻武器主要包括枪械和手榴弹、枪榴弹、榴弹发射器、火箭发射器和无坐力发射器，此外还有轻型燃烧武器和单兵导弹等。中国学术界习惯上将上述各种轻武器概括为两大类，但有两种观点：一种观点认为轻武器可分为枪械和近战武器；另一种观点认为轻武器应当分为枪械、榴弹武器和其他类型轻武器。两种观点都可见于某些轻武器专著、文件、标准或辞书中。

（一）枪械的组成部件

枪械主要由枪管、闭锁机构、供弹机构、击发机构、发射机构、退壳机构和瞄准装置等部分组成，每个部分有着各自的功能和特点。

1.闭锁机构

闭锁机构是为了保证自动武器可靠地发射弹丸，并使其获得规定的初速，应当在推弹之后关闭弹膛并顶住弹壳，以防止弹壳在高膛压时因后移量过大而发生横断和火药燃气早期向后逸出；在弹头出枪口之后能及时打开枪膛，以完成后继的自动循环动作。闭锁机构一般由枪机(或机头)、枪机框(或节套)与枪管等组成。

闭锁机构按闭锁时后枪管与枪机的连接性质可以分为惯性闭锁和刚性闭锁两大类。惯性闭锁在闭锁时枪管和枪机没有扣合，或虽然有扣合但是在壳机力作用下能自行开锁的闭锁方式。惯性闭锁机构有三种：枪机纵动式、楔闩式和滚柱式。刚性闭锁在闭锁时枪管与枪机有牢固的扣合，射击时壳机力不能直接使枪机开锁，必须在主动件(枪机框或枪机体)强制作用下才能开锁的一种闭锁方式。这类闭锁机构工作可靠，可根据武器的设计要求安排结构尺寸与质量，所以被广泛采用在管退式和导气式武器中。主要有四种形式：回转式、偏转式、枪管偏移式和横动式。

2.供弹机构

供弹机构一般包括容弹具、输弹机构和进弹机构三部分。输弹机构的作用是把容弹具中的弹药输送到进弹口；进弹机构的作用是把进弹口的弹药送入弹膛。弹仓包括弹匣、弹鼓和弹箱。弹仓供弹的输弹能源常是外能源，所谓外能源就是非火药燃气能源；弹链供弹机构的能源可以是火药燃气，也可以是外能源，或部分是外能源。

3.击发机构

击发机构一般由击针、击锤(或击铁)、击针(锤)簧等组成。其作用是产生机械冲量，并把该机械冲量传给枪弹底火的一种机构。根据击发机构的结构特点和受力件的运动形式以及所受外力作用的特点和能量来源的不同，可以分为击针式和击锤式两大类。击针式击发机构其击针能量直接由击针簧或复进簧获得。它又可以分为击针簧击针式击发机构和复进簧击针式击发机构。

击针簧击针式击发机构的优点是：由解脱击针到击发的时间短，撞击小，对提高武器的射击精度有利，特别是单发射击和第一发射击时，效果颇为显著。其缺点是：击针的尺寸大，因而影响枪机的强度或使枪机的尺寸增大。同时，复进时待击会影响武器的可靠性；而后坐时待击，在许多闭锁机构中又不易实现，或者使结构复杂。

利用复进簧能量的击针式击发机构，复进簧兼作击针簧，枪机、枪机体或枪机框又起击针体的作用，闭锁机构通常又是击发机构的保险机构。这种机构常用在枪机停在后方而成待击的连发武器上。它的优点是：结构简单，击发可靠。其缺点是：第一发射击时解脱枪机至击发的时间长，对快速运动目标的射击不利，并且撞击大，因而影响首发精度。其中固定击针最简单，但进弹和退壳条件可能因受击针尖的妨碍而变坏。54式7.62冲锋枪，击针装在枪闩上，当枪闩靠复进簧的能量复进到位时，击针撞击底火而击发。53式7.62轻机枪，击针为活动形式。击针不固定在枪机上，与机体之间有相对运动。比勃朗宁手枪复进簧式击针击发机构，击针是可以活动的。

4.发射机构

发射机构是控制击发机构进行击发或呈待发的机构。发射机构中还包含有保险机构。有些武器还利用发射机构作为降低射击频率的减速机构。发射机构一般由扳机、扳机簧、阻铁、阻铁簧和保险杆等零件以及发射机座等组成。发射机构可以分为连发发射机构、单发发射机构、单连发发射机构、点射发射机构、双动发射机构和电控发射机构。56式7.62毫米半自动步枪的击发机构：利用击锤的回转运动来完成强制分离，使扳机与阻铁自行滑脱，以实现单发。

5. 退壳机构

在射击过程中，把击发过的弹壳从膛内抽出，并把它抛出武器之外，这一工作过程称为退壳。退壳机构除了担当退壳任务外，还应当具有退弹能力，所以退壳机构应既能可靠地将击发过的弹壳从膛内抽出，并抛出武器之外；又能顺利地把处于待发位置的枪弹从膛内抽出，并抛出武器之外。为了完成退壳与退弹任务，退壳机构应具有抽壳和抛壳两种功能，相应由抽壳机构和抛壳机构两部分组成。其中，抽壳机构主要包括抽壳钩和抽壳钩簧；抛壳机构主要是抛壳挺。如枪机是纵向运动的武器，枪机带动拉壳钩从膛内抽出弹壳，后退一段距离后，退壳挺顶弹底缘的另一边形成力偶，使弹壳从抛壳窗抛出，这种方式称为顶壳式。这种退壳机构由抽壳机构和抛壳机构两部分组成。

抽壳机构的作用，是把击发过的弹壳或处于待发位置的枪弹从膛内可靠地抽出。为此，要求抽壳钩齿在推弹进膛后，能顺利地跳过弹壳底缘，并以一定抛弹力将弹壳从膛内抽出，而又不会滑落。抛壳时弹壳能绕钩齿回转，并朝一定方向将弹壳抛出。

抛壳机构主要是抛壳挺，按抛壳动作有无弹簧缓冲，可分为刚性抛壳挺和弹性抛壳挺。

6. 瞄准装置

赋予枪管射向的操作称为瞄准，瞄准装置的作用是使枪膛轴线形成射击命中目标所需的瞄准角和提前角。按照瞄准装置的观测系统不同可分为简易机械瞄准装置和光学瞄准装置。其中简易机械瞄准装置主要是由准星和带照门的表尺组成；瞄准角和提前角的装定是靠移动表尺照门实现。而光学瞄准装置是由光学元件组成；瞄准角和提前角由分划板上的分划实现，或由分划与机械传动部分共同组成。按射击对象的不同又可以分为对地面目标瞄准装置和对空目标瞄准装置。另外还有在光线暗淡和夜间用的夜视瞄具，如主动式红外瞄具、被动式红外瞄具、微光瞄具、激光瞄具和热成像仪等。

7. 枪械射击

在每一次射击循环中，枪械一般要完成以下7个动作：①击发：手扣扳机后，击针打击枪管弹膛内的枪弹底火，引燃发射药发射弹头；②开锁：枪管和枪机解脱连锁，打开枪管弹膛；③后坐：枪机向后运动并压缩复进簧；④退壳：枪机后坐时从膛内抽出弹壳，将其抛出机匣；⑤复进：在复进簧的推动下枪机向前运动；⑥进弹：枪机在复进中推弹入膛；⑦闭锁：枪机与枪管连锁，关闭枪管弹膛。

8. 自动方式

自动方式，是自动机利用火药燃气能量完成自动循环的方法和形式。自动武器发射时完成自动动作的各机构的总称叫作自动机。包括自动机原动件（自动机中直接承受火药燃气能量，并带动其他机构或构件运动的部件）、闭锁机构、供弹机构、击发机构、发射机构、退壳机构、复进装置和保险机构等。发射时，自动机中的各机构按规定的顺序协调配合，分别进行各自的动作，完成自动循环。根据利用火药燃气能量的方法不同，自动方式可分为：枪机后坐式枪机后坐式是利用膛内火药燃气压力直接推动枪机后坐的自动方式。武器自动循环动作的全部能量，来自枪机的后坐运动，根据枪机在运动是有无制动措施，分为自由枪机式和半自由枪机式。枪管后坐式，又称管退式，是利用火药燃气的膛底压力，推动枪机并带动枪管后坐的自动方式。根据枪管与枪机分离时枪管的不同行程，可以分为枪管长后坐式和枪管短后坐式两大类型。导气式是利用导出的膛内火药燃气，使枪机后坐的自动方式。根据导气装置的不同结构，可以分为活塞式和导气管式。混合式是数种自动方式组合而成的自动方式。85式12.7机枪是导气与枪机后坐混合式。击发后，火药燃气推动机体向后运动，当机体走完自由行程后，此时膛内还有较高的压力，机头在弹壳底部火药燃气压力作用下滑脱开锁加速后坐（占后坐能量30%）和机体被火药燃气推动向后（占后坐能量70%）共同作用下完成自动动作。

（二）枪械技术要求

一般可以分为以下五个方面：射击威力的要求、工作可靠性的要求、机动性的要求、勤务性的要求和生产经济性的要求。

1. 射击威力的要求

武器的射击威力是指武器对目标的杀伤和破坏的能力。枪械射击威力的大小，决定于射击距离的远近、弹头是否命中目标、弹头命中目标后对目标的作用效果以及单位时间内命中目标的弹头数量。简单地说就是武器的射程、射击精度、弹头对目标的作用效果和武器的射速。

2. 工作可靠性的要求

武器的工作可靠性的要求包括安全、动作灵活可靠、使用寿命长、对外界条件抵抗性强等。武器必须使用安全，以保证战士集中精力杀伤敌人。武器动作必须灵活可靠，保证动作确实和连续，没有故障或极少故障，在出现故障时易于排除。武器的使用寿命是指武器所能承受的而不失去主要战斗性能的最大发射弹数。另外武器在使用过程中，经常可能遇到不利的环境，如河流、风雪、尘土、泥沙、严寒和酷暑等，通过障碍地区时、搬运时或空投时遇到碰撞，行军途中经受剧烈的颠簸，战斗中还可能被弹片击中。对于这些外界不利条件，武器要有较强的抵抗性能，以保证能随时投入战斗。

3. 机动性的要求

枪械的机动性是指在各种条件下使用灵活、开火与转移迅速的程度。包括运动灵活性、火力机动性以及使用适应性三者。运动灵活性是指武器携带和运行方便，能到山地、水沼、森林、沙漠等任何地方进行战斗。火力机动性是指武器能迅速开火及转移火力。使用适应性是指武器在各种条件下都能发挥其作用。

4. 勤务性的要求

武器勤务性的要求包括供应简便、分解结合保管保养简便、射击准备简便、训练简便等。

5. 生产经济性的要求

生产经济性是指在保证枪械预定功能的条件下，使设计、生产、使用、修理、维护及储存成本低。

四、56 式半自动步枪

（一）56 式半自动步枪介绍

56 式半自动步枪（图 7 - 1），是苏联 SKS 半自动步枪的仿制品，生产于 1956 年。为中国人民解放军第一支制式列装的半自动步枪，和 56 式班用机枪、56 式自动步枪统称 56 式枪族。1985 年，56 式半自动步枪正式撤装，由 81 式步枪或 56 式冲锋枪取代。但 56 式半自动步枪仍装备民兵部队。中国军队仅保留少数 56 式步枪做仪仗队的礼仪用枪。

56 式半自动步枪是步兵使用的单人武器，它以火力、刺刀及枪托杀伤敌人。56 式半自动步枪是步兵分队在近战中消灭敌人有生力量的主要武器。它对 400 米内的单个目标射击效果最好，集中火力可射击 500 米内的飞机、伞兵和杀伤 800 米内的集团目标，弹头飞行到 1500 米仍有杀伤力。战斗射速每分钟 35 ~ 40 发。使用 56 式普通弹，在 100 米距离上能射穿 6 毫米厚的钢板、15 厘米厚的砖墙、30 厘米厚的土层和 40 厘米厚的木板。

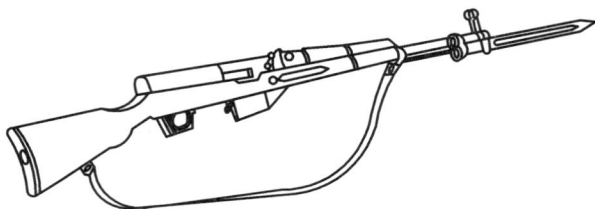

图 7 - 1　56 式半自动步枪

（二）主要机件名称和用途

56 式半自动步枪口径 7.62 毫米；枪全重 3.85 千克；枪全长 1.33 米；普通弹初速 735 米/秒；弹头最大飞行距离约 2000 米。

1. 主要部件

半自动步枪由枪刺（刺刀）、枪管、瞄准具、活塞及推杆、机匣、枪机、复进机、击发机、弹仓、木托等十大部件组成，另有一套附品。

（1）枪刺（刺刀）用以刺杀敌人。

（2）枪管用以赋予弹头的飞行方向。枪管内是弹膛和线膛。弹膛用以容纳子弹，线膛能使弹头在前进时旋转运动，以保持飞行的稳定性。线膛有四条右旋膛线（阴膛线），两条膛线间的凸起部分叫阳膛线，两条相对的阳膛线间的距离是枪的口径，枪管外有导气箍，用以引导火药气体冲击活塞。

（3）瞄准具由表尺和准星组成，用以瞄准。表尺上有缺口和游标，并刻有 1 ~ 10 的分划，每一分划对应 100 米；"Ⅱ""D"或"3"是常用表尺分划，与表尺 3 相同。表尺座上有固定栓扳手，用以固定活塞和推杆。准星可拧高、拧低，准星移动座可左右移动。准星移动座和准星上各有一条刻线，用以检查准星位置是否准确。

（4）活塞及推杆活塞装在活塞筒内，用以传导火药气体压力推压推杆向后；活塞筒上有护木。推杆及推杆簧装在表尺座内，推杆能将活塞的推力传送到机栓上。推杆簧能使推杆和活塞回到前方位置。

（5）机匣用以容纳枪机和复进机，固定击发机和弹仓。机匣外有机匣盖和连接销。机匣内有枪机阻铁，当弹仓内无子弹时，能使枪机停在后方位置。机匣内还有闭锁卡槽和拨壳凸榫等。

（6）枪机由机栓和机体组成。用以送弹、闭锁、击发和退壳，并能使击锤向后成待发状态。机栓上挂钩，用以与机体挂钩相连并带动机体运动。机栓上还有闭锁凸出部、机柄、复进机槽和弹夹槽。

（7）复进机用以使枪机回到前方位置。

（8）击发机用以使枪机相互作用形成待发和击发，击发机上有：击发控制杆（能在枪机闭锁枪膛前，防止击锤松回）、保险机（可限制扳机向后，保险机扳到前方为保险）、击锤、弹仓盖卡榫和扳机等。

（9）弹仓用以容纳和托送子弹，可装上 10 发子弹。

（10）木托便于操作。木托上有下护木、枪颈、枪托、托底板和附品筒巢。

2. 附品

附品用以分解结合、擦拭上油、携带和排除故障。附品包括擦拭杆、鬃刷、铳子、附品筒、通条、油壶、背带和子弹袋。

（三）子弹

1. 子弹的各部分的名称和用途

子弹由弹头、弹壳、底火和发射药组成（图 7 - 2）。弹头用以杀伤敌人有生力量；弹壳用以容纳发射药，安装弹头和底火；底火用以点燃发射药；发射药用以产生火药气体，推送弹头前进。

2. 子弹的种类、用途和标志

（1）普通弹：用以杀伤敌人有生力量。

（2）曳光弹：主要用以试射、指示目标和做信号。命中干草能起火。曳光距离可达 800 米。弹头头部为绿色。

（3）燃烧弹：主要用以引燃物体。弹头头部为红色。

（4）穿甲燃烧弹：主要用以射击飞机和轻装甲目标（在 200 米距离上穿甲厚度为 7 毫米），并能在穿透装甲后引燃汽油。弹头头部为黑色并有一道红圈。

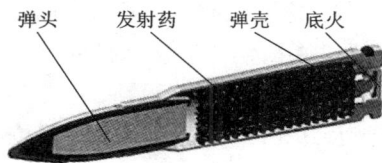

弹头　　发射药　　弹壳　　底火

图 7 - 2　子弹剖面图

五、81 式自动步枪

(一)81 式自动步枪简介

81 式枪族是 1979 年下达的研制任务，于 1981 年设计定型，在 1983 年正式投入大量生产。其研制目标是要用一个班用枪族取代正在装备的 56 式半自动步枪、56 式冲锋枪和 56 式轻机枪，但仍采用 56 式 7.62 毫米枪弹。由于在 1978 年已经正式决定我国将来会采用 5.8 毫米的小口径自动步枪，所以研制 81 式枪族的目的是在装备小口径步枪之前提供一种过渡型武器。但通过实战证明，81 式枪族是一种性能优良的武器，精度好、动作可靠、操作维护简便，在老山前线的战斗中表现良好。

81 式自动步枪(图 7 -3)作为要求在短时间内完成设计的过渡枪型，81 式枪族全部采用成熟技术和设计。采用短行程活塞式导气系统，这一点是 81 式与 56 式冲锋枪最大的不同之处，因此 81 式不是 AK 系步枪。其他结构与 56 式冲锋枪类似。81 式步枪全长为 950 毫米，枪管长 440 毫米，介于 56 式半自动步枪和 56 式冲锋枪之间。

图 7 - 3　81 式自动步枪

(二)81 式自动步枪的性能

81 式自动步枪采用导气式自动方式，枪机回转式闭锁，可实施单、连发射击，使用 56 式 7.62 毫米枪弹，用 30 发弹匣供弹，弹头初速 720 米/秒，固定的枪榴弹发射具能用空包弹发射 60 毫米反坦克枪榴弹，也可用实弹发射 40 毫米枪榴弹系列。

81 式步枪准星座比较 AK47 后移让出一段枪管，供发射枪榴弹之用，不过，设计单位却忽略了就使用概率而论，枪口防火帽的设计较为实用与更有效益；并且81 式步枪瞄准基线亦有过短的缺点。不过其射击精度优于 56 式冲锋枪，这是因为 81 式有较长枪管、制造精度与短行程活塞。

81 式枪族设计时，通过了严寒、酷暑、风沙、泅渡江河、浸泡海水等严格条件的考验，经过部队装备作战的实践，故障极少。在研制阶段浸水试验就做了 26 次，早期曾经出现过早发火、发射枪榴弹时机匣盖脱落、表尺自动跳码等问题，但都经过改进得到解决，但防腐性能仍需改善。在大量生产中质量稳定，每次抽枪寿命试验，步枪在 15000 发射弹过程中达到了无任何故障、无零部件裂纹、无任何功能失效的状况。

81 式步枪忽视了结构的先进性，新材料、新工艺也不多，未安装光学瞄准具。连外观造型也没有独自的特点，有时国外就称其为 81 式 AK，甚至影响了外贸出口。产生这个问题的原因是有其历史背景的,因为在论证时已经给81式枪族定了位,就是一种"过渡性武器",不需要更多新工艺、新设备、新技术投入,只要求能够较快地试制投产,对原有产品有较好的工艺经济性和继承性。经过近10年的生产考核,在当时工艺、技术、设备落后的条件下,虽然能够满足大批量生产并保证稳定的质量要求,但是设计上仍然未能采用更多的新材料、新工艺、新技术。其工艺经济性符合中国国情。

(三)81式自动步枪的参数

81式自动步枪由刺刀(匕首)、枪管、瞄准具、活塞及调节塞、机匣、枪机、复进机、击发机、弹匣和枪托等10大部分组成(图7-4),另有一套附品。

口径:7.62毫米×39毫米钢芯子弹

初速:710米/秒

理论射速:600~750发/分

枪重:3.4~3.5千克

全枪枪长:955毫米(不加刺刀),1104毫米(加刺刀)

弹匣容量:30发(通用弹夹)

有效射程:400米单个目标,500米集团目标(弹头飞行到400米仍可以穿透A3钢板8毫米、松土层40厘米),2000米内弹头具有杀伤力

自动方式:枪机回转式闭锁

零件制造:冲压零件

瞄准系统:柱形准星、表尺,缺口式照门

瞄准基线:315毫米,准星高40毫米

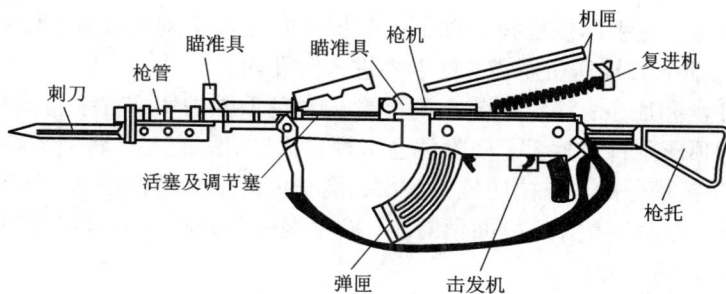

图7-4 81式自动步枪10大部件

(四)81式自动步枪的分解和结合

1.分解

分解结合是为了擦拭、上油、检查和排除故障。分解前必须验枪,分解结合应按次序和要领进行,不要强敲硬卸。分解下来的机件应按次序放在干净的物体上(图7-5)。除所讲的分解内容外,未经许可,不准分解其他机件。结合后,应拉送枪机几次,检查机件结合是否正确。

(1)卸下弹匣:左手握护木,枪面稍向左,右手握弹匣,拇指按压弹匣卡榫(也可右手掌

心向上握弹匣，以手掌肉厚部分推压卡榫），前推取下弹匣。

（2）拔出通条和取出附件盒：左手握护木，右手向外向上拔出通条。然后，用中、食指顶压附件盒底部，使卡榫脱离圆孔，取出附件盒，并从附件盒内取出附件。

（3）卸下机匣盖：左手握住枪托前部，以拇指按机匣盖卡榫，右手将机匣盖上提取下。

（4）抽出复进机：左手握住枪托前部，右手向前推导管座，使其脱离凹槽，向后抽出复进机。

（5）取出枪机：左手握住枪托前部，右手拉枪机向后到定位，向上向后取出，左手转压机体向后，使导榫脱离导榫槽，再向前取出机体。

（6）卸下护盖：右手握上护木，左手将表尺转轮定到"1"上，再向左拉转轮装定在"0"上，然后左手握下护木，右手向上向后卸下护盖。

（7）卸下活塞及调节塞：左手握下护木，右手将活塞向右（左）转动到定位，压缩活塞杆簧，使调节塞前端脱离导气箍，向前卸下活塞及调节塞，并将活塞及调节塞分开。

2. 结合

（1）装上活塞及调节塞：将调节塞、活塞簧套在活塞上，左手握下护木，右手将活塞杆插入表尺座的圆孔内，压缩活塞簧，使调节塞前端进入导气箍，并向左转动调节塞，使下凸起进入导气箍限制槽。

（2）装上护盖：左手握下护木，右手将护盖前端两侧卡在导气箍上，按压护盖后部到定位。左手转动表尺转轮使分划"3"对正定位点。

（3）装上枪机：右手握枪机，使导榫槽向上；左手将机体结合在机栓上，使导榫进入导榫槽并转到定位。左手握住枪托前部，右手将枪机从机匣后部装入机匣，前推到定位。

（4）装上复进机：左手握住枪托前部，右手将复进机插入复进机巢内，向前推压，使导管座进入凹槽内。

（5）装上机匣盖：左手握住枪托前部，右手将机匣盖前端对正半圆槽，使后部的方孔对正机匣盖卡榫，向前下方推压机匣盖，使卡榫进入方孔内。

（6）装上附件盒和通条：将附件装入附件盒内，左手握护木，右手将附件盒装入附件盒巢内，用中、食指顶压附件盒底部，使附件盒卡榫进入圆孔。然后，将通条插入通条孔内，并使通条头进入通条头槽。此时，拉送枪机数次，检查机件结合是否正确，扣扳机，关保险。

（7）装上弹匣：左手握护木，枪面稍向左，右手握弹匣并将弹匣口前端插入结合口内，扳弹匣向后，直到听到响声为止。

（五）81式自动步枪与56式步枪相比的改进之处

56式半自动步枪和后期改进的56式冲锋枪装三棱刺刀，增加了枪的附加重量，不能拆卸，只能折叠，而且只有单一刺杀功能。81式的刺刀兼做匕首使用，但不具备其他功能。刺刀作为一个独立部件，由刺刀、刀鞘、挂带组成。刀刃部分为剑形，长170毫米，不开刃口。刺刀的两面有纵向加强突筋，突筋两边呈凹形血槽，表面镀乳白铬。刀柄为褐色塑料柄。刺刀全长300毫米，重量0.22千克。刀鞘为军绿色塑料壳，重量0.072千克。该刀的钢度极好，虽说原设计不是多功能刺刀，但作战部队经常把该刺刀用于挖、刨、攀登、撬开罐头等。

81式步枪在简化结构方面富有成效，例如自动机、发射机、机匣等都比56式冲锋枪简单。以机匣为例，同样是冲铆机匣，81式机匣的刚度、强度、制造工艺要好得多。机匣体由

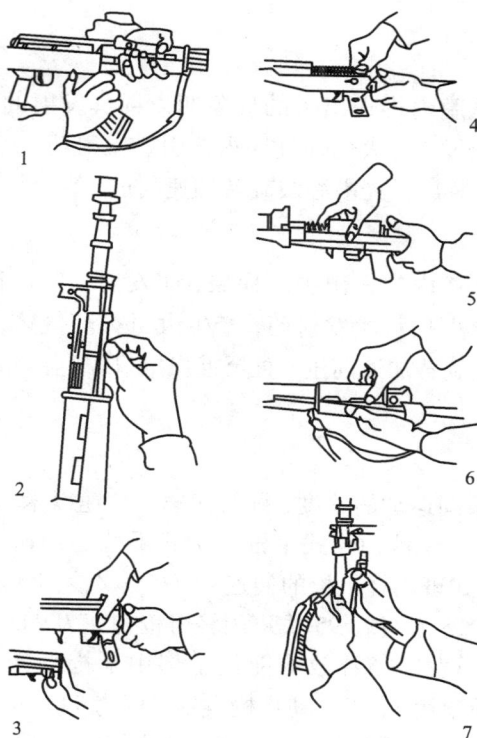

图 7 - 5　81 式自动步枪分解

厚度为 1.5 毫米的 50 钢板冲压而成，盒形断面，形状简单，两侧突出大筋增加了刚度，前部与节套铆接，中部有中衬铁支撑，后部有尾座固定，机匣的刚度、强度得到保证，使用和生产中没有变形。机匣的导轨创造性地只用一层，在机匣体冲压时形成，取消了一般枪机匣上均具有的下导轨，方便了生产。

56 式半自动步枪，虽然射击精度较好，但只能单发射击，弹仓容弹 10 发，不能更换弹匣，只能打完之后才可补充，火力不足的缺陷在 1979 年自卫反击战中已经暴露出来。56 式冲锋枪虽然火力猛、动作可靠，但单、连发射击精度差。

81 式自动步枪设计要求是同时代替 56 式半自动步枪和 56 式冲锋枪，把猛烈火力和射击精度结合起来。据装备了 81 式枪族的部队反映，该枪射击精度好。作战部队也反映，曾在一百多米的距离上，用两支 81 式自动步枪压制敌方碉堡的枪眼，使其无法开火。

六、简易射击原理

射击，简单点来说，就是标尺、准星和目标三点一线。其原理就在于标尺核准星所确定的直线，基本上就是弹道，而目标处于这个基准线上时，就可以射击了，这样就形成了三点一线。不过实际射击当中，并不会真正的三点一线去瞄准，这是因为标尺虽然可以修正一定距离上的子弹高度，但却对于横风以及目标的运动，无法做出修正，在射击时，是要根据目标的运动，做出相应的身位修正。实际射击时，并不是三点一线，而是经过了左右修正。

（一）发射

火药气体压力将弹头从膛内推送出去的现象叫发射。发射的过程是：击针撞击子弹底火，使弹壳底缘内的起爆药发火，火焰通过导火孔引燃发射药，产生大量火药气体，在膛内形成很大的压力，迫使弹头脱离弹壳沿膛线旋转加速前进，直至推出枪口。

1.发射过程

火药气体压力将弹头从腔内推送出去的现象，叫发射。其过程是：击针撞击子弹底火，使起爆药发火，火焰通过导火孔引燃发射药，产生大量火药气体，在腔内形成很大的压力，迫使弹头脱离弹壳，沿膛线旋转加速前进，直至推出枪口。

2.子弹的初速

（1）初速

弹头脱离枪口前切面瞬间运动的速度，称为初速。初速以米/秒为单位表示。

54式手枪的初速为420米/秒，64式手枪、77式手枪的初速为310米/秒，81式自动步枪的初速为710米/秒，81式班用轻机枪的初速为735米/秒，88式狙击步枪初速为910米/秒，95式自动步枪初速为915米/秒，95式班用轻机枪初速为945米/秒。

计算表明，56式普通弹发射药释放的能量全部用来抢劫弹头飞行，其速度可达1235米/秒，但实际上56式普通弹用81式自动步枪发射，仅为710米/秒。因为火药气体的能量除了推动弹头前进外，还要克服枪膛阻力、加热膛壁并使其膨胀、武器后坐、带动自动机工作等。因此，只有很少一部分能量变成了有用功。

弹头要杀伤目标，必须具有相当的能量，这个能量一般以枪口动能来表示，衡量一支武器的杀伤力和侵彻力都是以弹头命中目标时所具有的活力来判定的，通常规定：弹头通过枪口前切面时所具有的能量称为枪口活力，常用公斤·米来表示，而运动物体的动能可以表示为：

$$E = 1/2mv$$

式中：E为能量；m为物体质量，以公斤为单位；V为速度，以米/秒为单位。公式表明，运动物体的能量主要取决于飞行物体的质量及其飞行的速度。对于子弹来讲，弹头质量是一定的，因此，弹头的速度就成了衡量其动能的唯一因素。弹头在后效作用结束后是依靠惯性飞行的，其初速越大，飞行距离就越远，弹头动能就越大。因此，提高初速就可以增大弹头的飞行距离，提高侵彻力和杀伤力，同时弹道更加低伸。

（2）决定初速大小的条件

①弹头的重量。

在其他条件都相同的情况下，弹头轻，初速大；弹头重，初速小。如7.62毫米枪弹和5.8毫米枪弹。

②枪管的长度。

在其他条件都相同的情况下，用同样的子弹，在一定限度内加大枪管的长度，则初速提高。因为枪管长，能延长火药气体对弹头的作用时间，使火药气体做更多的有用功。例如，发射56式普通弹，81式班用轻机枪枪管长520毫米，初速为735米/秒，81式自动步枪枪管长440毫米，初速为710米/秒。应当指出，过分增加枪管长度反而会降低弹头的初速，并使武器重量增加，影响枪的其他使用性能。

③装药的重量。

在其他条件都相同的情况下，装药量多，所产生的火药气体多，压力大，弹头的初速也就大；相反，如果装药量少，其初速也小。

④发射药燃烧的速度。

在其他条件都相同的情况下，发射药燃烧的速度越快，火药气体对弹头的压力增加也就越快，从而使弹头在膛内运动的速度加快，初速也就越大。一般短身管武器适宜选用速燃火药，以使发射药尽可能在膛内燃完，有利于提高弹头的射击精度，而长身管的武器则尽可能选用缓燃火药。

（3）初速的实用意义

初速大小是判定武器战斗性能的重要因素之一。在弹头相同的条件下，初速大的实用意义：

①能增加弹头的飞行距离。

②弹道更为低伸。

③能减小外界条件对弹头飞行的影响。

④能加大弹头的侵彻力和杀伤力。

3.枪管的堪抗力和寿命

（1）枪管的堪抗力

膛壁承受枪膛内一定火药气体压力而不变形的能力，称为枪管的堪抗力。枪管都具有一定的备用堪抗力，使它能承受比最大膛压大半倍到一倍的压力，射击时，枪管内如塞有杂物（布条、沙子、泥土、弹头等），就会影响弹头的运动，使膛压超过枪管的堪抗力，枪管就会产生膨胀或炸裂现象。

（2）枪管寿命

枪管能正常发射一定数量子弹的能力，称为枪管的寿命。一般轻武器规定的枪管寿命为：54式手枪、64式手枪、77式手枪1500发，自动步枪15000发，56式冲锋枪1500发，81式轻机枪20000发，56-1式轻机枪25000发。

衡量枪管寿命的标准：散布特征量的增大到新枪的2.5倍；在规定的射程上，小口径枪弹的椭圆孔或横弹达到20%，大口径枪弹达到50%；初速下降15%。

（二）后坐

发射时，武器向后运动的现象，叫后坐。

从力学观点看，力是一个物体对另一个物体的作用。所以，只要有力的作用，就一定有两个物体同时存在，也就是作用力和反作用力同时存在，并且它们的大小相等、方向相反。发射时，子弹以一定的速度飞出，其反作用力作用于武器，因此使武器向后运动，这样就形成了后坐。

1.形成后坐的原因

发射药燃烧时，产生气体同时作用于各个方向，作用于膛壁周围的压力为膛壁所抵消；向前作用于弹头后部的压力推送弹头前进；向后作用于弹壳底部的压力经过枪机传给整个武器,使武器向后运动,形成后坐。武器的后坐和弹头的运动是同时开始的。在弹头脱离枪口瞬间,大量的火药气体随弹头后部从膛内向外喷出,形成了反作用力,使武器后坐更加明显。

2. 后坐对命中的影响

后坐对单发(连发首发)射击的命中影响极小。因为弹头在膛内运动的时间极短,约千分之一秒,并且枪身比弹头重得多,所以弹头在脱离枪口前,枪的后坐距离只有 1 毫米左右,而且是正直向后运动的,加之衣服和肌肉的缓冲,射手是感觉不出来的。射手感觉到的后坐,主要是弹头在脱离枪口的瞬间火药气体猛烈向枪口外喷出形成的反作用力造成的。此时,弹头已脱离枪口。因此,后坐对单发(连发首发)射击的命中影响极小。

后坐对连发射击的命中有一定的影响。因为连发射击时,第一发子弹发射后,由于枪的后坐明显改变了原来的瞄准线,所以对第二发以后的射弹命中有一定的影响。但只要射手据枪要领正确,适应连发武器射击的后坐规律,就能减小后坐对连发命中的影响,提高射击精度。现代新式武器多采用枪口制退器,它对减小武器后坐也有一定的作用。

3. 减小后坐对命中影响的方法

身体与射向的角度尽量要小,概略在一线上,以适应后坐规律。

射手抵肩要确实。使枪托和身体成为一体,两手用力协调一致,方向正直向后,力量不宜过大,使枪在射击时不发生角度摆动。

轻、重机枪架枪位置的土质软硬要适当。架枪时,枪架要在一线上,同时要在一个水平面上。利用依托时,枪的重心尽量放在依托物上。

射手在击发时,要不加外力,保持姿势、力量不变,不耸肩,不松臂。

(三)瞄准

武器的瞄准具(镜),根据射击对象的不同,可分为对地面目标射击的普通瞄准具(镜)和对空中运动目标射击的高射瞄准具(镜);根据构造的不同,又可分为机械瞄准具和光学瞄准镜,尽管现有的瞄准具(镜)千姿百态,形状各异,但其作用是相同的。

1. 瞄准概述

根据弹头在膛外运动的规律,对一定距离上的目标射击,要使弹头准确地命中目标,必须赋予枪身一定的射角和射向。射角的大小可由各种枪的基本射表查出。射角的大小,是根据射弹在不同距离上的降落量来确定的。距离越远,降落量越大,所需要的射角也就越大;距离越近,降落量越小,所需要的射角也就越小。

瞄准具(镜)就是根据上述原理设计成的。由于缺口上沿到火身轴线的高度大于准星尖到火身轴线的高度,射击时,是通过缺口上沿中央和准星尖的平正关系对目标进行瞄准的,因此,就抬高了枪口,使火身轴线与火身口水平面之间构成了一定的射角。表尺位置高,射角就大,相应的射击距离就远;表尺位置低,射角就小,相应的射击距离就近。各种枪的表尺钣上都刻有不同的表尺分划,装定表尺分划,就是改变表尺的高低位置,实际上也就是装定射角。

由此可见,瞄准具(镜)的作用,就是对一定距离上的目标射击时赋予武器相应的瞄准角和射向。射击时,只要按照目标的距离装(选)定相应的表尺(瞄准镜)分划瞄准射击就能命中目标。因此,正确地选定表尺(瞄准镜)分划,对准确命中目标有着决定性的意义。

2. 瞄准具及瞄准要素

（1）机械瞄准具

机械瞄准具由表尺、缺口和准星组成，其特点：结构简单，体积小，坚固耐用，制造简便，成本低廉，勤务性好，操作使用方便。

（2）光学瞄准镜

光学瞄准镜赋用精度高，功能范围广，使用方便，有一定的夜间使用能力。

（3）瞄准要素

①瞄准基线：缺口的上沿中央（觇孔中央）到准星尖的直线。

②瞄准线：视线通过缺口上沿中央（觇孔中央）和准星尖的延长线。

③瞄准点：瞄准线所指向的一点。

④瞄准角：射线与瞄准线的夹角。

⑤高低角：瞄准线与火身口水平面的夹角（目标高于火身口水平面时，高低角"＋"；目标低于火身口水平面时，高低角为"－"）。

⑥瞄准线上的弹道高：弹道上任何一点到瞄准线的垂直距离。

⑦落点：弹道降弧与瞄准线的交点。

⑧弹着点：弹道与目标表面或地面的交点。

⑨命中角：弹着点的弹道切线与目标表面或地面所夹的角。命中角通常以小于 90 度的角计算。

⑩表尺距离：起点到落点的距离。

⑪实际射击距离：起点到弹着点的距离。

3. 瞄准技术

（1）选定表尺分划和瞄准点

为了使射弹更准确地命中目标，射击时，射手应根据目标距离、目标大小和武器的弹道高，正确地选定表尺分划和瞄准点。其方法（图 7－6）为：定实距离表尺分划，瞄目标中央。目标距离为百米整数时，可根据目标的距离，装定相应的表尺分划，瞄准点选在目标中央。由于相应表尺距离上的该点处弹道为零，故能瞄中央打中央。

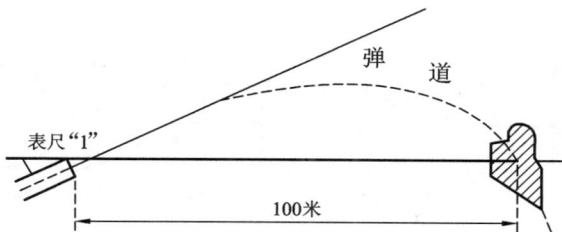

图 7－6　100 米距离射击

（2）定大于或小于实距离表尺划，适当降低或提高瞄准点

目标距离不是百米整数时，通常选定大于实距离表尺分划，根据武器在该距离上的弹道高，相应降低瞄准点射击；也可选定小于实距离的表尺分划，根据武器在该距离上的负弹道

高，相应提高瞄准点射击。

如81式班用机枪在250米距离上对人胸目标射击时，定表尺"3"，在250米处的弹道高为21厘米，这时，瞄准目标下沿中央射击，即可命中目标中央（图7-7）。

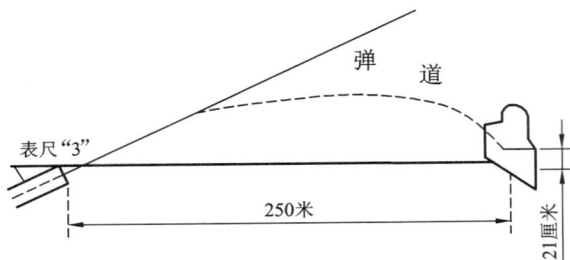

图7-7　250米距离射击

也可选定小于实距离的表尺分划，根据武器在该距离上的负弹道高，相应提高瞄准点射击。81式自动步枪对250米距离上的人头目标射击时，定表尺"2"，在250米处的弹道高为-18厘米。此时，瞄准目标头顶中央射击，即可命中。

（3）常用表尺分划，小目标瞄下沿中央，大目标瞄下部中央

步机枪对常见目标射击时，直射距离为300米，因此，定表尺"3"，对300米距离以内的目标射击时，大目标瞄下部中央、小目标瞄下沿中央射击，即可命中目标（图7-8）。如81式自动步枪定表尺"3"，对300米以内的人胸（高50厘米）目标射击，瞄目标下沿中央，则整个瞄准线上的弹道高不超过35厘米，没有超过目标高，目标在300米以内，都会被杀伤。

在战场上，目标出现突然，大小不一，且距离不断变化。用此种方法，对300米以内的目标不需要变更表尺分划即可实施射击。这样可以争取时间，提高战斗射速，增大射击效果。因此，这种方法在实战中有着重要的实用意义，是战斗中经常使用的一种方法。

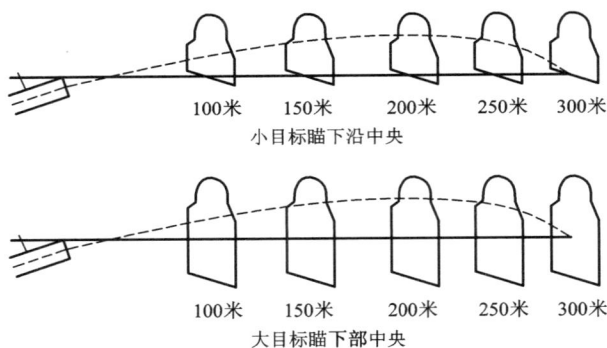

图7-8　300米以内距离射击

(四)射击修正

1. 气温对射弹的影响及修正

(1)气温对射弹的影响

气温升高时,空气密度减小(稀薄),射弹在飞行中受到的空气阻力就小,射弹就打得远(高)。

气温降低时,空气密度增大(稠密),射弹在飞行中受到的空气阻力就大,射弹就打得近(低)。

(2)修正方法

气温修正可用公式求:

距离(高低)修正量 = (气温差/10)×气温每增减10摄氏度时的距离(高低)修正量

2. 阳光对瞄准的影响及克服方法

(1)阳光对瞄准的影响

阳光对瞄准的影响主要表现在使用机械瞄准具的武器上,在阳光下瞄准时,由于阳光的照射,缺口部分产生虚光,形成三层缺口(图7-9):虚光部分,真实缺口,黑实部分。如果不能辨明真实缺口的位置,就容易产生误差,使射弹产生偏差。

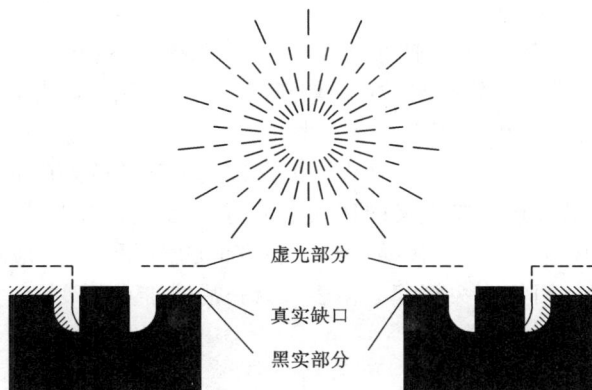

图7-9 阳光下射击修正

若用虚光部分瞄准,射弹就偏向阳光照来的方向。阳光从右上方照来时,缺口左边和上沿产生虚光,用虚光部分瞄准,准星实际上偏右上,因此,射弹偏右上。

若用黑实部分瞄准,射弹就偏向阳光照来的相反方向。阳光从右上方照来时,用黑实部分瞄准,准星实际上偏左下,因此,射弹偏左下。阳光从左上方照来,射弹则偏右下。

在阳光照射下,缺口和准星尖同时产生虚光时,若用虚光部分瞄准,射弹偏低;若用黑实部分瞄准,射弹偏高。

(2)克服的方法

平时要保护好瞄准具,使其磨亮反光。武器的准星和缺口均有法兰层保护,一般不反光。但是，由于使用不当或保养不当，会使法兰层脱落，造成瞄准具反光，如果不能克服阳光对瞄准的影响，射弹就会产生偏差。

正确辨清真实缺口。可在不同的阳光照射下练习瞄准，采用不遮光瞄准、遮光检查，遮光瞄准、不遮光检查的方法，反复练习，直到能熟练地辨清真实缺口的位置和正确瞄准的景况。

注意合理地保护视力。瞄准时间不宜过长，否则，容易造成视神经疲劳、视力模糊而产生偏差。

3. 风对射弹的影响及修正

（1）风向、风力的判定

按风向与射向所成角度可分为横风、斜风、纵风。

按风力大小可分为强风、和风、弱风。

强风风速 8~12 米/秒，相当于 5~6 级风。现象：旗帜刮成水平并哗哗响，草倒于地面，粗树枝摇动，烟被吹成水平并很快散开。

和风风速 4~7 米/秒，相当于 3~4 级风。现象：旗帜展开并飘动，草不停地摆动，细树枝晃动，烟被吹斜但未散开。

弱风风速 2~3 米/秒，相当于 2 级风。现象：旗帜微微飘动，草微动，细树枝微动，烟稍斜上升。

（2）纵风对射弹的影响及修正

纵风会使射弹打高或打低，但风速小于 10 米/秒时，影响就较小，在 400 米内不必修正。如对远距离射击时，可稍降低或提高瞄准点。修正时，应注意风向风力的不断变化，灵活运用。

（3）横（斜）风对射弹的影响及修正

横风会使射弹产生方向偏差，风力越大，距离越远，射弹偏差就越大。射击时，为了准确地命中目标，必须将瞄准点或横表尺向风吹来的方向修正。修正时，以横方向的和风修正量（图 7-10）为准，强风加一倍，弱风减一半。斜方向的强（和）风，应按横方向的强（和）风修正量减一半。修正量从目标中央算起。横表尺修正后瞄准点不变。

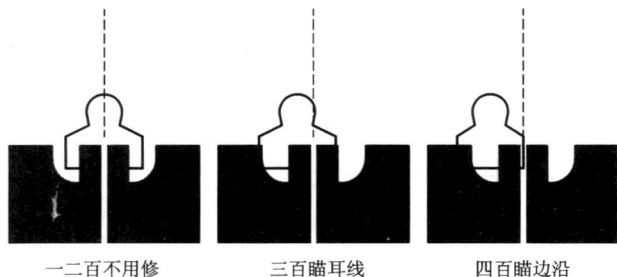

一二百不用修　　三百瞄耳线　　四百瞄边沿

图 7-10　横（斜）风射击的修正

4. 高低角对射弹的影响修正

（1）高低角对射弹的影响

射击时，当目标高于或低于火身口水平面时，就产生了高低角。在有高低角的条件下射击时，射弹会打远（高）。

当高低角变化时，地心引力的方向与弹道切线所成的角度起了变化，从而使地心引力对射弹的作用也起了变化。随着高低角的逐渐增大，地心引力的方向与弹道切线之间的角度逐渐减小。

（2）修正方法

各种枪在高低角不超过±20°的条件下射击时，弹道形状变化很小，用同一瞄准角射击，其斜距离约与水平射程相等。因此，不必修正。高低角超过±25°射击时，可根据高低角对射弹影响的大小，适当地减小表尺分划或降低瞄准点。

（五）射击动作和方法

1. 验枪

叫到"验枪"口令后，以右脚掌为轴，身体半面右转，左脚顺势向前迈出一步（两脚约与肩同宽），同时右手将枪向前送出，左手接握下托木，左大臂紧靠左胁，枪托贴于胯骨，枪刺尖略与眼同高，右手打开保险和弹仓盖，移握机柄。

指挥员检查时，拉枪机向后。验过后，自行送回枪机，关上弹仓盖，扣扳机，关保险，移握枪颈。听到"验枪完毕"口令后，右手移握上护木，同时身体半面左转，右脚靠拢左脚，恢复持枪姿势。

2. 射击准备

听到"卧姿——装子弹"口令后，右手将枪提起稍向前倾，左脚向右脚尖前迈出一大步（也可以右脚顺脚尖方向迈出一大步），左手在左（右）脚尖前支地，顺势卧倒，以身体左侧、左胁支持全身，右手将枪向目标方向送出，左手接握表尺下方，枪托着地，右手拉枪机到定位（图7－11）。

解开弹袋扣，取出一夹子弹，插入弹夹槽，以食指或拇指将子弹压入弹仓，取出弹夹，送弹上膛。在右手拇指和食指按压游标卡榫，移动游标，使游标前切面，对正所需的表尺分划。

图7－11　卧姿装子弹

然后，右手移握枪颈，全身伏地，两脚分开约与肩同宽，身体与射向约成30°角，枪刺离地，目视前方，准备射击。

听到"退子弹——起立"口令后，稍向左侧身，右手打开弹仓盖，接住落下的子弹，装入弹袋，拇指拉机柄向后，余指接住从膛内退出的子弹（图7－12），松回枪机，将子弹装入弹袋并扣好，关上弹仓盖，打开保险，扣扳机，关保险，复表尺，移握上护木，将枪收回，同时左小臂向里合，屈小腿于右腿下。

图 7 – 12　退子弹

以左手和两脚撑起身体，右脚向前一大步，左脚再向前一步，右脚靠拢左脚，恢复持枪姿势。

3. 据枪、瞄准、击发

据枪、瞄准、击发是互相联系和互相影响的动作。稳固地据枪，正确一致地瞄准，均匀正直地击发，三者正确地结合，是准确射击的关键。因此，必须刻苦练习，熟练掌握。

（1）有依托据枪

卧姿据枪时（图 7 – 13），下护木放在依托物上，左手托握表尺下方，手背紧靠依托物，也可将手背垫在依托物上，左胁向里合。右手握枪颈，食指第一节靠在扳机上，大臂略成垂直。两手协同将枪确实抵于肩窝，头稍前倾，自然贴腮。

图 7 – 13　卧姿有依托据枪

（2）瞄准

瞄准时，应首先使瞄准线自然指向目标。若未指向目标，不可迁就而强扭枪身，必须调整姿势。需要修正方向时，卧姿可左右移动身体或两胁，跪、立姿可左右移动膝或脚。需要修正离低时，可前后移动整个身体或两肘里合、外张，也可适当移动左手托枪的位置。

图 7 – 14　准星与缺口

图 7 – 15　正确的瞄准

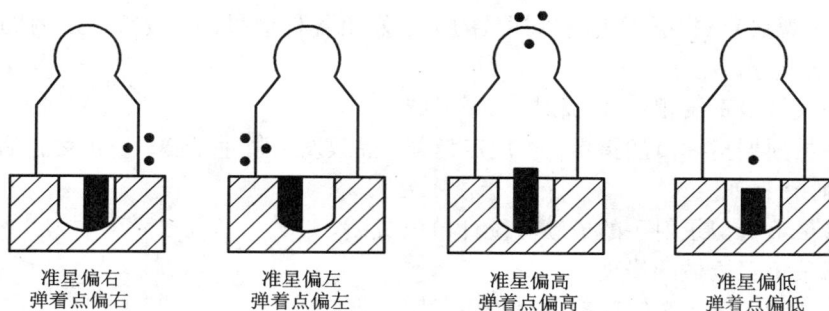

| 准星偏右
弹着点偏右 | 准星偏左
弹着点偏左 | 准星偏高
弹着点偏高 | 准星偏低
弹着点偏低 |

图 7 – 16　准星与缺口瞄准对命中的影响

（3）击发

击发时，用右手食指第一节均匀正直向后扣压扳机（食指内侧与枪应有不大的空隙），余指力量不变。当瞄准线接近瞄准点时，开始预压扳机，并减缓呼吸。当瞄准线指向瞄准点或在瞄准点附近轻微晃动时，应停止呼吸，果断地继续增加对扳机的压力，直至击发。击发瞬间应保持正确一致的瞄准。若瞄准线偏离瞄准点较远或不能继续停止呼吸时，则应既不松开也不增加对扳机的压力，待修正瞄准或换气后，再继续扣压扳机。

七、武器操作与实弹射击

（一）实弹射击前的准备工作

实弹射击前的准备工作主要包括：制订实弹射击方案，确定实弹射击时间、工程、靶场规定、纪律等。检查射击场地设施，射击场必须具备可靠的靶壕和确保安全的靶壕及隐蔽部，并应避开高压线。准备武器、弹药、靶板、靶纸、报靶杆、靶位号牌和射击位置号牌，各种旗帜、通信、信号器材、秒表、成绩登记表等。挑选、培训示靶员。组织召开协调会议，传达射击方案，熟悉有关规定和信（记）号等。根据参加实弹射击的人数、靶位数进行编组。实弹射击前的准备工作要做到扎实、细致、周密、安全，措施要具体明确。

（二）实弹射击的组织与实施

1.组织实弹射击的主要人员

组织实弹射击的主要人员，包括射击场指挥员、地段指挥员、靶壕指挥员和警戒、信号（观察）、示靶、发弹、记录、修械、医务人员等。

2.射击场的主要人员职责

（1）射击场指挥员负责组织设置场地，派遣勤务，监督全体人员遵守射击场的各项规定和安全规则，指挥射击。

（2）地段指挥员在射击场指挥员的领导下，负责本地段的射击指挥。

（3）警戒人员负责全场的警戒任务，严禁任何人员和牲畜进入警戒区。发现险情，应立即发出信号，并向射击场指挥员报告。

(4)信号(观察)员根据射击场指挥员的指示发出各种信号,负责警戒区内的观察,发现险情立即报告。

(5)示靶人员负责设靶、示靶和报靶等工作。

(6)发弹员根据指挥员的指示,按规定弹种、弹数发给射手子弹,射击终止后,负责清查弹药和收回剩余子弹。

(7)记录员负责记录射手的成绩和统计单位成绩。

(8)修械员负责枪械的修理。

(9)医务人员负责整个实弹射击过程中的医务保障。

3.射击开始前的组织工作

组织实弹射击时,指挥员首先应组织勤务人员按射击的需要设置好靶场;检查武器、器材的准备情况;宣布射击条件,明确有关规定、各种信号及注意事项;派出警戒,严密搜索警戒区;视情况发出准备射击信号,各勤务人员迅速就位,并严格履行职责。

4.射击实施方法与具体要求

(1)各学生军训连到达靶场后,到指定的集结地域待命。各学生军训连连长核对本连实弹射击编组,按要求带出分组人员参加射击。射击人员到达靶场后,要做到一切行动听从指挥,不随意进入射击场地,不围观射手。

(2)示靶组设置和校正靶位,做好射击准备,发出可以射击的信号。指挥员发出"准备射击"的信号,第一组进入出发地线,领取子弹,按指挥员的命令进入各自的射击位置,做好射击准备,听到"开始射击"口令,射手即可射击。听到"停止射击"口令时,射手应立即停止射击,关上保险,并按指挥员的口令退出剩余子弹并起立。

(3)指挥员下达"验枪"的口令,射手逐个验枪,地段指挥员应严格检查。验枪后,指挥员下达"以第×名射手为准靠拢"的口令,射手跑步靠拢。组长按规定路线带出射击场外,到指定地点休息。

(4)指挥员发信号或用电话通知示靶组报靶(检靶、贴靶)。示靶组长组织示靶员报靶、检靶、贴靶,并登记射击成绩。其他各射击编组按顺序依次进行射击。

5.射击完毕后的工作

(1)组织验枪、验弹、收交剩余子弹;

(2)检查武器装具,清理现场,整理器材,清查人员。

(三)实弹射击的评定标准

1.单个人员射击成绩的评定标准(表7-2)

表7-2 实弹射击的评定标准

项目	固定目标射击(第一练习)	
枪种	56式半自动步枪	81-1式自动步枪
目的	检验射手精度、射击技能	
目标距离	胸环靶100米	

续表 7 – 2

姿势	卧姿有依托
使用弹数	5 发
评定标准	优秀：命中 45 环及以上 良好：命中 35 环及以上 及格：命中 30 环及以上
实施方法	（1）自下达装子弹的口令起，5 分钟内射击完毕； （2）每发射一次后报靶，并指示弹着点

2. 单位实弹射击成绩的评定标准

优秀：90% 以上射手的成绩在及格以上，并有 40% 以上射手的成绩为优秀。

良好：80% 以上射手的成绩在及格以上，并有 40% 以上射手的成绩为良好或优秀。

及格：70% 以上射手的成绩在及格以上。

（四）报靶的方法

用报靶杆报靶。报靶杆圆头（直径 15 ~ 20 厘米，一面红，一面白）放在靶板（靶子）的不同位置表示环数。红面表示环数，白面指示弹着偏差方向和表示脱靶。示环位置：左中间为 4 环，右中间为 5 环，左上角为 6 环，正上方为 7 环，右上角为 8 环，在靶板中央上下移动为 9 环，在靶板中央左右摆动为 10 环，白面围绕靶子画圆圈为脱靶。

为了报出弹着点的偏差，报出环数后，将报靶杆圆头放在靶板中央（白面朝外），再慢慢向偏差方向移出靶板 2 次。

（五）射击场信号规定

射击场信号规定是确保射击安全、高效的保障，根据保障条件的不同，射击指挥员可以对信号做出规定，通常规定为以下内容：

准备射击：哨音一长声；

开始射击：哨音连续短音；

暂停射击（检靶）：哨音一长一短；

停止射击：白旗高举不动或对讲机呼叫。

第二节 战 术

一、战术的基本原则

战斗的基本原则，是指战斗行动所依据的法则或标准，是一切战斗行动的依据和指南。只有真正掌握战斗的基本原则，才能在战斗中举一反三，结合不同战斗类型、战斗样式的具体情况对战斗进行正确指导。

（一）知彼知己与战斗目的

1. 知彼知己

知彼知己，就是熟悉敌情我情和战场环境等多方面的情况，通过周密细致的综合分析和判断，找出优劣，权衡利弊，并在此基础上审时度势，实施正确灵活的指挥，找出克敌制胜的方法。

"知彼"，就是全面掌握敌人的情况，对敌情了如指掌，这是掌握主动权和实施正确指挥的前提。"知己"，则是要掌握己方的各种情况，这对实施正确指挥同样十分重要。因此，指挥员必须精通有关军兵种的各种高技术武器装备的特长、性能和使用原则，了解上级和友邻可能对本级战斗的支援和配合情况，在此基础上，定下正确的决心，实施及时正确的指挥，夺取战斗的胜利。军队指挥员在贯彻运用这一原则时，必须着重把握以下问题：

（1）正确把握情报需求的重点和情报获取的方法

在掌握全面情况难度大的条件下，指挥员应围绕定下决心的需要，重点判明敌人的兵力、部署、企图及强弱点，我上级意图、本分队的任务、配属与支援分队的战斗力及运用要求，便于我利用的有利地形和时机等。在此基础上，如情况允许，再进一步了解和掌握其他情况。为了切实达成判明情况的目的，必须灵活运用多种方法与手段。对我情，主要应通过现地调查、观察、询问等进行了解，并综合运用无线电、有线电、运动通信、简易通信、自动化指挥等手段传递信息，做到"明于知己"。对敌情，主要应通过组织侦察与观察、研究上级敌情通报、询问居民、审讯俘虏、研究缴获的敌军文件资料，以及必要时组织火力侦察，在战斗中边打边侦察等方法，做到"暗于知彼"。对地形及其有关的情况，主要应通过现地勘查、研究地图和航空照片、调查询问、查阅有关资料等方法，做到"知天知地"。同时，应将判明情况贯穿于战斗全过程，以便及时掌握战场情况的发展变化，预测战斗发展趋势。此外，无论对敌情、我情还是其他情况，都必须尽量通过多种渠道加以多方验证，认真核实，以确保情况真实、具体。

（2）依据真情求对策

作为一个完整的指挥决策过程，求真情不是目的，而是要在对战斗各方面的情况全面准确掌握的基础上，寻求制胜敌人的有效对策。这里的关键问题，是因势利导，正确指挥战斗，使战斗朝着利于己而不利于敌的方向发展。即当战场态势利于我而不利于敌时，应更多地着眼如何进一步发挥己方优势制订对策，以便不断发展我之胜利，陷敌于更为被动的境地；当战场态势利于敌而不利于我时，应更多地着眼于如何暴露敌之弱点或造成敌之失误制定对策，以便我在被动中争取主动，逐步改变不利地位。战场态势在一定条件下是互相转化的，指挥员在制订对策时，应从最困难、最复杂的情况出发，针对可能发生的意外情况制订多个应急方案，以便遇事快速反应，处置及时。

（3）科学判断求真情

一般地讲，指挥员通过侦察获取的情报，尤其是敌情，多是表象性情况，往往是明暗相交，真伪并存。因此，还须对这些情报资料进行整理、加工和分析判断。即进行去粗取精、去伪存真、由此及彼、由外及里的思索和判断，找出其中带规律性的实质内容，并将各方面的情况联系起来进行综合分析和判断，得出正确的结论。分析判断应力求使定性分析与定量分析相结合，以确保情况判断的准确性。高技术条件下战斗，战场情况复杂多变，更加具有"突然性"，在要求把判明情况贯穿于战斗始终的同时，也必然要求将分析判断贯穿于战斗全过程。为此，在战斗中要依据发展变化了的情况，构成新的判断，及时修正既定决心或定下新的决心，以便使战斗行动始终建立在符合客观实际的基础上。

2.战斗目的

战斗目的，是一切战斗行动的着眼点，也是贯彻战斗始终的指导原则，战斗一定要目的明确。消灭敌人，保存自己，是一切战斗的基本目的，也是一切战斗行动的着眼点和出发点。它普及于所有的战斗样式，贯彻于战斗的始终。随着各种高技术兵器的使用，虽然消灭敌人的效能不断增大，保存自己也随之增加了困难，但这并未改变战斗的本质，消灭敌人，保存自己，仍是我们在战斗中应当贯彻的指导原则。

（1）消灭敌人与保存自己

消灭敌人与保存自己，是辩证统一的关系，两者是相辅相成的。消灭敌人是主要的，是第一位的，只有大量消灭敌人，才能有效保存自己；保存自己是第二位的，只有有效地保存自己，才有可能不断地消灭敌人，二者互为作用，相互依存。但在一定时期和一定的条件下，也可以保存自己为主，以夺取和保卫重要的目标和地域为主要目的。

（2）切实加强自身防护

应加强伪装，充分利用阵地、工事、有利地形和夜暗及不良天候，切实隐蔽企图，以"藏"求防护；不失良机，灵活实施兵力、兵器机动，适时集中与分散，造成敌发现和攻击的困难，以"动"求防护；积极采取佯动、迷盲、反常用兵等手段，迷惑、欺骗敌人，使其难以准确掌握我行动规律，以"骗"求防护。此外，还应打、防结合，特别是注重充分利用上级火力掩护和电子干扰的效果，快速实施分队既定的战斗行动。这既是消灭敌人的需要，也是保存自己的需要。在切实搞好人员、武器装备防护的同时，还应注重隐蔽使用指挥通信手段，特别是搞好电磁频谱的隐蔽与防护，以降低这类"无形"因素的暴露概率，这也是力求保存自己的一个重要方面。

（3）消灭敌人应坚持以打击敌关节点为主

高技术武器装备的系统性，必将导致敌人战斗部署的系统性和整体性。针对敌整个战斗系统，着眼于对其关节点的打击与破坏，往往可以起到毁其一"点"而瘫痪其整个系统的作用。这与逐次歼敌、积小胜为大胜的传统方法相比，可以小的代价获取大的战斗效益。因此，只要条件具备，分队就应力求将敌战斗体系中的关节点作为首选目标，实施重点打击。这类关节点，主要是指对敌战斗体系起联结、控制，或对敌战斗全局起平衡、凝聚作用的关键目标（部位），如敌高技术兵器、通信设施、指挥所、战斗勤务支援设施，以及在主要方向、关键时节行动的兵力等。

（二）主动灵活与集中兵力

1. 主动灵活

主动灵活，把握战机，是夺取和保持主动权的重要方法。战争实践证明，主动权是军队的行动自由权，而行动自由则是军队的命脉。主动灵活是指挥员基于对情况的正确判断，审时度势，灵活地使用力量，巧妙地运用和变换战斗方法，这样才能牢牢掌握主动权，把握瞬息万变的战机，置敌于不利地位。军队指挥员在贯彻运用这一原则时，必须着重把握以下问题：

（1）正确选择兵力、火力机动的方式、方法和时机

可利用上级压制与杀伤敌人的效果及时机动，也可相互交替掩护机动，并迅速、隐蔽地突然行动，周密组织各种保障，使兵力机动与火力机动紧密结合。

（2）主动灵活地实施包围、迂回、穿插、分割

恰当变换集中火力打击目标，使火力、运动和突击浑然一体，迅速、隐蔽、突然地对敌方软弱部位实施坚决的打击，夺取和控制主动权。

2. 集中兵力

集中兵力，是我军以劣势装备战胜优势装备敌人的传统战法，是克敌制胜的根本法则。古今中外的军事家都十分强调集中兵力、兵器，并将其作为最重要的作战原则之一，指导自己的部队行动。集中兵力主要是为了重点打击，两者是辩证统一的关系。"集中兵力"是作战的原则和手段，"重点打击"则是目的和方法。高技术条件下战斗的胜负同样取决于敌对双方整体力量的强弱，并在一定条件下决定着战斗的态势、进程和结局。集中优势兵力，以对敌形成局部优势，有利于夺取主动地位，动摇敌斗志，破坏其整体平衡，使敌整体陷于被动地位。军队指挥员在贯彻运用这一原则时，必须着重把握以下问题：

（1）正确把握"集中"的内容

在集中兵力和火力的同时，注重集中电子对抗、信息对抗等力量，确保战斗力诸要素的质量优势，并要充分利用天时、地利等综合因素，通过战术与技术、物质力量与精神因素的有机结合，形成整体战斗威力，在局部上改变敌我力量对比，为争取主动奠定可靠的物质基础。

（2）正确把握集中的方式与方法

要以空间上的集中为主，空间与时间上的集中相结合。即决定性的时间和空间，突然、快速、短暂地在局部集中优势战斗力制敌，得手后迅速分散隐蔽，或转歼他敌。要集中战斗力于一个主要方向，并在该方向使用战斗力较强的分队，给其以较多的加强，赋予较窄的战斗正面和较浅的任务纵深，以形成对冲击目标兵力和火力的优势，或有效抗击敌人主要冲击所必需的兵力、火力密度。即使分队在战斗正面上已形成较大的兵力、火力优势，也须明确区分主要目标和次要目标，或一个目标的主要部分和次要部分，以及对目标实施打击的先后顺序，并恰当分配兵力、火力。战斗中要根据敌情变化，适时进行集中点的转移，做到敌变我变，先变于敌。为此，应掌握必要的机动力量，并配置在适当的位置，以便需要时快速用于新的集中点，形成新的重点。

（3）采取有效措施破坏敌人的集中

要严密监视和发现敌实施集中的征候，以多种手段实施积极打击，限制敌集中行动，粉碎敌集中企图。为免遭敌集中火力对我造成伤害，要灵活地实施兵力、兵器机动，以避开或防敌火力的集中突击；要积极采取兵力佯动、电子欺骗等措施，吸引调动敌人，诱敌分散兵力、火力；要适时请求上级对敌实施空地火力突击和电磁打击；掩护和支援我集中行动，以利于各个歼灭敌人。

（三）密切协同与出敌不意

1. 密切协同

战争经验表明，作战的胜负不仅取决于敌对双方力量的对比，而且取决于双方力量的使用和整体功能的综合发挥。因此，充分发挥参战的各军兵种和部、分队的协同战斗的整体威力，以整个战斗系统的合力打击敌人，对夺取战斗的胜利具有重要的意义。高技术条件下的合同战斗，参加战斗的军兵种越来越多，武器装备越来越复杂，要形成强大的整体威力，指挥员必须将建制的、配备的以及支援的各种力量合理编组，使之形成真正的合力。同时，参加战斗各分队，应充分发挥各自的积极性和主动性，既要善于根据上级的战斗意图，独立自主地完成任务，又要积极主动地配合和支援友邻战斗，这对于保持不间断协同动作，夺取战斗的胜利更具有特殊的意义。军队指挥员在贯彻运用这一原则时，必须着重把握以下问题：

（1）强化整体意识

整体意识，就是严守协同纪律和注重充分发挥参战的各个兵种、各种力量的效能，形成整体威力，合力打击的意识。这里需要特别强调的是，必须善于根据战斗的具体情况，灵活运用协同原则。在处理步兵与其他兵种的关系问题上，既要坚持以步兵为主，又要积极主动帮助配属和支援的其他兵种分队解决困难，为其提供完成任务的有利条件，以自身的行动支援、配合和保障其他兵种战斗。

（2）实施统一指挥

指挥员要根据上级指示（计划）和自己的决心，周密组织协同动作，并要确立统一的战术思想和协同原则，奠定合力破敌的认识基础和行动准则。在必要时应根据上级的指示建立统一的指挥协调机构，从组织上提供协调一致的条件。要坚持集中指挥与分散指挥相结合，特别是对主要方向、关键时节、重要行动要实施集中统一指挥和协调，并要发挥好分散指挥的效能，确保从整体到局部的协调一致。

（3）坚持全程协调

周密组织协同动作，不仅是组织战斗阶段的工作，而且是贯穿于战斗全过程的指挥活动。特别是战斗中协同失调或遭到破坏时，指挥员应采取有效措施，及时调整和恢复协同，或根据新的情况建立新的协同。各分队应当充分发挥积极性和主动性，在统一意图上独立自主地完成预定任务，并主动配合，相互支援，以确保协调一致的行动贯彻战斗始终。

2. 出敌不意

出敌不意，就是在敌人意想不到的时间、地点，运用敌人意想不到的战法和手段给敌以意想不到的打击，是夺取和保持主动权的重要方法，是积极创造和捕捉战机，夺取战斗胜利的重要条件。高技术条件下的战斗，敌人装备有先进的侦察、监视器材，获取情报的手段多样化，给我军隐蔽突然地行动、出敌不意地打击增加了困难。但是也要看到，无论多么先进的侦察器材，其性能都是有限的，只要通过我们主观积极努力，给敌人造成错觉，达成出敌不意是完全可能的。

要善于机动行事。指挥员在抓住敌人的弱点和失误时，要及时指挥分队实施快速机动，先敌反应，打敌措手不及。在情况急剧变化又与上级中断联系的情况下，应根据上级总的意图和战斗的实际情况，机断行事，大胆负责，果断地采取适合于当时情况的措施，克敌制胜。

当处于被动地位时，应及时采取有效措施，迅速机动兵力和火力，摆脱被动，恢复主动。军队指挥员在贯彻运用这一原则时，必须着重把握以下问题：

（1）掌握敌人规律，发现和利用敌之弱点

要在平时加强敌军研究的基础上，结合战场情况和战斗实践，不断总结敌人的行动规律，利用分队直接靠近敌人的有利条件，综合运用多种侦察手段，掌握敌情的第一手资料，并结合上级通报的情况，综合分析判断，发现敌人的弱点，利用敌人的失误，果断采取相应的战斗行动。多种方法手段并用，造成敌之错觉和失误。要充分利用分队装备轻便、机动灵活、目标较小、行动便捷的优势，采取巧用计谋、广施机动等方法和手段，积极主动地调动敌人，造成敌人的错觉与失误。虽然高技术条件给这些手段的运用造成了一定的困难，但只要用心，且不循常规，善择战机，总是可以奏效的。

（2）切实隐蔽行动企图，突然勇猛攻击

高技术条件下，虽然战场透明度提高，但是远未达到"疏而不漏"的境地。因此，分队应训练和养成勇猛、迅速、严守纪律的作风，熟练战术技术，提高战斗能力。在进入战斗前，一切行动必须力求迅速、隐蔽，队形必须尽量疏散，以降低敌各种侦察手段的发现率，减少敌各种兵器的杀伤率，最大限度地保存战斗力和保持行动的突然性。在进入战斗时，必须在需要的时间点，突然集中兵力和火力猛烈打击敌人，力求在敌人作出有效反应之前速战速决，达到目的后，再次迅速隐蔽疏散。

（3）严密防范，反敌突然袭击

出其不意，攻其不备，是战胜对手的通则，尽可能择机而用之。为此，战斗中指挥员必须以敏锐的洞察力和巧妙的手段，对敌人可能实施的兵力、火力袭击，保持高度警惕，做好充分准备，组织分队严密防范，并适时采取积极有效的战斗行动，挫败敌人的袭击。

（四）强攻克坚与全面保障

1. 强攻克坚

（1）强攻

强攻，是集中兵力、火力对防御之敌实施的强行攻击，主要用于对坚固阵地防御、野战阵地防御之敌的进攻和城市进攻作战。在中国古代，强攻多为对城池防御之敌的强行攻击。战国时期，主要使用抛车、壕桥、云梯等，强行突入城内进行白刃格斗。宋代的宋金、宋蒙战争中，开始出现霹雳炮等火器，配合步兵、骑兵强攻夺取城寨。太平天国创造了对壕作业的"穴地攻城"战法，用以夺取城市。19世纪初，西方一些国家的军队，采取编组强攻纵队，在炮兵、猎兵的火力掩护下，强攻敌堡垒和要塞。第一次世界大战时期，强攻部队多为诸兵种合成编组。第二次世界大战时期，强调充分发挥航空兵、坦克兵和炮兵的作用，火力、机动、突击紧密结合，实施连续纵深突破，有时还有战术空降配合。现代高技术条件下，强攻时将更加注重火力、机动与突击紧密结合，力求空中火力突击与地面强攻和空降突击紧密结合。

（2）袭击

袭击战，指乘敌不意或不备突然实施攻击的作战，目的是打敌措手不及，快速歼敌，以小的代价换取大的胜利。按敌人态势，分为对驻止之敌的袭击战和对运动之敌的袭击战。其主要样式包括伏击、急袭、奔袭、破袭和袭扰等。春秋战国时期，燕军抗击郑军的北制之战和郑抗北戎之战，是较早的袭击战。汉代出现了运用骑兵集团进行大规模机动作战的远程奔袭。火器广泛使用后，出现了火力袭击战。20 世纪以来，随着新式武器的出现，诸兵种协同袭击战和从空中、海上实施的袭击及火力袭击，被广泛采用。现代条件下，袭击战的空间范围不断扩大，手段增多，火力袭击战的地位将提高，空降袭击战、空中机动奔袭战和电子袭击战将被广泛采用。

2. 全面保障

全面而有重点地组织战斗保障、后勤保障和装备保障，是顺利实施和夺取战斗胜利的重要保证。高技术条件下的战斗，战场空间扩大，武器杀伤破坏力增强，物资器材消耗巨大，各种保障任务艰巨。因此，严密组织好各种保障，才能保障部队有持续的战斗能力。

战斗保障，通常包括侦察、警戒、通信、电子防御、工程、伪装、气象、水文以及对核、化学、生物、燃烧武器袭击的防护等。后勤保障，主要包括经费保障、物资保障、卫生保障和交通运输保障等。装备保障，主要包括对武器装备及其零部件的供应、保养、检查、维修、改装等。军队指挥员在贯彻运用这一原则时，必须着重把握以下问题：

（1）强化战斗效能意识

首先是强化各类战斗行动及其相关行动的整体效益意识。基本行动和保障行动有机结合，围绕战斗目的的达成，密切配合，协调一致地展开。其次是强化战斗的效费比意识，科学合理地确定武器弹药、油料及其他战斗物资的消耗限额，尽可能地减少和防止因人为因素而造成的无谓消耗和浪费，以获取最佳战斗效益。再次是强化严格管理出效益、出战斗力的意识，严格战场纪律，以保持战斗行动的有序性，保证战斗力的效能充分发挥，使分队始终立于不败之地。

（2）谋求战斗力与保障力的最佳组合

受编制装备制约，分队专业保障力量和能力有限，因而应注意了解上级提供的各种保障的内容、方法和程度，以保证与上级保障相沟通，获得及时保障。在此基础上，着眼战斗任务的需要，对分队自身实行战斗力要素的优化组合，让各种战斗编组既具备相应的攻防战斗能力，又具备一定的自我保障能力，以便战斗中一旦出现意外情况时，分队能够以自身的力量实施应急保障。此外，上级分队还应采取相应方法，及时为下级分队提供有效保障。

（3）准确把握保障和管理重点

要着眼分队的任务和地位，以及不同战斗类型、样式和时节，分别确定不同的保障和管理重点；进攻战斗发起前，应重点做好与隐蔽、伪装和战斗准备有关的各项保障和管理；战斗发起后，应重点做好与机动、通信、兵器使用和与人员伤亡相关的各项保障；防御战斗发起前，应重点做好与反侦察相关的保障、工程保障、阵地管理和对敌火力出击的防护；战斗过程中，应重点搞好弹药、给养等物资的补充，加强技术保障，及时救护伤员。为及时恢复和保持战斗力，必须善于利用战斗间隙和其他一切可以利用的时间，及时调整组织，补充弹药、给养、油料、武器、器材、药品和兵员，抢救伤员、组织休息，以恢复和保持分队的战斗力，保证连续执行战斗任务。情况允许时还应当总结战斗经验，改进战术，以利再战。

二、单兵战术动作

单兵战术基础动作，是单个战斗员遂行战斗任务的基本技能，是单兵训练的基础，是单兵在战场上应用最广泛的战斗动作。战斗员要想在战场上有效地躲避敌人火力杀伤和消灭敌人，必须熟练掌握和灵活应用战术基础动作。本节主要介绍几种最基本的单兵战术动作。

（一）持枪

持枪是士兵在战斗中为了便于运动、便于观察、便于射击，携带武器的方法。在不同的地形和距离条件下，根据敌情和任务应采用不同的持枪动作。其内容包括：单手持枪、单手擎枪、双手持枪、双手擎枪。

1. 单手

（1）单手持枪

通常在肩枪的基础上进行，听到持枪的口令后，右手迅速握提把，背带自然下落。

右臂微屈，右手虎口向前抓握提把，背带顺肩自然下落，用五指的握力将枪身固定，枪身轴线与地面略成45度，枪身距身体约10厘米。左臂自然下垂，运动时自然摆动。

要领：单手持枪时，右手抓握提把的位置和枪身轴线与地面成45度。

单手持枪分为三步：一是右手迅速移握上提把，背带自然脱落；二是右手将枪向前送出，左手接握下护盖或小握把，右手将背带上挑；三是右手抓握提把将枪收回，左手迅速放下。

（2）单手擎枪

右手正握握把，食指微接扳击，将枪置于身体的右侧，枪口向上，提把末端贴于肩窝，枪身微向前倾，枪面向后，右大臂里合，枪托贴于右胁，背带自然下垂，目视前方，左手自然下垂或攀扶，运动时自然摆动。

要领：单手擎枪时，左手向右后上推枪的路线和右小臂自然上移。

单手擎枪分为两步：一是两手协力将枪向上向后送；二是左手迅速放下。

2. 双手

（1）双手持枪

左手托握下护盖或小握把，右手握握把，食指微接扳击，将枪身置于胸前，枪口向前，枪身略成水平，背带自然下垂或挂在后颈上。

要领：双手持枪时，枪的运动路线和左手接握下护盖或小握把的位置。

双手持枪分为两步：一是右手将枪向前送出，左手接握下护盖或小握把；二是右手移握大握把。

（2）双手擎枪

在单手擎枪基础上，左手托握下护盖或小握把，枪身略低，枪口对向前上方，背带自然下垂或压于左手下，身体与射向略成30度。

要领：双手擎枪时，左手托握下护盖和小握把使枪身略低、身体与与射向成30度。

双手擎枪分为两步：这两步通常是连贯进行，一是身体半面向右转；二是左手托握下护盖或小握把。

3. 注意事项

重点掌握单手持枪和双手持枪的动作，动作迅速、协调、连贯。

（1）单手持枪时，枪身不正。纠正方法：首先是在肩枪换持枪时，右手自然握提把，不要有意识地向后抓握；其次是将枪收回时，手腕稍微向左转。

（2）单手持枪换双手持枪时，动作不连贯，出枪不稳。纠正方法：一是右手出枪的同时跨左步，二是左手接握护盖动作要快，左大臂夹紧，右大臂里合。

（3）双手持枪换单手擎枪时，枪下沉，枪身不能微向前倾。纠正方法：左大臂自然里合将枪向右后上托枪至略感不适为止，右大臂夹紧，小臂随枪身的运动自然上移。

单手擎枪换双手擎枪时，动作不连贯，枪身不能略低；纠正方法：首先是转体、跨步、抓握下护盖或小握把要同时进行；其次是在左手抓握下护盖或小握把时，左大臂要自然下垂夹紧，同时枪身下落，右小臂随枪身运动。

（二）卧倒、起立

卧倒是在原地或跃进过程中，有情况出现时所采取的一种动作。起立是在卧倒的基础上需跃起时所采取的一种动作。在战场上，士兵如突遭敌火力射击，应迅速卧倒。卧倒可分为三种基本动作：双手持枪卧倒、单手持枪卧倒和徒手卧倒。

1. 卧倒

（1）双手持枪卧倒

双手持枪卧倒时，左脚向前一步，上体前倾，重心前移，按左膝、左肘、左小臂的顺序着地，然后转体，在全身伏地的同时，两手协力将枪向目标方向送出（图7-17）。地面松软时也可按双膝、双肘、腹部的顺序扑地卧倒。

要领归纳：左脚上步体前曲，左膝着地左肘移，全身伏地把枪向目标方向送出。

（2）单手持枪卧倒

单手持枪卧倒时，左脚（也可右脚）向前迈出一大步，同时身体前倾，按膝、手、肘的顺序着地，右手同时将枪向目标方向送出，左手接握下护盖或小握把，全身伏地据枪射击。

要领归纳：持枪上左步，同时臂伸出，膝、手、肘着地，转体把枪向目标方向送出。

（3）徒手卧倒

徒手卧倒时的动作与单手持枪卧倒动作基本相同，只是卧倒后，两手掌心向下放置于头部的两侧或交叉于胸前，两腿自然伸直，分开约与肩同宽。

2. 起立

（1）双手持枪起立时，应首先观察前方情况，尔后迅速收腹、提臀，用肘、膝支起身体，左脚先上步，右脚顺势跟进，双手持枪继续前进。

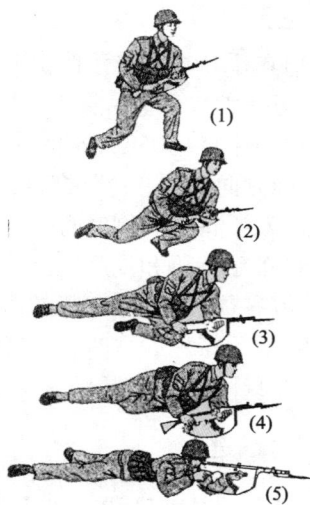

(1)
(2)
(3)
(4)
(5)

图7-17　双手持枪卧倒

要领归纳：收腹提臀弯曲身体，右脚上步往前移。

（2）单手持枪起立时，右手移握提把收枪，同时左小臂曲回，曲左腿于右腿下并侧身，尔后用臂、腿的协力撑起身体，右脚向前一大步，左脚顺势跟进，继续携枪前进。

要领归纳：三收一提起，臂腿支撑起，上步快前移。

（3）徒手起立时，按单手持枪的动作进行。也可双手撑起身体，同时左（右）脚向前迈步起立，尔后继续前进。

3.动作要求

重点掌握单手持枪卧倒、起立的动作，动作迅速，迈步要大，姿势要低，出枪要快。

（1）单手持枪和徒手卧倒、起立时，分别可分为三步

● 卧倒分解动作"一、二、三"

当听到"一"的口令，右手持枪，左脚向右脚前迈出一大步，同时，左臂伸出；当听到"二"的口令，按照膝、手、肘的顺序着地；当听到"三"的口令，转体出枪，据枪射击，徒手时两手交叉或放于头的两侧。

● 起立分解动作"一、二、三"

当听到起立"一"的口令，收枪、收手、曲左腿于右腿下（徒手时右臂自然收回伸直）；当听到起立"二"的口令，利用臂、腿的撑力支撑身体；当听到"三"的口令，右脚向前一大步，左脚顺势跟进。

（2）双手持枪卧倒、起立时，分为三步

● 卧倒分解动作"一、二、三"

当听到"一"的口令，左脚向前一步，上体前倾，当听到"二"的口令，按左膝、左肘、左小臂的顺序着地；当听到"三"的口令，全身伏地，据枪射击。

● 起立分解动作"一、二"

当听到起立"一"的口令，收腹、提臀；当听到起立"二"的口令，左脚先上一步，右脚顺势跟进。

4.注意事项

（1）单手持枪和徒手卧倒时，姿势太高，有左手蹭地和胯部坐地的现象。纠正方法：注意左脚迈一大步，左手前伸，上体尽量前倾。

（2）单手持枪卧倒时出枪不稳。纠正方法：要用右手虎口的压力和四指的握力将枪旋转着向目标方向送出，右臂打直将枪紧贴右臂内侧。

（3）双手持枪卧倒时身体向左偏。纠正方法：在强调快速的同时，身体向右下（内）扣。

（4）单手持枪和徒手起立时，收手和收枪动作不快，右手不能将枪提起。纠正方法：应反复练习右臂、左手、左腿的协调性，右臂加大对枪的力量。

（5）双手持枪起立时，收腹提臀不够迅速。纠正方法：起立时，腰部用力，使两肘、两膝协调支撑身体。

（三）前进

前进分屈身前进和匍匐前进两种。

1.屈身前进

屈身前进是战场上接敌最常用的一种运动动作，可分为屈身慢进和屈身快进两种姿势。

（1）屈身慢进

屈身慢进，通常是在距敌较远，有超过人身高或超过大部人体高的遮蔽物，以及敌情不明或敌火威胁不大的情况下采用。运动时，通常是双手持枪（也可单手持枪），上体前倾，两腿弯曲，屈身程度视遮蔽物的遮蔽程度而定，头部一般不可高出遮蔽物，前进时，注意观察敌情，保持正常速度前进。

(2)屈身快进

屈身快进(图7-18),也可称为跃进,通常是在距敌较近,通过开阔地或敌火力控制区时采用。快进前,应先观察敌情和地形,选择好路线和暂停位置,尔后起立快速前进。运动中,通常是单手持枪(也可双手持枪),枪口朝向前上方,并注意继续观察敌情。前进的距离掌握在15~30米为宜。当进至暂停位置或运动中遇敌火力威胁时,应迅速就地隐蔽或卧倒,做好射击或继续前进的准备。

图7-18 屈身快进

要领归纳:两眼视敌,姿势略低;合理携枪,大步(快步)前移。

由于动作较简单,通常不进行分解,如特殊情况可分为两步进行:一是停止间的屈身持枪;二是选择运动姿势后向前移动。

2.匍匐前进

士兵在敌火力威胁较大、自身处于卧倒状态下,如发现近处(10米以内)有地形和遮蔽物可利用时,可采用匍匐前进的运动姿势向其靠近。根据地形和遮蔽物的高低,匍匐前进又分为低姿匍匐、侧身匍匐、高姿匍匐三种姿势。

(1)低姿匍匐

低姿匍匐是身体平趴于地面并降低至最低程度的运动方式,一般是在前方遮蔽物高约40厘米时采用。

低姿匍匐是右手掌心向上,虎口向前,拇指在机柄后10厘米处,余指在大握把后侧握枪身和背带,将枪置于右小臂内侧(图7-19);行进时,身体正面紧贴地面,头稍微抬起,屈回右腿,伸出左手,用右脚的蹬力和左手的扒力使身体前移,然后再屈回左腿,伸出右手,用左脚的蹬力和右手的扒力使身体继续前移,依次交替前进。

徒手的低姿匍匐动作与持枪的动作基本相同。

要领归纳:手扒脚蹬腹着地,手脚交替向前移;注视敌方要隐蔽,动作迅速姿势低。

(2)侧身匍匐

侧身匍匐是在前方的遮蔽物高约60厘米时所采用的一种运动方式。其特点是运动的速度稍快,但姿势偏高。

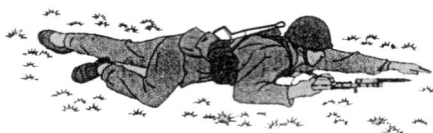

图 7 – 19　低姿匍匐

携自动步枪运动时,右手前伸移握护盖将枪收回,同时侧身,使身体左侧着地,左小臂前伸着地,左大臂支撑身体,左腿弯曲,右脚收回靠近臀部着地,以左大臂的扒力和右脚的蹬力带动身体前移(图 7 – 20)。

如果前方遮蔽物高约 80～100 厘米时,也可采取高姿侧身匍匐。动作是:左手和左小腿外侧着地,以左手的支撑力和右脚的蹬力使身体前移。

徒手侧身匍匐动作与持枪侧匍匐动作大体相同。

要领归纳:侧身匍匐为:身体左侧要着地,右臂要低枪提起;左脚回收右脚蹬,左臂前扒向前移。高姿侧身匍匐为:侧身高姿,左臂撑身,左膝着地,手膝并用,快速前移。

图 7 – 20　侧身匍匐

(3)高姿匍匐

高姿匍匐一般是在前方的遮蔽物高约 80 厘米时采用。

持枪前进的动作是,左手握护盖,右手握枪托,将枪横托于胸前,枪口离地,用两肘和两膝支撑身体,然后,依次前移左肘和右膝、右肘和左膝,如此交替前移。有时也可采用右手掌心向上,虎口向前握护盖携枪的方法(图 7 – 21)。

徒手的高姿匍匐动作与持枪高姿匍匐动作基本相同。

要领归纳:两眼目视敌,肘膝撑身体;肘扒膝又蹬,交替向前移。

图 7 – 21　高姿侧身与高姿匍匐

3. 注意事项

（1）低姿匍匐易犯毛病及纠正方法

①臀部太高，腹部不能紧贴地面。纠正方法：一是向前移动时，臀部下沉，二是稍做挺腹。

②向前运动的速度太慢。纠正的方法：一是屈腿时要尽量往前收；二是手要借助脚的蹬力尽量往前伸，交替要快。

（2）侧身匍匐易犯毛病及纠正方法

前移速度受限时，原因一是用力不够，二是动作不协调，蹬、扒、收时机掌握不好。

纠正方法一是右手尽量将枪提起，二是尽量让右脚跟靠近臀部。

（3）高姿匍匐易犯毛病及纠正方法

前移速度受限时，一是用力不够；二是动作不协调，肘、膝配合不当。

纠正的方法：主要是加快肘、膝运动的频率。

（四）利用地形地物

地形是地物和地貌的总称。地物是分布在地面上的固定物体，如房屋、树木等。地貌是指地面上高低起伏的状态，如高山、平原。地形对战斗和行动有直接影响，灵活巧妙地利用地形地物在于隐蔽身体，发扬火力，捕捉消灭敌人，查明情况。利用地形地物应做到"三便于三不要一避开"，即便于观察射击；便于隐蔽身体；便于接近和离开。不要妨碍班（组）长的指挥和邻兵的动作；不要几个人拥挤在一起；不要在一点上停留过久。避开独立、明显、易燃、易倒塌的物体和较难以通行的地段。

1. 对土坎的利用

坎有纵向、横向和高低之分。横向坎要利用背敌面隐蔽身体，纵向坎要利用弯曲部、残缺部或顶端的一侧隐蔽身体，以其上沿做射击依托。对土坎最好利用残缺部，对堤坎要利用凹陷部。根据坎的高度可取立、跪、卧等姿势。

接近坎时，通常应采用跃进的方法。当进至坎的最大遮蔽界后，迅速卧倒，再匍匐至坎的底部，视情况可左右移动，选择好利用的部位。占领时，应由下而上地占领，隐蔽地观察，需要射击时，应迅速出枪。占领后，应不断观察战场，选择好前进的路线和暂停的位置。转移时，迅速收枪缩体，视情况可采取左右移动、扬土、施放烟幕等方法欺骗、迷惑敌人，突然跃起（出）前进。当敌火力被我压制时，可直接跃起（出）前进。

（1）接近

在卧倒的基础上，听到"跃进"的口令后迅速跃进。当听到"敌火射击"的口令后，迅速卧倒。根据前方土坎的高低和敌情大小，采取适当姿势接近。前方土坎高80厘米采用高姿侧身匍匐接近。

（2）利用

到达土坎后，应由下而上地占领，周密细致地观察，不失时机地出枪。前方土坎高80厘米，应采用跪姿射击。

（3）离开

当听到"敌火转移"的口令后，应迅速离开。

2. 对土包、坟包的利用

土包的分类：单包、双包、集团包。利用的位置：单包通常利用其右侧。右侧不便于观察、射击或受敌威胁时可利用其左侧或顶端，双包利用其鞍部。利用地形地物分三个环节：即接近、占领、离开。

（1）接近

在卧倒的基础上，听到"跃进"口令后，迅速跃进。当听到"敌火射击"的口令后，左脚向前一大步，迅速卧倒。根据前右遮蔽物的高低和敌情大小，采取适当姿势和方法迅速接近。我前方土包约为 60 厘米，通常采用侧身匍匐或高姿匍匐接近。

（2）利用

利用土包的要领是：由下而上的占领，周密细致的观察，隐蔽迅速地出枪。

观察的方法是：由左至右，由近至远，反复周密。

出枪的方法有两种：一是单手出枪。其要领是：右手握护木，以四指的顶力，虎口的压力，小臂的推力，将枪向目标方向送出，同时左手接握弹匣，右手移握握把，准备射击。二是双手出枪。其要领：左手握护木，右手握握把，两手协力，将枪向目标方向送出，同时枪面向上，左手握弹匣。出枪时应做到：快、稳、准、正。

（3）离开

当听到"敌火转移"的口令后，应迅速选择好路线，以适当方法离开。离开的方法有三种：一是跨步离开，是敌火力威胁不大时采用。其要领是：迅速隐蔽地收枪，同时身体下塌，左腿屈于右腿下，用两脚和左手支撑身体，迅速跃起，向右或向左迅速前进。二是移动离开，是在敌火力威胁较大时采用。其要领是：收枪的同时身体下塌，左腿屈于右腿下成侧卧，然后以小臂，臀部左侧和右脚协力向预定方向移动，突然跃起，迅速离开。三是滚动离开，是在直接受敌火力威胁时采用。其要领是：迅速收枪关上保险，按照滚进动作要领向左或向右滚动，当滚动到预定位置时，身体左侧着地，右脚向前，将身体撑起，迅速前进。离开动作应做到：迅速、突然、出其不意。

当听到"停"的口令后，左脚向前一大步成肩枪立正姿势。

要领：迅速隐蔽地接近，由下而上地占领，周密细致地观察，不失时机地出枪，机智灵活地离开。

3. 对土坑、沟渠的利用

对土坑通常利用其前切面隐蔽身体，利用其上沿作射击依托，按其深浅、大小、以跳、跨、匍匐等方法进入，取立、跪、卧等姿势射击。跳入通常是在进入较深的坑时采用。其要领是右手持枪，左手撑坑沿顺势跳入坑内。跨入通常是在进入较浅的坑时采用。其要领是接近至坑沿时，左脚迅速跨入，顺势侧卧于坑内。滚入的要领是卧倒后迅速滚到坑沿，观察后再进入。转移时，应根据坑的深浅，采取不同的方法，突然跃起前进。对沟渠通常利用其沟渠壁或拐弯处隐蔽身体，利用其上沿或拐角作射击依托。

进入坑、渠的方法：跳、滚、匍匐进入。跳入时，应根据坑、渠的深浅，采取不同方法，较浅时，右脚踏坑、渠沿，左脚迈出的同时收枪，以右脚掌的弹力，顺势跳入坑、渠内，两脚着地的同时（或下落中）劈枪。较深时，右手持枪紧贴右侧，左手扶坑、渠沿，左脚踏坑、渠沿，以左手的撑力和左脚和蹬力，顺势跳入坑、渠内。在坑、渠内运动时，根据深浅，通常采取直身或屈身前进。其要领是：右手持枪紧贴身体右侧，左手扶装具，目视前方，隐蔽地前进。运动中做到：姿势低，速度快，不断地观察敌情和前进路线，同时，防止枪托碰撞坑、渠壁。

（1）接近

在卧倒的基础上，听到"跃进"的口令后，迅速跃进。当听到"敌火射击"的口令后，迅速卧倒。根据沟渠的深度，迅速进入我前方土坑（渠），坑（渠）深50厘米应采用滚的方式进入坑内。

（2）利用

到达土坑、渠后应观察、占领后出枪。前方坑深50厘米，应采取卧姿射击。

（3）离开

当听到"敌火转移"的口令后，应迅速离开。

4. 对墙和门窗的利用

利用墙壁时，根据其高度取适当姿势。对矮墙可利用顶端或残缺部作射击依托。墙高于人体时，可将脚垫高或挖射击孔。转移时，可绕过或跃过。利用墙角时，通常利用其右侧作射击依托。射击时，左小臂外侧紧靠墙角，取适当姿势。利用门时，通常利用其左侧，右臂依靠门框进行射击。利用窗时，通常利用其左下角，也可利用其左侧或下窗框射击。

（1）接近

在卧倒的基础上，听到"跃进"的口令后，迅速跃进。

当听到"敌火射击"的口令后，迅速接近墙角，通常以跃进方式接近。

（2）利用

到达墙角后，利用其右侧，左小臂紧靠墙角，取适当姿势，通常采用跪姿和立姿射击。

（3）离开

当听到"敌火转移"的口令后迅速离开。

5. 对树木的利用

树木通常利用其背敌面隐蔽身体，依其右后侧作射击依托。利用大树时，可取立、跪、卧等姿势；利用小树时，通常采取卧姿。对高苗地、丛林地通常应尽量利用靠近敌方的边缘内侧，以便观察和射击。接近时，右手持枪，左手分开高苗侧身前进。利用部位：树通常利用其右后侧。

（1）接近

在卧倒的基础上，听到"跃进"的口令后，迅速跃进。

当听到"敌火射击"的口令后，应迅速卧倒，根据树木的粗细和敌情大小，采取不同姿势迅速接近。前方树木粗60厘米可直接接近。

（2）利用

到达树木后仔细观察，迅速出枪射击。如立姿射击，要领是：尽量将身体左侧、左大臂（左小臂）、左膝紧靠树木，右腿稍向后跳蹬。如卧姿射击，要领是：将左小臂紧靠树木或以树的根部为依托，两脚自然并拢，身体尽量隐蔽在树后侧。

（3）离开

当听到"敌火转移"的口令后迅速离开。

第八章
防卫技能与战时防护训练

学习目标

1. 了解格、防护的基本知识；
2. 熟悉卫生、救护基本要领；
3. 掌握战场自救互救的技能；
4. 提高学生安全防护能力。

第一节　格斗基础

一、格斗常识

格斗是以克敌制胜为目的，以技击动作为主要内容，以套路和搏击为基本形式的军事体育项目。格斗是与敌近距离接触时快速制敌的有效手段，主要包括踢、打、摔、拿、击、刺等技击动作。

（一）格斗的分类

我军格斗训练主要以《中国人民解放军体育训练教材》规定的内容为基础，加上部分自选内容，按其运动形式分为套路运动和搏击运动两类。

1.套路运动

套路运动是以技击动作为素材，以攻守进退、动静疾徐、刚柔虚实等矛盾运动的变化规律编成的整套练习形式。套路运动包括拳术和器械。拳术有军体拳、捕俘拳、擒敌拳、防暴拳等；器械有捕俘刀、短棍术、腰带术和刺杀操等。

2.搏击运动

搏击运动包括擒敌技术和散打等。擒敌技术又分为徒手擒敌术、徒手夺器械擒敌术和持械擒敌术。

(二)格斗的特点

格斗术是在与敌人的实际格斗过程中不断发展和总结而成的。我军格斗术的最大特点是一招制胜、置敌于死。

1.动作简练，实战性强

我军格斗术的每一个技术动作都是从实战出发，以克敌制胜为目的，动作结构简单明了，一招一式都有一定的目的和作用，讲究攻守兼备、动无虚发。

2.击打要害，一招制胜

我军格斗术遵循系统性、科学性的原则，每一招都是按照人体要害部位的弱点及其受外力击打后机制机能的变化而定的。因此，我军格斗术的技术动作一般都是选用击打人体要害部位的招法，一拳或一脚击中就能使敌人暂时甚至永久地丧失战斗能力，从而束手就擒。

3.以攻为主，攻防兼备

我军格斗术融中外技击技法精华于一体，刚柔相济，攻防兼备。进攻时，疾进猛打，连续攻击要害部位，使敌人胆怯畏惧，丧失抵抗能力；防守时，以静制动，耗其体力，防中有攻，使敌打不准、击不中。

4.动作隐蔽，突然性大

我军格斗技术合理简化了击打动作，缩短了拳打脚踢的运动路线，动作预兆小，攻击频率快，既突然迅速，又刚劲有力。

二、格斗基本功

型和步型

指并拢握紧，拇指扣在食指的第二节上。通常分为立拳、反拳、平拳三种（图8－1）。

【要求】拳握紧、拳面平、直腕。

立拳　　　　　反拳　　　　　平拳

图8－1　拳

（2）掌：四指并拢伸直，拇指弯曲紧扣于虎口处。通常分为立掌、横掌、插掌、八字掌四种（图8-2）。

【要求】掌心开展，竖指。

（3）勾：五指第一节捏拢在一起，屈腕（图8-3）。

【要求】五指捏拢，屈腕。

立掌　　　　　　横掌　　　　　　插掌　　　　　　八字掌

图8-2　掌

图8-3　勾

2. 步型

（1）马步：两脚平行拉开（约本人脚长的3倍），脚尖正对前方，屈膝半蹲，膝部不超过脚尖，大腿接近水平，全脚掌着地，身体重心落于两腿之间，挺胸、塌腰，两拳握于腰间，拳心向上（图8-4）。

【要求】挺胸、塌腰、脚跟外蹬。

（2）弓步：两拳抱于腰间，拳心向上，左（右）脚向前上步，左（右）腿屈膝半蹲，右（左）腿在后挺直，脚尖里扣（图8-4）。

【要求】前腿弓，后腿绷；挺胸、塌腰、沉髋；前脚同后脚成一直线。

（3）虚步：两脚前后分开（约本人脚长的2.5倍），前脚掌着地，腿微曲。后腿屈膝半蹲，脚尖外撇45度，全脚掌着地，体重大部分落于后脚。左脚在前为左虚步，右脚在前为右虚步（图8-4）。

【要求】挺胸、塌腰、虚实分明。

马步　　　　　　　弓步　　　　　　　虚步

图8-4　步型

（二）实战姿势

实战姿势又称格斗势，是实施攻防动作的准备姿势。听到"准备——格斗"的口令后，在立正的基础上，身体稍向左转，同时右脚稍向右前撤一步，两脚略成"八"字形，屈膝，体重大都落于右脚，同时两手握拳，前后拉开，屈肘，左拳略高于肩，拳眼向内上，右拳置于腹前约10厘米处，拳眼向上，自然挺胸，目视对方（图8-5）。

【要求】重心在两脚中间；臀部、肩部与后脚须成一角度，含胸收腹提臀；颌微收，闭嘴合齿，目视对方双肩，用余光环视对方全身。

(三)步法

1.前进步

后脚蹬地，前脚先向前进半步，后腿紧接着跟进半步(图8-6)。

【要求】进步幅度不宜过大，前脚和后脚进步时衔接得越快越好，后脚跟进后的身体姿势不变；前脚进步和后脚跟步的距离要相等，以保持身体的平衡稳定。

2.后退步

前脚蹬地，后脚先后退半步，前脚再回收半步(图8-7)。

【要求】后退时，前脚掌用力向前下方蹬地，前脚与后脚后退距离相等。

图8-5　实战姿势

图8-6　前进步

图8-7　后退步

3.侧跨步

此步法在格斗中，多用于侧闪防守。左(右)脚向左(右)侧跨半步，右(左)脚随即向左(右)移动，两膝弯曲(图8-8)。

【要求】跨步后身体重心下降，以利于反击。两腿要一虚一实，两臂分别上、下防守，形成较大的防守面。

图8-8　侧跨步

4. 垫步

后脚蹬地向前脚内侧并拢，同时前腿屈膝提起（图 8 - 9）。

【要求】后脚向前脚并拢要迅速、突然，垫步与提膝不要脱节、停顿，身体向前平衡移动，不要向上腾空或上体向后倾倒。

图 8 - 9　垫步　　　　　　　　　　　　　　图 8 - 10　直拳

（四）拳法

1. 直拳

以右直拳为例：由实战姿势的正架势开始，右脚微蹬地，重心微向前脚移动，同时向左转髋、拧腰、送肩，右臂用力内旋，右拳直线向前击出，左拳收于左下颌旁（图 8 - 10）。

【要求】蹬转、拧腰、送肩要快速连贯；发力于腰，力达拳面。

2. 摆拳

以右摆拳为例：由实战姿势的正架势开始，右脚微蹬地并以前脚掌向内转，转胯并向左拧腰，右拳向前、由外至内（约45 度）成平面弧形横击（图 8 - 11）。

【要求】注意转腰发力，蹬地、转胯、拧腰与摆击要协调一致，在击中目标的瞬间身体制动，力达拳面。

3. 勾拳

以左勾拳为例：由实战姿势的正架势开始，上体微左转，重心略下沉，腰迅速向右转，发力于腰，左拳由下向前上方勾击，上臂与前臂夹角为 90 ~ 100 度，拳心朝里，力达拳面（图 8 - 12）。

图 8 - 11　摆拳

【要求】注意转腰发力，蹬地、转胯、拧腰与勾击要协调一致。

图 8 - 12　勾拳

图 8 - 13　顶肘

（五）肘法

1. 顶肘

由实战姿势的正架势开始，右脚向后撤一大步，身体后转成右弓步同时左手抱推右拳，右肘向右水平顶击，肘与肩平，眼看右肘（图 8 - 13）。

【要求】肩部要松沉；借助腰腿的力量进行顶击。

2. 砸肘

由实战姿势的正架势开始，右脚蹬地向左转体时，右肘抬起，由上向下砸击，力达肘尖，肘稍低于肩，眼看右肘，击中目标后向右转体，回到原来位置，恢复成实战姿势（图 8 - 14）。

【要求】转体砸肘注意结合身体的重量。

3. 挑肘

由实战姿势的正架势开始，右臂屈肘握拳，随即以蹬腿、拧腰、送胯之合力，由下向上猛力挑击，力达肘尖或肘前部（图 8 - 15）。

【要求】挑击时要借助腰胯转动之力；大小臂折叠要紧。

图 8 - 14　砸肘

图 8 - 15　挑肘

（六）腿法

1. 蹬腿

以左蹬腿为例：实战姿势站立，右腿微屈支撑，左腿提膝抬起，脚尖回勾，当膝稍高于髋时，以脚领先向前蹬出，髋微前送，力达脚掌（图8－16）。

【要求】提膝须过腰，蹬腿时挺髋并稍前送。

2. 勾腿

以左勾腿为例：实战姿势站立，右腿弯曲，膝稍外展，上体稍右转，收腹合胯；左腿以大腿带动小腿，直腿向前、向右画弧线擦地勾踢，挺膝勾脚，力达脚弓内侧（图8－17）。

【要求】转体时，收腹合胯；勾踢要猛，着力点在脚的内侧，重心要稳。

图8－16　蹬腿

图8－17　勾腿

3. 弹腿

以左弹腿为例：实战姿势站立，重心移至右腿，右腿微屈支撑身体，左腿提膝上抬，大腿带动小腿向前上方弹踢，脚背绷直，着力点在脚背（图8－18）。

【要领】弹踢要猛弹快收，着力点在脚背，重心要稳。

图8－18　弹腿

（七）膝法

1. 正顶膝

实战姿势站立，身体重心移至前腿，收腹含胸的同时，两手成拳向后下回拉，右膝向前上方冲顶，力达膝部，两手与膝同高，眼看右膝。击中目标后右脚向后落地，恢复成实战姿势（图8–19）。

【要求】大小腿折叠要紧，提膝要迅速。

2. 侧顶膝

实战姿势站立，身体重心移至前腿，收腹含胸的同时，两手成拳向右后下回斜拉，右膝由向左前上方冲顶，力达膝部，两手与膝同高，眼看右膝。击中目标后右脚向后落地，恢复成实战姿势（图8–20）。

【要求】大小腿折叠要紧，顶膝动作要迅猛。

图8–19　正顶膝

图8–20　侧顶膝

（八）倒法

1. 预备姿势

在立正的基础上，右脚向右分开约与肩同宽，屈膝半蹲，两臂后摆，掌心相对，上体前倾（图8–21）。

2. 前倒

在立正的基础上，身体挺直自然前倒至约45度时，挥臂上举，而后屈肘于胸前，两掌成杯状，掌心向前，在身体接触地面的同时，手掌扣拍地面，与小臂同时着地，两腿挺直，以手、小臂、脚尖将身体撑起（图8–22）。

【要求】倒地时身体要挺直，膝、腹、胸不着地。

图8–21　倒法预备势

3. 前扑

在预备姿势的基础上，两脚蹬地，向前上方跃起，同时挥臂上举展腹，两腿挺直后摆，倒地的同时，两掌成杯状，扣拍地面，以两掌、小臂及两脚前脚掌内侧将身体撑起（图8–23）。

【要求】倒地时膝、腹、胸不着地。

图 8－22　前倒

图 8－23　前扑

4.侧倒

在预备姿势的基础上，左脚向前半步，右脚向前一步，同时，向右拧腰、挥臂（左臂在前上，右臂在后下），左脚顺势前扫上摆，两臂向左上挥摆，身体向左后猛转，右脚经体前，向左摆动，以右脚掌、左手臂和体侧着地，右臂上架护头，两腿成剪刀状（图 8－24）。

【要求】转体要迅速协调。

图 8－24　侧倒

5.后倒

在预备姿势的基础上，两臂前摆击掌，上体微向前倾，随即上体后仰、髋部前送，两臂同时外展仰身，猛向后挥臂，左（右）脚蹬地，使手臂、双肩后侧同时着地，右（左）脚前上摆（图 8－25）。

【要求】倒地时，勾头、挺腹、憋气。

图 8－25　后倒

三、捕俘拳

1. 预备姿势

当听到"捕俘拳——格斗准备"的口令后，在立正的基础上，两脚尖迅速并拢，同时两手握拳，两臂微屈，拳眼向里，距身体约 10 厘米，头向左摆，目视左方(图 8 - 26)。

图 8 - 26　预备姿势

2. 挡击冲拳

起右脚原地猛力下踏，左脚向左侧跨出一步，右拳提至腰际，拳心向上，在左转身的同时，左臂里格上挡，拳心向前，右拳从腰际旋转冲出，拳心向下，左拳位于额前约 20 厘米，成左弓步(图 8 - 27)。

【要求】踏脚时要全脚掌着地。

图 8 - 27　挡击冲拳

3. 拧臂绊腿

左拳变掌切击右拳背，右拳收回腰际，右脚前扫；左手挡、抓、拧、拉，收回腰际，同时右脚后绊，右拳猛力旋转冲出(图 8 - 28)。

【要求】前扫后绊要协调有力，重心要稳。

图 8 - 28　拧臂绊腿

4. 叉掌踢裆

上右脚成右弓步，同时两拳变掌沿小腹向上架掌，掌与眉同高；两掌变勾猛向后击，同时起左脚，大腿抬平，脚尖绷直，猛力向前弹踢，迅速收回(图 8 - 29)。

【要求】两大臂夹紧，猛力后击；猛踢快收，重心要稳。

图 8 - 29　叉掌踢裆

5. 下砸上挑

两手变拳，左拳由上猛力下砸，与膝同高，同时左脚向前跨步，成左弓步；右拳由裆前上挑护头，拳心向前，起右脚大腿抬平，脚尖绷直，头向左甩(图 8 - 30)。

【要求】起身要快，重心要稳。

图 8 - 30　下砸上挑

6.下蹲侧踹

上体正直下蹲，右脚猛力下踏，两小臂上下置于胸前，左臂在上，拳心向下，右臂在下，拳心向上；迅速起身，两拳交错外格，起左脚大腿抬平，脚尖里勾，向左猛踹，迅速收回（图8－31）。

【要求】踏脚要有爆发力，下蹲，起身要快。

图8－31　下蹲侧踹

7.顺手牵羊

左脚向前方落地屈膝，两拳变掌在左前方成抓拉姿势，两手向右后回拉，同时右脚前扫（图8－32）。

【要求】后拉、前扫要协调有力，重心要稳。

图8－32　顺手牵羊

8.上步抱膝

右脚向前落地的同时，两手变拳，左小臂上挡；左转身屈膝下蹲，两拳变掌合力后抱，掌心相对，与膝同高，右肩前顶，成右弓步（图8－33）。

【要求】转体、合抱要协调一致。

9.插裆扛摔

左转身左手上挡，右手前插，掌心向上；左手向右下拧拉，大臂贴肋，小臂略平，拳心向上，同时右臂上挑，右肩上扛，身体稍向右转，右拳与头同高，拳心向前，重心大部分落于右脚，成右弓步（图8－34）。

图 8 - 33 上步抱膝

【要求】下拉、上挑、转体要协调一致。

图 8 - 34 插裆扛摔

10. 下拨勾拳

左拳下拨后摆,左转身的同时,右拳由后向前猛力上击,拳心向内,与下颌同高,同时右脚向右自然移动,成左弓步(图 8 - 35)。

【要求】转身要快,勾拳要猛。

图 8 - 35 下拨勾拳

11. 卡脖掼耳

右脚踮步，左脚抬起，脚掌与地面平行，在左脚落地的同时，右脚上步成右弓步，左拳变八字掌置于胸前，右拳后摆；向左转体成左弓步的同时左手下按，右拳由后向前下猛力横击（图8－36）。

【要求】踮步有力，转体、卡脖、拳击要协调一致。

图8－36　卡脖掼耳

12. 内外挂腿

在起身的同时，左脚向右垫步，右脚前扫，两手合掌于右肩前，两手猛力向左肩前拧拉，上体稍向左转，同时右脚后绊，成左弓步（图8－37）。

【要求】垫步、合掌、前扫要协调一致，重心要稳。

图8－37　内外挂腿

13. 踹腿锁喉

右脚向右前方踮步，左脚向右跃步，然后起右脚，大腿抬平，脚尖里勾，两臂弯曲，置于胸前，右掌在前，左掌在后，掌心向下；右脚侧踹，在落地的同时右手沿敌脖横插，左手抓握敌右手腕，右手变拳，猛力后拉，下压，成右弓步（图8－38）。

【要求】踹、锁要协调一致，重心要稳。

14. 内拨冲拳

左脚右转身成右弓步，左臂顺势内拨护于腹前，右拳收于腰际，拳心向上；左臂里拨后

图 8 - 38　蹁腿锁喉

摆，右拳以蹬地、转腰、送胯之合力旋转冲出，成左弓步(图 8 - 39)。

【要求】冲拳要有爆发力。

15. 抓手缠腕

两拳变掌，左手抓握敌右手腕；右掌上挑外拨，身体稍向右转，两臂用力后拉并扣压于腰际，成右弓步(图 8 - 40)。

【要求】抓手回收上挑，转身别压，抓握要快而有力。

图 8 - 39　内拨冲拳

图 8 - 40　抓手缠腕

16. 砍脖提裆

左手砍脖，右手抓裆，在右手后拉上提的同时左手猛力向前下推拉，成左弓步(图 8 - 41)。

【要求】左砍、右抓、下压、上拉要协调一致。

图 8 - 41　砍脖提裆

第二节 战场医疗救护

一、救护基本知识

战场医疗救护，是战时减少伤亡，迅速恢复战斗力，保持战争实力而必须采取的一项重要措施。

(一)战场医疗救护的基本原则

实施战场医疗救护，要最大限度地减少伤员的痛苦，降低致残率，减少死亡率，为后续抢救打下良好基础。战场救护应当遵循六条基本原则，即"先复苏后固定，先止血后包扎，先重伤后轻伤，先救治后运送，急救与呼救并重，搬运与医护同步"。

1. 先复苏后固定

对有心搏、呼吸骤停又有骨折的伤员，应首先用口对口呼吸、胸外按压等急救方法使心肺复苏，直至心跳、呼吸恢复后，再进行骨折固定。

2. 先止血后包扎

对大出血又有创口的伤员，应首先用指压、止血带或药物等止血方法止血，再进行创口消毒、包扎。

3. 先重创后轻伤

当有多个伤员时，应优先抢救危重伤员，后抢救较轻的伤员。

4. 先救治后运送

对各类伤员，要先按战伤救治原则分类处理，待伤情稳定后再送往医院。

5. 急救与呼救并重

对成批的伤员，又有多人在现场的情况下，救护者应当分工合作，同时进行急救和呼救，尽快争取专业的医护外援。

6. 搬运和医护同步

搬运与医护应当协调配合、同步一致，要做到任务要求一致、协调步调一致、完成任务的指标一致。运送途中，应减少颠簸，注意保暖，最大限度地减少伤员痛苦，减少死亡率，安全到达目的地。

(二)战场医疗救护的基本要求

救护伤员时，不准用手和脏物触摸伤口，不准用水冲洗伤口（化学伤除外），不准轻易取出伤口内的异物，不准送回脱出体腔的内脏，不准用消毒剂或消毒粉上伤口。

1. 救护头面伤部

伤员头面部受伤时，应保证其呼吸道畅通，清除口内的异物，将伤员衣领解开，采取侧卧或俯卧姿势，防止吸入呕吐物，并妥善包扎伤口和止血。

2. 救护胸（背）部伤

伤员胸（背）部受伤时，出现胸（背）部伤往往伴有多根肋骨骨折，除用敷料包扎外，还应用绷带环绕胸背部包扎固定。

3. 救护腰（腹）部伤

伤员腹（腰）部受伤时，腹壁伤要立即用大块敷料和三角巾包扎。伴有内脏伤时，不能喝水、吃东西、吃药，应尽快送往医院。

4. 救护四肢伤

伤员四肢受伤时，除了手指或脚趾伤必须包扎外，包扎其他四肢伤时，要把手指或脚趾露出，以便随时观察血液循环情况，采取相应措施。

二、意外伤的救护

（一）常见军事训练伤的种类及防治

1. 擦伤

【损伤原因】擦伤是皮肤表面被粗糙物擦破，出血或有组织液渗出，主要是在运动中摔倒、相互碰撞或器械伤害导致的。最常见的是手掌、肘部、膝盖、小腿的皮肤擦伤。

【症状】局部皮肤或黏膜破裂，伤口与外界相通，有血液自创口流出。由于真皮含有丰富的神经末梢，损伤后往往十分疼痛。

【处理方法】

（1）清创。由于擦伤表面常常沾有一些泥灰及其他脏物，所以清洗创面是防止伤口感染的关键步骤。可用淡盐水（1000 毫升凉开水中加食盐 9 克，浓度约 0.9%）边冲边用干净棉球擦洗，将泥灰等脏物洗去。

（2）消毒。有条件者可用碘酒、酒精棉球消毒伤口周围，沿伤口边缘向外擦拭，注意不要把碘酒涂入伤口内，否则会引起强烈的刺痛感。

（3）上药。可在创面上涂一点红药水（红汞），此药有防腐作用且刺激性较小（汞过敏者忌用）。但要注意不宜与碘酊同用，因两者可生成碘化汞，对皮肤有腐蚀作用。新鲜伤口不宜涂紫药水（甲紫），此药虽杀菌力较强，但有较强的收敛作用，涂后创面易形成硬痂，而痂下组织渗出液存积，反而易引起感染。

（4）包扎。用消毒纱布包扎伤口，小伤口也可不包扎，但都要注意保持创面清洁干燥，创面结痂前尽可能不要沾水。

（5）若创口较深、污染较重，应注射破伤风抗毒素，并使用抗菌素治疗。

2. 挫伤

【损伤原因】外力直接作用于身体的某些部位而引起的闭合性软组织损伤。运动中相互冲撞、被踢打或身体某部位碰撞在器械上，都可能引起局部或深层组织的挫伤。

【症状】局部疼痛、肿胀、青紫，引起肢体功能或肢体活动的障碍，严重的会伴有内部器官的损伤，从而导致休克。

【处理方法】

（1）早期（伤后 24 小时内）：此时的处理应以制动、止血、防止肿胀、镇痛、减轻炎症为主。局部可采取冷敷、加压包扎、抬高伤肢等措施，视情况配合外敷伤药治疗，以止血消肿止痛；还可以通过指掐穴位、向心脏位置轻轻推摩来辅助治疗。

（2）中期（伤后 24 ~ 48 小时）：此时的处理应以活血化瘀，防止粘连，促进淋巴、血液循环为主。局部可采取热敷、理疗、药敷等方法治疗；视伤情可安排进行功能锻炼，以加快康复速度。

（3）后期（伤后 5 ~ 6 天）：此时的处理应以软化疤痕、分离粘连、促进功能恢复为主。治疗的方法主要是按摩、药敷和功能锻炼等。

3.膝关节侧副韧带损伤

【损伤原因】膝关节侧副韧带损伤以内侧损伤为常见，多发生在膝关节处于屈位 130 ~ 150 度时，此时小腿突然外旋，或足部固定大腿突然内收内旋，都可使内侧副韧带损伤，关节外侧受暴力撞击也可造成损伤。

【症状】伤部疼痛、肿胀、皮下淤血、走路跛行。

【处理方法】

（1）自我按摩。用手掌相对揉搓膝关节内侧 30 次，用拇指搓按伤处的疼点 20 ~ 30 次，缓慢活动膝关节 20 ~ 30 次。用以上手法每天早、晚各一次，每种手法重复一次。

（2）热敷。每晚用热水袋或热毛巾敷于患处。

4.急性腰扭伤

【损伤原因】活动超过了脊柱的功能范围。当动作不正确时，易发生腰扭伤。

【症状】伤后身体一侧或两侧当即发生疼痛。轻微扭伤当时无明显疼痛感，第二天会感觉腰部疼痛，不能前屈，腰部用不上劲，损伤部位有明显的压痛点。

【处理方法】

（1）按摩。可用推摩、揉、揉捏、叩击、抖动等方法进行自我按摩。一是推摩：患者坐位、站立均可，四指并拢，与拇指分开，两手叉腰，拇指在前，四指在后，从上到下推摩，用力在四指上，由轻到重推摩 20 ~ 30 次。二是揉：四指并拢，与拇指分开，拇指在前，四指在后，从上到下揉动，手指不能离开皮肤，使该处的皮下组织随手指的揉动而滑动，由轻到重揉 20 ~ 30 次。三是揉捏：方法基本同"揉"，但捏时，除小指外都要用力。四是叩击：两手半握拳，交替叩击疼点。五是抖动：四指并拢，与拇指分开，四指在后，拇指在前，两手叉腰，轻轻抖动 20 ~ 30 次。

（2）功能锻炼。一是前后屈体：两脚左右开立比肩稍宽，两手叉腰按疼点，向前屈体 4 次，向后伸体 4 次（4×8 拍）。二是体绕环：两脚开立比肩宽，两手叉腰按疼点，向左绕环连续 4 次，再向右绕环连续 4 次（4×8 拍）。

5.踝关节扭伤

【损伤原因】踝关节扭伤多见于球类或短跑项目中，这些项目中，脚尤其是踝关节承受压力过大，有时完全需要靠踝关节的韧带来控制身体的平衡，因此极易造成踝关节韧带的损伤。体育运动时错误动作、运动场地不平、碰撞或因跳起落地时失去平衡，使踝关节过度内翻或外翻，是造成踝关节韧带扭伤的主要原因。准备活动不充分、疲劳或动作的协调性不好，也常引起扭伤。

【症状】伤部疼痛、肿胀、皮下瘀血、走路跛行。

【处理方法】

（1）外踝部扭伤处理方法。一是拔顺筋：双手握足部，轻轻拔顺足踝部，以顺理筋脉，松缓痉挛。二是捋顺筋：双手轻轻按抚痛处，向下顺捋，以疏通气血，反复数次，能缓解疼痛。三是归舍法：一手托足跟，一手握足，轻轻归合，使筋回槽，气血归经，经气疏通。四是摩揉法：救护人员将伤者的足部放在自己的膝部，以保持功能位，双手反向摩揉足踝部，反复数次。

（2）内踝部扭伤处理方法。外踝部扭伤为多见，但在一定条件下也可造成踝外翻引起踝内侧韧带的损伤。一是拔牵踝：双手握住踝部，轻轻拔牵，以舒缓痉挛。二是推归踝：双手按压内侧韧带部，然后一手托足跟，向上轻推，使之归合对位。三是分理筋：双手握足踝部两侧，拇指沿内踝下缘部轻轻分理捋顺。四是搓揉踝：用手掌抚按内踝部，并用手掌根部搓揉踝部，反复数次。五是拔腿筋：用手按抚踝上小腿处，沿内踝上缘，用拇指轻轻拔筋，以疏通经络，使之上、下气血流通。

6.掌指和指关节运动拉伤

【损伤原因】准备活动不合理；技术动作不正确、局部过度疲劳；寒冷导致手指僵硬，失去协调性；场地不平，摔倒时手指触及地面等，都可造成掌指和指关节的损伤。

【症状】轻者，受伤关节疼痛肿胀，关节活动受限伸展不灵活。重者，韧带断裂、关节脱位或骨折，不能做伸直运动，造成终生关节畸形。

【处理方法】

（1）冷敷。掌指和指关节受伤后，应立即进行冷敷。切忌当即不停地揉搓，以防造成毛细血管破裂，从而引起充血肿胀，加重伤势而不利治疗。严重者，冷敷后应用布带将伤指固定于邻近手指上。

（2）理疗。12小时之后，方可做轻度按摩牵引，每日外擦红花油，以及药洗、熏洗等。

（3）2~3周后视恢复情况进行相应功能锻炼。

（二）预防军事训练伤的措施

1.严格操作规则

要严格按照规定的动作要领和操作规范进行训练，既要有勇猛顽强的作风，做到动作快捷准确，又要注意遵守训练纪律，保证训练场秩序。

2.遵循训练规律

要按照循序渐进的原则确定训练强度和难度，克服争强好胜或信心不足等不良心理，既不急于求成，又不畏首缩脚。

3.做好准备活动

训练前的身体准备活动要充分并具有针对性，一般不少于10分钟，切不可敷衍了事，不然就会因肌肉僵硬、身体的灵活性和协调性差而造成训练损伤。训练结束后应做好整理活动。

4.掌握保护方法

要学会自我保护和互相保护的方法，特别是在一些难度高、危险性大、动作复杂、不易掌握的科目训练中，更要注意做好保护，以防意外事故。

5.坚持训前检查

训练前，要主动认真地检查器械、设备有无损坏，安装是否稳固。训练场地内如有石块、砖瓦等容易造成人员受伤的物体，要及时予以清除。

三、战场救护

战场救护是指战时参战人员在战场上负伤，对负伤者进行及时的止血、包扎等，使伤亡人数减少到最低。战场救护对于及时挽救各类参战人员的生命，保证部队的战斗力，赢得战斗胜利具有重要意义。战伤救护包括自救和互救两个方面。救护技术主要包括心肺复苏、止血、包扎、固定、搬运五项。

（一）心肺复苏术

心肺复苏术是对猝死者(呼吸、心跳停止)所采取的现场的、最基本的抢救技术，即以人工呼吸代替病员的自主呼吸，以胸外心脏按压形成暂时的人工循环，诱导心脏恢复自主搏动，因此，临床上将以上二者合称为心肺复苏术。

1.心肺复苏术的启动工作

（1）检查病员反应。抢救者轻拍或呼叫病员"喂！您怎么了?"，以此来判断病员意识是否清醒。同时注意观察病员有无脊柱(颈、胸、腰椎)损伤，对怀疑有脊柱损伤患者，不可随意搬动以免造成截瘫。

（2）呼叫他人协助或请他人拨打急救电话，寻求医务人员及时救治。

（3）调整患者体位，使其就地水平位仰卧，如患者处于侧卧或俯卧位，则应缓慢使病员头、肩、躯干同步沿身体纵轴翻转为仰卧位，其间要保护好病员颈部，以防颈椎损伤。

（4）病员昏迷时要迅速通畅呼吸气道，保持病员气道通畅。病员呼吸、心跳停止后，全身肌肉呈松弛状态，口腔内舌肌、会厌也会出现松弛而后坠，堵塞呼吸道。此时，要采用仰头、抬颌等方式开放呼吸道。首先，清除病员口腔内的异物，如假牙、呕吐物或液体分泌物等。然后，抢救者用手掌将病员额头向后推，使头部后仰，另一手置于下颌骨的下方，将颏部向前抬起，使头部后仰，将气道伸直、通畅。

2.人工呼吸

肺脏位于富有弹性的胸廓内，当胸廓扩大时，肺也随着扩张，于是肺的容积扩大，外界空气进入肺内，即为吸气。当胸廓缩小时，肺也随之回缩，肺内空气排出体外，即为呼气。对呼吸停止的伤病员，可根据以上原理用人工的方法重新让气体进出肺脏，以实现气体交换，这就是人工呼吸法。人工呼吸的方法很多，最有效的是口对口人工呼吸法(图8-42)。如病员在清理呼吸道后，仍无自主呼吸，则应马上实施口对口人工呼吸。

（1）操作前，先判断病员有无自主呼吸，可观察病员胸部有无呼吸起伏动作；可将耳贴近病员口鼻处倾听有无呼吸气流声音；感受有无气流进出。

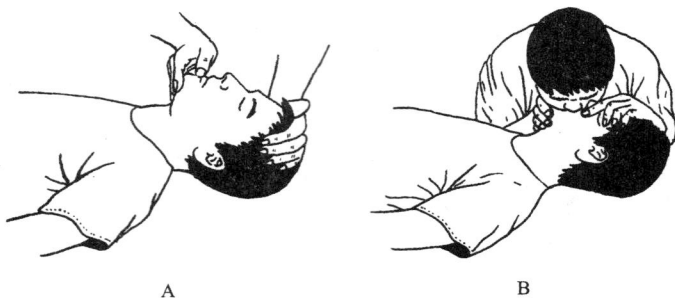

图 8 – 42　人工呼吸

（2）操作时伤员必须仰卧，头部置于极度后仰位，把口打开并盖上一块纱布。救护者一手托起患者下颌，掌根轻压住环状软骨，使其压迫食道，以防止空气进入胃内；另一手捏住鼻孔，深吸一口气后用双唇包严病员口唇，缓慢吹入，吹完气后，松开捏住鼻孔的手。如此反复进行，频率为 16 ~ 18 次/分钟，直至患者恢复呼吸为止。

（3）对于牙关紧闭的病员，可采用口对鼻吹气法，抢救者一手闭住病员的口，以口对鼻进行吹气，其他操作与口对口人工呼吸法相同。

3. 心脏按压

心脏位于胸腔纵隔的前下部，前邻胸骨下段，后为脊柱，其左右移动受到限制。胸廓具有一定的弹性，能够多做少量的被动活动，加之昏迷伤病员的胸壁较松软，因此，挤压胸骨下段，可间接压迫心脏，使心脏内的血液排出；放松挤压时胸廓恢复原状，此时胸内压力下降，静脉血液回流到心脏（图 8 – 43）。反复挤压和放松胸骨，即可恢复心跳和血液循环。

（1）操作前先判断病员有无心跳，多用触摸病员有无颈动脉搏动来确定。颈动脉位于颈部正中气管和侧面胸锁乳突肌之间的凹陷处。抢救者可用一手的食指、中指并拢，自颈部正中气管（或喉结）处，滑向颈部一侧的胸锁乳突肌前缘凹陷处，寻找、触摸颈动脉搏动。此项检查要求熟练、迅速、准确，要求在 5 ~ 10 秒内完成。如无搏动，则应立即施行胸外心脏按压。

（2）操作时患者必须仰卧在木板或平地上。救护者将双手掌重叠，掌根放在患者胸骨体的下半段，肘关节伸直，借助于自身体重和肩臂部肌肉的力量，适度用力下压，使胸骨下段及相连的肋软骨下降 4 ~ 5 厘米，随后立

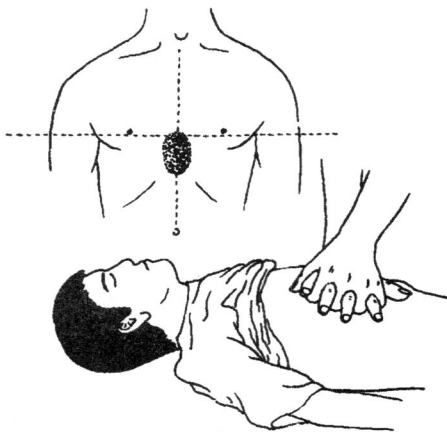

图 8 – 43　心脏按压

即将手放松，如此反复进行。按压频率成人为 100 次/分钟。

（3）操作中应注意救护者掌根压迫的部位必须在患者的胸骨体下段，接触胸骨应只限于掌根部，不可将手平放，手指应向上稍翘与肋骨保持一定距离。下压时应带有一定的冲击力

量，而不是缓慢地按压，但用力不可过猛，以免引起肋骨骨折，压迫的方向应垂直对准脊柱，每次下压力量应平稳有规律。

4.人工呼吸与心脏按压的有效配合

心肺复苏术最好由两人配合进行，按压与吹气之间的频率之比约为5∶1或4∶1。如果是一个人单独进行心肺复苏术，可先进行两次人工呼吸后，进行15次胸外心脏按压，即吹气和挤压的比例为2∶15，以此反复进行，直至病员恢复或医生赶到现场救治。

（二）止血

大量战伤出血，往往是导致伤员休克或死亡的主要原因。若急性大量出血达全身血液总量20%左右，人即会出现乏力、头晕、口渴、面色苍白、心跳加快等全身急性贫血症状。若出血量达全身血量的30%，即会出现休克，危及生命。及时、准确、有效地止血将大大减少战场伤亡。因此，对有出血的伤员，尤其是大动脉出血，必须立即急救，早期给予止血。

1.判断出血的种类

判定出血种类是正确实施止血的首要工作，方法是根据出血的特征加以判断。如果是动脉出血，颜色鲜红，呈喷射状，有搏动，出血速度快且量多；如果是静脉出血，则颜色暗红，呈涌出状或徐徐外流，出血速度不如动脉出血快；如果是毛细血管出血，则血色鲜红，从伤口向外渗出，出血点不容易判明。

2.止血方法

（1）药物止血法：遇外伤出血时，可根据伤情适当清洁伤口后，撒上云南白药，并适当地加压包扎。

（2）加压止血法：直接对出血的血管上端加压以阻止血流，或用数块较大于伤口的纱布盖在伤口上（如现场无消毒纱布可用清洁的手帕或清洁布片代替），然后用手指或手掌用力加压，再用三角巾或绷带用力包扎。加压10~30分钟后，一般都能止血。此法适宜用于急救，压迫时间不宜过长。

（3）指压动脉止血法：用任何方法止血都需要一定的时间，哪怕是多耽误一秒的时间也会使伤者失去很多宝贵的血液。在刚发现出血时，指压动脉止血法是最快、最简单的方法，一般应第一时间采用。图8-44、图8-45为人体动脉主要止血点和几种常见的指压动脉止血方法。

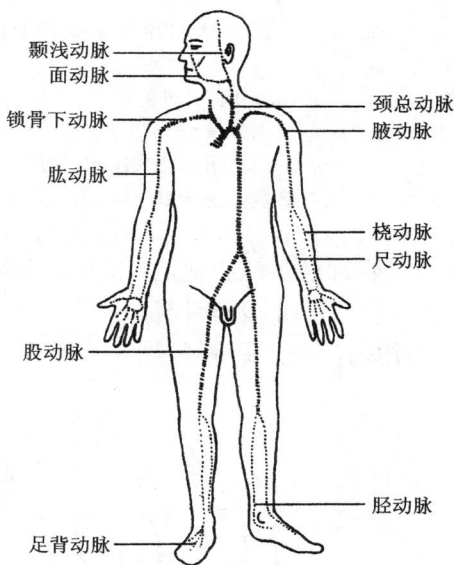

图8-44　人体动脉主要止血点

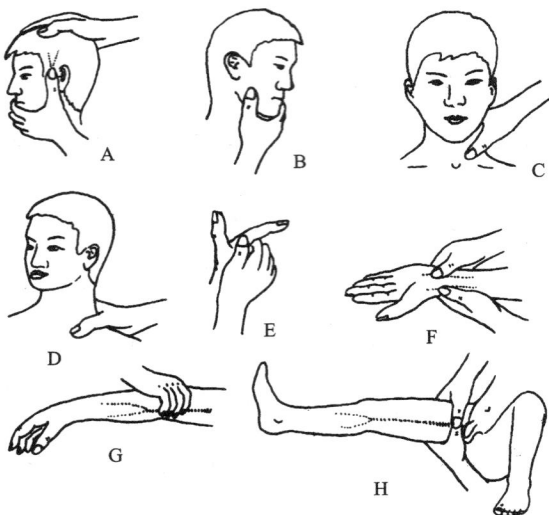

图 8 - 45　指压动脉止血法

A. 头顶部出血，压迫颞浅动脉。用拇指压迫同侧耳前方搏动点，即可有效止血。

B. 面部出血，压迫面动脉。用拇指压迫下颌角前 3 厘米凹陷处搏动的面动脉，即可止血。

C. 颈部出血，指压颈总动脉。在颈部大出血时使用，但颈总动脉是向脑部供血的主要动脉，除非颈部大量出血，一般不能用这种压迫方法。严禁同时压迫两侧颈动脉，两侧同时加压就完全阻断了脑部的血液供应，将会引起严重的后果。

D. 肩部出血，压迫锁骨下动脉。用拇指在锁骨下凹陷处、胸锁乳突肌的外侧向后对准第一肋骨，压迫锁骨下动脉，即可止血。

E. 手指出血，压迫手指两侧，即可止血。

F. 手掌出血，压迫尺、桡动脉，即可止血。

G. 上肢出血，压迫肱动脉。用拇指和其他四指压迫上臂内侧肱二头肌与肱骨之间的搏动点（肱动脉），即可止血。

H. 下肢出血，压迫股动脉。股动脉比较粗壮，可用双手拇指重叠用力压迫大腿根部中间跳动处止血。

（4）屈肢加压止血法：前臂、手和小腿、足出血时，如果没有骨折和关节损伤，可将棉垫或绷带卷放在肘或膝关节上，曲前臂或小腿，再用绷带绕 8 字缠好（图 8 - 46）。

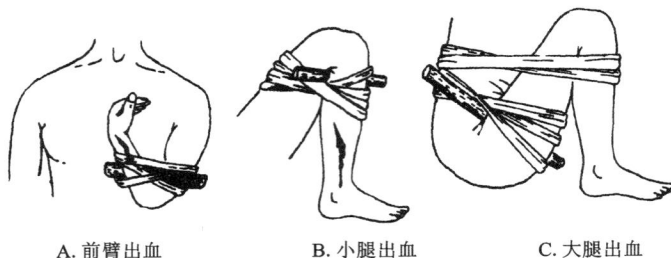

A. 前臂出血　　　B. 小腿出血　　　C. 大腿出血

图 8 - 46　屈肢加压止血法

（三）包扎

包扎是急救中最常用的技术之一。包扎伤口的目的是保护伤口，压迫止血，固定敷料和夹板，减轻疼痛，防止感染。

包扎时应注意伤口要包全，打结时要避开伤口，动作要轻巧、迅速、准确，包扎要牢靠，松紧适宜。包扎最常用的材料是三角巾和绷带，也可就地取材，用毛巾、手帕、衣服、被单等替代。用三角巾包扎的应用范围最广，可用于身体的各个部位。限于篇幅，本书仅介绍几种常用的三角巾包扎法，具体步骤和方法如图8－47所示。

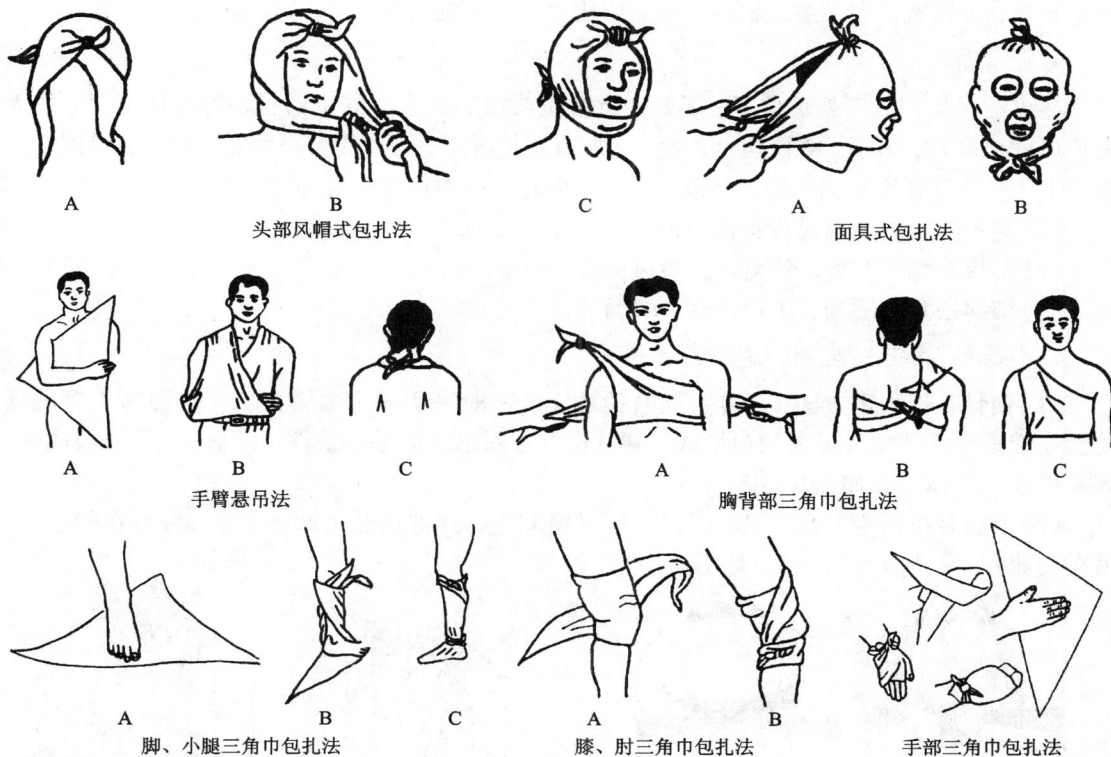

图8－47　三角巾包扎法

（四）固定

对于发生骨折的伤者，在搬运前，必须先进行固定，以防止骨骼碎片损伤周围组织，也可以缓解疼痛、方便运输。固定的材料，在野外可以就地取材，用树枝、木棒、步枪、草捆、纸卷等。实在找不到固定材料时，也可以把伤肢和健康的肢体固定在一起（注意要用软布或毛巾作垫物）。下面介绍骨折的急救方法和几种不同部位骨折的临时固定方法。

1.判断骨折

首先要辨明伤者受伤的原因；其次要看一下伤者的情况，如伤肢出现异常的变化，肿痛明显，则骨折的可能性很大；如骨折端已外露，则肯定已骨折。

2. 封闭伤口

对骨折伴有伤口的病人，应立即封闭伤口。最好用清洁的布片、衣物覆盖伤口，再用布带包扎。包扎时不宜过紧，也不宜过松，过紧会导致伤肢的缺血坏死；过松则起不到包扎作用，同时也起不到压迫止血的作用。如有骨折端外露，注意不要将骨折端放回原处，应继续保持外露，以免引起深部感染。

3. 止血

如出血量较大，应用手将出血处的上端压在邻近的骨突或骨干上。用清洁的纱布、布片压迫止血，再以宽的布带缠绕固定，要适当用力但又不能过紧。

4. 临时固定

尽可能保持伤肢于伤后位置，不要任意牵拉或搬运病人。固定器材最好使用夹板，如无夹板可就地取材，木棍、树枝均可；在一无所有的情况下，可利用自身固定，如上肢可固定在躯体上，下肢可利用对侧固定，手指可与邻指固定。临时固定须注意以下几点：

（1）夹板的长度应超过骨折部位的上下两个关节；

（2）夹板两端空隙处、骨突处要垫衬棉花、软布；

（3）绑缚松紧要适当，注意观察末端循环。

5. 不同部位骨折的临时固定方法

（1）锁骨骨折固定方法：锁骨不能直接固定，一般采用固定大臂的方法，因为大臂的活动会连带锁骨的活动。可采用束缚式、悬吊式方法固定。如果有条件，可制作"T"形板固定，效果更佳。具体步骤如图 8-48 所示。

（2）上肢骨折固定方法：用可以找到的材料固定，并把伤肢吊起来（用布带挎在脖子上，吊在胸前）。具体步骤如图 8-49 所示。

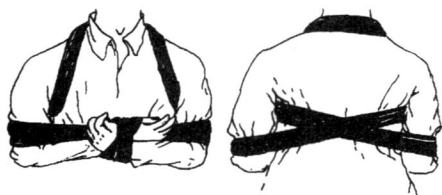

A. 束缚式固定

A. 掌骨骨折

B. 前臂骨折

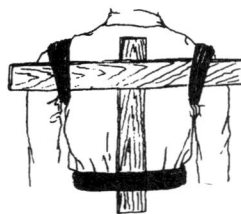

B. "T"形板固定 　　C. 悬吊式固定

C. 肱骨骨折

D. 悬吊骨折

图 8-48　锁骨骨折固定方法　　　　**图 8-49　上肢骨折固定方法**

（3）下肢骨折固定方法：根据骨折的部位，可采用侧面和下面两种固定方法。如果找不到固定材料，可用健肢固定（两腿之间要放垫物）。具体步骤如图 8－50 所示。

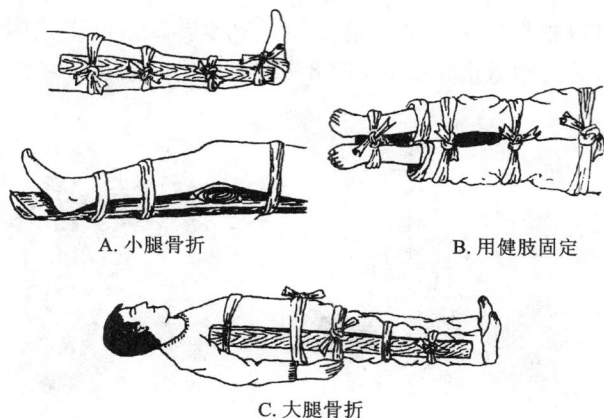

A.小腿骨折　　　　　　　B.用健肢固定

C.大腿骨折

图 8－50　下肢骨折固定方法

（五）搬运

伤病员经过初步的急救处理后，应该及时送到医院抢救和治疗。搬运转送伤病员时，要根据伤病员的具体情况，因地制宜地选择合适的搬运方法、搬运工具。一般来说，上肢骨折多能自己行走，下肢骨折须用担架，脊柱骨折须用硬板担架。现介绍几种常用的搬运方法。

1.担架搬运法

担架搬运法最适用，只要战况和条件许可，应尽量用此法。首先迅速展开担架，放于伤员伤侧，将其装备解除，坚硬物品要从口袋中取出。一人托住伤员头部和肩背部，另一人托住伤员腰臀部和下肢，协力将伤员平稳地轻放在担架上，根据伤情取合适体位，系好担架扣带以固定伤员，两人合力抬起担架前进。行进过程中要保持伤员头朝后、脚朝前，便于后边担架人员密切观察伤员伤情变化。如果遇到陡坡路段，要及时调整头部朝向前方。没有制式担架时，可利用就便器材如木棒、绳索、大衣、步枪等制作各种简易担架。

2.单人肩、背、抱法

当伤员周围无敌人火力威胁，伤员伤势较轻时，可采用单人肩、单人背或单人抱法进行搬运（图 8－51）。

图 8－51　单人肩、背、抱法

3.双人徒手搬运法

两个人搬运时，可以根据伤员的情况选择椅托式坐抬法、拉车式搬运法。双人徒手搬运法适用于头、胸、腹部受伤的重伤员搬运(图 8 - 52)。

图 8 - 52　双人徒手搬运法

4.侧身匍匐搬运法

救护者侧身在伤员背侧，将伤员腰部垫在大腿上，伤员两手放于胸前，救护者右手穿过伤员腋下抱肩，使伤员上体脱离地面并贴紧救助者，左前臂撑于地面，两眼目视前方，按照侧身匍匐的方法要领蹬足向前移动。其动作要领概括为"垫腰、抱肩、撑肘、蹬足"。注意伤员受伤部位应朝上，伤员头部和上肢不要着地。

第三节　核生化防护

一、核生化防护基本知识

对核生化武器的防护，是指军队对敌人核、生物、化学武器袭击而采取的防护措施。目的是最大限度地减少损伤，保持部队的战斗力和重要目标的生存能力。因此，必须了解核生化防护基础知识，学会利用地形、工事、器材等一切有利条件来进行有效防护，使自己免遭伤害，有效地保存自己和消灭敌人。

(一)核武器防护

核武器是利用核反应瞬间放出的巨大能量起杀伤破坏作用的武器。按结构原理，可分为原子弹、氢弹和特殊性能核武器；按作战使用范围，可分为战略核武器和战术核武器；按配用的武器，可分为核导弹、核炸弹、核炮弹、核地雷、核鱼雷和核深水炸弹。核武器包括核弹头、弹头运载工具和其他部分。一般说的原子弹、氢弹是指弹头部分。运载工具是用来发射或投射核弹头的工具，有导弹、火箭、飞机、火炮、潜艇、鱼雷等。核武器的射程和命中精度与运载工具有关。

核武器是迄今人类制造的杀伤破坏威力最大的武器。核武器的杀伤破坏作用是其爆炸瞬间释放的巨大能量转化出的多种杀伤破坏因素造成的。这些杀伤破坏因素分为两类：第一类作用时间仅数十秒，称为瞬时杀伤因素，包括光辐射、冲击波、早期核辐射、核电磁脉冲等4种；第二类作用时间可持续几天甚至更久，主要是指爆炸产物的放射性沾染。

遭遇核武器袭击时，室外、室内人员必须在杀伤破坏因素到达之前，迅速准确地完成防护动作，以求生存机会。

（1）核爆时，如果在室外，应迅速进入人防工程防护，且不要随意进出或走动，来不及进入人防工程时，要迅速利用附近的地形物就地卧倒。遇到较大的地形物时，横向卧倒；地形地物较小时，面向爆心卧倒；无地形地物可利用时，背向爆心卧倒。如果身边有江河、湖泊或池塘，应立即潜入水中防护。有条件的情况下，尽可能地利用浅色衣物覆盖身体，尤其是皮肤暴露部位。

（2）核爆时，如果在室内，应立即利用墙角卧倒，最好在靠近墙角的桌下或床下卧倒。应避开门窗和易燃易爆物，以免玻璃碎片击伤人员或造成其他间接伤害。冲击波过后，应立即抖落身上的尘土，迅速进入人防工程进行防护。若没有人防工程，也可以进入在冲击波袭击后未倒塌的建筑内，关闭门窗，防止放射性灰尘进入室内。

（二）生物武器防护

生物武器是以生物战剂杀伤有生力量和破坏植物生长的各种武器、器材的总称。生物战剂包括立克次体、病毒、毒素、衣原体、真菌等。生物战剂是军事行动中用以杀死人、牲畜和破坏农作物的致命微生物、毒素和其他生物活性物质的统称。

生物武器是大规模杀伤破坏性武器，具有极强的致病性和传染性，能造成大批人、畜受染发病，并且多数可以互相传染，大量使用时受染面积可达几百或几千平方千米。生物武器的危害作用持久，如细菌类生物战剂中的炭疽杆菌芽孢，在适应条件下能存活数十年之久，对人、畜造成长期危害。但生物战剂受自然条件影响大，在使用上受到限制。日光、风雨、气温均可影响其存活时间和效力。采取周密的防护措施，也能大大减少它的作用。

由于生物武器具有较强的致病性和传染性，前方和后方、军队和居民、人员和牲畜都可能受到袭击，因此在组织防护时，要做到军队、地方结合，军民兼顾；军队与防化、工程等有关勤务部门要密切配合。

（1）做好经常性的防疫工作。如进行防疫、防护的宣传教育，开展群众性卫生运动，贯彻各种防疫制度，有计划地接种各种疫苗等。

（2）组织观察、侦察和检验，及时发现敌生物武器袭击。各种观察哨均兼有观察生物武器袭击的任务，发现袭击征象，及时通知部队进行一般防护。专业防护人员进行现场侦察，采集标本进行检验，确定生物战剂种类，通报部队采取针对性的防护措施。

（3）做好个人防护和集体防护。接到防护指令后，立即戴上防毒面具或防菌口罩，扎紧裤脚、袖口，上衣塞入裤腰，颈部围上毛巾，战斗情况允许时，可进入人防工程，减少受染。受染后要抓紧时间，利用个人消毒包擦拭暴露的皮肤；利用战斗间隙，清洗服装、武器和车辆上的生物战剂；服用预防药物，补充接种疫苗，并定期接受医学观察。

（三）化学武器防护

装有化学战剂的各种炮弹、炸弹、火箭弹、导弹、毒烟罐、手榴弹等统称化学武器。化学武器素有"无声杀手"之称，是以化学战剂的毒害作用杀伤有生力量的武器，杀伤效果为高爆炸药的 2~3 倍。化学战剂有神经性毒剂、糜烂性毒剂、失能性毒剂、窒息性毒剂和刺激性毒剂。化学战剂的种类不同，其危害也不一样。化学战剂释放后，可形成气态、气溶胶态、液滴态、微粉态，人员接触或吸入后立即发生中毒，如果不及时防护和抢救，就会失去战斗力或在短时间内死亡。

化学武器虽然杀伤力大，破坏力强，但由于受气候、地形、战情等影响，具有很大的局限性。与核武器和生物武器一样，化学武器也是可以防护的。在遭受化学武器袭击时，应迅速按照当地应急协调人员的指令，有组织地进入人防工程。进入后不得随意进出，防止带入毒剂。为了减少人防工程内氧气的消耗，人员要减少活动。同时，个人应利用防护器材进行防护。个人防护时，应首先穿戴好防毒面具，保护呼吸道和眼睛，而后视情况穿着防毒衣，戴上防毒手套进行全身防护。如没有制式防护器材可利用时，应利用身边易得的无纺布口罩、风镜、雨衣、手套、塑料布、雨鞋等简易器材进行防护。如果认为自己沾染了危险化学剂，应迅速脱下衣物，尽快用大量肥皂和清水洗掉皮肤上的化学剂，最后把衣物放入塑料袋封好交给当地主管部门和应急人员处置。

二、防护装备使用

核生化防护装备与器材是用于防止核生化有毒有害物质对单个人员造成伤害的防护装备或器材。可区分为呼吸道防护器材、皮肤防护器材和个人急救器材。

(一)呼吸道防护器材

呼吸道防护器材，是指用于保护人员的呼吸器官、眼睛及面部皮肤免受毒剂、细菌及放射性灰尘直接伤害的个人防护器材。防毒面具主要由面罩、滤毒罐和面具袋三部分组成。

1. 携带

制式防毒面具通常装于挎包内，背于身体右侧，面具袋上沿与腰带取齐。运动时，可将面具移至身体的右后方。

2. 检查

戴好面具后，用右手堵住进气口，同时用力吸气，若感到堵塞不透气，则说明面具气密性良好，若感觉漏气，应首先检查佩戴是否正确，然后检查呼气活门有无异物及面具有无损坏，根据情况处理后再重新检查。

3. 戴脱防毒面具

戴面具：当看到"化学警报"信号或听到"戴面具"的口令时，立即停止呼吸，闭嘴闭眼，迅速将面具袋移至身体右前方，打开袋盖，右手握住面具袋底，左手迅速取出面具，两手分别握住面具两侧的中、下头带，拇指在内撑开面罩；身体微向前倾，下颌微伸出，用面罩套住下颌，用拇指和食指夹住军帽帽檐，两手稍用力向上后方拉头带，迅速戴上面具；两手对称地调整头带，使面具与脸部密合；然后深呼一口气，睁开眼睛，戴好军帽（图 8-53）。

脱面具：当看到"解除化学警报"信号或听到"脱面具"的口令后，左手脱下军帽，右手握住面具下部，向下向前脱下面具，戴上军帽，然后将过滤器朝外装入面具袋内。

图 8 - 53　立姿戴防毒面具

注意：①戴面具时，停止呼吸和闭嘴是为了防止吸入染毒空气；闭眼是为了防止毒剂伤害眼睛；深呼一口气是为了排除面罩内的染毒气体。②持枪戴（脱）面具时，应先成肩枪或夹枪姿势，然后按立姿戴（脱）面具的要领戴好（脱下）面具，取枪成原来姿势。③卧姿戴面具时，应先将枪置地，身体转向右或用两肘支撑上体，左手脱帽，按立姿要领戴好面具。

（二）皮肤防护器材

皮肤防护器材，是指保护人员皮肤免受毒剂、生物战剂和放射性灰尘等通过皮肤引起伤害的个人防护器材。

为使防护器材最大限度地发挥作用，保存部队战斗力，使用皮肤防护器材应做到：良好的气密性，尤其要注意头、颈、袖口的气密性；良好的适应性，尤其要适应较强劳动条件下长期工作；良好的毒情观念，尤其要注意脱防护器材时不染毒、不沾染。

使用皮肤防护器材时，穿脱通常按照斗篷、靴套、手套的顺序进行。当听到"毒剂—斗篷"的口令后，应先戴好面具，而后迎风而立，背枪或挂枪，取出斗篷，手持罩帽部分使斗篷垂下；用双手撑开斗篷，身体微向前倾，将斗篷披在武器装备和身上；转向背风而立，束紧帽带扣好前襟；取出手套戴好（图 8 - 54）。

脱下的器材经洗消、保养后装包备用，或统一销毁。

图 8 - 54　穿戴防毒斗篷

（三）简易防护器材

在野战条件下如遭敌生化武器袭击，还可以利用雨衣、大衣、棉被、塑料布、油纸、毯子等作为简易皮肤防护器材对生、化武器进行防护，这些器材可以有效地防止液滴毒剂和生物战剂对人员的伤害。

对双手的防护可用橡胶、皮革和帆布制作的简易手套进行防护；对下肢的防护可穿雨（胶）鞋、皮鞋，或用稻草、塑料布、油布、油纸、草席等包扎下肢，这些均能起到有效的防护作用。

（四）个人急救器材

个人急救器材主要有个人急救包和个人防护盒两种。

1.个人急救包

个人急救包是个人在战场上的急救器材，包内装有85号预防片、85号神经毒剂急救针、抗氰胶囊、抗氰急救自动注射针、二巯基丙醇软膏、军用毒剂消毒手套等。

85号预防片：用于预防人员神经性毒剂中毒，人员应提前1小时左右或根据命令口服。

85号神经毒剂急救针：用于治疗神经性毒剂中毒者。轻度中毒注射1支，中度中毒注射1~2支，重度中毒注射2~3支。

抗氰胶囊：该药适用于预防人员氢氰酸或氰类化合物中毒，有效预防时间4~6小时，服用后半小时生效，每天只服用一次。该药也可作为氰化物轻度或中度中毒人员口服治疗用药。

抗氰急救自动注射针：用于氰类化合物中毒者。

二巯基丙醇软膏：用于路易氏毒剂皮肤染毒的急救治疗。使用前，应用纱布等蘸吸毒剂液滴。而后从染毒边缘旋转向内涂，5分钟后用水洗掉。

军用毒剂消毒手套：用于供人员皮肤、服装及轻武器被液体毒剂污染后消毒时使用。

2.个人防护盒

个人防护盒也是一种战场个人急救器材，盒内装有神经性毒剂预防片（复方70号防磷片）、11号注射针（80型急救针）、粉剂个人消毒手套、抗氰急救针剂（4-DMAP注射液）和85抗氰预防片。

神经性毒剂预防药片（复方70号防磷片）：用于预防人员神经性毒剂中毒，可减轻中毒症状。通常应提前1小时左右或根据命令口服1片。需要时，间隔10小时可再服1片，或一天一片连服三天，必要时可在最后一次服药48小时后再次服用。服用预防片不能代替防毒面具和皮肤防护器材。

11号注射针（80型急救针）：用于战时阵地急救、治疗神经性毒剂中毒者。轻度中毒注射1支，中度中毒1~2支，重度中毒2~3支。如肌颤、惊厥等中毒症状仍未控制，可重复注射1~2支，防止用药过量或误用。如出现药物反应，应立即停药。

粉剂个人消毒手套：供人员皮肤、服装及轻武器被液体毒剂沾染后消毒用，可以消除神经性毒剂和糜烂性毒剂等。消毒时，粉剂勿入伤口及眼内。

抗氰急救针（4-DMAP注射液）：供氢氰酸或氰化物中毒人员急救用。当人员氰类化合物中毒后，立即肌肉注射10%的4－DMAP注射液2毫升，中毒症状缓解后不再注射，如需重复给药可再注射半量(1毫升)即可。凡患遗传性高铁血红蛋白还原酶缺乏者禁用。

85抗氰预防片：用于预防人员氢氰酸或氰类化合物中毒。为急救氰类化合物患者争取治疗时间，减轻中毒症状。有效预防时间为4～6小时。

85抗氰预防片由4－DMAP片(100毫克)和PAPP(90毫克)两种片剂组成(分别瓶装)。口服时服4－DMAP和PAPP各一片，服用后半小时内生效，每日口服一次。该药还可作为氰化物轻度或中度中毒(无呕吐者)人员口服治疗用药。患遗传性高铁血红蛋白还原酶缺乏者禁用；抗氰预防药不宜连续服用，服药时必须两种片剂同时服用；药片保存需密封防潮，放置阴凉处。

(五)个人防护器材的保管

个人防护器材属于个人专用专管。保管时应注意：

(1)个人使用的面具，可在背带调节环处(或统一规定)注明姓名、号码，不准在面具上做记号。

(2)器材应统一放在干燥的专用柜内，不要堆压。

(3)器材用后应擦拭干净、晾干，禁止在阳光下暴晒或火烤。

(4)不常用的器材，橡皮部分应撒上一层薄而均匀的滑石粉，滤毒罐应拧下密封保管。

(5)面具不要随意拆卸、涂油和水洗，特别要注意保护通话膜和呼气活门。

(6)器材不得坐压或当枕头，袋内不得存放其他物品。

(7)避免与酸、碱、盐等物品混存堆放。

第九章

战备基础与应用

学习目标

1. 了解战备规定、紧急集合、徒步行军、野外生存的基本要求、方法和注意事项；
2. 学会识图用图、电磁频谱监测的基本技能；
3. 培养学生分析判断和应急处置能力，全面提升综合军事素质。

第一节　战备规定

战备工作是军队全局性、综合性、经常性的工作。做好战备工作，提高战备水平，是有效应对多种安全威胁、完成多样化军事任务的重要保证。战备规定的内容主要有日常战备、战备等级、战场建设等。大学生要重点掌握日常战备和战备等级的相关内容。

一、日常战备

日常战备的内容较多，要重点掌握战备教育、节日战备和"三分四定"三项内容。

（一）战备教育

战备教育由政治机关组织，通常每季度进行一次。节日、特殊时期和部队执行任务前，一般也要进行针对性战备教育。战备教育通常包括以下三项内容。

（1）马克思主义战争观、军队根本职能和新时代军队使命任务教育。大力培育当代革命军人核心价值观，使全体人员树立时刻准备打仗、时刻准备执行非战争军事行动任务的思想。

（2）形势、任务教育和反渗透、反心战、反策反、反窃密教育，以及战备工作法规制度教育。克服麻痹思想，增强战备意识，保持常备不懈。

（3）爱国主义、革命英雄主义教育。强化战斗精神，培养英勇顽强的战斗意志和战斗作风，坚定敢打必胜的信心。

（二）节日战备

各部队在元旦、春节、国庆等节日时要组织节日战备。

节日战备前，通常组织战备教育和战备检查，制订战备计划，调整加强值班兵力，完善应急行动方案，及时上报战备安排。

节日战备期间，要按规定保持人员在位率和装备完好率；加强战备值班、执勤、巡逻警戒和对重要目标的防卫。当士兵担负战备值班任务时，要做好随时出动执行任务的准备。

节日战备结束后，要及时向上级上报节日战备情况。

（三）"三分四定"

"三分四定"是陆军地面部队、海军陆战队、空降兵部队对战术储备物资存放与管理的基本要求，按照便于储备和使用的要求进行存放与管理。

"三分"指战备物资按规定分为携行、运行和后留三类。携行物资就是紧急情况时自己随身带的必备物资；运行物资就是有些物资个人很需要，但自己携带不了，需要上级单位帮助运走的物资；后留物资就是不需要带走的个人物资（自己买的，不是部队配发的东西），留在营房里，由上级统一保管。

"四定"指战备物资在存放、保管和运输中做到定人、定物、定车、定位。定人，就是将携行、运行和后留物资明确到具体的个人并以标签进行标识；定物，就是将个人储备物资按照携行、运行和后留进行区分，明确各自的种类和数量；定车，就是明确个人携行和运行物资放置的具体车辆（几号车）；定位，就是明确个人携行和运行物资设置在车辆上的具体位置，后留物资放置在库室内的具体位置。

"三分四定"是战备工作的重要内容，每一个士兵平时都要严格按规定做好各项工作，保证一旦有紧急情况就可立即出动。

二、战备等级

战备等级是根据军队战备工作的轻、重、缓、急程度所进行的划分。

（一）战备等级分类

我军的战备等级，以平时的经常战备为基础，依次划分为四级战备、三级战备、二级战备和一级战备。

1.四级战备

此时部队呈戒备状态，收拢人员，控制外出，进行必要的战备教育，保持警惕性。

2.三级战备

部队进入部分作战准备状态，进行战备动员和物资器材的准备。

3.二级战备

部队进入全面准备状态，进行深入的战备动员，完成一切战斗行动准备。

4. 一级战备

一级战备为最高级别的战备等级，此时部队呈待发状态，人员、车辆、物资器材全部准备就绪，武器不离身，并立即进行临战动员，一声令下，就可立即出动。

（二）战备等级转换

战备等级转换，是军队战备由一个等级向另一个等级的转变。战备等级转换是战备工作的一项重要内容，是军队为增强快速反应能力，应付可能发生的突然情况，保证部（分）队适时转入相应等级战备状态而采取的重要措施。通常情况下，部队根据命令由平时状态向四级、三级、二级、一级战备状态依次转换，有时也可根据命令越级转换。

实施战备等级转换的时机如下。

（1）四级战备，即国外发生重大突发事件或我国周边地区出现重大异常情况，有可能对我国安全和稳定带来影响时，部队所处的战备状态。

（2）三级战备，即局势紧张，周边地区出现重大异常，有可能对我国构成直接军事威胁时，部队所处的战备状态。

（3）二级战备，即局势恶化，对我国已构成直接军事威胁时，部队所处的战备状态。

（4）一级战备，即局势极度紧张，针对我国的战争征候十分明显时，部队所处的战备状态。

（三）进入等级战备时的工作

1. 进入四级战备时的工作

传达上级的命令和指示，做好所属人员的思想工作，保持人员稳定；认真贯彻上级命令、指示，积极主动落实战备制度；检查武器装备，对损坏的武器装备要及时上报和送修；对携带的武器装备、装具、物资进行明确分工；根据安排组织好值班、执勤等工作，及时请示报告。

2. 进入三级战备时的工作

传达上级的命令和指示，做好思想动员，保持人员稳定；检查战备制度落实情况，检查并保养好携带的武器装备、装具、物资；进一步区分任务，明确分工；担负值班任务的分队保持高度戒备，随时准备遂行任务；启封车辆，督促检修武器装备和器材，补充战备物资；熟悉本级行动方案，组织进行战备演练。

3. 进入二级战备时的工作

传达上级的命令指示，进一步做好思想发动工作，完成人员补充的准备；补齐装备，发放战备物资，进行武器弹药准备与装载；向所属人员明确任务和职责；根据上级命令，带领分队占领阵地或执行其他任务；进行战备动员和临战训练。

4. 进入一级战备时的工作

立即传达上级命令、指示，准确掌握所属人员思想情况，做好思想稳定工作，接收补充（配属）人员；根据上级命令，组织分队完成疏散隐蔽和伪装；清点、移交留守物资；完成临战准备，处于待命状态。

（四）进入战备等级时的要求

严格遵守保密规定，不泄露部队行动的秘密；外出探亲人员，接到上级的通知后要迅速归队，服从命令，听从指挥，按上级的命令完成各项工作；提高警惕，坚持在岗在位，保持良好的战备状态；进一步落实战备计划，时刻做好出动准备。

第二节　紧急集合

一、紧急集合的目的

紧急集合是部队或分队在紧急情况下，迅速聚集人员并按规定携带装备物资的应急行动。

《内务条令（试行）》第二百一十七条规定，部（分）队应当根据上级的紧急战备号令，或者在下列情况下实行紧急集合：发现和遭到敌人的突然袭击时；受到火灾、水灾、地震、台风等自然灾害威胁时；上级赋予紧急任务或发生重大意外情况时。

二、紧急集合的要领

紧急集合分为全副武装紧急集合和轻装紧急集合两种。全副武装紧急集合是根据当时部队所处的战备等级状态而确定的。此时，人员的负荷量、携行的装备和器材均按战备方案和上级的规定执行。轻装紧急集合是在执行临时性的紧急任务时所采取的一种方式。着装时，为减轻士兵的负荷量，通常不背背包（或携带单兵生活携行具），以提高部队的快速机动能力。紧急集合的程序分四步：着装、整理携行生活器材、装具携带和集合。

（一）着装

着装时，要做到迅速、静肃、确实、完整、安全、便于行动。平时应按规定放置武器弹药和装备，便于拿取和穿着。着装分全副武装和轻装两种。

全副武装，是部队处于战备等级状态时实施的着装，其人员的负荷和部队的携行均按上级规定携带（图9-1）。按帽子（冬季戴皮、棉帽时，佩装后再戴）、上衣、裤子、袜子、鞋子（双层床上层的士兵打完背包后再穿鞋子）的顺序进行。

轻装，通常是在部队执行紧急任务时实施的着装，不背背包（背囊），以减轻人员负荷量，提高部队的机动能力。

图9-1　全副武装的士兵

（二）整理携行生活器材

全副武装紧急集合时，需要装备携行生活器材，应装备背包或背囊。背包宽30~35厘米，长40~50厘米，打法为竖捆两道，横压三道；米袋搁于背包上端或两侧；雨衣、大衣通常置于背包上端，大衣袖子捆于背包两侧，鞋子横插在背包背面中央或竖插两侧，锹（镐）竖插在背包背面中央，头朝上。装备有背囊的分队，应按规定将需带的被装、器材装入背囊，扣扎结实，便于行动和携带。放置的顺序为：垫被、被子（卷起）、大衣（冬季）、小包、雨衣、米袋、和制式挎包（内装弹夹一个，干粮数份）、脸盆（饭盒）。背囊左上侧装布鞋，左下侧装水壶，右上侧装牙具、碗筷，右下侧装防毒面具。

轻装紧急集合时，不背背包和背囊，将锹（镐）头朝下背于右肩，系绳绕过腰间与背绳系紧；米袋（右肩左肋）；雨衣（左肩右肋），冬季带大衣时，将大衣袖子留在外面卷紧捆好，再将袖口对接扎紧（左肩右肋），其他装具同全副武装。卸装时，按相反顺序进行。

（三）装具携带

自动步枪（狙击步枪）、班用机枪手：按背手榴弹袋（左肩右肋），背挎包（右肩左肋）、扎腰带（机枪手先背弹盒），佩弹袋，背防毒面具（左肩右肋），背水壶（右肩左肋）、背背包，取枪和反坦克器材的顺序进行。

火箭筒手：按背手榴弹袋，背挎包，瞄准镜袋（右肩左肋），扎腹带，背防毒面具（左肩右肋），背水壶，背背包（副射手背背具），取筒的顺序进行。

装备背囊、背具的分队，自动步枪（狙击步枪）手、火箭筒副射手佩带87式战斗携行具一套（内装3个弹匣、4枚手榴弹）；班用机枪正副射手、火箭筒手没有战斗携行具，自带挎包。背背囊时，背上背囊，将武器横置于背囊上，枪（筒）口向右，提携行包集合。火箭筒副射手将背具置于背囊后，背具的背带从背囊背带内侧穿过，其余装具携带同自动步枪手。

（四）集合

接到紧急集合的信号或命令时，应严格遵守紧急集合的有关规定，迅速而有秩序地准时到达指定位置，确实完成战斗或机动的准备。值班人员应立即报告首长，通知全体人员。担任警戒的士兵要坚守岗位，严加戒备。

当接到紧急集合的号令时，人员立即按规定着装，打背包（背囊）、佩带装具。夜间紧急集合时，立即起床，不喧哗，不开（点）灯，迅速着装，在班长的率领下，到指定地点集合，到达后检查武器、弹药，整理装具；如有士兵执勤，班长应指定专人将其未带装具、背包（背囊）带到集合场地，待执勤的士兵归队后，交给本人；各级指挥员到达集合场地后，应检查分队人员是否到齐及武器、弹药和装具的携带情况，同时按上级指示撤回警戒和执勤人员，并报告上级。

三、紧急集合训练

在战争不断向"高精尖"发展的当今时代，快速反应能力成了考验一支军队战斗力的重要指标，要求军队必须时刻有"战斗就在今夜打响"的思想准备，始终保持应对任何突发状况的反应能力。紧急集合训练对保持队伍的战斗力以及纪律性有着重大的意义。

紧急集合训练要求战士在接到紧急集合的信号或命令时，严格遵守紧急集合的有关规定，迅速而有秩序地准时到达指定位置，确实完成战斗或机动的准备。

（1）值班人员应立即报告首长，唤醒全体人员。担任警戒的战士要坚守岗位，严加戒备。

（2）战士应立即起床，不喧哗，不开灯，迅速着装，在班长的率领下，到指定地点集合，到达后检查武器、弹药，整理装具。

（3）如有战士执勤，班长应指定专人将其未带装具、背包（背囊）带到集合地点，待执勤的战士归队后，交给本人。

（4）各级指挥员到集合场后，应检查分队人员是否到齐及武器、弹药和装具携带情况，同时按上级指示撤回警戒和执勤人员，并报告上级。

第三节　行军拉练

一、徒步行军

行军是军队成纵队沿指定路线进行的有组织的移动，是军队机动的基本方法。行军的方式，有徒步行军、乘车行军和两者结合的行军；按行军的强度分，有常行军、强行军。作战时，善于行军对争取主动，形成有利态势，保障顺利完成任务具有重要意义。行军的方式和强度，根据任务、敌情、地形和部队行军能力而定。常行军，徒步日行程为 25 ~ 35 千米，时速为 4 ~ 5 千米/小时；乘车日行程为 150 ~ 250 千米，昼间时速为 20 ~ 25 千米/小时，夜间时速为 15 ~ 20 千米/小时。强行军，以加快行军速度和延长行军时间的方法实施。如 1947 年晋察冀野战军在清风店战役中，一昼夜走了 120 余千米，为抓住和歼灭敌人创造了有利条件。

（一）行军的组织与准备

大学生军训中的行军，应在完成所有训练任务的基础上在最后期安排。通常在昼间组织实施。根据行军人数、道路状况、天候季节，日程按 25 ~ 30 千米/天、时速 4 ~ 5 千米/小时为宜。充分做好行军的组织与准备，是完成行军任务的重要环节。行军的组织与准备通常应包括正确选择行军路线、周密制订行军计划、合理编成行军队形、做好充分的思想动员。

1.正确选择行军路线

选择行军路线时，要根据校区所在的位置和参加行军的人数以及天候、季节等特点合理选择行军路线，应尽量选择离市郊最近、路口和车辆最少的路线，以便使队伍尽快走出市区，保证正常的行军。同时，应考虑选择便于安排大、小休息点，便于行军保障车通行，便于选择返回路线和便于设置各种情况的路线。

2.周密制订行军计划

选择好行军路线后，首先应组织有关人员实地行走，勘察已选定的行军路线，了解途经地形、路况、桥梁、路口、河流、坡度等有关情况，制订适合学生的行军计划。在制订行军计划时，要注意以下几个环节：一是要明确行军总里程，计算各不同路段的长度、宽度和坡度，以便合理掌握行军速度；二是要规定每段的行军队形、行军序列和行军速度，以便保证正常的行军；三是要明确大小休息点和具体时间，以保证大学生的休息和保持体力；四是要明确各级指挥员和医疗保障组的位置；五是要明确行军中各种联络方法和信号、记号的规定；六是要明确设置各种情况（炮火封锁区、雷区、染毒地段、防敌侦察等）的具体位置和范围；七是要明确遇到各种突然情况时的处置方法；等等。

3. 合理编成行军队形

行军队形，是指队伍在行军中所采用的各种队形。通常有一路纵队、二路纵队或三路纵队、四路纵队。行军队形的编成应根据行军人数、路况、地形、桥梁、路口等综合因素而定。在市区通过路口时可采取四路纵队或三路纵队快速通过。在一般乡村公路可采取二路纵队（左、右各一路），在乡村小路可采取一路纵队。在编排行军队形时，应尽可能按原有的建制编排，各级指挥员位于本部（分）队最前，带队老师或班长位于本分队的最后，以便管理和指挥。编排行军队形时，应训练在行进间各种队形的变换方法。如，一路纵队变换成二路纵队，二路纵队变换成四路纵队，四路纵队变换成三路纵队、二路纵队，再从二路纵队变换成一路纵队等，以便在行军中根据需要随时变换行军队形。

4. 做好充分的思想动员

根据大学生的特点，集中进行专门的行军动员。通过动员，使大学生明确行军的目的、意义；树立吃苦耐劳、勇于克服困难的勇气和信心；加强集体主义、革命英雄主义精神；增强互相帮助、互相关心、互相爱护、助人为乐思想；提高遵守纪律的自觉性。同时应专门制订和宣布行军纪律和注意事项，使学生有充分的思想准备；要明确统一的着装、个人应携带的物品、各专业需要准备的物品、行军指挥组应准备的器材、后勤保障组需要保障的事项、医疗保障组应准备的各种药品；明确遇到各种突然情况时的报告和处置方法；明确各种信号、记号的规定；等等。行军动员应按全校、学院、专业、班级的顺序进行。

（二）行军的各种保障

为了顺利完成行军任务，防止各种事故的发生，必须做好行军的各种保障工作。

1. 通信保障

行军中，必须保障通信畅通，使指挥员随时了解行军中的所有情况，以保证正确的组织和指挥，一般可采用对讲机或其他移动通信器材。

2. 医疗保障

行军中因天气、饮食、体力等原因，可能会发生各种伤、病等情况。因此，必须安排医疗保障人员跟随，并配备各种常用药物，以保证及时处置临时的医疗问题。

3. 车辆保障

行军中，要安排指挥车、收容车和应急车。收容车和应急车应在行军队伍的后面跟进，负责收容掉队人员和及时送重病号到医院。

4. 安全保障

行军中，各级都要组建安全组，负责车队的安全工作，随时清点人数，发现问题及时报告，妥善处理中暑、中毒、受伤、掉队等意外情况，保证整个行军过程安全无事故。

5. 宣传保障

行军中，各级都要成立宣传组。利用标语、口号等多种形式进行宣传、鼓动，活跃气氛，消除疲劳，鼓励全体人员坚持到底不掉队。

（三）行军的管理与指挥

1. 遵守行军规定

（1）遵守行军时间。

分队在上级的行军纵队编成内行军时，应准时到达出发点，加入上级规定的行军序列。应按上级要求准时出发，准时通过各调整点，准时到达目的地。

（2）保持规定的行军速度、距离和序列。

行军中，因一些特殊情况，延误了行军时间或不能保持平均时速时，应当适时调整行军速度，保证按时到达目的地。要加强前后联络，当与前面拉大距离时，不要急于追赶，要适当加快速度，逐步赶上，不得随意超越或停下，以保持规定的行军序列。

（3）严格遵守行军纪律和交通规则。

未经上级允许不得随意改变行军路线。在通过被堵塞的桥梁、渡口、隘口、岔路口等道路时，不得争先抢行，应按照上级规定的顺序和调整哨的指挥迅速通过。如无专人负责调整、指挥，分队指挥员应及时查明原因，妥善处理，尽快恢复正常的行军。

2. 正确掌握行军路线

行军中，指挥员应用行军路线图（地图），随时对照地形，不断查看沿途的标志点及路标，随时判明所到位置，正确掌握行军路线。当通过交叉路口时，应弄清所要前进的方向和道路。当对行军路线产生怀疑时，应当立即停止前进，利用地图仔细与现地对照或询问居民，待明确正确行军路线后继续前进，必要时可请向导带路行进，以防迷路。

3. 适时组织休息

行军中的休息，应由行军总指挥员按行军计划统一掌握。小休息，一般在开始行军30分钟后进行，休息时间为15分钟，这时人员要抓紧时间检查，调整携带的装具和物品，以便转入正常的行军，以后约为50分钟休息一次，每次10分钟。大休息，通常在完成当日行程一半以上后进行，应离开道路，以营（连）为单位，进入指定地域疏散休息和用餐，使人员保持饱满的战斗情绪，做好迅速转入行军的准备。

休息时，人员不准随意离队。出发前，应清点人数、打扫卫生、消除痕迹。

4. 果断处置各种情况

遇敌空袭时，指挥员应指挥队伍迅速向道路的一侧或两侧疏散隐蔽。如果空袭情况不严重或行军任务紧迫时，分队则应疏散队形，增大距离，加快速度前进。

遭敌核、化学武器袭击时，指挥员应指挥人员就近利用地形防护，人员应迅速穿戴防护衣（罩），就近隐蔽防护。

通过受染地段时，指挥员要指挥分队尽量绕过受染区。当时间紧迫又无法迂回时，应增大距离，以最快的速度通过。通过时，人员除穿戴好防护衣（罩）外，还应对武器和携带物品进行防护（可用毛巾、塑料布等就便器材进行防护）。通过后，应及时洗消检查，人员要口服抗辐射药物，喝足开水，排泄大小便。

二、宿营

（一）宿营地的选择

宿营，是部队离开常驻地执行各种任务时的临时住宿，宿营可采取舍营、露营或两者结合的方式进行。在行军过程中，当一天的时间无法完成预期行程时，一般要考虑设置宿营地。大学生军训需在外住宿时，一般应采取舍营，即专用帐篷宿营，或住宿在居民家。舍营通常根据人数（包括男生人数、女生人数）预先联系安排。选择大学生行军拉练的宿营地通常应考虑下列条件：

（1）避开大的集镇、交通枢纽等明显目标；

（2）避开易发洪水、崩塌、泥石流等危险区域；

（3）避开疫区、传染病流行村落；

（4）方便生活，尽量靠近有水源的地方；

（5）有畅通的进出道，便于疏散、隐蔽、集结的区域。

（二）宿营的安排与管理

宿营地点选择好后，宿营负责组应提前到达宿营地与当地乡、镇、村和当地武装部、公安部门联系，得到他们的支持和帮助。根据各系、各专业男、女生人数和当地老百姓分散居住的实际情况合理安排住宿，每户不得少于5人，并指定每户的负责人。负责人通常由部队教官、带队老师和学生干部担任。入住前应告知每个学生总指挥部、医疗保障组、各系部负责人所住的位置和通信联络方法，以及第二天集合的场所等相关事宜。

宿营安排结束后，各级指挥员应组织学生做好清理垃圾、打扫卫生、挑水等群众工作，同时深入各宿营点检查住宿、伤病等情况，及时妥善处理，并督促学生尽快休息。离开宿营地时要清扫住地，支付相关费用，征求群众意见，检查群众纪律，并向群众道谢。

第四节　野外生存

野外生存，就是人在食宿无着的山野丛林中的求生。无论是何种条件，任何人遇到任何困境时，掌握野外生存知识越多，生存概率就越大。因此，即使没有战争，学习和掌握一些野外生存的相关知识也是十分必要的。

一、野外生存基本技能

（一）设置营地

所谓露营，就是指在无居民及农作物可利用的山区、丛林、沙漠、戈壁、草原、沼泽地等环境下的设营。我们主要介绍如何在山区环境设置营地。

1.选择露营地

选择露营地应以安全、避风、近水、环保为基本原则。

（1）安全。建营前必须对所处的环境仔细观察，营地应选择平坦的开阔地带，远离雪崩、冰崩、滚石、山洪等山间威胁。不要在孤立的高树下面建营，以避免雷击和野兽威胁；不要在低洼地和干涸的河道（水道）上建营，以避免遭受突然的暴雨侵害；不要在密林深处建营，以避免深林火灾、迷路等不确定威胁。

（2）避风。露营地最好选在自然屏障的避风处，如山丘或巨石的背后。山谷里的风一般与山谷的方向一致，所以帐篷门的方向应垂直于风向，避免风直接灌入帐内，帐篷四周应用风绳系牢或以石块、冰雪块压住边裙。

（3）近水。理想的露营地点应离水源较近。营地是活动人员过夜、生活的临时场所，接近水源会带来许多方便。但是，不能把帐篷搭建在离水源过近的地方，那样极易受到蚊虫的骚扰，而且流水声会干扰人们对周围事物的判断，如无法听到救援者的呼喊、难以察觉野兽的临近等。若在河流两岸建营，则必须充分考虑水流的涨落，以免涨水淹没帐篷。

（4）环保。要注意营地的功能分区，科学卫生地使用营地。不要随地丢弃垃圾，一定要用袋子将垃圾装走。一旦有垃圾掉在地上，可能会引来大量的蚂蚁。营地要挖厕所，不能随地大小便。厕所使用后要注意用土盖上，不要污染营区空气，更不要因此招来野兽。撤营时要打扫营地卫生，除了脚印什么都别留下。

2.搭建帐篷

（1）"人"字形帐篷。"人"字形帐篷最大的优点是一个人就很容易架设。"人"字形帐篷的底部规格通常为200厘米×150厘米，高90～110厘米，可以容纳两个人休息。架设"人"字形帐篷首先要在地面打上地钉以固定主绳，如果地面较硬不好打入，可将绳拴系在附近的树木根部或用大石块固定。接着，将主绳拉紧，调整好长度。然后，将帐篷顶环套入撑杆，将杆拴好，用主绳固定，要保证受力平衡。最后，将帐篷的四个角用帐篷钉固定好。

（2）蒙古包形帐篷。蒙古包形帐篷底部多为正六边形，帐内空间很宽敞，但重量较重。蒙古包形帐篷的最大优点是可以随意搬迁。它就如同一个大纱罩，提起后可任意摆放，无须重新架设。一般来说，只要有一块4.5平方米的地面就可搭建一顶帐篷了。一个人要想架设起一顶蒙古包形帐篷是很困难的，通常需要两人合作。

不同类型帐篷的架设方法可能略有差异，但基本原理是一样的。帐篷搭好后，还应在帐篷四周挖一条深约20厘米的排水沟，为防蛇虫的入侵可在四周撒上点石灰、烟叶水或煤油，有条件的话还可在帐篷上喷一些防蚊药水。

3.搭建野炊灶

搭建野炊灶是野营中很重要的一种技能，是野炊的基础和必备条件。搭建野炊灶时，通常要充分利用当地的地形、地物及所能寻找到的燃料来进行搭建。现在，野营时人们还可携带汽油炉、煤气炉等现代化设备。但在不具备这些条件时，需搭建简易、实用的炉灶，用以烧水、煮饭、烧烤等。通常搭建的野炊灶有以下2种（图9-2）。

（1）三石炉灶。三石炉灶是最简单、历史最悠久的一种炉灶。搭建三石炉灶时，要取三块高度基本相同的石块呈三角形摆放，将锅或壶架在其中。一般情况下，锅底或壶底须距地面20厘米左右，如用牛粪燃料，高度不宜超过20厘米，如用木柴则可适当加高。

（2）吊灶是将锅或壶吊挂着的一种灶。具体搭建方法是：找两根上方有权的树枝，将其平行地插在地上，在两根树枝的中间（即有权的部位）横架一根木棍或帐篷杆，将锅或壶吊在这根横架着的木棍上，在其下方生火。另外，还可用石块垒一道 U 形墙，在其上架一根木棍吊挂锅或壶。U 形墙的开口应向吹风方向，以利于燃料燃烧。

图 9-2　三石炉灶和吊灶

4. 生火和保存火种

（1）准备好引火物。可选用森林中干燥的枯草、落叶、干裂叶、桦树皮、松针、松脂、细树枝、鸟巢、羽毛、苔藓、草屑等，实在找不到引火物时，可考虑撕下身上可有可无的布片、棉絮等作为引火物。

（2）生火。生火前一定要先把野炊灶附近的枯草和干柴清理好，使灶口向风，然后将引火物放在灶内，上面轻轻放上细松枝、细干柴等，将引火物点燃后，烧旺了再加上大根的木柴，但切记不要随意移动已着火的木柴，以防熄灭。

（3）保留火种。当不需要烧煮食物或过夜时，一定要注意保留火种。可先往灶内加层木柴，烧着后竖着立放，放满一灶，等底部烧着，便将灶的四周用湿泥封起来，在灶口留一个高3 厘米、宽 5 厘米的小进气孔，在灶的后面扎两个小的出气孔。这种办法，既能保留火种又能取暖，炉内的柴烧完后都成了木炭，木炭还可供煮食和取暖用。

（二）获取饮用水

生命离不开水，水对人的生存至关重要。在野外获取饮用水时，要组织人员寻找水源或采集、处理用水，以弥补水的不足。

1. 寻找水源

寻找水源是野外大量取水的唯一方法。一旦找到充足的水源，不仅解决了野外所需的饮用水，而且解决了其他生活用水。所以，在野外应尽可能地寻找和利用大自然提供给我们的水源。寻找水源的方法很多，主要有根据地形找水源，根据植物生长特点寻找浅层水，根据动物生活习性寻找水源，等等。

（1）根据地形找水源。地形、地貌反映了地下水的储存场所和运动的特点，因而我们可以根据某一地区地形、地貌的特点，来判断该地区有无地下水以及发现地下水的位置。

（2）根据植物生长特点寻找浅层水。植物生长与水息息相关。因此，我们可以将某地区植物的生长和分布作为寻找地下水源的线索。通常植物生长茂盛之地往往有水源。另外，观察树木的生长状况也可判断有无地下水。树木生长得枝繁叶茂、正直良好，地下通常蕴含水源，埋藏深度一般在1~2米；树木生长得东倒西歪，除了树木本身有病外，大部分是因地下水忽多忽少所致；树木上部歪，这是由于缺水而根扎不下去的缘故；树生长时自然形成的倾斜，表明倾斜方向有水流。另外，与地下水串通的大裂隙、落水洞口的石头，其表面经常潮湿，常常长满苔藓。因此茂盛的苔藓也是寻找地下水的标志。同样，植物在季节变化过程中呈现出的与众不同的特点，也是寻找水源的依据。通常情况下，冬春交替之际，地下水出露或地下水埋藏浅的地方，积雪融化快，树芽早萌，树叶先绿，尤其柳树更为明显；夏天受旱时，则有水处草木耐旱，不易枯萎；秋末冬初，地下水丰富的地方，树叶落得迟，花草枯得晚。久旱时，"遍野一点绿"现象也是找水线索，在这样的地方是很容易找到地下水的。

（3）根据动物生活习惯寻找水源。在各个地区，除草木生长分布特征外，鸟兽虫等的出没活动，也常常可以给寻找浅层地下水提供一些线索。

昆虫聚集，找水有利。在地下水埋藏浅的地方，往往有以下特征：地面经常潮湿，蚂蚁（尤其是黄蚂蚁）、蜗牛、螃蟹等喜欢在此做窝聚居；冬天，青蛙、蛇等动物喜欢在此冬眠；夏天晚上因潮湿凉爽，蚊虫喜欢在此盘旋。上述征候，可作为寻找地下水的线索。

大鱼出洞，水源丰富。大裂隙、溶洞及地下河都是鱼类生存活动的场所，尤其在我国南方，许多溶洞、地下河中都有鱼。常见到的有油鱼、连拐鱼、无鳞鱼、突尾鱼等，这些鱼往往从地下河出水口跳出溶洞，这说明此地有丰富的地下水源。

鸟兽停留地，必有露天水。各种鸟类经常停留或栖息的地方会有露天水，尤其是候鸟（雁、燕等）飞行时停留或栖身的地方，定会有丰富的水源。

动物足迹，指向水源。野生动物的生存，离不开水源。寻找野生动物的足迹，判断多数野生动物运动的方向，顺着方向寻找水源，定会有所收获。

2. 取水方法

（1）提取植物中的水。砍断新鲜植物枝叶放在大塑料袋里，在太阳的照射下利用蒸腾作用从中提取水分。

（2）日光蒸馏法。蒸腾取水，在地面挖一适当大小的坑，坑底中央放一收集皿，坑上悬一块塑料膜。因光线作用产生水气，水气变成水珠，下滑至收集皿中。

（3）收集雨水。雨水通常可直接饮用。下雨时，可用雨布、塑料布大量收集雨水，也可用空罐头盒、杯子、钢盔等容器收接雨水，还可挖坑收集。

（4）冰雪化水。融冰、融雪可获取所需的用水。融冰比融雪容易，只需较少热量，可以更快、更多地化出水来。如果只能用雪，应先融化小块，然后逐渐加雪即可。

（5）应急措施。在实在无水的条件下，小便也可以应急解渴。实际上，小便并不污秽，只是因为心理作用，总觉得难以咽下。有条件者可以做一个过滤器，在竹筒的底部开一小孔，由上至下放入小石子、沙、土、碎木炭，将小便排泄于此，经过滤后就能得到干净的水。

3. 饮用水的净化

（1）使用净化水药片。一般情况下，一片净化水药片足够净化一升清水，两片可净化一升浊水。净化后的水在使用前，要让其沉淀30分钟。

（2）使用漂白剂。可以在每升清水中滴1~2滴，浊水滴4滴，不能立即饮用，要把水摇动一会，沉淀30分钟后用。因为漂白剂含有亚氯酸盐钠，净化后的水会有很淡的亚氯酸盐钠味。

（3）使用碘酒。在每升清水中加 2～3 滴碘酒。如果是浊水，那就要加倍滴碘酒，加了碘酒后不能立即饮用，要把水摇晃一会等它沉淀 30 分钟后才能饮用。

（4）加炭煮沸。把水煮沸 3～5 分钟，能将水净化。在水中加一点炭，再加上一小撮盐，可在煮沸水的同时去掉异色。

（5）在野外，没有相应条件的情况下，也可以用一些含有黏液质的野生植物净化浑浊的饮用水。如榆树的皮、叶、根，木棉的枝和皮，仙人掌和霸王鞭的全株，水芙蓉的皮和叶，都含有黏液质，都含有糖类高分子化合物。这些植物与钙、铁、铅、镁等二价以上的金属盐溶液化合，形成絮状物，在沉淀过程中能吸附悬浮物质沉淀，起到净化浑水的作用。

（三）寻找食物

食物是体力的源泉。有了水，能维持生命，但没有食物则没有体力行动。一个人如果一周不进食，就会出现一系列的严重症状。因此，除了依靠随身携带的食品充饥外，还应积极寻找食物。困在野外，可以靠山吃山，靠水吃水。可食用的野生植物包括野果和野菜（图 9-3）。野果主要有山葡萄、沙棘、火把果、野栗子、椰子、木瓜等；野菜主要有苦菜、蒲公英、荠菜、扫帚菜等。较好吃的野生植物还有蘑菇（香菇、草菇、口蘑、猴头菌等）。此外，许多昆虫外表虽然吓人，但是只要烹饪得当，均味美而富有营养，如蝉、金龟子、天牛幼虫、幼蜂、蛆、蝗虫、蟋蟀、螳螂、蚱蜢等。例如，可以把蜗牛先放在加了盐和醋的水中浸泡除涩，洗去黏液，用盐水煮开即可食用。青蛙、鼠、虾等用明火烧烤更是美味。

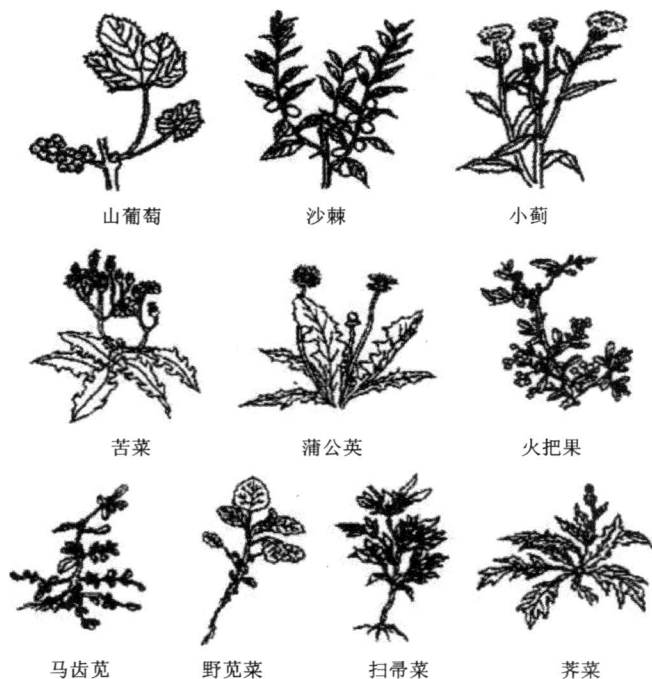

图 9-3　可食用的野生植物

二、野外危机应对

如果因气候恶劣、意外受伤或迷路而脱离团队，身处危险境地，千万不要惊慌，一定要冷静下来，充分利用地形和现成材料维持生命，同时发出求救信号，尽早走出困境。

（一）藏身

无论被困在哪里，都应该先找到一个既能避风雨，又能防寒暑的临时栖身之地。夏日选择藏身之所，要选通风背阳处，但是夜间要注意防风寒和驱蚊虫。冬天则要选择向阳干燥的地方，比如向阳背风的岩石、洞穴、树林或矮树丛。如果是在雪地，可挖一个雪洞藏身，但人不能直接坐在上面，要做一个坐台，人坐在上面只能养神，千万不要睡着，否则可能会被冻坏；洞口要用雪封上，但要留通气孔，洞外要做出让人产生疑问或醒目的标记，以引起别人好奇从而达到获救的目的。

（二）发出求救信号

一般的求救信号应该包含这样的基本信息：求救者的处境、求救者的位置，至少你要让人知道你需要帮助。电话求救当然是最直接简单的方式，许多信息都可以在电话里表达清楚。但在野外，使用电话求救有时可能会遇到一些困难，说不定什么时候、什么地方手机没了电、没了信号。万一这样，可使用国际上通常普遍认可的几种求救信号。

（1）烟火信号：火光作为联络信号是非常有效的。将火堆摆成三角形，每堆之间的距离最好相等，白天可在火堆上放些青草、苔藓等使之产生浓烟，晚上可放些干柴使火烧旺，火焰升高。

（2）声音求救：旅游应急物品中，哨子也是理想的信号器，因为哨声传得远，容易引起人们的注意，可用"三声短，三声长，三声短，隔一分钟再重复"的标准求救信号。

（3）反光信号：白天可利用阳光配合镜子或能反光的物品，如金属信号镜、罐头皮、玻璃片、眼镜、回光仪等，晚上可利用手电筒作为光源发射信号。

（4）图形文字：在比较开阔的地面，如草地、海滩、雪地上想办法制作地面标志，包括文字和图形，其中国际上通用且家喻户晓的求救信号是用各种方法组成的三个英文字母"SOS"。

（5）其他求救信号：旗语也是常用的远距离交流方式，最简单的旗语求救方式是在显眼的地方挥舞出"8"字。在野外，可用衣服、毛巾、丝巾等绑在树枝上做成求生的旗子，颜色要尽量选择鲜艳的，并注意色彩的反差。风筝也可以作为求救信号，可在风筝上写上文字等。

（三）野外常见伤害防治

1. 蛇虫伤害

（1）毒蛇咬伤。在山野丛林活动时，一旦被毒蛇咬伤，应立即用绳子、布条等在伤口上方2~10厘米处结扎，以减少毒液回流（以后每隔15~20分钟放松1~2分钟，以免被扎肢体因血阻坏死）。随即挤出毒液，冲洗伤口，现场用药，而后马上送医院进一步治疗。（2）蚊虫叮咬。在野外应尽量采取各种措施防止蚊虫叮咬，当被蚊虫叮咬时，可用氨水、肥皂水、盐水、小苏打水、氧化锌软膏等涂抹患处止痒消毒。

（3）蚂蟥叮咬。遇到蚂蟥叮咬时不要硬拔，而是用手拍打或用肥皂液、盐水、烟油、酒精滴在其前吸盘处或用烧着的香烟烫，让其自动脱落，然后压迫伤口止血，并用碘酒洗净伤口，以防感染。

（4）蜇伤。被蝎子、蜈蚣、黄蜂等毒虫蜇伤时，要先挤出毒液，然后用肥皂水、氨水、烟油、醋等涂擦伤口，还可内服外用蛇药。

2. 意外伤害

（1）昏厥。摔伤、疲劳过度、饥饿过度等都可能引起昏厥。遇到这种情况时，不要惊慌，一般过一会儿便会苏醒。醒来后，应喝些热水并注意休息。

（2）中毒。遇到中毒情况时，应快速喝下大量的水，用手指触咽部使其呕吐，进行洗胃。而后，继续喝水，加速排泄，必要时立即送往医院救治。

（3）中暑。当出现中暑情况时，应立即在阴凉通风处平躺，解开衣裤带，使全身放松，再服十滴水、人丹等。如昏迷不醒，可掐人中穴、合谷穴使其苏醒。苏醒后，要补充适量的盐水和休息。

（4）冻伤。遇到冻伤，应用手或干燥的绒布摩擦冻伤处，促进血液循环，以减轻伤情。轻度冻伤用辣椒泡酒，涂擦便可见效。

第五节　识图用图

一、地图基础知识

（一）地图概念与分类

1. 地图概念

地图就是依据一定的数学法则，使用制图语言，通过制图综合在一定的载体上，表达地球（或其他天体）上各种事物的空间分布、联系及时间中的发展变化状态的图形。地图表示的对象是地球表层上的事物。所谓地球表层，是指上至对流层，下至岩石圈的广大空间。在地球表层上的事物和现象，如可见的居民地、道路、水系、植被，还有深埋地下的矿藏、地质构造，可测不可见的气温、气压等气候现象，或明或隐的行政界线，以及人口、工农业产值等人文要素，已消逝的历史事件等，均可用地图表示。

2. 地图分类

按区域范围分为世界图、国家图、分区图、省图、市县图、乡镇图等。

按内容分为普通地图、专题地图。普通地图是表示地球表面上的自然地理和社会经济要素（基本要素包括居民地、交通网、水系、地貌、境界、土质植被等）的地图。其中详细表示各基本要素的叫地形图；内容比较概略，但主要目标很突出的地图称为地理图；介于两者之间的叫地形地理图。专题地图是以普通地图作为底图基础的，重点反映某一种或几种专门的要素，可分为自然地理图、社会经济地图和工程技术图。

按比例尺大小分为大、中、小比例尺地图。大比例尺地形图：1:5 千 ~ 1:2.5 万比例尺；中比例尺地形图：1:5 万 ~ 1:25 万比例尺；小比例尺地形图：1:50 万 ~ 1:100 万比例尺地形图。

按用途分为参考图、教学图、地形图、航空图、海图、海岸图、天文图、交通图、旅游图等。

按使用形式分为挂图、桌面图、地图集（册）等。

按表现形式分为缩微地图、数字地图、电子地图、影像地图等。

（二）地物符号

1. 地物符号图形和注记

地面上的物体，种类繁多，千姿百态，因受比例尺的限制，测图时不可能按照它们的形状全部描绘在图纸上，只能把有军事意义的重要地物表示出来，有些不需要的物体，还要舍弃。为了使地图简明、美观，便于识别物体、判定方位和图上量测计算，特制定了一些图形和注记，分别用来表示实地某种物体，这些图形和注记就叫地物符号（表 8 - 1）。

表 8 - 1 地物符号

类 别	特 点	符号及名称		
正形图形	与地物的平面形状相似	街区	河流、苗圃	公路、车行桥
侧形图形	与地物的侧面形状相近	突出阔叶树	烟囱	水 塔
象征图形	与地物的有关意义相应	变电所	矿 井	气象台

2. 地物符号的分类

符号要合理分类，要能反映地图内容的有机联系和区别，保证图面清晰，易于识别。

（1）依比例尺表示的符号。实地上面积较大的地物，如居民地、森林、江河、湖泊等，其外部轮廓都是按比例尺测绘的，叫作依比例尺表示的符号（图 9 - 4）。这类符号，可以在图上量取其长、宽，计算其面积，了解其分布和形状。

（2）半依比例尺表示的符号。对长度很长、宽度很窄的线状地物，如道路、长城、土堤、垣栅、小的河溪等，其长度是按比例尺测绘的，因宽度太窄，若按比例尺缩绘，就表示不出来，故只能放大描绘，所以叫作半依比例尺表示的符号（表 8 - 2）。这类符号，在图上只能量取其相应实地的长度，而不能量取它们的宽度和面积。

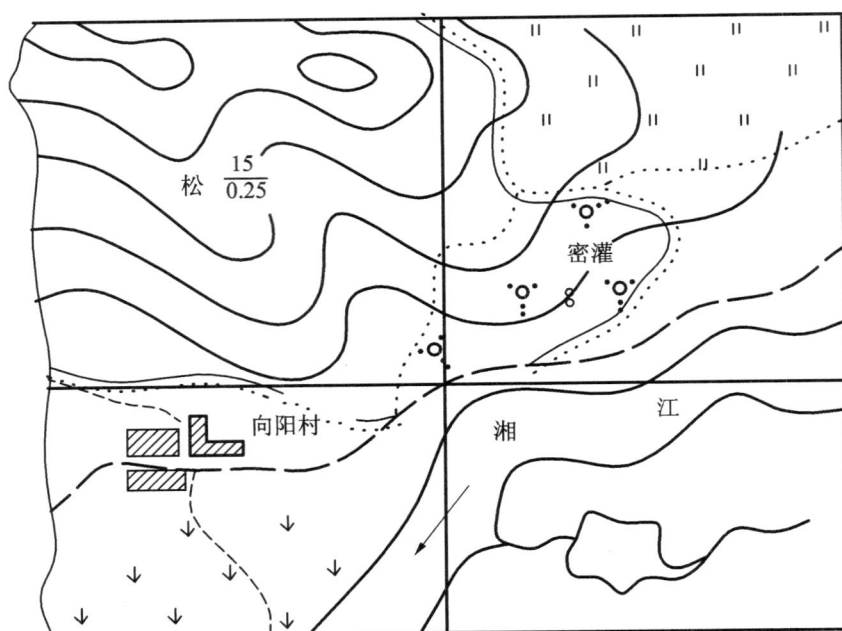

图 9-4　依比例尺表示的符号

表 8-2　半依比例尺表示的符号

以符号的中心线表示其真实位置	以符号的底线表示其真实位置

（3）不依比例尺表示的符号。地面上很小的独立地物，如亭子、独立房、宝塔、纪念碑、路标、石油井等，这类地物若按比例尺缩绘到图上，就表示不出来；但在军事上，对判定方位、指示目标、炮兵联测战斗队形、实施射击、指挥作战等都有重要作用。因此，就采用规定的符号，在不同比例尺图上按不同的大小绘出。所以，叫作不依比例尺表示的符号（表 8-3）。这类符号不能用来判定地物的大小，只能用来表明物体的性质和准确位置。它们对应实地的准确位置，是在图形的那一点上，这是根据图形的特点规定的。

表 8-3 不依比例尺表示的符号

类 别	定位点	符号及名称		
有一点的符号	在该点上	三角点 ⟁	亭	窑
几何图形符号	在图形中心	油库	独立房屋 ■	发电厂
底部宽大符号	在底部中点	水塔	气象站	碑
底部直角符号	在直角顶点	路标	突出阔叶树	突出针叶树
组合图形符号	在主体图形中心	变电所	散热塔 散	石油井 油
其他符号	在图形中心	车行桥	水闸	矿井 煤

3.注记和说明符号

地物符号,只能表示地物的形状、位置、大小和种类,但不能表示其质量、数量和名称。因此,还需要文字和数字注记,作为符号的补充和说明,一般称之为注记和说明符号。注记和说明符号的形式有三种。

(1)地理名称的注记,如市、镇、村、山、河、湖、水库,各类道路和行政区的名称等,用各种不同大小的字体来表示。

(2)说明地物质量特征的文字注记,如井水的咸淡,公路路面质量、桥梁性质,渡场、森林种类,塔形建筑的性质等,均用细等线体以略注形式配在符号的一旁。

(3)说明地物数量特征的数字注记,如三角点、土堆、断崖的高度,森林密度和树的平均高、粗,道路的宽度,河流的宽、深和流速等均用大小不同的数字表示。

此外,有些地物的分布较零乱,如沙地、石块地、梯田坎、疏林、行树、果树等,很难表示它们的具体位置和数量,就采取均匀配置的图案形式表示,所以叫做配置符号。这种符号,只表示分布范围,不代表具体位置。只要我们掌握了符号的特点,再识别地物符号就比较容易了。

4.地物符号的颜色

我国出版的地图均为四色。具体规定如下:

黑色:人工物体——居民地、独立地物、管线、垣栅、道路、境界及其名称与数量注记等。

绿色:植被要素——森林、果园等的普染;1978 年后出版图的植被符号及注记等。

棕色：地貌要素——等高线及其高程注记、地貌符号及其比高注记、土质特征、公路普染等。

蓝色：水系要素——河流、湖泊、海洋、沟渠、河岸线、单线河及其注记和普染、雪山地貌等。

（三）地形图比例尺

1.比例尺的分类

图上某一线段的长度与实地相应水平距离之比（即图上长与实地长之比），就叫作地图比例尺。比如，图上甲、乙两点间长一厘米，该两点间在实地的水平距离为五万厘米，地图比例尺就是五万分之一；实地为十万厘米，比例尺就是十万分之一。地形图上比例尺的表示形式，常见的有三种：数字比例尺、直线比例尺、经纬线比例尺。

（1）数字比例尺。用数字表示时，也有两种。一是分式，用分子"1"表示图上长，分母表示实地相应水平距离，如1/5000、1/100000；一是比式，如1∶5万、1∶10万；也有用文字表示的，如五万分之一、十万分之一。

（2）直线比例尺。为便于直接在地图上量测距离，免除计算的麻烦，地图上都绘有图解式的比例尺。因为这种比例尺是用直线表示的，所以称为直线比例尺。直线比例尺的制作方法，是在一直线上，以1厘米或2厘米为基本单位，作为尺头；截取若干与尺头相等的线段作为尺身；再将尺头等分成十小格，然后以尺头与尺身的接合点为零，分别注记相应实地的水平距离，即成直线比例尺。

（3）经纬线比例尺。主要用在小比例尺地图上，如一国、一洲或世界地图。地球表面是个不可展的曲面，为了消除投影变形对图上量测的影响，制图人员就按照经纬线投影后的特性绘制了一种比例尺，叫作经纬线比例尺。1∶250万《中华人民共和国全图》上所绘的比例尺，就是这种比例尺。由于小比例尺地图变形较大，并且一幅地图上各处变形并不一致，用纬线比例尺虽然可以消除一部分误差，但仍不能用于精确量测。比例尺小于百万分之一的地图，在图例中都绘有经纬线比例尺，同时还注有数字比例尺。数字比例尺也叫主比例尺，它是表示没有变形地方的比例尺，也就是标准纬线上的比例尺。

2.不同比例尺的作用

地图比例尺的大小，是按比值的大小来衡量的。比值的大小则是依比例尺分母（后项）确定的，分母越大，则比值越小，比例尺就越小；分母越小，则比值越大，比例尺也就越大。就像两个人分一个苹果比四个人分一个苹果分得多的道理一样。

（1）地图比例尺的大小决定着实地范围在地图上缩小的程度。例如，一平方千米面积的居民地，在1∶5万地形图上为四平方厘米，可以表示出居民地的轮廓和细貌；在1∶10万图上为一平方厘米，有些细貌就表示不出来了；在1∶20万图上，只有0.25平方厘米，仅能表示为一个小点。这就说明，当地图幅面大小一样时，对不同比例尺来说，表示的实地范围是不同的。比例尺越大，所包括的实地范围就越小，反之，比例尺越小，所包括的实地范围就越大。

（2）地图比例尺的大小，决定着图上量测的精度和表示地形的详略程度。由于正常人的眼睛只能分辨出图上大于0.1毫米的距离，图上0.1毫米的长度，在不同比例尺地图上的实地距离是不一样的，如1∶5万图为5米，1∶10万图为10米，1∶20万图为20米，1∶50万图为

50米。由此可见，比例尺越大，图上量测的精度越高，表示的地形情况就越详细。反之，比例尺越小，图上量测的精度越低，表示的地形情况就越简略。

3.比例尺量算距离的方法

（1）依直线比例尺量取距离。用直线比例尺量取距离时，先用两脚规（或纸条、草棍等）量出两点间的长度，并保持此长度，再到直线比例尺上比量；使两脚规的一端对准一个整千米数，另一端放在尺头部分，即可读出两点间的实地距离。

（2）依数字比例尺计算距离。根据比例尺的意义，我们可以得出图上长、相应实地水平距离和比例尺三者之间的关系式：实地距离＝图上长×比例尺分母。这是我们计算距离的基本公式。具体计算时，先用直尺在图上量取两点间的厘米数，然后将该厘米数代入公式，就可得出两点间的实地距离。如在1∶5万图上量得甲、乙两点长为3.4厘米，则实地距离为：3.4厘米×50000÷100厘米＝1700米。

（3）用指北针里程表量取距离。当图上两点间的距离是弯曲距离时，可以用指北针上的里程表来量取。里程表是由表盘、指针和滚轮三部分组成的。表盘上注有不同比例尺的分划圈，每个分划相当于实地一千米。量取距离时，先转动滚轮，使指针对准"零"分划；右手拿指北针，表盘向里，使滚轮对正起点，沿线路滚动，直至终点；然后从相应比例尺的刻划圈上，读出指针所指的分划数，也就是实地的千米数。

（4）距离的校正。从图上量得的距离，不论是直线距离还是弯曲距离，都是两点间的水平距离。但是，实地地形是起伏不平的，道路的弯曲情况在图上的表示也是很概略的，从图上量得的距离总是要比实地距离小一些，所以，对图上量得的距离要加个校正数。究竟要加多大的校正数呢？由于实地地形情况比较复杂，很难提出一个最准确的校正数，只能根据部队实验的结果，提供一个校正参考数据。这个数据是：坡度为0°～5°时，加校正数3%；坡度为5°～10°时，加校正数10%；坡度为10°～15°时，加校正数20%；坡度为15°～20°时，加校正数30%；坡度为20°～25°时，加校正数40%；坡度为25°～30°时，加校正数50%。这只是个实验平均数，有的地方可能大于这个数，有的地方可能小于这个数，使用时要加以注意。

（四）地形图的坐标系统

提起"坐标"这个词，有些读者可能有点陌生，其实，在我们生活中还是经常碰到的，只是不这么称呼罢了。比如我们到体育馆看球赛，去礼堂听报告，入场券上就有×排×号，按照这个排、号，就能找到自己的座位。这种用排和号两个数确定座位的方法，在数学上就叫作坐标法。为了使用地图的方便，制图人员就把这个坐标法搬到了地图上，成为确定地面点位的方法。因为地球比较大，坐标的起算点、计算的方法和表达的方式就必须有一系列的规定，这些规定，就是坐标系统。地图上的坐标系统分为两种，即地理坐标系和平面直角坐标系。

1.地理坐标系

确定地球表面上某点位置的经度和纬度数值，就是该点的地理坐标。为了使用方便，在1∶20万、1∶50万和1∶100万地图上，按照一定的间隔绘有经线和纬线，构成地理坐标网；图廓线的四周有经、纬度数值注记。在大于1∶10万图上，只是在内图廓外绘有分度带，每个分划为一分；在内图廓的四角注有经、纬和值。需要用经纬度指示目标时，只要把南图廓与北图廓、东图廓与西图廓上分度带的相应分划连接起来，就构成了地理坐标图。

地理坐标是世界各国通用的。在海上、空中、边防或外交斗争中，通常采用地理坐标指示目标。例如，知道了地理坐标为北纬25°05′，东经121°31′，就可以从图上找到这是台北市（图9-5）。反之，找到了图上位置，也可以求出这一点的地理坐标。

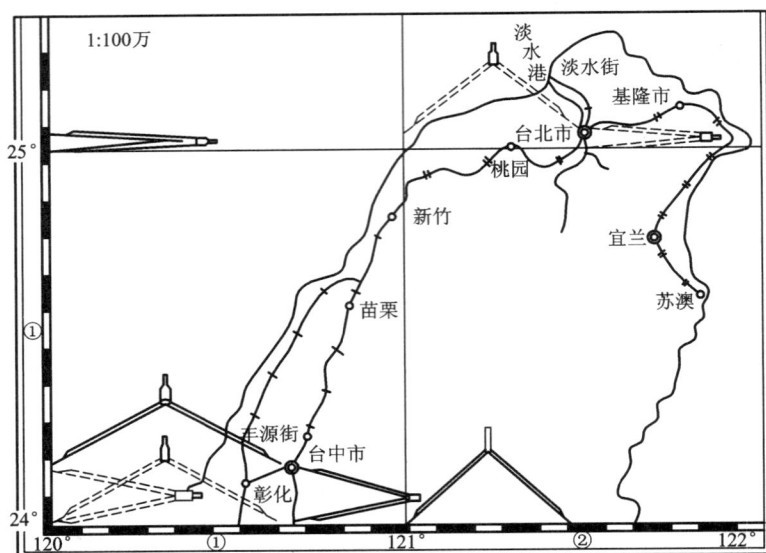

图9-5　依地理坐标量读台北市位置

2. 平面直角坐标系

由于经纬线在图上多是弧线，不便于图上作业，更不便于距离和角度的换算，因此，在大比例尺图上一般都绘有平面直角坐标网。

确定平面上某点位置的长度数值，就是该点的平面直角坐标。平面直角坐标的值是用千米和米表示的。

（1）平面直角坐标的构成。平面直角坐标，是在图上由两条垂直相交的直线建立起来的坐标系统。纵线为纵轴，以"X"表示；横线为横轴，以"Y"表示；两直线的交点为坐标原点，以"O"表示。确定某点的位置时，以该点到横轴的垂直距离为纵坐标（X），到纵轴的垂直距离为横坐标（Y）。并规定，X值在横轴以上的为正，以下的为负；Y值在纵轴以右的为正，以左的为负。如甲点的坐标：X = 250，Y = 300。用这种方法确定点位的，就叫平面直角坐标法。

（2）图上平面直角坐标的起算。我国地形图上的平面直角坐标网，是按高斯投影构成的。高斯投影是以6°为一带，每个投影带的中央经线是直线，与中央经线相垂直的另一条直线是赤道。地形图上的平面直角坐标，就是以中央经线为纵轴（X），以赤道为横轴（Y），其交点为坐标原点（O），这样，每个投影带便构成一个独立的坐标系。我国领土位于赤道以北，所以纵坐标（X）值均为正值；横坐标（Y）值，位于中央经线以东的为正，位于中央经线以西的为负。为了计算方便，消除负数，又将横坐标（Y）值均加上五百千米常数，（即等于将纵轴西移 500 千米) 横坐标以此纵轴起算, Y 值也就全是正数了 (图 9 – 6)。

因为一个投影带的范围很大, 分的图幅也很多, 为能迅速确定点的坐标, 制图时, 就用平行线的办法, 以一千米 (或两千米) 为单位, 分别做中央经线和赤道的平行线, 构成正方形方格网, 叫作平面直角坐标网。在 1:5 万地形图上, 每个方格的面积是一平方千米 (平方千米), 所以又叫方里网。

(3) 图上平面直角坐标的注记。地图上纵向的线 (即中央经线的平行线), 都叫纵坐标线, 它的长度数值是由南向北增加的, 注记在左右图廓间 (千米数)。

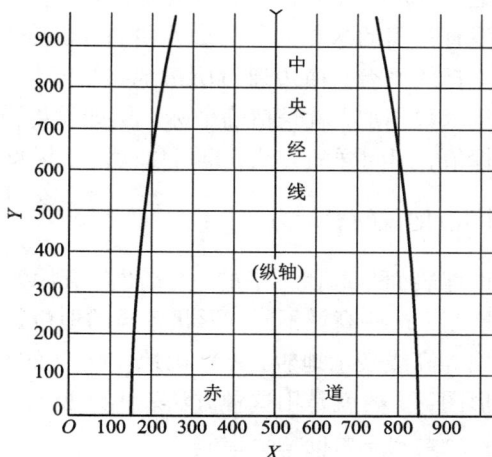

图 9 – 6 直角坐标的起算

地图上横向的线 (即赤道的平行线), 都叫横坐标线, 它的长度数值是由西向东增加的, 注记在上下图廓间 (千米数)。

(4) 平面直角坐标的作用。平面直角坐标网的作用, 主要是指示目标和确定目标在图上的位置, 也可以估算距离和面积。利用坐标指示目标时, 可以用概略坐标, 也可以用精确坐标。例如, 报告山的概略坐标, 只要指出山所在方格左下角的坐标值即可。报告坐标的顺序是: 先纵坐标值, 后横坐标值, 切记不要报错。

为了避免报错顺序, 可用曲尺度量地形图, 最简便的方法是: 用左手的虎口对正这个方格的左下角, 先沿拇指方向找出纵坐标值 (X) 为 85, 再沿食指方向找出横坐标值 (Y) 为 49。口头报告时, 先说坐标, 后说地名, 如: 85、49, 山。如果在文件中, 就写成: "山 (85, 49)"。(图 9 – 7)

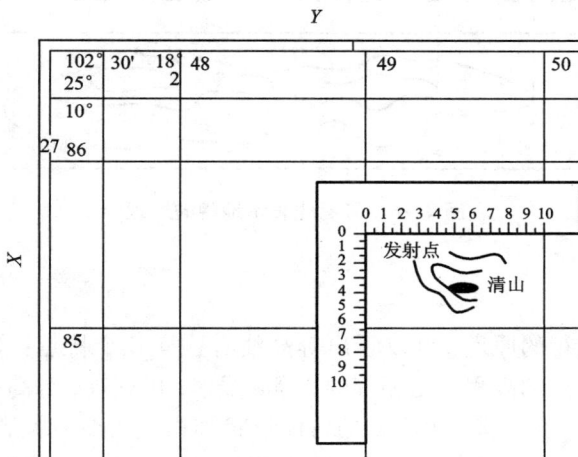

图 9 – 7 量取点的坐标

炮兵射击，常常需要精确坐标，此时应先找出概略坐标，再加上该点到下边和左边方格线的垂直距离的米数即可。最方便的办法是用坐标尺量读。量读的方法是：使坐标尺的纵边与纵坐标线密合，横边通过所量地物之定位点，即可读出纵、横坐标的米数，然后与概略坐标的千米数相加，就是精确坐标。例如发射点的精确坐标为：X85620，Y49300。反之，知道了坐标值，用同样的方法，也可以确定目标点在图上的位置。

（五）地貌的表示方法

地球表面是起伏不平的，有高山，有深海，有丘陵和平原，有沙漠和草原，还有江河和湖泊，等等。这些高低不平、形状各异的地貌是怎样表示在平面图纸上的呢？

用等高线表示地貌，能精确地反映地面的高低、斜坡形状和山脉走向，我们的基本比例尺地形图，主要就是用这种方法表示地貌的。这种方法存在的主要问题是缺乏立体感。

1. 等高线表示地貌的原理

等高线表示地貌的原理是：假设把一座山，从底到顶，按相等的高度，一层一层地水平横截该山，则山的表面便会留下一条一条的弯曲截口痕迹线，再将这些截口痕迹线垂直投影到一个平面上，便呈现出一圈套一圈的曲线图形（图9-8）。因为每条曲线上各点的高度都相等，所以这种曲线叫等高线。各相邻的两条等高线间的垂直距离相等。地形图就是根据这个道理来表示地貌的。

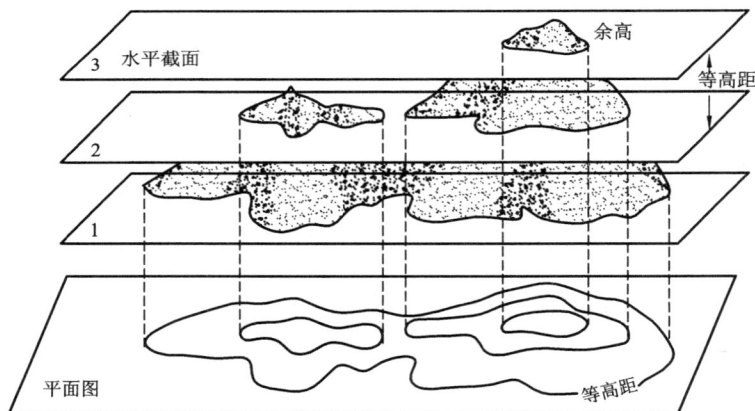

图9-8　等高线表示地貌的原理

2. 等高线的特点

根据等高线表示地貌的原理，可以看出等高线有这样几个特点：等高线都是闭合曲线，同一条等高线上任何一点的高程都是相等的；等高线多，山就高，等高线少，山就低；等高线密，坡度陡，等高线稀，坡度缓；等高线的弯曲形状和相应实地地貌形态保持水平相似的关系。对于同一地形而言，等高线的多少，取决于等高距的大小。等高距越大，等高线就越稀少，地貌显示就越简单；等高距越小，等高线就越密集，地貌显示就越详细。为了制图方便，利于用图，应选择适当的等高距。我军基本比例尺地形图的等高距规定为：比例尺1∶1万为

2.5 米；1:2.5 万为 5 米；1:5 万为 10 米；1:10 万为 20 米；1:20 万为 40 米，一般按规定增大一倍。

3.等高线的种类

在地形图上，我们所看到的等高线，为何有细的，有粗的，还有断续的？（图 9 – 9）这是为了更好地表示地形和便于用图而规定的。

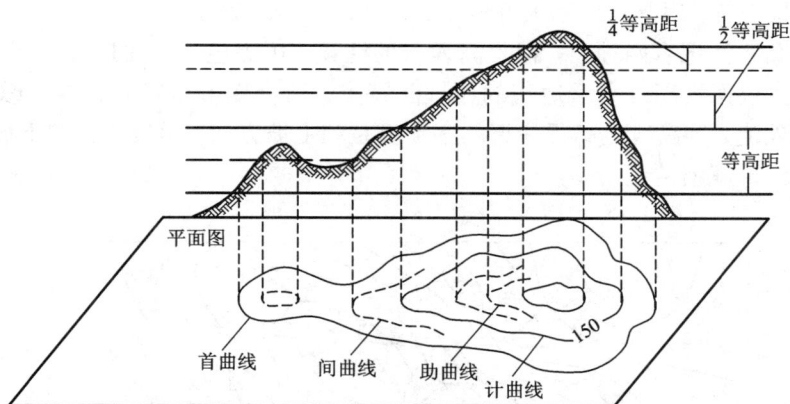

图 9 – 9　等高线的种类

（1）首曲线：凡是按规定的等高距测绘的等高线，都叫基本等高线，又称首曲线，它是用细实线表示的。

（2）计曲线：为了便于计算高程，把首曲线每逢 5 条或 10 条加粗描绘一条。例如，一座一千米的高山，在 1:5 万图上，就要画 100 条首曲线。计算高程时，如果一条一条地数，就很不方便，有了加粗等高线，就能一五一十地数，计算就方便了，所以，又叫计曲线。

（3）间曲线：因为地貌起伏变化多端，用首曲线往往不能详细地表示地貌的细部特征，便在首曲线的中间加绘长虚线，表示其细部，这叫半距（基本等高距的二分之一）等高线，也叫间曲线。

（4）助曲线：有些地方的细貌，用间曲线仍然显示不出来时，就在四分之一等高距的位置上用短虚线表示其细貌，补助间曲线的不足，所以叫作补助等高线，又叫助曲线。

4.识别地貌

我们懂得了等高线表示地貌的原理和特点，就有了判读地貌的基础。但是，由于地貌类型复杂，要正确认识地貌，仍有不少困难。

尽管每座山都有自己的特点，形态万千，但只要我们认真分析一下，仍然可以找出它们的共同特征。概括地说，它们都是由山顶、凹地、山背、山谷、鞍部、山脊等构成的。只要抓住这些基本特征，识别地貌就比较容易了。

在识别这些特征时，只要联想一下等高线表示地貌的原理和特点，就能立刻认出。凡是最小的闭合小圆圈都是山顶。根据这些圆圈的大小和形状，还能分辨出尖顶山、圆顶山或平顶山。凹地也是小圆圈，怎么和山顶区别呢？这个问题，制图人员早就想到了，那就是在圆圈上加上个垂直小短线，它是指示下方向的，叫作示坡线。如果你看到示坡线在圆圈的外

255

面，就是山顶，示坡线在圆圈的里面，就是凹地。

以山顶为准，等高线向外凸出的是山背，等高线向里凹入的是山谷。两个山顶之间，两组等高线凸弯相对的部分是鞍部，若干个山顶与鞍部连接的凸起部分就是山脊。

另外，由于地壳的升降、剥蚀和堆积作用，一些局部地区改变了原来的面貌，如在黄土高原上，植被稀少，由于雨水冲刷形成的冲沟；陡峭的崖壁，坡度在70°以上，像广西桂林的陡石山；山坡受风化作用而崩落的崩崖等。这些地形，军事上统称为变形地。因为这种地形面积很小，形状奇特，用等高线不太好表示，只好用符号来表示。

地形图的高程注记有两种：一种是高程点的注记，用黑色；一种是等高线的注记，用棕色（图9－10）。根据等高线表示地貌的原理和特点，结合变形地符号，再考虑到自然习惯，如河水总往低处流，等高线上高程注记的字头总是朝上坡方向，示坡线指向下坡，进行判读，地貌的总体和细部就清清楚楚了。

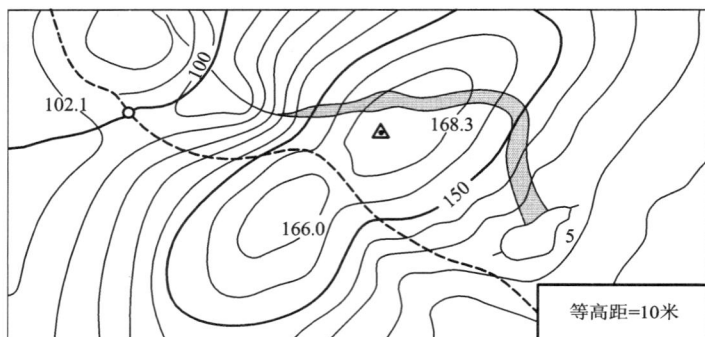

图9－10　高程的注记

5.判定高程和高差

我们在使用地图时，经常要判定点位的高程。如炮兵射击，为了确定高低角，就要知道炮兵阵地、射击目标和观察所的高程。

在图上主要根据高程注记和等高线来推算点位的高程（图9－11）。例如：点位恰在等高线上时，该等高线的高程，就是这个点位的高程；点位在两条等高线之间时，先查出下边一条等高线的高程，再按该点在两等高线间隔中的位置目测出高度；点位在没有高程注记的山顶时，一般应先判定最上边一条等高线的高程，然后再加上半个等高距。知道了两点的高程，然后相减，所得结果，就是这两点的高差。

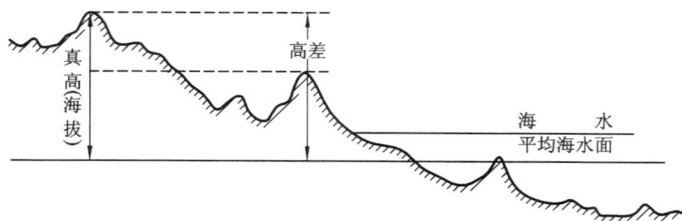

图9－11　高程的判定

6. 判定斜面形状和坡度

部队构筑山头阵地，总要观察一下斜面情况，看是否有利于发扬火力。军队行军，经常遇到上坡下坡，不同的斜面和坡度，会对军队战斗行动带来不同的影响。比如汽车的爬坡能力是15°，如果道路的纵坡度大于15°，汽车就不便通行了。所以，我们使用地图时，要学会从图上判定斜面的形状和坡度（表8－4）。

表8－4　山的形态在图上表示

名称	现地形状	图上表示	名称	现地形状	图上表示
山顶			冲沟		
凹地			陡崖		
山背			陡石山		
山谷			崩崖		
鞍部			滑坡		
山脊					

所谓斜面，就是从山顶到山脚的倾斜部分。就拿敌对双方控制的高地来说，朝向对方的斜面叫正斜面，背向对方的斜面叫反斜面。斜面有几种？它们在地形图上是怎样表示的呢？

等齐斜面：坡度基本上一致，站在斜面顶部可以看到全部，便于发扬火力的称为等齐斜面。在图上，各等高线的间隔大致相等。

凸形斜面：在实地，上面缓，下面陡，站在斜面顶部看不见下部，形成观察射击的死角，称为凸形斜面。在图上，等高线的间隔上面稀，下面密。

凹形斜面：与凸形斜面相反，上面陡，下面缓，站在斜面的顶部能看到斜面的全部，便于发扬火力，称为凹形斜面。在图上等高线的间隔是上面密，下面稀。

实地的斜面：多数是凸凹互相交错的形状，但是，总离不开上面说的三种形状。使用地图时，只要注意等高线间隔的疏密情况，就能很容易地判明斜面的形状。

那么，斜面的坡度，又怎样从地图上量取呢？

量取坡度时，要先用两脚规量取图上两条（或六条）等高线间的宽度，再到坡度尺上比量，在相应的垂线下边就可以读出它的坡度。

二、现地使用地图

(一)判定方位

判定方位是研究在现地如何辨明东西南北方向,明确站立点与周围地形的关系位置。其方法有:利用指北针、北极星、太阳和时表判定,依据地物特征、导向设备判定,还有利用地图和航空相片判定等。掌握这些方法是正确利用地形,保证顺利完成作战任务的前提条件。

1. 利用指北针判定方位

判定方位时,将指北针平放,待磁针完全静止后,磁针北端所指的方向就是北方。如果测定方位的人面向北方,则他的背后是南,右边是东,左边是西。

2. 利用太阳和手表判定方位

一般情况下,上午时,太阳在东方;12 点时,太阳在正南方;18 点时,太阳在西方。根据这一规律,可以粗略地判定方位。口诀是:时数折半对太阳(每天以 24 小时计算),12 字头指北方。如在下午 14 时 40 分,应以 7 时 20 分对准太阳,12 字头所指的方向就是北方(图 9 - 12)。为便于判定,还可在时数折半的位置处,垂竖一草棍或火柴棍,转动表盘,使其影子通过表盘中心。

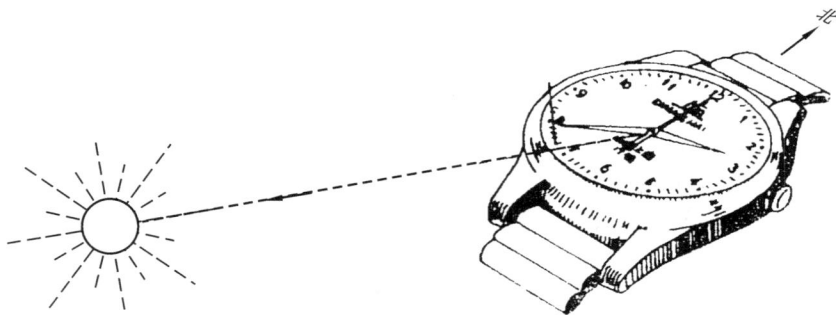

图 9 - 12 利用太阳和手表判定方位

北京标准时间以东经 120°经线的时间为准,在远离 120°经线的地方判定方位时,应将北京时间换算成当地时间。如果在北回归线(北纬 23°26′)以南地区的夏季,因太阳垂直照射,不宜采用此种方法。

3. 利用北极星判定方位

北极星是在正北方天空的一颗较明亮的恒星,夜间找到北极星,就很容易找到北方。北极星位于小熊星座的尾端,因小熊星座比较暗(除北极星外),故通常根据大熊星座,也就是北凌晨星(人称勺子星),以及仙后星座(即女帝星座,人称 W 星)来寻找。

大熊星座由 7 颗明亮的星组成,形状像一把勺子,将勺端甲、乙两星的连线向勺子口方向延长,约在两星间隔的 5 倍处,有一颗比大熊星座略暗的星,它就是北极星。仙后星座是

由 5 颗明亮的星组成的，形状很像英文字母
W，故人称 W 星。在 W 字母的缺口方向为缺
口宽度 2 倍处的那颗星，就是北极星，面向北
极星的正前方就是北方（图 9 – 13）。

4. 利用自然特征判定方位

有些地物因受阳光、气候等自然条件的
影响，形成带有方向性的特征，因而可以用来
粗略地判定方位。如利用树木判定方位。通
常情况下，树木南面枝繁叶茂，树皮光滑，而
北面枝叶稀少，树皮粗糙。独立大树砍伐后，
树上的年轮通常北面间隔小，南面间隔大。

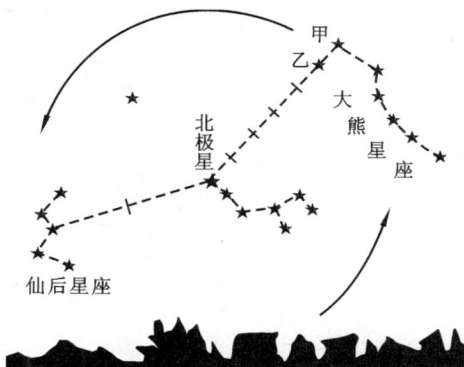

图 9 – 13　利用北极星判定方位

利用突出地面的物体判定方位。通常土
堆、土堤、建筑物等突出物的南面干燥，春草早生，冬雪早化；北面则潮湿，夏长青苔，冬存
积雪。土坑、林中空地的特征正好相反。

利用房屋正门判定方位。我国北方较大庙宇的正门、农村房屋的正门多朝南开。

（二）地图与现地对照

地图与现地对照，就是将地图上的各种符号和等高线图形，与相应的实地地形对应
起来。

1. 标定地图

标定地图就是使地图与实地的方位一致，标定地图的方法有以下几种。

（1）概略标定：先在实地判明方位，方位确定
后，将地图的上方对向实地的北方，地图即已标定
好了。

（2）用指北针标定：先用指北针的直尺切于地
图子磁子午线，并使准星的一端朝向北图廓，然后
水平转动地图，使磁针对正指标，即刻度盘的"0"
分划，地图就标定好了。

（3）利用直长地物标定：直长地物是指开头直
长的线状地物，如铁路、公路、电线等。首先在图
上找到直长地物符号，对照两侧地形，使地图与现
地的关系位置概略相符，再转动地图，使图上的直
长地物符号与现地的直长地物方向一致，地图即已
标好（图 9 – 14）。

图 9 – 14　利用直长地物标定地图

（4）利用明显地形点标定：首先确定站立点在图上的位置，再从远方选定一个现地和图
上都有的明显地形点，如山顶、独立地物等，并用直尺切于图上的站立点和该地形点上，然
后转动地图，使远方地形符号在前，通过直尺，向远方实地相应地形点瞄准，地图即已标定
（图 9 – 15）。

图 9－15　利用明显地形点标定地图

（5）利用北极星标定：标定时面向北极星，并使地图上方概略朝向北方，然后通过东（西）图廓瞄准北极星，地图方位就标定好了。

2.确定站立点

确定站立点，就是在图上找到自己的实地位置。通常有以下几种方法。

（1）利用明显地形点确定。当站立点在明显地形点上时，从图上找到该地形点的符号，即是站立点在图上的位置。当站立点在明显地形点附近时，先标定地图，然后根据站立点与明显地物的相互位置关系，判定出站立点在图上的位置。

（2）利用截线法确定。当站立点位于道路、河渠等线状物上时，先标定地图，在线状物的一侧选择图上和现地都有的明显地形点，然后将直尺边切于图上该地形点上，转动直尺，瞄准现地地形点，并描画方向线，方向线与线状地物符号的交点，就是站立点在图上的位置。

（3）利用后方交会法确定。首先标定地图，在远方选择两个图上和现地都有的明显地形点，将直尺分别切于图上两个明显地形点符号的定位点上，再依次瞄准现地的相应地形点，并向后画出方向线，两方向线的交点就是站立点在图上的位置。

（4）利用磁方位角交会法确定。先攀上便于通视远方的树上，在远方选定现地和图上都有的两个明显地形点，分别测出到这两个点的磁方位角。然后在树下近旁标定地图，将指北针直尺边依次切于图上的两相应地形点的定位点上，转动指北针，使磁针北端指向所测得的相应的磁方位分划，并沿尺边分别画方向线，两方向线的交点就是站立点在图上的位置。

（5）现地对照地形。现地对照地形，一般是在标定地图和确立了站立点的基础上进行。其顺序是：先主要方向，后次要方向；先对照大而明显的地形，后对照一般的地形；由左至右（或相反），由近及远；从图上到现地，再从现地到图上；以大带小，由点到面，逐段分片进行对照。对照地形，主要根据站立点与目标点及其附近地形的相互关系位置，分析比较，反复验证。当地形重叠不便观察时，应变换位置或登高观察。

（三）按图行进

1.做好行进准备

按图行进，就是利用地图选定行进路线，并在行进中不断与现地对照，以保证沿选定的路线到达预定地点的行进方法。

（1）选择路线。在行进前必须要事先选准选好行进路线。选择路线时，应充分考虑和研究行进路线上可能对行进造成影响的地形因素，如地貌起伏、沿线居民地、桥梁等。部队行进时，通常要选择多条路线，以便分路行进。选择线路时应注意把握以下原则：一是有路不越野，尽可能利用道路行进，这样不仅省力，而且不易迷失方向；二是选近不选远；三是提前绕行。在起伏大、树林密集、多障碍的地段，应提前选择绕行线路。

（2）做出标记。路线选定后，应将路线及沿线选定的较明显的地物、地貌作为方位物，如转弯点、桥梁、居民地等，并用彩笔在图上做出标记，以便行进时快速查找。

（3）按序行进。路线和方位选定后，应按行进的顺序，把每段的里程、时间，经过方位物的顺序、数量、名称、关系位置和地形特征记熟，力求做到"心中有图，未到先知"。

2.行进的方法步骤

行进途中，应边走边对照地形，预知前方要通过的方位物。在经过每个岔口、转弯点、居民地进出口时，应仔细对照地形，随时了解自己在图上的位置，做到"人在实地走，心在图上移"。具体的行进方法步骤如下。

（1）靠记忆行进。按行进的顺序，采取分段或连续或一次记忆的方法，记住路线的方向、距离、经过的地形点。通过记忆，使现地的情景能够不断地与记忆内容"迭影"、印证。通常情况下，对初学者，可采用分段行进法，即在最佳线路上能通视的地段，不对照地形，而选择在辅助目标点上对照，这样一段一段对照前进；对有一定基础者可用连续行进法，即把各辅助目标点要做的工作提前，在将要到达一个辅助目标点之前，边行进边分析下段能通视地段的地形，在图上找到下一个辅助目标点，然后不做停留，连续行进；对于经验丰富者可用一次记忆行进法，即在出发点，把在地图上选择的从出发点到第一目标点的最佳线路一次性记住，不再选择辅助目标点，在将要到达第一目标前，又一次性记住到达下一个目标点的最佳线路，直至终点。

（2）依点、线行进。当目标点位于高大、明显的点和线状地形及其附近时，在明确站立点后，可利用这些易于辨认的地形，作为行进的引导物。

（3）按磁方位角行进。按方位角行进是按图行进的辅助方法。在地形起伏不大、无道路、有固定植被、观察不便或夜间、浓雾、风雪等不良天候条件下的地区行进时，可在图上测出站立点到目标点的磁方位角，然后量出两点之间的实地距离并换算成复步数或时间（复步数＝实地距离的米数/复步长，复步长一般为1.5米）。出发时，首先平持指北针，转动身体，使磁针北端指向下一点的方位角，这时沿照门至准星的方向就是前进的方向，然后按照方位物的方向，照直前进。行进中，随时用指北针检查前进方向，记清复步数和时间。到达目标点后，再按上述要领逐段前进，直到终点。

（4）纠错方向。行进中，如果走错路线，应立即对照地形，确立站立点在图上的位置，回忆走过的路线，然后选择迂回路线或原路返回，待回到正确的路线后，再继续前进。如果条件允许，也可选择新的行进路线，向预定目标前进。

参考文献

[1] 许和震. 开展创新教育, 培养新型军事人才[J]. 中国军事教育, 2002. 06

[2] 张炜. 关于中国军事外交的理论探讨[J]. 中国军事科学, 2004. 03

[3] 郭真. 当代美国军事外交的传统与调整探析[J]. 湖北社会科学, 2005. 10

[4] 杨晨, 文秋. 冷战结束以来大国军事外交的演变趋势[J]. 外国军事学术, 2007. 12

[5] 韩献栋, 金淳洙. 中国军事外交与新安全观[J]. 现代国际关系, 2008. 02

[6] 编辑委员会编. 当代中国军队的军事工作(上)[M]. 北京: 中国社会科学出版社, 1989

[7] 朱如珂. 军事教育学. 第2版[M]. 北京: 解放军出版社, 1992.

[8] 王文荣, 张伊宁. 邓小平新时期军队建设思想述要[M]. 北京: 国防大学出版社, 1993

[9] 张炜. 中国海防思想史[M]. 北京: 海潮出版社, 1995.

[10] 刘华秋. 军备控制与裁军手册[M]. 北京: 国防工业出版社, 2000

[11] 沈伟光. 中国信息战[M]. 北京: 新华出版社, 2005

[12] 贾晓炜. 一体化作战知识读本[M]. 北京: 长征出版社, 2005

[13] 奚纪荣, 张国清. 军事理论教程[M]. 上海: 同济大学出版社, 2006

[14] 王军, 刘小力. 军事理论基础知识学习指南[M]. 北京: 蓝天出版社, 2007

[15] 李凤旺编. 大学军事训练教程[M]. 杭州: 浙江大学出版社, 2008

[16] 季建成, 罗远标, 纪海云. 大学军事教程[M]. 北京: 人民出版社, 2009

[17] 左惟. 大学军事教程[M]. 南京: 东南大学出版社, 2009

[18] 刘明福. 坚持依法从严治军[M]. 北京: 人民武警出版社, 2010

[19] 盛欣, 曲向丽. 2012世界军事形势分析[M]. 北京: 国防大学出版社, 2012

[20] 斯德哥尔摩国际和平研究所. 中国军控与裁军协会译. SIPRI年鉴2013: 军备. 裁军和国际安全[M]. 北京: 时事出版社, 2014

[21] 中共中央宣传部. 习近平总书记系列重要讲话读本[M]. 北京: 学习出版社, 人民出版社, 2013

[22] 徐建军, 贺少华. 现代军事教育(第4版)[M]. 长沙: 中南大学出版社, 2014

[23] 王和中, 吕冀蜀. 大学军事教程[M]. 北京: 清华大学出版社, 2014

[24] 高校军事理论教程编写组. 高校军事理论教程[M]. 武汉: 武汉大学出版社, 2014

[25] 刘亚洲. 刘亚洲文集[M]. 武汉: 长江文艺出版社, 2014